U0623632

做职业与人生
幸福的教师

ZUO ZHIYE YU
RENSHENG
XINGFU DE JIAOSHI

周尚全 编著

西南师范大学 出版社
国家一级出版社 全国百佳图书出版单位

图书在版编目(CIP)数据

做职业与人生幸福的教师 / 周尚全编著. — 重庆：
西南师范大学出版社，2015.9（2018.11 重印）
ISBN 978-7-5621-7644-2

Ⅰ.①做… Ⅱ.①周… Ⅲ.①教师－修养 Ⅳ.
①G451.6

中国版本图书馆 CIP 数据核字(2015)第 210267 号

做职业与人生幸福的教师

周尚全 编著

责任编辑：龚明星 翟腾飞
封面设计：汤 立
出版发行：西南师范大学出版社
地址：重庆市北碚区天生路 2 号
邮编：400715 市场营销部电话：023－68868624
网址：http://www.xscbs.com
经 销：新华书店
印 刷：香河利华文化发展有限公司
开 本：720mm×1030mm 1/16
印 张：24
字 数：394 千字
版 次：2015 年 9 月 第 1 版
印 次：2018 年 11 月 第 2 次
书 号：ISBN 978-7-5621-7644-2
定 价：48.00 元

教师是社会良知和道德底线的坚守者，是最高的精神层面的建设者，是人类文明的传承者和创造者。在竞争空前激烈的现代社会，教师，这一过去处在象牙塔里的高贵纯净、被人仰慕和尊重的职业，也慢慢地被世俗的尘埃蒙住了它璞玉般的光辉，失去了温润耀眼的光泽。职称、论文、薪水、地位、房子、车子……这些枷锁把教师死死缠绕……没有了过去指点江山、挥斥方遒的豪情万丈，没有了之前甘于寂寞、甘于清贫的宽容淡定，而被裹挟进名利富贵的漩涡，越陷越深，越走越远。教育对不少教师来说很多时候主要是一种职业，一种工作，一种生存方式。得过且过，醉生梦死，碌碌无为，虚度年华，这是颓废的处世生存之道。

时代在变化，身为教师的我们应该紧跟时代的步伐。只有紧跟时代的步伐，我们的生活才能获得保障，身心才能保持健康，精神才能得以满足，才能以更充沛的精力和更饱满的热情投入教学工作中，才能以更渊博的学识和更丰富的阅历来指引我们的学生。阿尔贝特·史怀泽说过："我们应该达到的成熟，是我们不断磨砺自己，变得日益质朴、日益真诚、日益纯洁、日益平和、日益温柔、日益善良和日益富于同情感。这是我们应走的唯一的道路。"世间最珍贵的不是"得不到"和"已失去"，而是现在能把握的幸福。其实，幸福就是活在当下，幸福就是把握住你手中所拥有的。

本书主要从修心、修身、修业和幸福四个方面对教师进行了职业与人生幸福的教育引领。要成为一名幸福的教师，首先，修心：纯正心态，淡泊名利，葆有情怀；其次，修身：独具气质，关爱自己，和谐人际，充满活力，诗意工作；第三，修业：规划生涯，丰富学识，走近学生，淬炼技艺，重视科研；第四，明确幸福的内涵和真谛，掌握幸福的方法，打造幸福的港湾。本书最后还附录了5篇文章，引导教师在"微时代"有效开展教育工作。

朱小蔓教授在《为人的幸福而教育》中说："从终身教育这一角度来说，教育既是学生的生活方式，也应该是教师的生活方式……教育从另一个角度来说，也可以视为年长者的文化生命与年幼者的文化生命的交融和互补，师生关系应该是一种同生共长的特殊结构。教师，不仅应该是创造性知识传递者，不仅应该是促进学生人格发展者，同时也应该是一个终身学习者，一个能够在教育实践中、在与学生的交往过程中不断反思自己、不断汲取新知而调整教育行为的研究者。也就是说，教育，不仅是为了学生的可持续发展与幸福，同时也是为了教育从业者的可持续发展与幸福。新时期的教师，应该自觉地成为反思性实践者，成为教育幸福的创造者。"本书为我们中小学教师坚定教育信仰，牢固教育信念，有效从事教育工作，愉快从事教育事业，获得职业和人生幸福，提供参考。

本书由凝练精辟的名言警句开启篇章，提示篇章有关主旨，通过众多故事、案例引出话题，然后围绕相关话题进行深入浅出地论述。同时在每章结尾提供了与篇章主旨相关的教育美文，启迪智慧。此书可作为普通中小学和中职学校教师教育校本读物，也可作为师范院校学生的参考读物。

在编写的过程中，编者参考了一些专家学者的有关著作，在此，向他们表示诚挚的谢意。由于编者的水平有限，文中不足甚至是错误之处在所难免，恳请各位读者批评指正，给编者以鞭策和鼓励。

编者
2015年6月

修心篇
XIUXIN PIAN

修身篇
XIUSHEN PIAN

修业篇
XIUYE PIAN

附录

修心篇

XIUXIN PIAN

1.人的内心就是一座"能量场"，既隐藏着自信、豁达、愉悦、进取等正性能量，又暗含着自私、猜疑、沮丧、消沉等负性能量。这两种能量，可以说是此消彼长的关系。因此，当正性能量不断被激发时，负面情绪逐渐被取代，人的幸福感也会慢慢增加，所以身在职场，要重视用积极的心态调整自己，引导自己远离消极。　　　　　　　　　　　　——佚名

2. 这个世界上有许多不得不去做的事情，那就是责任。

——【英】查尔斯·菲利普·阿瑟·乔治

3.自我教育需要有非常重要而强有力的促进因素——自尊心、自我尊重感、上进心。　　　——【苏】苏霍姆林斯基

4.真正的修养是充满生命活力的斗争。

——【美】廉·丹佛

5.差不多任何一种处境——无论是好是坏——都受到我们对待处境的态度的影响。　　　——【古罗马】西尼加

6.态度决定成败，无论情况好坏，都要抱着积极的态度，莫让沮丧取代热心。生命可以价值极高，也可以一无是处，随你怎么去选择。　　　　　　　　　　　——【美】吉格斯

7.要想拥有一个充实的人生，只有两种选择。一种是"从事自己喜欢的工作"，另一种是"让自己喜欢上工作"。能够碰上自己喜欢的工作这种概率，恐怕不足千分之一、万分之一。与其寻找自己喜欢的工作，不如先喜欢上自己已有的工作，从这里开始。　　　　　　　——【日】稻盛和夫

第一章 纯正心态

成败关键在心态。拿破仑·希尔说过，有些人似乎天生就会运用 PMA（积极心态），使之成为成功的原动力；而有些人则必须通过学习才会使用这种动力，并且每个人都是能够学会发展积极心态的。

一、拥有积极的心态

曾经有一位心理学家用这样的一道小测试题考查人们的性格与生活态度之间的关系，题是这样的：

如果有一个闪闪发光的东西掉在地上，你觉得掉到地上的是什么？

A. 高价的宝石　　B. 瓶盖　　C. 镜子的碎片　　D. 硬币

对这个问题，你的选择会是什么呢？让我们来看一下不同的人的不同选择，从这些不同选择来看出不同的人的不同生活态度。

选择 A 的朋友，恭喜你，你是个超级乐天的人，你无论是遇到了什么样的灾害或是困难、挫折，都能很好地调整自己的心态。选择 B 的朋友，要注意，你是有点悲观的人。当然，或许你自己并不觉得，但是你确实有点悲观的倾向，不妨试着稍微改变一下看事物的角度。选择 C 的朋友，你是一个超级悲观的人，你虽然发现漂亮的东西而想靠近看看，结果却怕自己会被玻璃碎片割伤。选择 D 的朋友，你是一个很乐天的人，可以这样说，你是能够做到凡事乐在其中的乐天派。不同的是，你有比较慎重的一面。

不同的态度反映了不同的性格，自然也决定了不同的做事方式，其导致的结果当然也不同，这其中起决定作用的因素就是人的心态。保持积极心态的人总能获得极高的幸福指数，让自己的人生充满欢乐。

1. 心态 = 态度

美国著名心理学家马斯洛说过："心态若改变，态度跟着改变；态度改变，习惯跟着改变；习惯改变，性格跟着改变；性格改变，人生就跟着改变。"

心态与态度的关系密不可分，一个人的心态决定了他做事的态度，而一个人的态度对其命运具有无可替代的影响。纵观历史，无数的伟人用亲身经历验证了这个道理。拿破仑说："默认自己无能，无疑是给失败制造机会。"毛泽东说："自信人生二百年，会当击水三千里。"他们的一生都轰轰烈烈，做了一番大事业。而一些"自歌自舞自开怀""领取而今现在"的人，却由于心态的问题，让自己生活在阴暗中，与成功无缘。

近年来的调查显示，我国教师的心态不容乐观。在一次近万名教师参与的调查中，超过80%的被调查教师反映压力较大；90%左右的教师存在一定的工作倦怠，近30%的教师存在严重的工作倦怠；超过60%的被调查教师对工作不满意，部分甚至有跳槽的意向。由此可见，当下教师的心态存在严重问题。

教师的心态不仅是教师个人的事情，它也会直接影响学生的心理健康，关系到教育事业的长远发展。因此，教师必须注重自己的心态问题，不能让心态影响自己对教学工作的态度。那么，心态对教师具有怎样的影响呢？

（1）教师的心态决定了其从事教育事业的态度。心态决定一个人对待事业的态度，如果一名教师具有积极进取的心态，就会对教育事业充满热情和奉献精神；反之，如果缺乏这些，教师就很难在教育事业上锐意进取，就会毫无斗志，也难以取得什么成绩。

（2）心理不健康的教师会极大地影响学生。教师是学生成长道路上的关怀者和指引者，教师心理健康，可以使自卑怯懦的孩子高昂起自信的头，使孤僻多疑的孩子绽放笑脸，使暴躁易怒的孩子拥有一个平和的心态……相反，如果教师不能转变自己的心态，就会因为心理上的不健康，而对学生不耐烦，甚至采取不公正的方式对待学生，让学生受委屈。关于这一点，著名教育家马卡连柯说过："不能控制自己情绪的人，不能成为好教师。"

2. 积极心态显奇效

我们每个人身上都藏着一件肉眼看不到的法宝，它就是"积极心态"。一个拥有积极心态的人并非永远不消沉，而是能够正视消极因素，不让自己沉溺其中。当人拥有了积极心态以后，就会感到产生于内心的强大力量。积极心态能使一个懦夫成为英雄，从柔弱变得坚强。

在人的本性中，存在一种倾向：我们把自己想象成什么样的人，就真的会成为什么样子。积极的人会争取最好的结果，而消极的人则只会浑浑噩噩地留在原地。美国西北大学理事会主席、心理学博士史各特所说的"决定成功与失败的原因，态度比能力更重要"，正说明了这一点。哈佛大学的一项研究表明：成功、成就、升迁等原因的85%是因为我们的态度，而仅有15%是由于我们的专门技术。然而，现实中，我们往往花费着90%的时间、精力、金钱，来学习那15%的成功因素，而对于占85%的成功因素却从未意识到。

有一位青年教师，在最初担任教学工作时，他的教学水平并不是很高，在新进来的教师中也不突出。他坦言，自己教学有这么几个毛病：上课容易忘词、面对学生会紧张、普通话有时会混杂方言、读书时容易串行。"也许，我是天生的庸才吧！"虽然他这样自嘲，却从来没有放弃过努力，他对于自己在教师职业上的发展依然充满信心。他说："虽然我将来未必能够成为最棒的老师，但我一定会成为让学生开心、自己也开心的老师。"为了减轻自己在课堂上的紧张，他报名参加了演讲培训，在业余时间不断做着演讲练习，他观看名师教学光盘，认真揣摩那些名师对于课程的理解和阐述，乃至一个动作、一声指导。渐渐地，他的那些毛病——被改掉了，教学水平也有了很大提高。

这位教师的自身条件不佳，要实现事业上的目标举步维艰，但他拥有积极的心态，因此能够从事物好的一面看起，愿意一点一滴地努力，为在教育事业中实现自我价值而不断奋斗。可以说，积极心态是他在教育事业中取得长远发展的重要武器。

积极心态，其实就是一种思维模式，是在看待事物时，考虑到事物既有好的一面，又有坏的一面，但强调的是好的方面，从而产生良好的愿望和结果。当人向好的方面想时，往往会迎来好运。积极心态是一种对任何人、任何情况和任何处境所持有的正确而坚韧的思想和行为。它可以扩展人的希望，克服消极心态，给人实现梦想的精神力量、热情和信心。

积极心态就是这么神奇，当然它不是魔法，而是一种动力，事情的最后成败还是取决于做事的人自己。对于每一个希望生活和事业成功而幸福的人来说，这种心态都是非常重要的。如果能够保持积极的心态，把握住自己前进的动力，它就会给人带来健康的生理与心理、自己热爱并愿意为之付出努力的工作、自信心、友谊、均衡的生活等。

教师，作为走在人生道路上的一员，请记住：环境是无法改变的，但自己是可以改变的；过去是无法改变的，但现在是可以改变的；事实是无法改变的，但态度是可以改变的。端正工作态度，是对工作充满激情的第一步。对工作充满激情的教师，会更加有责任感，更加有进取心，他们面对教学工作和班级管理的困难，会信心十足地去——攻克；面对教学工作中的目标，也会不断努力地去实现，并朝着更高的目标前进。

教师是人类灵魂的工程师，是学生前进路上的明灯。要想更好地在学生的心灵上播种，就要先培育好良种；要想给学生指引正确的前进方向，就要先找对路的坐标。教师的心态不仅直接影响学生的成长，更关系到千家万户的幸福以及教育的发展。每一位有着教育责任感的教师，都应调整心态，做一个有良好心态的教师。

3. 积极心态拒绝被打败

曾经看过这样一则故事：

两个一起去赶考的秀才在路上遇到了一支出殡的队伍，并看到了一口黑漆漆的棺材。其中一个秀才的心立马凉了半截，心想：真触霉头，居然在赶考的日子碰到棺材，这回肯定考不上了，心情也随之一落千丈。进了考场后，心头那口黑漆漆的棺材一直挥之不去。结果，文思枯竭，名落孙山。

另一个秀才在看到棺材时心里也"咯噔"了一下，但却转念想道：棺材，"官财"，那不是有"官"又有"财"吗？这是一个好兆头，我今天是红运当头啊，必定能高中。于是，非常兴奋，情绪高涨。进了考场后文思如泉涌，果然一举高中。

两人回到家中，都对家人说："那口'棺材'，真的好灵。"

心态对于我们每个人都非常重要，良好的心态能让我们感受到生存的意义和人生的美好，良好的心态有助于我们事业的成功和人际的和谐，良好的心态更能帮助我们走出困境。

从心理学角度看，一方面人的情绪是波动的，不时会被烦闷、无力、得过且过的情绪控制，变得消极起来，如果不及时处理，这种心态会持续很长时间，直接影响人的事业心、进取心。另一方面，当人做错事、达不到目标、遭遇失败时，会出现短暂的消沉状态，变得情绪低落，心情沮丧，不再想努力工作。这些表现在教师身上时，就是上课、工作不能集中注意力，做事情不在状态，人际交往呈现自我封闭。那么，教师就要这样在失意中沉沦吗？

当然不可以。不被一时的沮丧和消沉打败，这既是教师在人生道路上的历练，也是责任。因为教师身为教育者，在教学过程中如果有消极心态，将会直接影响自身水平的发挥，进而可能影响到学生的未来。

教师和任何一个人一样，都有在人生历程中遇到失意挫折的时候，而拥有积极心态的教师则会战胜挫折，拒绝被任何困难打败。正如英国作家布瑞杰所说："中文的'危机'分为两个字，一个意味着危险，另外一个意味着机会。"积极的心态能够使教师提升自我的抗挫能力，一鼓作气闯过难关。

消极情绪则往往会使人消沉，即使健康的生命也会因此而枯萎。教师要学会及时为自己的情绪亮红绿灯。每当消极的感觉涌上心头，请你马上用积极的想法把它盖过，让自己的眼中始终闪动着积极的光辉。思想是行为的先导，只要我们拥有积极心态，每个人都有可能会成功，即使不顺利，也不要轻言放弃。

二、让心灵充满阳光

万物离不开阳光，人的心灵又何尝不是呢？因此，让最可贵的阳光播洒在我们的心灵。

中国台湾著名的散文家林清玄说："人生不如意事十常八九，我们生命里面不如意的事占了绝大部分，因此，活着本身是痛苦的。但扣除八九成的不如意，至少还有一二成是如意的、快乐的、欣慰的事情，我们如果要过快乐人生，就要常想一二成好事，这样就会感到庆幸、懂得珍惜，不致被八九成的不如意所打倒了。"

人生活在这个世上，不可能都是一帆风顺的。然而，面对苦难和挫折时，有的人或心烦意乱，或痛苦不堪，或萎靡消沉，或悲观失望，甚至失去面对生活的勇气；有的人则乐观、自信、豁达、勇敢地面对自己的人生。不同的心态决定不同的人生，我们都希望过幸福的生活，幸福在哪里？其实幸福就在你的心里。

心理专家认为："一个人的心理状态常常直接影响他的人生观、价值观，直接影响到他的某个具体行为。因而从某种意义上讲，心理卫生比生理卫生显得更为重要。"阳光心态就是一种最健康的心理状态，是一种健康、平和、宽容、大度、自信、积极的心态，是一种化尴尬为融洽、化压力为动力、化痛苦为愉悦、化阴霾为阳光的心态；它也是一种积极的生活态度，能使人保持人格的完整与和谐，易于宽容他人，善于从经验中学习，能适度发泄和控制情绪。

教育是以生命影响生命的过程，只有心中充满阳光的教师才会以乐观、开朗、积极向上的心态工作，才会用心去爱每一位学生，才会把阳光播洒在每个学生的心坎上，才会使学生心中也充满阳光。

亚里士多德说："生命的本质在于追求快乐。快乐的途径有两条：第一，发现使你快乐的时光，增加它；第二，发现使你不快乐的时光，减少它。"我们教师每天都会遇到各种各样的烦心事，不妨用下面几种方法来调整自己的心理状态，塑造阳光心态。

1. 换一种角度看问题

我们改变不了事情，就改变对这个事情的态度。换一种角度看问题，你会发现事情并不是你想的那么糟。要善于做一个乐观者，乐观者永远都看到美好的一面，对生活永远抱有希望。

美国总统罗斯福家里失盗，被偷去了许多东西。一位朋友闻讯后，忙写信安慰他，劝他不必太在意。罗斯福回信道："我现在很平安。感谢上帝，因为第一，贼偷去的是我的东西，而没有伤害我的生命；第二，贼只偷去我部分东西，而不是全部；第三，最值得庆幸的是，做贼的是他，而不是我。"

教师在教学中遇到顽皮得无法容忍的孩子，不妨用乐观的态度去发现他在其他方面（如体育、劳动等方面）的优点，而不是只瞅着顽皮这点不放。换一个角度看问题，你的心情或许就会豁然开朗。

2. 要有一颗平常心

海明威说过："现实不一定总是美好的，但我们必须拥有一颗面对美好未来的永恒的心。"要用平常心对待生活中的诸多不如意，面对客观存在的问题，不能一味地感到沮丧和抱怨，而应该接受现实。我们教师也要用平常心对待学生，不要总是期望每个学生都能"青出于蓝而胜于蓝"，要冷静地对待学生，在尊重学生个性的基础上理智地教育学生。如果缺少平常心，教师就会对学生提出过高过严的要求或是不符合实际的要求，就可能失去耐心、冷静和理智。

3. 怀有一颗宽容的心

教育的过程就是一个不完美的人引领着另一个不完美的人追求完美的过程。"金无足赤，人无完人"，我们不必强求学生完美。每个学生都有自己的优点，如果我们能怀着一颗宽容的心，多发现他们身上的一些闪光点，而不是一味地盯着他们所犯的错误不放，我们就会少些烦恼多些快乐，少些狭隘多些豁达。

宽容是一种良好的人生心态，是一种崇高的人生境界。作为一名教师，如果能怀着宽容的心去看待学生，就会被学生眼中饱含的渴望和纯真所鼓舞；为学生对你的尊重和认可而感到身心愉悦；被节日里的卡片、小礼物所深深感动……你会发现学生是如此可爱，生活是如此美好。

一个幸福快乐的教师才会有一群幸福快乐的学生，一个拥有阳光心态的教师才会拥有一群阳光心态的学生。所以，从现在做起，让我们心里充满阳光，去享受生命的美好，快乐地度过每一天。

三、有一颗感恩的心

"感恩"，是对别人所给的帮助表示感激。"感恩的心"即是对别人所给的帮助表示感激之心。

感激伤害你的人，因为他磨炼了你的心志；感激欺骗你的人，因为他增进了你的见识；感激鞭打你的人，因为他消除了你的业障；感激遗弃你的人，因为他教导了你应自立；感激绊倒你的人，因为他强化了你的能力；感激斥责你的人，因为他增长了你的智慧。感谢所有使你坚定、有所成就的人，生活在感恩的世界！

正是因为怀有一颗感恩的心，才有古诗中的"谁知盘中餐，粒粒皆辛苦"；正是因为怀有一颗感恩的心，才有三国时诸葛亮的"鞠躬尽瘁，死而后已"；正是因为怀有一颗感恩的心，才有一代伟人邓小平的肺腑之言："我是中国人民的儿子，我深情地爱着我的祖国和人民。"

人如果没有感恩的心，那与禽兽又有什么区别呢？感恩是中华民族的传统美德，它也是一种责任，它是一个人正确认识自己和他人以及其他社会关系的基础。只有懂得知恩图报，有恩必报，你才可能拥有幸福的人生。

一个时刻充满感恩的人，从不会觉得世界欠了自己什么，相反会为自己无以回报这个世界的慷慨而内疚不安。以一颗感恩的心来看待身边的事物，我们常常会发现生活中充满了美丽。对于个人来说，用一颗感恩的心来生活，必然拥有一个幸福的人生。

赖东进是中国台湾第 37 届十大杰出青年之一，一家专门生产消防器材的大公司老板，但他却有段常人难以想象的苦难经历。

赖先生的父亲是个盲人，他的母亲也是个盲人而且智障。除了姐姐，几个弟弟也都是盲人。失明的父亲与母亲只能当乞丐，住在乱坟的墓穴里。他一生下来就与死人做伴，能走路了就与父母一起去乞讨。

赖先生 9 岁那年，有一位好心人对他父亲说，你该让儿子去读书，要不他长大了还是要当乞丐。父亲在万难之中，决心送儿子去读书。

上学第一天，老师看他脏得不成样子，给他洗了生命中第一次澡。为了供他读书，才 13 岁的姐姐就到青楼去卖身。照料失明的父母和弟妹的重担则落到了他小小的肩上。他从不缺一天课，每天一放学就去讨饭，讨饭回来就跪着喂父母。

后来，他上了一所中学，竟然获得了一个女同学的爱情。但未来的丈母娘却说："天底下找不出他家那样的一窝人。"结果不仅把女儿锁在了家里，还用扁担把他打出了门。

尽管如此不幸，赖先生却对生活充满了感恩。他说："我感谢我的父母，他们虽然失明，但他们给了我生命，至今我都还是跪着给他们喂饭；我还感谢苦难的命运，是苦难给了我磨炼，给了我这样一份与众不同的人生；我也感谢我的丈母娘，是她用扁担打我，让我知道要想得到爱情，我必须奋斗，必须有出息。"

现在，他已是中国台湾一家大公司的老总，一位有名的企业家。他拥有自己的妻儿和用扁担打出来的真正的爱情，他还拥有自己亲手创建的公司。

在这种苦难的环境里忍辱负重的赖先生之所以没有被苦难的生活打倒，并以超常的毅力奋斗出自己的事业，是因为他有一颗感恩的心。心存感恩，所以他没有恨这个像噩梦一样的童年；心存感恩，所以他视这段苦难为自己的财富。因此，他从苦难中感受到了我们常人所不能感受到的快乐和幸福。

感恩是一种处世哲学，是生活中的大智慧。人生在世，不可能一帆风顺。我们是一味地埋怨生活，还是对生活满怀感恩，跌倒了再爬起来？相信聪明的人会选择后者。感恩还是一种生活态度，一种善于发现美、欣赏美的道德情操。拥有一颗感恩的心，你就会发现事物美好的一面，感受到平凡生活中精彩的瞬间，就会以坦荡的心境，开阔的胸怀来应对生活中的酸甜苦辣，让原本平淡的生活焕发出迷人的光彩。

中国台湾漫画作家蔡志忠说过一段话："如果拿橘子来比喻人生，一种橘子大而酸，一种橘子小而甜。一些人拿到大的就会抱怨酸；拿到甜的就会抱怨小。而我拿到小的橘子，会庆幸它是甜的，拿到酸的橘子会感谢它是大的。"

怎样才能让教师在平凡、忙碌的生活中始终保持一颗感恩的心呢？我们不妨从以下几个方面去做一个尝试。

1. 以积极的心态面对人生

任何事物都有两面性，当我们遇到不如意时，不妨多从积极的一面去看。学生成绩差，这说明你帮助他提升的空间还很大；领导安排的任务多，这说明领导非常认可你；职称晋升没成功，这说明你的潜力还没充分挖掘出来；等等。当你以积极的心态面对人生时，你会由衷地感受到学生的可爱、工作的顺心、生活的美好，才能自然、真诚地带给学生细腻的关怀，才能成为一个心中充满爱的幸福教师。

2. 以尊重的态度面对学生

我们经常教育学生要学会感恩，感谢老师的教导，感谢老师的辛勤付出……而我们自己却往往忘记感恩。学会感恩，老师首先要尊重学生、感恩学生。因为没有学生，我们就不能成为老师；没有学生的成长，就没有我们老师的成长；没有学生的感恩，就没有我们老师的幸福；等等。所以我们老师要感谢学生来听课，感谢学生努力学习，感谢学生带给我们困难和挑战……尊重学生，就会赢得学生的尊重；感恩学生，自然能获得学生的感恩。

在人生的路上要永远心存感恩，只有这样你才会永远活得快乐，活得年轻，活得有朝气！不管你是给予，还是付出，最关键的还是要拥有一颗感恩的心，那时你看到的就是幸福，就是美好，就是人间最美丽的永恒。

四、保持一颗平常心

一个老人来到某个村庄，他在一棵大树下支起了火炉，然后把石头放进去，没过多长时间，石头竟然变成了黄金，这让村民们非常羡慕，于是就请求这位老人教给他们炼金术。老人爽快地答应了，并把自己带来的猴子拴到了树上，他对村民们说："现在，你们就在这个火炉里放上石头，然后往里面加柴，在炼金的过程中，千万不要想到树上的猴子，否则就不能炼出金子。"村民们都按老人说的去做，可是越是暗示自己不要去想树上的猴子，猴子的模样就越清晰，甚至有人心里还在琢磨是不是炼金的秘诀和这只猴子有关。于是，所有的人都试了一遍，但没有一个人能够不去想树上的猴子，所以，谁也没有炼出金子。

佛家有言："平常心是道。"知足、淡定、不争、不贪，做好每天要做的事情，享受做好每一件事的快乐，不骄不躁，宠辱不惊，以出世之心，做入世之事，这样，才能在紧张的现代生活中保持幸福的心境。周国平先生说："人生最好的境界是丰富的安静。安静是因为摆脱了外界虚名浮利的诱惑。丰富，是因为拥有了内在精神世界的宝藏。"只有保持平常心，才能在平常的生活中得到丰富饱满的幸福。

有这样一个故事：

有个百万富翁要什么有什么，却成天和妻子吵个不停，而隔壁住的一对穷夫妇，可以说要什么没什么，却过得平平静静，富翁百思不得其解。一天富翁的妻子说，我有办法让他们吵。第二天一大早，穷夫妇在自家院子里捡到一大锭黄金，他们先是生疑，继而又对怎么用这笔钱意见不一而争争吵吵，从此家里失去了平静。

这对穷夫妇不能保持平静生活的原因很明显：他们在金钱面前失去了平常心。

《菜根谭》上有句话说得好："文章做到极处，无有他奇，只是恰好；人品做到极处，无有他异，只是本然。"这"本然"二字，说的就是一个人要拥有一颗平常心。不管你是选择不断进取，还是选择田园牧歌的生活方式来度过自己的一生，如果没有一颗平常心，那么你既不可能真正感受到生活的真谛，也不可能感受到生命的美丽。

平常心是一种尊重客观现实、顺其自然而又积极主动、从容淡定的心态。做好每天要做的事情，享受生活，享受做好每一件事情所带来的快乐，能从容应对突然到来的惊喜、挫折和痛苦，这就是平常心。

平常心，是一种豁达的人生态度。有人说，生活是一面镜子，你对着它笑，它也对着你笑；你对着它哭，它也对着你哭。所以，主宰人感受的并非快乐和痛苦本身，而是人的心情。

保持一颗平常心，就拥有一种淡泊自适、宁静超然的人生态度；保持一颗平常心，就拥有一种睿智明哲、知足常乐的人生智慧；保持一颗平常心，就拥有幸福快乐的人生。

教师只有保持一颗平常心才会豁达而不失节制，恬淡而不失执着。那面对每天繁杂而忙乱的生活，我们教师应如何保持一颗平常心呢？不妨学学下面的做法。

1. 要正确对待付出与获得

选择了教师在一定程度上就选择了清贫，有时付出与获得很难成正比，不要一味地攀比高收入、高职位，也不要对学生期望太高，更不要总是拿别班学生与本班学生比，那样只会产生心理不平衡，要用一种平和的心态理智地面对努力的结果。

2. 要正确看待成败得失

要知道人世间有元帅，但更多的是士兵；有劲松，但更多的是小草。我们周围有很多人，他们兢兢业业，勤勤恳恳，为了教育奉献了一生，无怨无悔，和他们比起来我们算不了什么。教师的价值不在于职位的高低，高职位需要一定的机遇和客观条件，教师价值在于对社会有贡献，做事情无愧于良心、无愧于学生。

3. 不要过分苛求自己

要知道教师不是万能的，他只是一个平凡的人。问题学生的背后很可能会有一个问题家庭，因此对问题学生的教育不仅仅是学校的工作，家庭也应当负起更多的责任。

如果家庭没有足够的能力改变，那么问题学生的教育工作也会显得十分艰难。教师在面对现实时不要过分强求自己，要以平常心去对待。

4.不要过分地苛求学生

苦和乐是相对的，快乐不快乐全在于自己，我们的痛苦很大程度上来自于对学生的"苛求"。每一个学生都是独一无二的，教师要承认这种差异，悦纳这种差异。允许学生优秀，也允许学生不优秀；鼓励学生进步，也理解学生的退步，在理想的师生关系中享受人间美好的感情。把学生当孩子，他们眼里看到的世界与教师眼里看到的世界是不同的，他们犯的错误有很多是成长中的必然，是美丽的错误，是教师年轻时也犯过的错误。保持这样的心态，教师就可以大大减少因"恨铁不成钢"而产生的极度焦虑、愤怒和哀怨。

5.要保持平常心，必须经过不断地历练

平常心不仅仅是一种处世哲学，更是一种恬然的心境。教师必须在日常生活中处处修炼自己，在经验中汲取力量，不断地提高自己，抵抗外界的种种诱惑。假如不能克制对物质的无休无止的欲望，把全部心思投入沽名钓誉、尔虞我诈中去的话，那么就很难拥有一颗平常心。

"事能知足心常惬，人到无求品自高。"生活的辩证法告诉我们：具有平常心的人往往会干出不平常的事来。教师工作亦是如此，保持一颗平常心，才能知足常乐，轻装上阵，创造性地开展工作，关爱学生，耐心细致、始终如一地教育学生。

五、做好当下的事情

我国台湾作家林清玄的散文集中讲过这样一个故事：

有位农妇不小心将一个鸡蛋打破了，于是她相当懊悔，茶饭不思。别人问她为什么打破一个鸡蛋就这么难过，她说："一个鸡蛋经孵化后可变成一只小鸡，小鸡长成母鸡，母鸡又下很多蛋，蛋又孵化成很多小鸡。"于是农妇长叹一声说："天哪！你看，我因为粗心失去了一个养鸡场！"她越想越痛苦，越思越悔恨，以至做不下事，连其余的鸡也不管了。几天后，她养的其余的几只鸡有的被黄鼠狼抓走了，有的丢了。可

怜的农妇，不只失去了一个鸡蛋，还失去了全部的鸡。

故事中的这位农妇，一心想着过去发生的事情，一味地后悔过去的事情，却忽视了眼前的事情，最终让自己失去得更多。故事启示我们：人要着眼于当下的事情，踏实地将其做好。倘若今天想着明天的事，在一个职位却想着另一个职位，最终的结果是失去眼前的东西，也得不到渴望得到的东西。生活中做事如此，人与人的感情也是如此。

从前，在一个美丽的湖畔有一块美丽的大石头。湖与石构成了独特的风景，人们经过湖边的时候，都喜欢看这幅美景，并愿意到这块美丽而独特的石头旁驻足。一些情侣们还会在这块石头上留下他们爱的宣言，憧憬着他们美好的未来。或许天地万物之间有共性，时间久了，湖水和石头成为朋友，湖水每天更加起劲地用自己的身体冲刷着石头，来帮助自己的朋友，让它更加美丽。在湖水的帮助下，石头也变得更加光滑，摸起来手感特别好。

后来，不知什么时候开始，石头习惯了湖水的这种帮助，不再像开始的时候感觉到幸福了。而湖水呢，仍旧如平日一样，平静地冲刷着石头，帮助它更美丽。有一年，天大旱，湖水变少了，冲刷起来没有往年有力气。于是石头抱怨湖水："你怎么不多用些力气呢？瞧，这边没冲到。"湖水没解释，只是想更加用力一些，但可惜没能成功。就这样，从此开始，石头每天都抱怨，湖水每天都平静地冲刷着石头，它觉得石头会明白自己尽力了，毕竟天旱水少是没办法的事。看到自己受到湖水的冲刷越来越少，而外界的风吹雨打越来越严重，石头的身体开始变得粗糙，它想着自己挪个地方，或许会更好。

终于有一天，来了一群人，他们将湖边的一些石头捡拾起来，不知要做什么用。石头想：我终于可以离开这个可恨的湖水了，换个地方，我会更幸福。带着美好的希望，石头被运走了。当它到了新的地方后才发现，自己将要成为筑路的石头。成为筑路的石头后，这块石头开始出现裂纹，后来碎裂成了无数小石头。

石头不珍惜当下的幸福，不随遇而安，结果让自己处于更加糟糕的处境，人不也是如此吗？不珍惜眼前的幸福，终会让幸福远离。

时间是一架不停运动的机器，它的过去、现在和未来是互相交错、不可分割的。

过去就是过去，未来就是未来，不管是过去、现在还是未来，我们首先都要踏实于现在，从现在做起，如此我们才能更好地把握未来。

艾森豪威尔是美国第34任总统，他在一生中牢记着母亲对他说过的话："人生就和打牌一样，牌发到你手上，不管是好牌还是坏牌，你都必须面对它。你能做的，就是让浮躁的心情平静下来，然后认真对待它，把自己手上的牌打好，力争达到最好的效果。这样打牌，这样对待人生才有意义！"而他的母亲说起这番话，源于一次家庭游戏。艾森豪威尔家有一个传统，那就是全家人一起玩纸牌游戏。一天晚饭后，全家人又习惯性地玩起了纸牌。不过这一次，艾森豪威尔的运气特别不好，每次抓到的都是很差的牌。开始时他只是有些抱怨，后来，他实在忍无可忍，便发起了少爷脾气。坐在一旁的母亲看不下去了，正色道："既然要打牌，你就必须用手中的牌打下去，不管牌是好是坏。"艾森豪威尔听不进去，依然愤愤不平。于是母亲说出上面这番话。后来，艾森豪威尔牢记着母亲的这番话，并激励自己积极进取。从此，他活在当下，力争把每一个当下的工作做到最好，并一步一个脚印地向前迈进，最后成了美国总统。

这个故事告诉我们：如果你不能改变一件事情，又不得不面对，那就试着去适应它，珍惜眼前的幸福，不管是工作也好，感情也好，你最终会在平常之中找到自己的幸福！

六、戒消极愤世嫉俗

现实中有的人先是失意消极，然后愤世嫉俗，最后变为玩世不恭。愤世嫉俗者常常"怨天尤人""蔽于天而不知人"，非常自负，感觉世道不好，所有的人（除了自己）都很不正常，看什么都不爽，看什么都不顺眼。愤世嫉俗是个人对自认为不合理的现实社会和不合理的习俗表示愤恨、憎恶。

有这样一个故事：

相传，有个寺院的住持，给寺院里立下了一个特别的规矩：每到年底，寺院里的和尚都要面对住持说两个字。第一年年底，住持问新和尚心里最想说什么，新和尚说："床硬。"第二年年底，住持又问他心里最想说什么，他回答说："食劣。"第三年年底，他没等住持问便说："告辞。"住持望着新和尚的背影自言自语："心中有魔，难成正果，可惜！可惜！"

新和尚对待世事都持一种消极的心态，所以才不能安于现状，只会一味抱怨。而他的抱怨，也让他失去了修成正果的机会。

哦，我好痛苦，整天穷于应付一帮长不大的孩子。他们粗鲁野蛮，我必须严加管教。

拜托！三点半之后不要跟我讲话——我声音嘶哑，一年至少如此经历二十次，年复一年，日复一日。

学生们又懒又没有礼貌，他们看我的眼神仿佛我就是个疯子。如果不是因为学生，我的生活会精彩得多，而不是像个活地狱。

在思想比较开放的中学里，常常有愤世嫉俗、仗义执言的教师，他们对社会上的一些不良现象看不下去，经常发出批评的声音。

教师只是一门职业，却被过多地赋予了它原本不具有的色彩。比如：要能说会道，能写能画，能吹能弹，能唱会吟……作为一个教师，你必须是一个全能儿，而且，无论怎么说你，你都必须听着，大气也不能喘一声，否则……

在思想道德方面，社会上人人都要求教师师德高尚，做道德上的表率，不能容忍教师的丁点儿错误，完全可以对教师说三道四。不要忘了作为教师，前提是作为一个正常的人。比如：某校教师的一句话，会引起整个社会强烈的道德谴责，而如果不是教师身份的话，他所受的攻击会明显减少。

古之师者执鞭之时，何其威严，现在的教师别说是戒尺，就连"软教鞭"——批评的严厉话也不敢讲，否则不仅伤害了学生的自尊，更成为我们教师队伍中的败类！

你可能听过"白加黑"，可那只是药品宣传广告，现在"白加黑""五加二"字样的条幅挂的到处都是，如此不符合人自身规律的工作强度被当作硬性制度提出来，哪里还有"人性"。试问：若是机器，也会有机器检修之日啊，作为人，我们就"高级""光辉"在这个地方吗？

"廉洁从政"的官员，揪出来一个比一个贪得多，可是就是这些人，却要我们甘于清贫，甘于奉献，而奉献的前提应该是最基本的生活有所保障吧！

当教师也成为人们调侃的对象时，笼统地把所有的罪责归结为教育制度时，那么我们的教师本身算不算是牺牲品？作为个体，我们又有多大的掌控能力？在学校，教师教给学生真善美，可是经过社会的改造，他们又变得假丑恶，这样功亏一篑。试问：

是谁掩埋了我们的成果？

这些批评的声音令人钦佩。但是批评的目的是为了改进，如果不以此为出发点，一味消极抱怨、愤世嫉俗，不但对改造社会起不到丝毫作用，也不利于自己工作的开展。

那么，作为一个教师，要如何才能避免消极愤世嫉俗呢？

1. 对自己的位置和社会现状有一个清醒的认识

作为一名教师，必须明白，承载自己抱负的是三尺讲台和自己的良心。对社会的现状，不能"两耳不闻窗外事，一心只读圣贤书"，该批评批评，该表扬表扬，总之，要保持一个客观而全面的态度，积极付诸行动。否则，一味地愤世嫉俗，只会让自己徒增烦恼。

2. 学会积极面对工作中的阻力

教师在进行自己的工作时，常常遭遇种种阻力。这些时候，教师难免有不满的情绪。但越是这种时候越要注意调整自己的情绪，积极面对工作中的阻力。除了找到自身的原因之外，还要积极和相关方面进行沟通。不应该过分地将工作中的挫折归结于社会的不公，更不必为了自己的小小挫折而对整个学校和社会失去信心。

3. 积极进取，用行动改变现状

教师不能只顾着抱怨而忽略了实际行动。只有行动，才能对社会产生积极有利的影响。所以，不管遇到什么问题，只要积极地用自己的行动去改变社会现状，无论是多么小的努力，都会产生积极的影响。盲目批判，全盘否定，容易让自己变得自暴自弃，进而演变成放弃自己，随波逐流，最终失去进取的热情。因此，无论教师心中有多少不满，永葆一颗积极乐观的赤子之心是十分必要的。

4. 不要戴着有色眼镜去办事

有个太太多年来不断指责对面邻居家的太太懒惰："那个女人的衣服，永远洗不干净，看，她晾在院子里的衣服，总是有斑点，我真的不知道，她怎么连洗衣服都洗成那个样子……"

直到有一天，有个明察秋毫的朋友到她家，才发现不是对面的太太衣服洗不干净。

细心的朋友拿了一块抹布，把这个太太家窗户上的灰渍抹掉，说："看，这不就干净了吗？"

原来，是自己家里的窗户脏了。

每一个人都曾经见过不少愤世嫉俗的人，或者，你也有过一些看什么都不顺眼，永远觉得命运对自己不公平的朋友，但在倾听他们的怨言之后，总会发现有句话说得很妙：可怜之人，必有可恨之处。

看到外面的问题，总比看到自己内在的问题容易些；而把错误推给别人，也比检讨自己来得容易。于是，愤世嫉俗的人常从年轻愤怒到老，遇上生活幸福的人都想咬上一口，所谓"斜视久了的眼睛看什么都不顺眼"。

当你背向太阳的时候，你只会看到自己的阴影，连别人看你，也只会看见你脸上黝黑一片。拿愤世嫉俗来替代反省自己，对自己的成长是一种最大的耽误。

不要让自己落入愤世嫉俗者的圈子里去，戴着有色眼镜去做事，只能让你更加看不清这个世界。

相关链接：

态度决定态度

◎ 韦盖利　译

今天一早起来，便兴冲冲地开始做今天要做的事情，定要忙到午夜时钟敲 12 下的时候。我有很重要的职责要履行，我是个重要的人，我的工作决定了我过的是什么日子。

我可以抱怨阴雨天气，也可以心怀感恩——因为得以免费浇灌草坪。

我可以感到难过，因为我没有很多钱；我也可以高兴，因为我的经济状况让我明智地进行购物，引导我走出颓废。

我可以为我的健康而嘟囔不停，也可以为自己仍然活着而高兴万分。

我可以悲叹，在我的成长过程中父母有那么多东西没能给我；也可以感恩，因为他们让我降临人世。

我可以因为玫瑰有刺而哭泣，也可以祝贺那些刺——它们能够与玫瑰相伴。

　　我可以因为没有朋友而悲伤，也可以开始寻找和发现新朋友。

　　我可以因为要上班牢骚满腹，也可以因为我还没失业而欢呼雀跃。

　　我可以因为要上学而心情郁闷；也可以急切地敞开思想，用丰富的知识来填满它。

　　我可以因为要做家务而沮丧地抱怨；也可以感觉很幸运，因为上帝给我的灵魂、思想和身体一个庇护所。

　　一早起来，今天就在我面前，还未定型。我是雕塑师，今天等着我去雕琢。今天是什么样就看我的了，我得自己决定要什么样的今天。

第二章 淡泊名利

古语云："天下熙熙，皆为利来；天下攘攘，皆为利往。"从古至今，人们最难看破的就是"名"和"利"。淡泊名利，意为轻视外在的名声和利益，就是"名利于我如浮云"的意思。淡泊既不是力不能及的无奈，也不是心满意足的自赏，更不是碌碌无为的哀叹，淡泊是超脱世俗的诱惑和困扰，实实在在地对待一切，豁达客观地看待一切的生活态度。

一、享受心灵的纯净

所谓"静若处子，动若脱兔"，如果没有"静"的准备，也肯定不会有"超脱"和"速度"的结果。

有一个木匠在锯木头的时候，不小心将手表掉落在地上的木屑堆里，他一边责怪自己太疏忽，一面翻动地上的木屑，想找到那只心爱的手表。家里人也都过来都忙找。可是那木屑堆实在太大了，找了半天，仍然一无所获。

等到大家都去吃饭的时候。木匠的儿子独自走进屋子里，没一会儿工夫，他居然拿着手表出来了！木匠既高兴又惊奇地问儿子："你是怎么找到的？"儿子回答说："我只是静静地趴在地上，然后就听到'嘀嗒''嘀嗒'的声音，我就找到手表了。"

这是一个很有寓意的故事，当大人们急于从木屑堆里找出手表时，反而因为自身所发出的嘈杂之声掩盖了手表走动时所发出的声响。木匠的儿子之所以能在巨大的木屑堆里找出丢失的手表，并不是他有什么过人之处，仅仅是因为他有一颗安静的心灵。当我们在慌乱中寻找出路的时候，往往会迷失方向，而如果能保持静默，让心灵从浮躁中走出来，往往也就寻找到了出路。

生活在一个五彩斑斓的世界，落日晚霞需要欣赏；霜林秋叶需要欣赏；石上清溪需要欣赏；大浪滔天需要欣赏；晓风残月、敲窗冷雨、滴水穿石、东逝流水也需要欣赏；最富有灵性与思想的人，更需要互相欣赏！一切世间的美好、心灵的美好，都需要我们静下心来，慢慢地去感受、去品味、去享受。而在今天物欲横流的社会里，最易享受到这般美景的，唯有教师。孩子们清澈的眼神能让教师的眼神清澈，孩子们纯净的心灵能让教师的心灵纯净。所以，作为教师，我们应尽情地享受心灵的纯净，尽情地享受为师的幸福。

心静是一种气质，一种修养，一种境界。诸葛亮说："非淡泊无以明志，非宁静无以致远。"只有拥有兼爱包容之心，把理想树立得高一些，把名利和享受看得淡一些，才能置身于喧嚣浮华的世界却依然坚守心灵的一方净土。宠辱不惊，得失随缘，才能面对世间的种种诱惑而心平如镜，不泛起一丝涟漪，凝神专注，心无旁骛。作为一名教师，我们唯有怀着一颗纯净的心，用心灵去感受心灵，才能看破名利虚妄，达到"不畏浮云遮望眼"的境界；生命才会淡定而真切，充实而精彩。

如何保持心灵的纯净？曾记得一位禅师说过这样一段话："保持一颗清净纯洁的心，就如我们保持花朵新鲜一样。我们生活的环境像瓶里的水，我们就是花，唯有不停净化我们的身心，变化我们的气质，并且不断地忏悔、检讨，改进陋习、缺点，才能不断吸收到大自然的营养。"

佛经上有一个关于心灵安静的故事。六祖在一次讲佛中，突然吹来一阵风，刮得杆子上的幡猎猎作响，于是六祖问众人是什么在动。有人说是风动，有人说是幡动。六祖微笑说，非幡动非风动，是人心动。

这并不是一个单纯的佛教故事，而是在教给我们一种修炼自己的方法。教师要保持心灵的纯净，就要好好地在自己身上下功夫，去反省自己、改变自己，这样，心灵才不会变得污浊。

1. 热爱教育事业

教师的工作是神圣的，但生活也是比较清贫的。教书育人需要感情、时间、精力乃至全部心血的付出，这种付出是要以强烈的使命感为基础的。一个热爱教育事业的人，要甘于寂寞，甘于辛苦，必须受得住挫折，将自己的所有精力全身心地投入教学实践中去。正如著名教育家陶行知所说的"捧得一颗心来，不带半根草去"，要有一颗纯净的耐得住寂寞的心。

2.热爱学生

"爱"要一视同仁,持之以恒;"爱"要面向全体学生。"白天鹅"固然可爱,而"丑小鸭"更需要阳光,多给他们一份爱心、一声赞美、一个微笑,多一些心与心的交流,少一些说教。老师对学生不要体罚,不要训斥,不要高高在上,而应该像李叔同先生那样,做一个和气的人,一个严谨的人,一个值得尊敬的人,一个堪为师范的人。教育的艺术不在于传授知识,而在于激励、唤醒、鼓舞。每一个学生,即使是调皮得令所有老师都头疼的学生,都有一颗纯洁的心灵,那颗心灵会准确无误地感受到来自老师的关心与爱护。也许他们还小,不知道如何回报。可是,当你出了远门返校时,学生老远就高兴地冲着你叫"老师回来了",你不会从心底涌出喜悦吗? 学生的心是最纯洁、最真挚的,热爱他们,感受他们,你的心灵不自觉地就会得到净化。

3.热爱阅读

工作之余,一手握香茗,一手持爱卷,享受许多热爱文字的人精心烹制的"美味佳肴",会从心底生出由衷的惬意;困惑之时,翻阅教育界诸多前辈留下的经验论著,往往又会产生"听君一席话,胜读十年书"的顿悟;悠闲时刻,上网逛逛,访问博友们的网上小家,分享全国各地同行工作中的经验教训与生活中的百般滋味,又何尝不能得到一些收获? 阅读会让我们变得眼界开阔、胸怀宽广,会让我们忘却尘世的繁杂。所以,一个醉心阅读的老师的心灵是最安静的。

"世上本无事,庸人自扰之"。平凡的日子虽如流水淌过,却也会激起许多美丽的浪花。让我们用一双智慧的眼睛,携一颗纯净的心灵,采撷朵朵美丽的浪花,去装点我们的教育人生!

二、正确对待名和利

当代大学者钱锺书,终生淡泊名利。他谢绝所有新闻媒体的采访,中央电视台《东方之子》栏目的记者,曾千方百计想冲破钱锺书的防线,最后还是不无遗憾地对全国观众宣告:钱锺书先生坚决不接受采访,我们只能尊重他的意见。

钱锺书的著名小说《围城》发表后,不仅在国内引起轰动,而且在国外反响也很大。新闻和文学界有很多人想见见他，一睹他的风采，都被他婉拒。在他看来，潜心做学问才是正道。

20世纪80年代，美国著名的普林斯顿大学，特邀钱锺书去讲学，每周只需钱锺书讲40分钟的课，一共只讲12次，酬金16万美元，食宿全包，可带夫人同住。待遇如此丰厚，可是钱先生却拒绝了。

1990年11月，钱锺书80华诞前夕，家中电话不断，亲朋好友、学者名人、机关团体纷纷要给他祝寿，中国社会科学院要为他开祝寿会、学术讨论会，钱锺书先生一概坚辞。钱锺书先生的态度是：不必花些不明不白的钱，请些不三不四的人，说些不痛不痒的话。

正是因为老人淡泊名利，他的笔下才透出一种人生的睿智，他才能为我们留下那么多回味无穷的文字。也正是老人这种淡看名利的处事原则，才让他安心钻研学问，成为一位大家，也博得人们对其"淡泊名利，宁静致远"的赞誉。

名利就像一副枷锁，常常困住人们，让人变得鼠目寸光，只能看到眼前最局限、最浮浅的东西。赫赫有名的神箭手后羿，就曾因名利干扰而失手。

一次，夏王叫后羿射箭。那箭靶约莫有一平方米大小，靶心的直径也有一寸大。夏王说，如果射中，后羿将得到丰厚的奖赏；倘若射不中，就要剥夺他封地千里。后羿闻言，脸上红一阵白一阵，大汗淋漓，连气都出不均匀了。最后他因为太过紧张，将箭"嗖"的一声射出去之后，没中；再射一箭，仍然没有射中。

事后夏王问周围的人："后羿这人平时善射，今天给他讲好了赏罚条件，他怎么就射不中了呢？究竟原因何在呢？"周围人回答说："后羿之所以射不中，是因为患得患失的情绪大大地干扰了他。那厚赏重罚，成了他的沉重包袱，害了他。如果人能够喜忧不加于身，把厚赏重罚置之度外，那么，普通的射手都可以成为善射的能手，否则，即使是后羿也难以射中。"

没错，正是因为名利的诱惑，扰乱了后羿的心，让他患得患失，最终无法发挥出正常的水平。生活中的我们也一样，一旦心存名利，将名利看得过重，就会生活在焦虑之中，时时害怕失去，时常想着夺取。总之，将名利看得过重，人就失去了本性，人性也就异化了。

叔本华曾经说过，人的一生就是在欲望和满足之间摆动的。太多的诱惑，太多的欲望，如果任其过分膨胀，会迷失人的心志，奴役人的灵魂和思想，把人卷进一个巨大的漩涡，推动着人们被死亡和毁灭吞噬。

不被名利束缚的人，才能真正地珍惜生命、尊重生命，不为一时的名利而做出伤天害理的事情。古人曰："放得功名富贵之心下，便可脱凡。"只有把身外之物看得淡一些，轻一些，才能真正地摆脱各种束缚，活出自在潇洒的人生。

教师要如何正确看待名利呢？

1. 要清醒地面对功名利禄，不要让其蒙蔽了自己的双眼

在现实生活中，有不少人信奉"人为财死，鸟为食亡""人不为己，天诛地灭"的处世哲学，为追求名利不择手段，甚至不惜做出违背道德良心和社会伦理的事情，最终如飞蛾扑火般毁灭了自己。也有不少人，天天把淡泊名利、洁身自好挂在嘴上，但是到了关键时刻，往往被"名""利"牵着鼻子走，成了可怜、可鄙又可恨的奴隶。所以，作为教师，我们一定要保持清醒的头脑和巨大的克制力，不要被一时的名利冲昏头脑，不然最终玉石俱焚，后悔莫及。

2. 对物质的需求要适度

人的一生究竟需要多少物质，才能生活得很好呢？不同的人有不同的答案。但是，有一点是肯定的，不管心中的欲望有多大、多强，每个人的需求其实都是有限的。睡不过一张床，穿不过一身衣，食不过一碗饭。"纵有千年铁门槛，终需一个土馒头"。教师要学会知足，学会舒缓自己的心灵，把心思更多地放在深入教学和科研上，在工作中获得最朴素、最宝贵的快乐。

3. 活出自己的精彩，不盲目和他人比较

有时候，不满足的心往往源于和他人的比较，用自己的短处去和别人的长处比，不但徒增很多烦恼，也会失去本来拥有的简单快乐。快乐其实是一种心态，不是单纯靠物质得到的。在满足了基本需求之后，更多的物质并不与更多的快乐成正比，如果不能正确处理和对待，反而可能带来很多问题。因此，物质只要能够满足自身需要即可，不要盲目和他人比来比去，以满足所谓的虚荣心。让别人羡慕或羡慕别人的生活

都不是真正的生活，自己喜欢、自己享受的精彩的生活才是千金不换的。

三、不被物质所绑架

民间流传这样一则故事：

在明朝，有个叫胡九韶的普通百姓，金溪人。他家境很贫困，一面教书，一面努力耕作，生活非常辛勤，却仅仅可以维持衣食温饱。在每天的黄昏时分，胡九韶都要到门口焚香，向天拜九拜，感谢上天赐给他一天的清福。

妻子笑他说："我们一天三餐都是菜粥，都吃不上大鱼大肉的，怎么谈得上是清福呢？"胡九韶说："我首先很庆幸生在太平盛世，没有战争兵祸。其次，庆幸我们全家人都能有饭吃，有衣穿，不至于挨饿受冻。再次庆幸的是家里床上没有病人，监狱中没有囚犯，这不是清福是什么？"

幸福不是物质上享有多少，而是感觉拥有多少；幸福不是靠物质积聚而来的，而是在精神上升华获得的。

在市场经济成为主宰的今天，很多人都把金钱当作衡量一个人是否成功的标准。而作为教师，虽然能力不差、素质很高，但是和别人比起来，就成了工资不高、生活质量也谈不上很高的人群。尤其是有了孩子之后，生活压力就会较大。

"师者，所以传道授业解惑也"。《吕氏春秋》说："不争轻重、尊卑、贫富，而争于道。"面对物质和精神之间的冲突，教师应该何去何从呢？

1. 减少比较，降低个人期望值

有些教师经常把自己的生活状况和其他人的相比，难免心理不平衡。面对生活上与别人的差距，教师应该学会调节心理，积极面对外界的挑战，冷静面对物质的缺乏，降低对生活的期望值，让内心的不平衡慢慢消退。

2. 寻找精神上的富有

对于教师来说，那种有权有钱、大富大贵的情形很难发生在自己身上。所以，追求精神上的富有，才能带给教师更多幸福。在满足了人的基本生活需求之后，精神富有将成为影响教师幸福感的最主要的因素。所有教师在满足基本的生存需要后，都应该去充实精神世界，去享受精神上的富足。

3.必须学会在单纯的心灵交往中感受幸福

教师每天待在学生中间，看到的是年轻和朝气的面孔，听到的是真实的话语，面对的是纯真的笑脸。虽然学生们有时候也会让教师生气，但是他们都是很纯真的。外面的世界虽然有很多精彩，却也充满着钩心斗角、魑魅魍魉。作为一个教师，守着一方净土，可以享受到难得的纯净之美。

教师在提升自我的过程中，享受着精神充实的幸福，享受着人格完善的幸福，享受着对世界通透理解的幸福，这一切都是物质无法带来的，也是金钱带来的快感所无法比拟的。

四、必须远离嫉妒心

为某种利益而竞争的人们，对竞争的胜利者或潜在的胜利者怀有一种愤怒、贬低、排斥、甚至是敌视的心理，这种心态便是嫉妒。有人把嫉妒比喻成咬噬人心灵的毒蛇，这条毒蛇无声无息地吞噬了人的良知和羞耻，使人的心灵逐渐扭曲。

在教师的生活中，嫉妒之心也会时不时地出现。熊熊燃烧的嫉妒之火，正是打破教师平常心态的主要凶手。一般来说，有嫉妒心理的人主要是嫉妒他人在才能、名誉、地位、钱财、爱情等方面获得成功。作为教育工作者的教师在这些方面同样不能免俗。亚里士多德说过："嫉妒者之所以痛苦，是因为折磨他的不仅是自己本身的失败和挫折，还有别人的成功！"嫉妒者会对别人的快乐（幸福、富有、成功等）感到强烈的阴郁，总是会用厌恶和仇视的眼光看待成功者，想方设法挖掘对方的负面因素，否定对方成功的合理性，甚至挖空心思把别人从成功的位置拉下来。嫉妒之火燃烧时，人们会产生眼红、怨怒、沮丧、嫉恨等情绪，进而由嫉恨发展为损害他人的嫉怒行为，最后由嫉怒发展到诋毁，做出严重损害他人的罪恶勾当来。

弗洛伊德说："人的嫉妒心是天生就有的。"嫉妒是一种普遍的社会心理现象，但是并不是每个人只要己不如人就会嫉妒别人。嫉妒的突出特点是"指向性"，嫉妒只有在一定的范围内才会产生，并且鲜明地指向一定对象。如果超出了一定的范围，即使是存在差异现象，人们也不会产生嫉妒。就如同一群公鸡，个头小的就会嫉妒个头大的，但是却不会嫉妒体型超过自己几十倍的鸵鸟。一般来说，当对方的成就达到自己无法企及的高度，或是拥有的是具有高尚意义的荣誉时，我们反而不会产生嫉妒，而是充满钦佩之情，例如奥运会上的冠军，获得诺贝尔奖的科学家，太空行走的航天员，对于他们，人们通常只会羡慕却不会嫉妒。

在现实中，互相了解，且又在同一单位从事同一种工作的人之间非常容易产生嫉妒之心。这是由于他们在利害关系上有着某种联系，彼此都是竞争中的直接对手。我们常说"同行是冤家""文人相轻"，其实就是这个道理。有的教师在现实生活中经常萌发出嫉妒情绪，有的是对自己同事的嫉妒——"凭什么他升那么快！"；有的是对不同职业工作者的嫉妒——"做××比当老师赚钱多了！"；有的是对一些认识的人的嫉妒，比如女性对于其他人在婚姻方面的嫉妒——"她学历没我高，长得也不行，怎么就能嫁得那么好？"

嫉妒是人类的一种劣根性，是既害人又害己的恶魔。具体讲，嫉妒有哪些危害呢？

1. 嫉妒有害身心健康

有嫉妒心理的人，常常会处在压抑、焦虑不安、怨恨烦恼，甚至消极失望的不良心境之中，让自己痛苦不堪。而且嫉妒心还常常会转化为自卑感。拥有强烈嫉妒心的人像喝了迷魂汤，一面盯着别人的优良处境又急又恨，一面又因为没有别人的本领而又悔又恼，产生强烈的自卑感，认为自己必将一事无成。不仅如此，这种不良的心理久而久之就会转化为身体上的毛病，产生多种疾患。

2. 嫉妒会影响人际关系

嫉妒心过强的人，心胸狭窄，容不得别人超过自己，常常会制造矛盾，影响团结，会疏远、贬低甚至攻击被嫉妒者，进而导致人际关系恶化，影响了自己的进步和前程。

3. 嫉妒会腐蚀人的心灵

嫉妒像一种腐蚀剂，容易把一个正常人变成极端自私、丑陋、无耻的阴险小人。这种人的眼睛里只有利益没有道德，阴暗的心理使他们日益堕落，落得不堪下场。

那么教师该如何克服这种有害心理呢?

1. 认清嫉妒的危害,自觉规避

如前所述,嫉妒一方面伤害了被嫉妒者,另一方面也伤害了自己。教师如果任由嫉妒心理占领自己的心灵,不但会对身心健康有害,还会损耗自己的有效精力,因此教师应当自觉避免产生嫉妒心理,用坦然、自信的态度面对周围的人和事。不要因为一时得失而嫉妒他人,即使心里有不快也要控制住自己,告诉自己:不嫉妒别人,我要做我自己。

2. 公正评价别人,正确认识自己

教师如果想根除嫉妒,就应当摒除私心杂念,一方面用开阔的心胸去看待别人,客观评价别人的成就,对于他人一些天生的优势如身材、容貌、家境、智力等泰然处之,不因为别人的优秀就轻易否定自己。另一方面,教师要正确认识自己,认清自己的优势和劣势,客观地认识自己的才能,找到属于自己的位置。

3. 自尊自信,嫉妒之心无处存

嫉妒是一种不自信的表现,那些容易嫉妒的人,往往心胸狭窄、多疑多虑、自卑、内向、心理失衡。身为教师,只有清理掉这些负面的性格因素,才能放下嫉妒心。一个真正有自信的人,不会因为他人的"好"而眼红,而是泰然自若,用心经营自己的生活与事业。

4. 将嫉妒心转化为进取心、竞争心

一名优秀的教师在心态上应当是积极向上的,当看到他人取得成就时,应当奋起直追,把对别人的嫉妒转化为意气风发的进取之心,集中精力专注于学习和教育科研,努力取得更大的成绩,从而拓宽视野,自我发展,增强自信。

五、拥有信念的魔力

石油大王洛克菲勒曾说过:"即使拿走我现在的一切,只要留下我的信念,我就能在10年之内又夺回它们。"

在这个世界上，信念这种东西任何人都可以免费获得，所有的成功，最初都是从一个小小的信念开始的。信念就是所有奇迹的萌发点。

在就职演说中，罗杰·罗尔斯说："信念值多少钱？信念是不值钱的，它有时甚至是一个善意的欺骗。"说这话的人是美国纽约州历史上第一位黑人州长。

他出生在纽约声名狼藉的大沙头贫民窟。这里环境肮脏，充满暴力，是偷渡者和流浪汉的聚集地。在这儿出生的孩子，耳濡目染，他们从小逃学、打架、偷窃，甚至吸毒，长大后很少有人从事体面的职业。

然而，罗杰·罗尔斯是个例外，他不仅考入了大学，而且成了州长。

在就职的记者招待会上，一位记者对他提问："是什么把你推向州长宝座的？"面对300多名记者，罗尔斯对自己的奋斗史只字未提，只谈到了他上小学时的校长——皮尔·保罗。

1961年，皮尔·保罗被聘为诺必塔小学的董事兼校长。

当时正是美国嬉皮士流行的时代，他走进大沙头诺必塔小学的时候，发现这儿的穷孩子比"迷惘的一代"还要无所事事。他们不与老师合作、旷课、斗殴，甚至砸烂教室的黑板。

皮尔·保罗想了很多办法来引导他们，可是没有一个是奏效的。后来他发现这些孩子都很迷信，于是在他上课的时候就多了一项内容——给学生看手相。他用这个办法来鼓励学生。

当罗尔斯从窗台上跳下，伸着小手走向讲台时，皮尔·保罗说："我一看你修长的小拇指就知道，将来你一定是纽约州的州长。"

当时，罗尔斯大吃一惊，因为长这么大，只有他奶奶让他振奋过一次，说他可以成为5吨重的小船的船长。

这一次，皮尔·保罗先生竟说他可以成为纽约州的州长，着实出乎他的预料。他记下了这句话，并且相信了它。

从那天起，"纽约州州长"就像是一面旗帜，罗尔斯的衣服不再沾满泥土，说话时也不再夹杂污言秽语。他开始挺直腰杆走路，在以后的40多年间，他没有一天不按州长的身份来要求自己。

51 岁那年，他终于成了州长。

最可悲可怜之人，就是连信念都没有。一个人需要坚定的信念，才能拥有不断前进的力量。如果把人生比喻成一艘航船，那么，信念就是他的风帆，可以把人生拓展得更广、更长。信念有多大，天地就有多大，你所能达到的高度就会有多高。信念可以让一个两手空空的人坐拥巨大的财富；可以让一个人在浩瀚无垠的沙漠中发现生机勃勃的绿洲，获得重生；可以让一个人在绝望的深渊中找到光明的出口。

信念是我们做事的根本动力，事业选择对了，坚持信念就一定能够成功。只有在信念的支撑下，积极行动，不断努力，才能让自己变得更强大，并让自己看似柔弱的臂膀为梦想撑起一片蔚蓝色的天。对于教师来说，一个坚定的为教育做贡献的信念，可以支撑他走过艰难的瓶颈期，来到一个更广阔的天地，最终促使他完成貌似根本不可能实现的教育理想。

教师如何才能拥有坚定的信念，并让其发挥巨大的魔力呢?

1. 对教学工作要抱着崇高的愿望和高尚的动机，以利他的心态去培植信念

印度著名诗人泰戈尔说过："信念是鸟，它在黎明仍然黑暗之际，感觉到了光明，唱出了歌。"崇高而坚定的信念可以激发一个人发出最大的能量，甚至让自己都感到吃惊。这是因为，人只要有一个信念，有所追求，便什么艰苦都能忍受，什么环境都能适应。而且信念具有巨大的威力，甚至比任何物质都强大，最终能让我们实现伟大的目标。作为教师，我们也应该树立高尚的信念，并为之付出积极的行动，为教育事业做贡献。

2. 用锲而不舍的精神去坚持和实现自己的信念

无论什么事，都需要坚持才能成功。同样，教师想要达成自己的心愿和目标，也必须有愈久弥坚的忍者精神。只要坚持信念，一切都是成功途中的美丽音符。为了自己的信念，坚持不懈，持之以恒，积极努力，总有一天，会看到自己的信念开花结果。因为，信念只有在积极的行动之中才能生存，才能得到持续不断的加强和锻炼。

3. 时刻保持积极的心态，敢于坚持下来

很多事情，不是因为能看到一个好的未来和光明的前途而去坚持，而是即使无法

料想以后怎样，也要敢于坚持，即使坚持的结果或许是镜花水月，不可触及。这就是信念的伟大和可贵之处，也是它的魔力所在。

六、付出也是快乐的

想摘取树上的果实，就必须浇水、施肥，照顾它长大；想要获得甘美的水源，必须先挖井掘水；想在工作上取得成就，必须付出心血和汗水；想得到别人的帮助，必须先要去帮助别人：有付出才能收获。

有这样一个意味深长的故事：

一户住在沙漠里的人家，家门口有一个蓄水池，长年储备着水。过往的驼队常向这户人家讨水喝，这家人总是慷慨地答应。有一年，沙漠里大旱，水池里的水也越来越少，这户人家不得不在门前立上写着"此处无水"的牌子。但是第二天，主人却惊奇地发现门前多了几桶水。原来，过路的驼队看到没水的牌子，主动留下了几桶水。从此以后，所有从这里经过的驼队都多了一条不成文的规定：上路前要多备水。倒一桶到蓄水池，惠人惠己。

看了这个故事，你想到了什么？当别人送给你东西的时候，你感到快乐，而当你给予他人东西的时候，你也会感到快乐，这是自己能够帮助到别人的欣慰，是能够与人分享幸福的愉悦。高尔基有一句话说得好："给永远比拿愉快。"付出是一种快乐，当你为别人付出时，你将感到发自内心的快乐与满足。生命的价值就在于给予，给予的基础是奉献。

"付出"与"索取"是相对的两个词语，其中有着数不尽的人生韵味。教师在工作和生活当中也应当有这样的觉悟，自觉付出精力、爱心和支持。这不仅是道德的自我完善，同时也是对职业特性的一种诠释。

1. 付出是教师爱心的体现

一名有爱心的教师，会毫不吝惜地给予学生支持和帮助，指导他们迎接人生的每次挑战。有人说爱自己的孩子是人，爱别人的孩子是神，而教师每天都在扮演着爱别人孩子的神的角色。

教学是一门科学，更是一种艺术。教学的道路上需要教师付出真诚。当教师真心对待学生时，会付出一颗心，与学生同呼吸共命运。学生在学习上、生活中有困难时，教师都乐意帮助其解决。尤其是在应对"问题"学生方面，教师能以和善的方法来教育疏导，使"问题"学生转化为一名好学生。有很多东西在给予他人时，往往是越分越少，但有一种东西却是越分越多：那就是爱！对学生无私的帮助和爱护，是一名优秀教师心中有学生、心中有爱心的体现，它将激励学生积极进取、顽强拼搏、奋发向上。

2. 付出是教师责任感的体现

一名有责任感、有岗位意识的教师会为工作付出自己的辛劳和关注。有付出，未必有回报；但没有付出，一定不会有回报。可以说，教师的付出其实是一种成就，成就了学生也成就了自己。

教师不仅要付出爱心，更要付出责任心。教师的责任心在每天的工作中体现，在言传身教中体现。教师要对学生负责，就必须兢兢业业地工作，竭力开展好每一项活动，正视自己的言行，以身作则。一名教师，他的责任心不是在轰轰烈烈中展示，而是在平凡、普通、细微甚至琐碎中体现，体现在每一次课程设计上，体现在每一次教育学生上，体现在教学活动的方方面面……

付出是快乐之源。教师是一份良心职业，舍得付出，关心关爱学生的成长，切实做好教师的每一项工作，这就是教师最大的满足和快乐。

总之，教师要乐于付出，以付出为快乐是教师服务心态的重要组成部分。爱心是明灯，责任是方向。

相关链接：

随和是最佳的心境

◎徐小凤

随和是一种心态、心境，只有心静才能达到随和。随和也有层次之分，初级的随和只是不伤和气，宁肯抛弃、忍让，以使自己拥有一个宽阔流畅的情趣与生存空间。

高层次的随和则是淡泊名利时的超然，是曾经沧海后的泰然，是狂风暴雨中的坦然，要达到这种境界，确实得经过一番磨炼和修养，经过一番自律和升华。

要达到随和的状态和佳境，一要定心，二要气和，三要寡欲。"心静自然平""五心不定，输得干净""自从心定后，无处不安然"，这些哲语本是在讲"心静"之意之妙，而这恰恰是随和的支撑点。要保持这个支撑点，我们必须首先做到心静，其次才是和气和控制住自己的世俗欲望。人与人之间经常产生一些摩擦与纷争，只要无损于党和人民的利益，无损自己的人格，以一种随和的心态向对方施以宽宏大量与谦让，实在是一种正确的处世哲学。高层次的随和能够在风雨之中觅得一方晴空，在激流险滩之中辟出一块乐土，而事事处处斤斤计较的人则无异于慢性自杀，最终孤独一生。

随和是一种文化，是一种素质，在随和中致远，会使人眼界开阔。随和是一笔财富，一大笔资源，在随和中多思，会使人聪明、多智，久而久之，就会形成巨大的能量，智慧的资源，素质的储备。

品味随和的人会成为智者；享受随和的人会成为慧者；拥有随和的人就拥有了一份宝贵财富；善于随和的人方能领悟到随和的真谛。悦心、养心、补身，方能与相识的和不相识的人一道风雨兼程地走好漫漫人生路。

第三章 葆有情怀

教育是"一个不完美的大孩子领着一群不完美的小孩子一起追求完美的过程"。这是教师应该具备的最起码的教育情怀。

一、拥有宽广心胸

心胸宽广是一种可贵的品质，它是一个教师应有的内在涵养和精神境界。从社会现实来看，宽容大度，易讨人喜欢、被人接纳、受人尊重，因而在人际交往中能如鱼得水、左右逢源，减少做事的阻力，也能赢得朋友。团结同事，在教学中凝聚人心、整合力量，成为一个幸福的生命体。

有一位印度大师，身边有一个总是抱怨的弟子。有一天，大师派弟子去买盐，弟子回来后，他又吩咐这个不快乐的弟子把买回来的盐放在一杯水中，并让他喝了一口。大师问："味道如何？"弟子咧着嘴说："苦！"大师又吩咐弟子把这些盐放进湖泊里，并让弟子再尝尝湖水，弟子就尝了尝。大师又问："现在味道如何？"弟子答："很清甜！"大师又问："你尝到咸味了吗？"弟子说："没有！"这时，大师对弟子说："生命中的痛苦就像一把盐，不多也不少，我们在生活中遇到的痛苦就这么多，但是，我们体验的痛苦取决于你把它放在多大的容器中。一个是我们遇到的痛苦，一个是体验到的痛苦，这个取决于你的胸怀。"所以，当你处于痛苦中时应开阔你的胸怀，不要做一个"杯子"，而要做一个"湖泊"。

做个心胸宽广的教师，需要我们改进方法为自己减压，调整好自己的心态。

1. 对待领导的评价要冷静

对待领导的评价，我们要用客观、坦然的心态去面对。过分注重领导对自己的评价，往往会使自己背上沉重的包袱。当然，在我们努力工作的同时，领导对我们的鼓励，我们要将之化为动力；在我们得意骄傲、扬扬自得、不正确审视自己的时候，领导对我们的当头棒喝，我们要冷静对待，耐心寻找突破点……

2. 对待同事的议论要宽容

在平时遇到的来自同事的议论,不外乎三种情况——中肯的批评、善意的误解和恶意的中伤。对于"中肯的批评",要尊重对我们提出批评的老师,因为他的批评能够让我们更健康地成长;对于"善意的误解",我们应该以平和的心态去面对,而不要妄加猜测;对于"恶意的中伤",我们也要做到尽可能地去宽容。外国谚语说:"当你与傻子吵架时,旁观的观众往往分不清究竟谁是傻子。"所以遇见这样的事情,还是应该相信"事实胜于雄辩"——证明自己的最好办法莫过于做出让人信服的成就。

3. 对待学生的意见要豁达

学生对我们提出的意见是最朴实的,而我们时常会犯这样的错误,就是没耐心等学生说完他们的理由就草草地做出判断。学生对我们提出的建议我们经常敷衍地一带而过,没有真正地去思考,这是一种逃避和盲目自信的行为。没认真思考学生的意见,会使我们失去难得的成长机会。所以,我们应该以豁达的态度直面学生的意见,不断反思和发展自我。

据美国的一份研究材料表明,在教师、医生、农民、律师、家庭主妇、教士和修女中,教师患神经官能症的人数比例最高。究其原因,是由于教师整天都要接触带有情绪色彩的活动。他们可能遇到儿童的敌视或挑衅、依赖或要求、破坏或欺骗、吵闹或捣乱。据国外教育心理学的研究发现,许多青少年由于在家庭、社会或学校长期受惩罚、排斥,他们把一切成人都看成威胁性人物。他们把成人看成是自己受打击和痛苦的主要来源,所以都视之为"敌人"。这样的儿童养成了好斗性,他们容易把对一切成人的仇恨转移到新的班级的教师身上,这样教师就成了别人的"替罪羊"。

做个心胸宽广的教师,保持积极的心态,还要学会调整自己的情绪。那么该如何调整自己的情绪呢?

1. 凡事持乐观的态度

教师的工作环境影响着教师的情绪,而教师在教育教学活动中表现出来的喜、怒、哀、乐、忧、惧等情绪,以及由这些情绪造成的心理氛围,必然会对教育教学的效果以及学生的身心健康产生积极或消极的影响。这种消极的影响,会让教师的情绪压抑，也会让学生感到沉闷。大量事实表明，学生是不喜欢板着面孔的教师的，甚至是讨厌的。在教育教学活动中，如果教师以微笑面对学生，学生就会感觉教师容易接近、很亲切。学生情绪高涨，敢想、敢说、敢做，并愉快地接受教师的引导，"亲其师，信其道"。师生关系和谐，沟通良好，这样会收到意想不到的教育效果。这也就是人们常说的"爱笑的教师人气高"。

曾看过一个小故事：

有位老太太坐船去伦敦探亲，当船全速前行之时，忽然撞上冰山。船上数千人大都惊慌失措，有人还跳海逃生。唯有那老太太稳坐于其位，面无惧色，双手合十，如没事一般。所幸，船只缺口被堵，化险为夷。事后有人问她为何不怕，老太太很平静地说："我有两个女儿，大女儿两年前就过世了。我这次是专程去英国看我的二女儿的，若船失事，我便可以到天堂去看我大女儿啊！有何可惧？"

多么乐观的心态啊！

2. 以宽容之心对待学生的过错

俗话说："海纳百川，有容乃大。"一个具有宽容之心的教师，能不计前嫌，能容纳学生的过错。教师的教育在心理上从来不是单向流动的，在这个流动过程中，教师的教育态度一经转化为学生的情感体验，学生对待教师的态度就会产生相应的改变。一旦作为教育者的教师与作为受教育者的学生之间有了情感的沟通，学生就会信任教师，这就为其接受教育打下了基础。而宽容能够在教育者与受教育者之间架起情感沟通的桥梁。法国文学大师维克多·雨果曾说过这样的一句话："世界上最宽阔的是海洋，比海洋宽阔的是天空，比天空更宽阔的是人的胸怀。"当教师感觉到自己怒从心头起时，应多想想学生的可爱之处，善于发掘他们的闪光点，不歧视、不奚落差生和有问题的学生。只要我们多一点宽容，以宽容之心对待学生的过错，那么，我们的情绪就会好起来，我们的心态就会积极起来，工作自然做起来事半功倍。

3. 怒过一定要学会安慰

这里所说的安慰，既包括对自己的安慰，也包括对他人的安慰。所谓对自己的安慰，就是学会自我开解，凡事往好处想，这样自己才能不生气，情绪才会好起来。所谓对他人的安慰，就是要想到，在自己盛怒之下，他人势必会受到伤害，无论是学生还是同事，此时，对方的情绪也受到了影响。因此，我们教师在怒过之后，要学着收回来，给对方予以安慰。

心理学上有一种理论叫作"近因效应"，它是指人与人交往过程中，往往最后一句话决定了整段话的调子。教师在发怒时，倘若不注意这种"近因效应"，可能会使自己和他人建立的感情消失。"近因效应"的功能告诉我们，怒斥之后，莫忘安慰。也就是说，批评过程中，难免有情绪化，但是结束语要妥帖，安慰几句，就能给对方一个好印象，例如："也许我的话讲得重了点，但愿你能理解我的一番苦心。""很抱歉，刚才我太激动了，希望你能听进我的话，认真改正，我一定会高兴的。"有这类安慰性的语句，就会使对方感到勉励之意，认为"这番批评虽然严厉了点，但是为了我好。"

4. 学点情绪调控术

情绪与人的积极心态之间有着密切的关系，因此，教师要学会调控自己的情绪。这就需要我们掌握一定的情绪调控术。下面给大家介绍几种简单的方法。

（1）深呼吸法。平时，有的学生做的一些事情确实令我们教师生气，有时还会闹成僵局，这时最好先不要发火，可以做几次深呼吸，也许我们心中只是憋了一口气，呼出来可能就没事了；或者暂时离开现场，让自己有时间冷静下来。这样，心中郁积的不良情绪就在一呼一吸之中被释放出来，心情自然就平静下来了。

（2）转移注意力。当我们感到自己的情绪有不良变化时，倘若是在上课或工作，不妨暂停手中的工作，让自己沉默几秒钟或做些其他的事情，转移注意力。当自己的情绪平复下来后，再接着原来的事情往下进行。像教师在上课时，倘若遇到学生讲话屡劝不止的情况，可以停止讲课，站在讲台上沉默几秒钟甚至几分钟，极其严肃地盯着那么几个爱讲话的学生，达到一种"不怒而威"的效果；倘若教师窝了火，也可以走出教室站在走廊上静立片刻，望望远处的风景，吹吹风，也许可使情绪好起来。

（3）负面情绪排出法。有时，工作一天下来，我们的负面情绪尽管经过不断地呼吸或转移，都无法控制。没关系，晚上下班后，找一个安静的地方，让自己静静地躺下或坐下，然后在内心对自己说："我的不良情绪从我的头部排出去了，从我的发梢排出去了，从我的手指尖排出去了，从我的脚趾间排出去了。"这样一步一步地对自已施行心理催眠。等你从头到脚施行结束后，你会发现，自己的心情沉静了不少，心态自然平和了，不再怒气冲冲。当然，教师要能及时控制自己的情绪，并非轻而易举的事情，它也需要教师不断提高个人修养。在这一点上，教师们要不断努力。

二、必须积极主动

若想登上成功的最高阶梯，就必须永远保持积极主动的精神。

一个在公司做了五年职员但没有得到提升的人去找经理，问："我已经做了五年的办公室文员，为什么别人都一步步地往上走，而我一直是原地不动？"

经理问他："你平时是怎样做自己的工作的？"

职员说："我一直按照您的吩咐去做，从来没有出过半点差错啊！"

经理笑着说："我让你扫地，你就只管扫地而不去把垃圾倒掉，我让你去仓库登记产品情况，你就对仓库的杂乱无章视而不见，你说，我该怎么提拔你？"

这位职员面红耳赤地回去了，从此他开始以积极主动的心态去工作，不管是分内之事还是分外之事都尽职尽责。没过多久就被提拔为部门主任了。

积极主动（Pro-active）这个词最早是由著名心理学家维克托·弗兰克推介给大众的。积极主动即采取主动，为自己过去、现在及未来的行为负责，并依据原则及价值观，而非情绪或外在环境来下决定。积极主动的人是改变的催生者，他们扬弃被动的受害者角色，不怨怼别人，发挥了人类四项独特的禀赋——自觉、良知、想象力和自主意志，同时以由内而外的方式来创造改变，积极面对一切。

积极主动不仅仅是指行事的态度，也是对自己的人生负责。个人行为取决于自身的抉择，而不是外在的环境。积极主动的人拥有自己的价值观，积极主动的人是非常理性的人，他们把价值观作为自己行为的内在动力；积极主动的人比较自信，永远是正面地看待问题，面对困境不抱怨，想办法提出建设性的意见，并且提高自己应对困境的能力。

如果你不向前走，谁又会推你走呢？因此，积极主动的态度，是实现个人愿景的原则。

1. 积极主动是一种健康向上的人生态度，代表着自身的一种创造力

积极主动能使人主动地思考、积极地行动、勇于进取。拥有这种心态的人始终坚信：不论在什么情况下，自己总会有选择的权利与自由。他们对自己有着高度的责任感和使命感。

2. 积极主动是一种精神

"人是要有一点精神的"，这是中华人民共和国主要缔造者——一代伟人毛泽东曾经说过的话。积极主动的精神反映在人的思维、行动以及整体的气质面貌上，它可以拓展人的思维，促进人潜能的开发，更大限度地发挥个人的主观能动性，是人生走向成功的重要因素。

3. 积极主动是一种优势，使人能够获得更多的资源

资源相对于需求总是稀缺的，优质资源更是如此。所以如果想要追求好的生活、好的工作、好的爱人……你就必须要跟别人竞争，只有通过竞争才能够得到，优质资源不会平白无故地送到你手中。凡是事业上有所成就的人总是能够以积极的态度去面对，总是能够主动地去争取各种机会和资源，对人生的成功和辉煌充满希望！

既然积极主动有如此多的好处，为什么还有不少的人做不来呢？究其原因有以下几个方面：

1. 消极心态

生活在自我幻想之中，妄想一切能够因为某些事情突然改变。有不少的教师总是以被动应付的心态去对待一切事情，得过且过的心态还是不同程度地存在着。

2. 抱怨心态

总是有些人抱怨：做教师非常辛苦、身心疲惫，社会不公，领导能力差，同学科教师太没用影响了自己的成绩，没有伯乐发现自己……以此来作为没有能完成目标的理由，以别人的缺点作为推卸自身责任的借口。

3.等待心态

如果你消极等待，你的主观能动性就得不到发挥，你的自身潜能就会退化直至消失。那么你就会变成一个毫无主见受制于人的傀儡和"应声虫"，一旦如此，发展和成功就会离你而去，平庸无为的一生也就注定了！"年轻"老师的身体中蕴含了"苍老"的心。

4.被动心态

著名的钢铁大王卡内基曾经说过"有两种人决不会成大器，一种人是除非别人让他做，否则他是决不主动做事的人；另一种即使是别人要他做，也做不好事情的人。"不积极主动，消极等待、消极怠工的人，正是卡内基所说的人。凡成功的人士做事情总是"主动"的，相反，做什么事情都是"被动"的人，终其一生是难有一番成就的。

5.从众心态

自己有想法不表达，时间久了甚至都不清楚自己的想法是什么了。他们每次都会习惯性地先问别人："你怎么想？"而从不会问问自己："我怎么看？"甚至到了后来就成了"别人怎样我就怎样"，拿自己感觉"无所谓"。特别是在展示自己水平的评课和集体备课活动中，充分展示自己聪明才智的机会，成了可有可无的鸡肋。

6.推卸心态

下列的言语就显示了这种心态："我就是这样"——仿佛是说:这辈子注定改不了；"他使我怒不可遏"——意味着:责任不在我，是外力控制了我的情绪；"办不到，我根本没时间"——暗示:又是外力控制了我；"要是某人的脾气好一点"——意思是:别人的行为会影响我的效率；"我不得不如此"——意味着:迫于环境或他人;等等。

教师怎样才能积极主动呢?

1.确立自信心，以积极主动的心态乐观地面对自己的人生和工作

如果做不到这一点，你就无法成为一个优秀的教师。一个相信自己的人，才会在走路时神采飞扬，看上去才有无穷的魅力；一个相信自己的人，才会在待人接物时落落大方，才能得到周围人的欢迎和认可，才会有更多的机会展示自己。心理学家早已

发现：一个人能否被击败，不是取决于外界环境，而是取决于他对环境如何反应。埋怨不会改变现实，但是积极的心态和行动可能改变一切。心态积极的人总是以不屈不挠、坚忍不拔的精神面对困难，他的成功是指日可待的；心态积极的人总是使用最乐观的精神和最辉煌的经验支配、控制自己的人生。当然，不是每一件事情都必须由自己来选择、由自己来主导。所以，在选择积极态度的同时，我们也必须保持平和的心态，"有勇气改变可以改变的事情，有胸怀接受不可改变的事情，有智慧来分辨两者的不同"。

教育者乐观的心态有哪些体现？

（1）营造和谐的生存环境，以善良的、诚挚的心对待别人。"授人玫瑰，手有余香。"这就教育我们，予人方便就是予己方便。要待人如待己，请你在别人遇到困难时，热情地伸出援手。多一个朋友，就会多一份机会。

（2）但问耕耘，莫问收获。勤奋，是成功的不二法宝。"如果一个人努力，他不一定有收获，但不努力，肯定没有收获。"事业成功的黄金定律之一便是要有责任心，凡事尽力而为，并且要任劳任怨。在工作上，永远不要试图去敷衍。你到底在工作上用了多少心思，大家心里一清二楚。有人曾经访问过许多在事业上功成名就的人，最后得出他们的共同特点便是：在工作上投入的时间及精力，远远要比工作本身所要求的多。

（3）坚忍不拔的毅力。想真正地做成一件事情，需要你有锲而不舍的精神。不管我们想在哪个领域做成一件事情，如果你已经认准了目标，那就坚持不懈地做下去。认准了要做的事情，就要克服一切困难达成目标。有了这种顽强的韧劲，理想总能变成现实。

（4）不要惧怕竞争。在职场上，遇到竞争对手是再正常不过的事情。对待竞争对手，我们要采取一种和风细雨的态度。即使他当众对你无礼，你也要保持修养。学会拥抱敌人，一个人能容下多少人，就能成就多大的事业。在非大是大非的问题前，示弱并不会失去什么。

（5）求人不如求己。困境中请你自己鼓励自己，不到万不得已，请不要把自己的底牌亮给别人。要知道，困难时要求得到的帮助，价码总是会更贵一些。

2. 愿意走出自己的"舒适区"

所谓"舒适区",是指你所习惯的生活方式、思考方式,甚至是你所熟悉的生活环境和打交道的人。然而,"舒适区"未必真的那么"舒适",必定有一些其他的力量,让我们有一种"走出去"的冲动,这种力量,有可能是现实的压力,被社会认可、成名成家思想的驱使,等等。无论如何,走出去才有可能做出积极的改变。

3. 拥有明确的目标

任何事情都积极主动可能会分散你的精力,有所取舍是智慧的体现。另外,你也会发现为了重要的目标而积极主动,意愿更强烈,动力也更大,更有可能成功,并进入良性循环。

4. 时刻检讨自己和周围人说话时的方式

是否经常使用"但愿""不可能""我不得不""可能"之类的消极语言,从"I can't"改为"How can I"。检讨别人的说话方式,尽量多与拥有积极正面能量的人交流,避免受携带消极能量的人影响。

5. 胆大心细,不打无把握之仗

胆大,意味着我们要积极主动地去选择,并承担可能带来的风险。其实很多时候并没有什么风险,但是胆小的人会夸大甚至臆造一些风险。无准备的"积极主动"只会让人觉得你不稳重。而这种准备除了自己这方面以外,为相关人的准备也很重要。

6. 充分准备、把握机遇,甚至是创造机遇

不要坐等机遇上门,等着伯乐去发现你,要有毛遂自荐的意识和胆量。屠格涅夫说:"等待的方法有两种,一种是什么事也不做的空等,另一种是一边等,一边把事情向前推动。"也就是说,在机遇还没有来临时,就应事事用心,事事尽力。做一个有积极主动精神并付诸行动的人,做一个有积极向上理想的人,那么,在你的人生旅途中定会不断地取得一个接一个的成功!我们应牢牢记住:一种高尚的精神、一种积极向上的心态、一次次积极主动进取的实际行动的好处,比那毫无益处的消极等待要多上千万倍。只要积极主动锐意进取,不消极等待不退缩就有希望走向成功。

三、保持职业热情

美国汽车大王亨利·福特曾说："工作是你可以依靠的东西，是个可以终身信赖且永远不会背弃你的朋友。"连拥有亿万资产的汽车业巨子都还如此地热爱工作，那我们似乎也难以找出不喜爱工作的理由了。

职业热情是教师情感的一个重要方面，它是指教师在教育活动过程中的活力、能力、投入、兴奋和兴趣。教师在教学过程中表现出来的"热情"有两层含义：一是对学生"热心"；二是对自己所教的专业有"求知兴趣和求知信仰"。教师从某种意义上说是以知识代言人的身份进入课堂的，他对事业、对学生、对课堂的热情与态度决定着课堂的价值，造就了课堂学习的氛围。热情是课堂生活最美好的情境，有助于培养学生对课堂的信任感，消除敌意和冷漠，使学生乐于吸纳新知识，心灵变得更加敞亮而充实。

热情是成就教育教学事业的原动力。没有热情干不成事。有了热情，才会有工作的劲头，才能大胆迎接挑战，进而取得事业的成功；有了热情，在遇到困难的时候才不会悲观丧气、畏首畏尾；有了热情，才能提高工作效率，把工作做得又快又好。没有热情，懒懒散散，萎靡不振，遇到困难就回避，遇到挫折就泄气，遇到坎坷就低头，那只会一事无成。

热情是自然而然的一种兴致，不是故意做什么和表演什么。凡有夸张表演的地方，教师的热情将令人紧张而疲劳。自然而然的热情即使营造的是一种安静的氛围，也好过表演式的喧闹。对学生而言，教师的热情隐含在教师的语音、语调和教师的身体语言中。热情的教师能够自信和友好，能够用丰富、生动的手势强调重点，能够在讲课时全身心地投入，富于表现力，能够与学生保持眼神的交流，能够运用不同的音高、音量、变调、停顿等来控制教学的节奏，能够在教学时饶有兴致和情趣，坚定地认为学生能够成功地完成任务，并能迅速处理学习任务外的事情，保持快节奏的课程进度。

职业倦怠严重损伤职业热情。一旦教师出现职业倦怠现象，其表现不但影响到正常的教育教学工作，影响到教师本人的身心健康，而且会给学生的身心健康发展带来潜在的威胁。正如美国学者 Dworkin（1987）所说："且不论教师职业倦怠对教师个体及学校产生什么样的后果，这些教师的学生才是最终的受害者和牺牲者。"造成这种

现象的客观原因有：

1.为"光环"所累，"职业"所压

教师的职业承载了太多的社会期冀，一言一行备受社会关注，社会各方面以近乎苛刻的标准来要求教师、约束教师。有些媒体过分炒作教师职业的神圣，就像挂在祭坛上的"神"，片面报道造成"老师怕学生，不敢管和不敢教"的现象，给教师带来严重的心灵伤害。

2.多种因素制约了教师自我发展的空间

如工作量过大，追求的目标没了，课改难以适应，没有上升机会，人事机制因素的制约，待在固定的工作环境里十几年没有换过一个学校等，教师如果不注意调适自己，身心处于"亚健康状态"，就会导致其工作热情逐渐丧失。

3.学校管理因素

繁重的学习，如业务学习、政治学习、教学研究、作业教案、专题探讨、心得体会以及各种教案等等，造成了不少教师身心疲惫。

4.学生参差不齐

独生子女、单亲家庭子女、留守儿童等学生骄纵，放任，教师为学生安全所压。

如何保持职业热情？

作为教师，现实给予了其巨大的压力，我们不要抱怨、逃避和消极对待，有时我们无力改变社会和学校，改变的只能是我们自己，自己拯救自己，做自己的主人。正所谓打铁还得自身硬，随时保持职业热情，调整好自己的心态。

1.端正工作态度

要改变对工作的看法，把自己的事业、成功和目前的工作连接起来。

2.不断树立新的目标，挖掘新鲜感

审视自己的工作，看看有哪些事情一直搁着没有处理，然后把它做完。

3. 事事比别人快一步

现代社会进入节奏感强、竞争激烈的时代，办事永远比别人慢半步的人，工作效率是很低的。

4. 要微笑面对生活

教师应该以一颗平常心来正确看待压力，来适应社会的发展与自身的现实。学会自我放松、自我减压，豁达待人、乐观处世。

5. 正确客观地评价自己

认清自己的价值和位置，对学生、同事抱以一种接纳、尊重、欣赏的态度，把他们看作是有能力的、可信赖的、友善的、有价值的、具有向上精神的、求进步的人，只有悦纳他人、悦纳自我、自信地笑对每一天，才能永远保持一种健康的心态。

6. 保持积极健康的生活方式

学会情绪的倾诉，经常与谈得来的同事谈一谈自己的心理压抑，以减轻心理负担；多参加体育锻炼，多学些心理保健知识，以适时调整心态等。

7. 从容坦然地看待事物

俗话说："知足常乐。"生活中要学会从容坦然，不为蝇头小利放弃自己的理想，不为某种潮流改变自己的初衷，更不可把生命旅途上的微不足道的失落压在心头，而要坦然地追求自己心中的太阳，要拥有"退一步海阔天空"的宽广胸怀。总之一句话：乐观总比悲观好，适合自己最重要。

8. 多和自己竞争

没有必要嫉妒别人，也没必要羡慕别人。很多人都是由于羡慕别人，而始终把自己当成旁观者，越是这样，越会把自己推进一个深渊。你要相信，只要你去做，你也可以的。为自己的每一次进步而开心，事不分大小，复杂的事情简单做，简单的事情认真做，认真的事情反复做，争取做到最好。

无论如何，我们都要懂得：一个人可以没有金钱，但他不能没有精神；一个人可以没有权势，但他不能没有生活的热情。大诗人乌尔曼曾说："年年岁岁只在你的额头上留下皱纹，但你在生活中如果缺少热情，你的心灵就将布满皱纹了。"

四、坚守职业道德

教师职业道德，简称"师德"，是指教师在从事教育劳动时所应遵循的行为规范和必备的品德的总和，是调节教师与他人、与社会、与集体、与学生等职业工作关系时所必须遵守的基本道德规范和行为准则，以及在此基础上所表现出来的道德观念、情操和品质。其特征有：鲜明的继承性，强烈的责任性，独特的示范性，严格的标准性。

师德对教师起着调节和教育作用。所谓调节作用，指师德具有纠正人的行为和指导实际活动的能力；所谓教育作用，就是师德能够教育教师正确认识和对待自己的职业，认识自己对他人、对集体、对社会等利益关系应尽的责任和义务，以及在此基础上形成的道德观念和判断力。

师德对学生起着榜样和带动作用。榜样作用指在道德行为上，师德比其他职业道德有着更加强烈的典范性。带动作用包括教师所起的带头作用、纽带作用和思想政治品质的教育作用。

师德对社会的影响和促进作用包括对精神文明建设的促进作用、对物质文明的推动作用和对社会生活的影响作用。

教师如何坚守职业道德？

1. 要恪尽"师责"

"师责"就是教师应尽的职责，恪尽教师职责是师德修养最基本的要求。教师，要加强师德修养，首先就要始终牢记自己的神圣职责——传授知识技能，着力培养学生创新、实践和学习能力，传承民族文化，弘扬爱国主义，在深刻的社会变革和丰富的教育教学实践中，开拓创新、求真务实、不折不扣地履行自己的神圣职责。

2. 要砥砺"师志"

"师志"是指教师的理想和志向，是师德修养的方向、目标。教师，要加强师德修养，就要在教学实践中，不断砥砺"师志"，树立远大理想，把成为德才兼备、德业双馨的"人师"作为毕生的追求，以培育人才、繁荣学术、弘扬先进文化和推进社会经济发展为己任，为培养大批合格的中国特色社会主义建设者，造就大批锐于创新、勇于实践、乐于奉献的高素质人才，提高全民族的思想道德素质和科学文化素质，实现中华民族伟大复兴贡献全部力量和才智。

3. 要积聚"师智"

"师智"是指教师的知识和智慧，是师德修养的根基。一名教师只有拥有广博的知识、超群的智慧、深厚的文化底蕴，才能产生师德感召力。教师是知识的重要传播者和创造者，连接着文明进步的历史、现在和未来。面对新知识层出不穷、知识更新周期不断缩短的新时代，教师更需要潜心钻研业务知识，不断吸纳学科前沿的新知识与新成果，拓展自己的知识领域，充实、完善自己的知识结构，全面提高业务素养和知识水平，成为爱学习、会学习和终身学习的楷模；更需要积极参与科学研究，锐意科技创新，努力提高自身的科研能力和学术水平，使自己真正成为一名学识渊博、学业精深、学养深厚、实践经验丰富的专家型教师和学者。

4. 要磨炼"师能"

"师能"是指教师从事教育教学工作的能力和水平。教师磨炼"师能"，要把尊重传统和大胆创新有机地结合起来，把教育教学的科学性和艺术性高度完整地统一起来。在继承中华民族优秀教育文化和传统的基础上，教师要努力学习和掌握现代教育理论，积极开展教育科学研究，把最新的教育研究成果应用到教学实践中，不断更新教育教学理念，熟练掌握和运用现代教育技术，大胆改革创新教学方式和方法，全面提高教学能力和水平，在教育教学耕耘中拓宽视野，在教育教学实践中磨炼师技、升华师艺。

5. 要笃行"师表"

教师不仅是知识的传授者和创造者，还是道德示范者，教师的师德只有在道德示范和实践中才能得以升华。教师只有在教学中思想活跃、态度积极、热情饱满、作风民主、仪态端庄、言行文雅，在社会生活中人格独立、志趣高洁、自尊自爱、自信自立、善恶分明、与人为善、协作奉献，才能赢得学生和世人的尊重，才能生发出超凡的人格魅力，才能使学生"亲其师，信其道"，达到一种理想的教学境界，才能率先垂范，做先进生产力和先进文化发展的推动者，做青年学生健康成长的指导者和引路人。

6. 要陶冶"师情"

"师情"是指教师的情感。教师只有具有丰富、健康、积极向上的情感，才能培养出高尚的师德。积极向上的情感表现在"爱"上有以下几个方面。

（1）爱国。教师热爱自己的祖国是理所当然的事。拿破仑说："爱国是文明人的首要美德。"

（2）爱教。教师，要在教育实践中，不断孕育对教育事业的挚爱和忠诚之情，涵养"捧着一颗心来，不带半根草去"的磊落胸怀，升华淡泊明志、甘为人梯的精神境界。

（3）爱校。教师要正确处理个人与学校的利益关系，不遗余力地为学校的发展贡献自己的力量。

（4）爱生。教师只有具备对学生无限温暖的真爱之心，爱学生的一切、爱一切学生，才会培育出人世间最绚丽的师德之花。

五、树立乐业精神

所谓乐业，就是乐于从事自己的事业，是基于敬业的从业心态，是把工作作为一种享受的工作心态。教师乐业，是教师在爱业、敬业基础上做好教育教学工作而达到的一种境界，说得直白一点，乐业就是快乐地工作。如果把工作作为一种负担，就会感觉非常劳累；如果把工作作为一种享受，就会觉得非常快乐。一块石头，你若把它背在背上，它是一种沉重的负担；你若把它垫在脚下，它就会成为你进步的台阶。

乐业精神是教师履行职责、努力克服一切困难、出色地完成本职工作的内在动力。它促使教师不仅仅只是把教育工作视为赚工资、谋生存的职业，而是把它当作自己毕生奋斗的事业。它要求教师自尊自爱、自重自强，做有理想有作为的人。只有具有了敬业的精神，才会有乐业的态度。一个人一旦投入教师职业，就须不为物欲左右，不为名利所动，做到淡泊明志，宁静有为，耐得住寂寞，才能在平凡的工作中实现人生价值。教师只有具备了乐业精神，才能以平和、乐观的心态去面对学生，才能处处为人师表、教书育人，并从中获得人生乐趣。教师只有热爱自己的本职工作，才能具有强烈的事业心和责任感，才能树立正确的教育思想，才能取得成绩和荣誉，从而获得事业上的成功。

在于月萍著的《魏书生评传》中，有一份魏书生要求做教师的申请书：

尊敬的领导：

我再一次怀着十分恳切的心情，请求组织批准自己去做一名教师。

看到各行各业特别是教育战线在党的领导下走向大治的喜人局面时，自己却没有机会献上一分力气，心里像有一团火在熊熊燃烧。我无比焦急地请求领导能体谅到自己的心情，批准自己的申请。只要是教书，不管是到农村一般学校，还是到更困难的偏僻山区的学校，我都会踏踏实实、勤勤恳恳、满腔热情地去干。

进厂六年的两千多个日日夜夜中，我对学校的深深眷恋之情，是一天也没有中断过的，即使在"四害"把教师地位压到最低点的时候，我还是以极其羡慕的心情衷心向往着这个职业。为着有一天实现自己美好愿望的时候，把教师工作做得好一些，我日复一日、年复一年地钻研有关教育的知识，常学到食不甘味、寝不安席的地步。即使身患重病，也还是不愿间断，为此而度过的不眠之夜是难以数计的。

两千多天中，我向各级领导恳切地提出做教师的申请至少有150次。几乎每一个同志，特别是朋友和亲人，都耳闻目睹到我对教育火一样的热情，对学生源自内心的关心……

这张申请书是魏书生在1977年9月递交的。魏书生在盘锦电机厂工作了六年多时间，他以平均半个月一次的频率，用口头和书面两种形式，向领导申请了至少150次，要求从事教育工作，要求去学校做一名教师。然而，当时的情况是：教师的社会地位很低。一个公社书记对老师鼓励说："好好干，干好了调你去当售货员。"并且，魏书生已被确定为厂级领导接班人，完全有望走上仕途。

"中国传统教育的现代奇葩"丁有宽老师是一位钟爱事业、乐此不疲的人。在广东省潮安县浮洋镇六联小学任教期间，每天清晨五点半左右，他就起床开始一天的工作，经常一天工作十几个小时，没有双休日，没有节假日。工作得实在太累了，他就走到走廊，朝向校园的窗外一望：活蹦乱跳的小学生，正在打球、做操、嬉耍……这时，什么烦恼、郁闷、劳累都置之脑后，烟消云散，他也像重新变成了小孩子一样，充满青春的活力。2009年，这位有80高龄的老人把60年从事教育事业的心得浓缩成《丁有宽教育思想与实践》一书传诸后人，深深地感动了教育界。当有人问他为什么要这样做，追求什么时，他用那潮州味很浓的普通话说出了一句平平常常的话："我的幸福，就是一辈子尽力当好一名农村小学教师。"这句话诠释着他对教师使命的解读。

这两位优秀教师的乐业境界告诉我们，乐业既能体现一个人的职业道德面貌，又能充分释放一个人职业成功的巨大潜能，使自己与本职工作融为一体，情感、才华、智慧、创造喷涌而出，使乐业成为择业、就业的一种智慧、一种境界。教育是创造快乐的事业，其基本意义在于让受教育者感受到快乐，获得自信，找到自我发展的内在力量。唯有快乐的教师，才能培养出快乐的学生；学生唯有快乐，其身心才能得到健康和谐的发展。教师只有把教育事业当成一种信念、一种责任、一种乐趣、一种追求，才会具有感染力、号召力，才会充满执着、挥洒汗水，才会催人奋进、点燃希望。

教师如何树立乐业精神？

1. 教师要学会自我减压

法国作家雨果曾说过："思想可以使天堂变成地狱，也可以使地狱变成天堂。"因为感受到压力，我们才能踏踏实实地走好眼前的每一步；也是这份压力，让忙碌、快乐和满足并存于我们心间。其实，压力就是教师职业所赋予的责任心和使命感，只要你细细"品味"，把教师职业当作一项事业而不仅是一个饭碗，把教育岗位当作一种创造性地实现自身价值的舞台而不是一种负担，我们就会在工作中得到快乐，我们就会感到，工作着是美丽的，忙碌着是快乐的。

2. 教师要有宽容之心

世间的事并不是事事都能遂人愿的。有一颗容世、容人、容己之心，才能放下所有的烦恼，放下所有的包袱。

（1）要容世。社会上的事我们看着不对，如果你只是生气，而没有做些什么，那还有什么意义？你要尽自己的力量去改变，哪怕只是一点点的改变，也会有益处。就像电视中的公益广告所说，一盏灯可以照亮一点，许多盏灯就能照亮整个世界。你做了，或许能影响别人，进而影响更多的人，影响大了，也许真的能改变这个世界。

（2）要容人。无论遇到什么事，都不要斤斤计较，大度一些，你会得到更多的尊重，更多的朋友，更多的好处。凡事钻牛角尖，只能自寻烦恼，对自己不利，对工作不利。

（3）要容己。每个人都不是完美的，或多或少都会有自己的短处，要多学习，改变自己的短处，发扬自己的长处，扬长避短，达到更好的境界。

3. 教师要学会快乐地工作

教师快乐，学生才能快乐。教师快乐的策略是：对平常事的一种分析意识让自己从一些事物的烦恼中摆脱出来，从而寻找快乐；对周围人的一种欣赏与学习，让自己看到的都是闪光的美。与周围的人保持一定的距离，寻找与人交往的朦胧美，从这个过程中寻找快乐；怀着一种感恩的情结去对待身边的人和事，在这一过程中体会到的是一种给予的快乐。教师在学生的点滴成长中获得快乐，在自身不断地学习与成长中获得快乐，在与有着共同兴趣朋友的交流中获得快乐，做自己喜欢做的事情，从中寻找快乐。

4. 教师要学会让学生快乐

教师让学生快乐不是对学生放任自流，让学生为所欲为，而是让学生感受到自己的力量，这也是教育中最快乐的事。在魏书生老师的班里人人都是"官"，每个人都能感受到自己的力量，感受到自己对班级和别人的重要性。人都是喜欢使自己得到激励的人，所以教师一定要让学生得到激励，才能激发学生的潜能。在我们的身边不乏敬业的教师，但少有乐业的教师。学生喜欢敬业的教师，更喜欢乐业的教师。上海一所小学年终没有评选"优秀教师"而评选"快乐教师"，他们的标准是：

（1）上课面带微笑，批评带有幽默；

（2）讲课生动有趣，不沉闷，从来不骂人；

（3）说话带有时代色彩，熟悉流行的东西；

（4）作业不要太多；

（5）下课和学生玩；

（6）发现和发挥学生的特长；

（7）从不拖堂。

看看以上评选标准，我们就知道现在孩子们更需要什么样的教师了。

六、练就赏识之眼

陶行知先生说过这样一句话:"你的鞭子下有瓦特,你的冷眼里有牛顿,你的讥笑中有爱迪生。"这句话告诉我们,教师不能随便给学生挂上坏孩子的"牌子",因为随着年龄的增长,学生会发展、变化,即使他不会成为瓦特、牛顿、爱迪生,也可能在社会某个领域成为有用的人。而在此之前,教师要用100%的努力去培养他们,在这一过程中不应是抱怨、责备和苛求,而是学会赏识。

心理学家曾经做过一个调查:孩子最怕什么? 研究结果表明:孩子不是怕苦,也不是怕物质生活条件差,而是怕丢面子。如果教师对学生漫不经心甚至看不起,那么学生就会因此饱受打击,严重的还会从此失去自信。相反,如果教师具有一双赏识的眼睛,对自己的学生充满宽容,赏识他们的优点,那么师生关系会变得更加和谐,教师和学生都会感到愉快。

推广开来,不仅对学生要如此,教师对待自己的孩子,对待自己的家人以及其他与自己有关的人都应当用赏识的眼光来看待,发现他们的优点,赞许他们的长处。这样一来,教师就会发现,只是这么一个思维的改变,生活和工作就变得大不相同。

赏识是一种心态,它意味着一个人敞开自己接受他人,欣赏对方的优点,包容他的不足;赏识是一种爱,在对方不自信的时候,给他鼓励和肯定。

1.教师要学会赏识自己的学生

(1)教师要能够赏识每一个学生,充分发现他们身上的闪光点。正如小孩子学走路时的成功源于他们多次跌倒后父母再一次的鼓励与赞扬一样,没有赏识就不会有教育,没有赏识就没有学生的成长和进步。一声亲切的鼓励,一次微笑的赞扬,都足以成为学生进步的助推剂。赏识是每一个教师对学生应有的一种态度。赏识的精神也就是真诚地希望学生能进步,希望学生能变得更好。

(2)欣赏和享受学生的失败。作为教师,对待学生的失败何尝不像小孩的父母那样,有着对成功无比坚定的心态呢。学生的失败何尝不类似于小孩学走路时的跌倒。只有用"坚信未来"的心态对待学生的失败,才能形成完整的教师的赏识心态。

2.教师要学会赏识身边的人

学会赏识，给自己身边的爱人、孩子一个灿烂的微笑，一次充满惊喜的夸奖，我们会发现，原来身边的人都这么出色和努力，尤其是在自己的孩子这方面。一些教师在学校时践行"赏识教育"，回到家中却对自己的孩子怎么看都不满意，动辄苛责。这就不是真正的赏识，而是对赏识偏狭的运用。其实，教师们与其责备身边人做的错事，不如称赞他们做的好事。

岳老师家中的房屋是三室一厅的格局，因为住处空间有余，便想租出去一间以便增加收入。岳老师平时事情忙，下班晚，就把这件事交给了丈夫来办。结果，一天傍晚回家，丈夫告诉她已经把一间卧室租出去了。岳老师听完详细情况后心里就有点不太高兴。原来她的丈夫怕麻烦，在第一个看房的人来时就租出去了，价钱定得也偏低。岳老师虽然不太满意，但是也没有责怪。过了两天，房客搬来了，是一个初出茅庐的职场新人，性格不错，平时还主动打扫卫生，和岳老师一家人相处得都很好。岳老师特别表扬了丈夫一下：眼光不错，很会挑人。丈夫也眉飞色舞，非常高兴。

如果岳老师因为丈夫过早把房间租出去而责怪他，那么他们就可能因为此事闹得不愉快，但是岳老师隐藏了不满，转而在发现房客优点之后称赞丈夫的眼力，从而使家庭氛围更加欢乐。这其实就是一种赏识，忘掉他人的小缺陷，记得夸赞他人的优点，哪怕只是一点点。

赏识是一种心态，一种教育者的精神状态，赏识的眼光源于对身边人的爱。当我们练就了赏识的眼光，我们就不会斤斤计较于他人如何让自己不满意，而是惊喜地发现那些隐藏着的闪光点，对生活、对工作、对生命拥有一份超然的欣赏能力。不仅如此，我们还可以因此而帮助孩子实现健康的互动关系，给家庭、学校、社会营造和谐的氛围；我们还可以因此与大自然的一切美好共存，享受天、地、人的大和谐。

赏识的内涵丰富多彩，而赏识教育甚至代表了教育的一种根本精神：对每一个孩子的爱，寻找学生的优点，不吝惜赞誉，给予学生希望，在他们需要成长的地方不断给予阳光雨露的滋养。可以由此联想儒家的核心思想"仁"，赏识之本不也是内心之仁吗?

如果我们时刻用一颗赏识的心态去面对自己身边的人与事物，你就会发现他们如同宝石一样，散发着璀璨的光芒。

七、实现人生价值

人生价值是一种特殊的价值，是人们在生活实践中形成的关于人生意义的看法和评价标准，也就是关于"什么样的人生最值得去追求，人怎样生活才最有意义"的观点。

教师作为一种特殊的职业，人生价值的体现是建立在学校甚至学生的基础上的，脱离了学校的成功、学生的出色，教师自我价值的体现便成为空谈。教师的价值在于用自己的劳动体现教育的价值。十年树木，百年树人，所以教育的价值不可能在短期内完全体现。对于个体的学生而言，引领他们学习的快乐，铺垫明天的成功，是教师价值的体现；对全体学生而言，教师的价值体现在国家民族未来的进步与繁荣上，而这个"未来"，也许是一百年，也许是五十年，也许是二十年、十年，也许就是三五年后。教师注定是一个民族文化传承与文明进步的中轴线，这就是教师群体的价值。

实现人生价值需要一定的条件：

（1）要有正确的价值观和人生观；

（2）要有健康向上的精神状态，特别是奋斗精神；

（3）要有一定的知识和能力的储备；

（4）要有正确的奋斗目标，并在奋斗过程中不断总结，更新自己的目标；

（5）要有实现的平台。

要想实现自己的人生价值，上述几个方面缺一不可。因为正确的价值观和人生观，是前提；健康向上的精神状态，特别是奋斗精神，提供动力；一定的知识和能力的储备，是保证；正确的奋斗目标，把握方向；实现的平台，提供载体。他们相辅相成，不可分割。

有这样一个故事：

徒弟问师傅，一碗米有多少价值？师傅说，这太难说了，看在谁手里。要是在一个家庭主妇手里，她加点水蒸一蒸，半个钟头米饭出来了，就是一块钱的价值。要是在小商人手里，他把米好好泡一泡，分成四五堆，用粽叶包成粽子，就是四五块钱的价值。要是到一个更有头脑的大商人手里，把它适当地发酵、加温，很用心地酿造成一瓶酒，有可能是一二十块钱甚至是上百元的价值。所以一碗米到底有多少价值，要因人而异。

果树结了果子，就实现了自己作为果树存在的价值；花卉绽放了花朵，就实现了自己作为花卉存在的价值；母鸡下了蛋，就实现了自己作为母鸡存在的价值；地球绕着太阳旋转，就实现了自己作为地球的价值；人，按照自然原理、自然节律生活了一辈子，就实现了自己作为人的价值。同样一碗米，在不同的人手里，创造出来的价值大不相同。一碗米的价值告诉我们这样一个人生哲理：人生就像一碗米，每个人都有自己的初始价值，关键是在人生的道路上如何去寻找、开发、提升和放大自身的价值。

看完这个故事，我即刻想到了我们这些教师。我们都是以教书育人作为自己的终身职业。怎样才能当个好教师？为什么教师与教师之间差别那么大？细分析起来，是有很深刻的原因的。作为一名教师，刚开始时，都是"一碗米"，年龄差不多，学历差不多，都是一样的没有经验，都是一样的幼稚和粗糙。但随着时间的推移，有人进步很快，简直是突飞猛进，有人却踏步不前；有的教师还是那"一碗米"，而有的教师却变成了精美的酒。这不就是这个故事给予我们的启示吗？

其实，我们每个人最初的价值都是"一碗米"。但随着时间的推移，人和人之间的价值便拉开了距离。发展的不同结果，在很大程度上取决于对"一碗米"的加工程度。一般来讲，加工时间越短，离米的形态越近，价值就越低；加工时间越长，离原形态越远，价值就越大。因此，要使我们自己"这碗米"的价值更大，就要善于加工自己，善于开发自己的价值空间。

教师如何实现人生的价值？

教师的人生价值蕴含于他对社会及家庭所做的贡献。衡量教师的人生价值，重点应以其教育贡献来进行。教师如何有效实现自身价值，可从以下几个方面来进行。

1. 加强个人涵养

一个好的因，方能结出好的果，打铁还需自身硬。有本事走遍天下，无能耐寸步难行。宋代的张载说："充内形外之谓美。"这是说人先要有内在的充实，然后又有外在的显现，这才是真正的美。教师要时时按社会的道德要求检点自己，以大公无私、廉洁自律、求实创新、行知统一等职业道德严格要求自己，以良好的道德作用于学生的心灵，塑造学生的灵魂，教好书，育好人。同时，教师还要注重外表谈吐的儒雅，举止的端庄，使学生得到内外精神的双重润泽，从而实现教师的道义价值。

2. 提高敬业意识

教师作为一种特定的职业，承担着教化万民、培育后代，推动社会承前启后、继往开来向前发展的重任。教师要胜任当代教育工作，首先要爱岗敬业。敬业，是教师从事教育工作的核心，它是教师个体与学生、社会乃至国家关系的投影。教师是师德文化的照察对象。一个具有良好敬业精神的教师，在教育过程中定会得到内心极大的充实与满足，也必将赢得学生的尊敬与爱戴。具有良好敬业精神的教师不仅把教书育人当作自己的主要职责，还淡泊名利，勤勉工作，科学施教，从而拥有幸福人生。唯此，教师的教育价值定会实现。

3. 增强师爱意识

师爱是教育的灵魂，是教师魅力的源泉，它是教师对学生热情真诚的关心与爱护。师爱体现了一种新型的师生关系，包含着对学生深厚的人道关怀与期待。教育没有了情爱，就成了无水的池，任你四方形也罢，圆形也罢，总逃不了一个空虚。教师具有强烈的爱心，学校定充满欢乐，课堂定洋溢活力，师生间定充满和谐。反之，教育犹如一潭死水，师生间必会相互推诿、抱怨，甚至排斥。师爱意识，是教师实现人生价值的根基，是实现榜样价值的关键。

4. 提升教学技艺

课堂是教师价值实现的舞台，教师只有做新课改的弄潮儿，时刻站在学科的前沿，广闻博识，游刃有余地科学施教，让课堂充满情趣，充满诗意，学生才会乐于接受教诲。教师良好的教学风格、高超的教学技艺、高效的教学质量定会让学生受益无穷。正如著名特级教师孙双金所说："我的梦想是做一名优秀的教师，让学生沉醉在我的课堂！我的梦想是做一名优秀的校长，让校园充盈人文的光芒，让每一位师生在我们的校园里幸福地成长！为了这一梦想，我曾呕心沥血，我曾披星戴月，我曾上下求索。"教师要为提高自身教学技艺耐得住寂寞，耐得住清贫，苦练内功，实现自我价值。

教师的价值是教师在教育过程中的多重整合。教师只有在树立良好的学生观、人才观、质量观、育人观的基础上严格自律、锐意进取、科学施教，才能够使自我价值不断增长。

相关链接：

热忱是取得成功最具有活力的因素

◎【美】阿尔伯特·哈伯德

我欣赏满腔热情工作的人。热忱可以借由分享来复制，而不影响原有的程度，它是一项分给别人之后反而会增加的资产。你付出的越多，得到的也会越多。生命中最巨大的奖励并不是来自财富的积累，而是由热忱带来的精神上的满足。

当你兴致勃勃地工作，并努力使自己的老板和顾客满意时，你所获得的利益就会增加。在你的言行中加入热忱，热忱是一种神奇的要素，吸引具有影响力的人，同时也是成功的基石。

诚实、能干、友善、忠于职守、淳朴——所有这些特征，对准备在事业上有所作为的年轻人来说，都是不可缺少的，但是更不可或缺的是热忱——将奋斗、拼搏看作是人生的快乐和荣耀。

发明家、艺术家、音乐家、诗人、作家、英雄、人类文明的先行者、大企业的创造者——无论他们来自什么种族，什么地区，无论在什么时代——那些引导着人类从野蛮社会走向文明的人们，无不是充满热忱的人。

如果你不能使自己的全部身心都投入工作中去，你无论做什么工作，都可能沦为平庸之辈。你无法在人类历史上留下任何印记，做事马马虎虎，只有在平平淡淡中了却此生。如果是这样，你的人生结局将和千百万的平庸之辈一样。

热忱是工作的灵魂，甚至就是生活本身。年轻人如果不能从每天的工作中找到乐趣，仅仅是因为生存才不得不从事工作，仅仅是为了生存才不得不完成职责，这样的人注定是要失败的。

当年轻人以这种状态来工作时，他们一定犯了某种错误，或者错误地选择了人生的奋斗目标，使他们在天性所不适合的职业上艰难跋涉，白白地浪费着精力。

他们需要某种内在力量的觉醒，应当被告知，这个世界需要他们做最好的工作，我们应当根据自己的兴趣把各自的才智发挥出来，根据各人的能力，使它增至原来的10 倍、20 倍、100 倍。

从来没有什么时候像今天这样，给满腔热情的年轻人提供了如此多的机会！这是一个年轻人的时代，世界让年轻人成为真与美的阐释者。

大自然的秘密，就要由那些准备把生命奉献给工作的人、那些热情洋溢地生活的人来揭开。各种新兴的事物，等待着那些热忱而且有耐心的人去开发。各行各业，人类活动的每一个领域，都在呼唤着满怀热忱的工作者。

热忱是战胜所有困难的强大力量，它使你保持清醒，使你全身所有的神经都处于兴奋状态，去进行你内心渴望的事，它不能容忍任何有碍于实现既定目标的干扰。

著名音乐家亨德尔年幼时，家人不准他去碰乐器，不让他去上学，哪怕是学习一个音符，但这一切又有什么用呢？他在半夜里悄悄地跑到秘密的阁楼里去弹钢琴。

莫扎特孩提时，成天要做大量的苦工，但是到了晚上他就偷偷地去教堂聆听风琴演奏，将他的全部身心都融化在音乐之中。

巴赫年幼时只能在月光底下抄写学习的东西，连点一支蜡烛的要求也被蛮横地拒绝了。当那些手抄的资料被没收后，他依然没有灰心丧气。

同样的，皮鞭和责骂反而使儿童时代充满热忱的奥利·布尔更专注地投入他的小提琴曲中去。

没有热忱，军队就不能打胜仗，雕塑就不会栩栩如生，音乐就不会如此动人，人类就没有驾驭自然的力量，给人们留下深刻印象的雄伟建筑就不会拔地而起，诗歌就不能打动人的心灵，这个世界上也就不会有慷慨无私的爱。

热忱使人们拔剑而出，为自由而战；热忱使大胆的樵夫举起斧头，开拓出人类文明的道路；热忱使弥尔顿和莎士比亚拿起了笔，在树叶上记下他们燃烧着的思想。

"伟大的创造，"博伊尔说，"离开了热忱是无法做出的。这也正是一切伟大事物激励人心之处。离开了热忱，任何人都算不了什么；而有了热忱，任何人都不可以小觑。"

热忱，是所有伟大成就的取得过程中最具有活力的因素。它融入了每一项发明、每一幅书画、每一尊雕塑、每一首伟大的诗、每一部让世人惊叹的小说或文章当中。

它是一种精神力量。它只有在更高级的力量中才会生发出来。在那些为个人的感官享受所支配的人身上，你是不会发现这种热忱的。它的本质就是一种积极向上的力量。

最好的劳动成果总是由头脑聪明并具有工作热情的人完成的。在一家大公司里，那些吊儿郎当的老职员们嘲笑一位年轻同事的工作热情，因为这个职位低下的年轻人做了许多自己职责范围以外的工作。然而不久就被从所有的雇员中挑选出来，当上了部门经理，进入公司的管理层，令那些嘲笑他的人瞠目结舌。

成功与其说是取决于人的才能，不如说取决于人的热忱。

这个世界为那些具有真正的使命感和自信心的人大开绿灯，到生命终结的时候，他们依然热情不减当年。无论出现什么困难，无论前途看起来是多么的暗淡，他们总是相信能够把心目中的理想图景变成现实。

热忱，使我们的决心更坚定；热忱，使我们的意志更坚强！它给思想以力量，促使我们立刻行动，直到把可能变成现实。不要畏惧热忱，如果有人愿意以半怜悯半轻视的语调把你称为狂热分子，那么就让他这么说吧。

一件事情如果在你看来值得为它付出，如果那是对你的努力的一种挑战，那么，就把你能够发挥的全部热忱都投入其中去吧，至于那些指手画脚的议论，则大可不必理会。笑到最后的人，才笑得最好。成就最多的，从来不是那些半途而废、冷嘲热讽、犹豫不决、胆小怕事的人。

一个人要是把他的精力高度集中于他所做的事情（他是如此虔诚地投入其中），是根本没有功夫去考虑别人的评价的，而世人也终究会承认他的价值。

对你所做的工作，要充分认识到它的价值和重要性，它对这个世界来说是不可或缺的。全身心地投入你的工作中去，把它当作你特殊的使命，把这种信念深深植根于你的头脑之中！

就像美一样，源源不断的热忱，使你永葆青春，让你的心中永远充满阳光。记得有两位伟人如此警告说："请用你的所有，换取对这个世界的阳光。""请用你的所有，换取满腔的热情。"

修身篇
XIUSHEN PIAN

1.在教师手里操着幼年人的命运，便操着民族和人类的命运。

——陶行知

2.一个人必须把他的全部力量用于努力改善自身，而不能把他的力量浪费在任何别的事情上。

——【俄】列夫·托尔斯泰

3.自觉心是进步之母，自贱心是堕落之源，故自觉心不可无，自贱心不可有。

——邹韬奋

4.要把学生造就成一种什么人，自己就应当是什么人。

——【俄】车尔尼雪夫斯基

5.君子之修身，内正其心，外正其容。

——欧阳修

6.品德，应该高尚些；处世，应该坦率些；举止，应该礼貌些。

——【法】孟德斯鸠

7.穿着像老师，行动是老师，你就会像一位真正的职业人士那样，赢得自己应该受到的尊重。

——佚名

8.要留心，即使当你独自一人时，也不要说坏话或做坏事，而要学得在你自己面前比在别人面前更知耻。

——【古希腊】德谟克利特

第一章 独具气质

有位英国思想家说："没有经过琢磨的钻石是没有人喜欢的，这种钻石戴了也没有好处。但是一旦经过琢磨，加以镶嵌之后，它们便生出光彩来了……无论什么事情，必须具有优雅的方法和态度，才能显得漂亮，得到别人的喜欢。"亚里士多德也说过："我们每一个人都是由自己一再重复的行为所铸造的。因而优秀不是一种行为，而是一种习惯。"习惯优秀才是真正的优秀。这种优秀的行为模式只有通过长期自觉的练习，使其变成自身的一种自觉动作，形成习惯，才能使自己更有气质，从而在交际活动中更好地发挥作用。

一、讲究仪容仪表

一个心理学老教授常常会在期末考试前劝告他的学生："为这个考试好好打扮一下吧。打一条新领带，衣服要烫平，皮鞋要擦亮，让人看起来有一种容光焕发、精明能干的感觉，也会使你觉得自己确实很精明干练。"

人的外表形象确实会影响人的情绪，影响人内在的感觉。

一位年轻人到律师事务所应聘，负责接待的律师见他穿着普通的运动装，言谈举止没有严肃的样子，认为他是来这里凑热闹的，连简历也没有留便拒绝了他。

第二天，这个年轻人换上名牌西装，夹着公文包又来到这家律师事务所，这次律师和颜悦色地接待了他，很认真地看了他的简历，甚至和他面谈了很长时间。

由于穿着打扮的不同，这个年轻人得到了两种截然不同的态度。

你的仪表会对你自己说话，当然也会对别人说话，它可以帮别人决定对你的看法。虽然从理论上看来，人们应当看重一个人的内在而不是外在的形象。但第一印象仍然很重要，并且会持续下去，在许多方面影响别人对你的看法。

得体的仪表能告诉大家："这是一个精明能干、很有前途而且能担当大任的人，他值得受人器重与信任。他很尊重自己，我也要尊重他。"而衣着邋遢者就令人不敢恭维了，他们的仪表好像在说："这里有个落魄的人，他不修边幅，办事毫无效率，是那种可有可无的小人物。他根本不值得受人重视，他已经习惯被人使唤。"虽然古语讲"人不可貌相，海水不可斗量"，但实际上，真正能只注重他人内在的人实在太少了。

（一）仪容仪表，文雅得体

仪容主要是指人的容貌，是仪表的重要组成部分。仪表即人的外表，一般来说，它包括人的容貌、姿态、服饰、个人卫生等。

仪容仪表是一个综合概念，它包括三个层次的含义：指人的容貌、形体、仪态等的协调优美；指经过修饰打扮以后及后天环境的影响形成的美；指其内在美的一种自然展现。

1. 教师仪容仪表的规范要求

（1）干净：无异物、无异味。

（2）整齐：整整齐齐，是为人处事的一种风度，这种风度应该在仪表上体现出来。

（3）文雅：有教养，有艺术的品位。

（4）美观：和谐而得体，自然而朴实，不能太奢华、太夸张。

2. 教师仪容仪表的修饰

（1）面容美，精神饱满。教师化妆要自然：以自然为本，让人家觉得你天然若此，"清水出芙蓉，天然去雕饰"，妆成有却无；要美化：要符合常规的审美标准，比如香水不要喷得太浓；要避人：不要在办公室、公众和学生面前化妆。

女教师淡妆上岗，不得浓妆艳抹。淡妆更显人的修养和审美情趣的高尚。

（2）口腔清洁无异味。养成勤刷牙的好习惯；注意身体健康；工作、交际时不要食用有强烈气味的蔬菜；避免吸烟、喝酒的不良嗜好。

（3）发式美，梳理整齐。勤于梳洗，长短适中，发型得体，美化自然。

男教师不能留长发：前不遮眉，侧不盖耳，后不到领；不留过厚过长的鬓角；一般不留胡须。

女教师不染彩色发，除非把白的头发染黑；头发不宜过长，在工作岗位上不长于肩部;长于肩部要做技术性处理，盘起来、挽起来、梳起来，不能随意披散开来。

（4）手部美，干净整洁。不留长指甲，女教师若要涂指甲油，要尽量用淡色。

（5）胡子:一般男教师胡子不能太长，应经常修剪。

（6）鼻子:清洁，无黑头，修剪好鼻毛。

（二）表情神态，文明得体

印度诗人泰戈尔说:"一旦学会了眼睛的语言，表情的变化将是无穷无尽的。"

1. 眼神

与学生交谈的目光:

（1）注视对方，不要躲闪或游移不定，要坦然亲切;

（2）注视对方眼睛到下巴之间的区域;

（3）微笑是你的最大优点。对人微笑就是向人表明:"我喜欢你，你使我快乐，我愿意见到你。"

目光接触的技巧:

视线向下表现权威感和优越感，视线向上表现服从与任人摆布，视线水平表现客观和理智。

个别教师的不好表现有:

（1）边改作业边和学生谈话，根本不看着学生;

（2）瞪着眼睛追问学生问题;

（3）后背对着学生写着板书，叫着学生的名字让他回答问题;

（4）课堂上发现学生在做小动作，一边不动声色地继续讲课，一边用眼睛斜视着学生。

2. 微笑

良好的第一印象来源于人的仪表谈吐，但更重要的是取决于他的表情。微笑则是表情中最能赋予人好感，增加友善和沟通，愉悦心情的表现方式。一个对你微笑的人，必能体现出他的热情、修养和魅力，从而得到你的信任和尊重。

微笑的10个理由:①微笑比紧缩双眉要好看;②令别人心情愉快;③让自己的日

子过得有滋有味;④表示友善;⑤给别人留下良好的印象;⑥送给别人微笑,别人也自然报以微笑;⑦有助于结交新朋友;⑧令你看起来更有自信和魅力;⑨让别人减少忧虑;⑩一个微笑可能随时帮你展开一段终生的友谊。

微笑的5种训练方法:

（1）观摩欣赏法:几个人凑在一起,互相观摩议论,互相鼓励,互相分享开心微笑的方法,也可以平时留心观察他人的微笑,把精彩的"镜头"封存记忆中,时时模仿。

（2）含箸法:这是日式训练法。选一根洁净、光滑的圆柱形筷子,横放在口中,用牙轻轻咬住,以观察微笑状态。

（3）口形对照法:通过一些相似的发音口型,找到适合自己的最美的微笑状态。如"一""茄子""呵""哈"等。

（4）习惯性微笑:努力让自己忘却烦恼忧愁,假装微笑,时间久了,次数多了,就会改变心理的状态,发出自然的微笑。

（5）强迫微笑法:强迫自己微笑。如果你是单独一个人,强迫你自己吹口哨,或哼一首歌,表现出你似乎已经很快乐。因为行为和感觉是并肩而行的,如果我们不愉快的话,要获得愉快的主动方式是:愉快地做起来。

梅拉比安把人的感情表达效果总结了一个公式:感情的表达 = 语言（7%）+ 声音（38%）+ 表情（55%）。

3. 教师表情要注意的问题

（1）自然放松的状态:不能过分夸张,也不能没有表情。

（2）和学生互动:理解和关心学生的情绪状态。

（3）友善:不能高高在上、冷若冰霜、漠然视之,要关心学生。

（三）着装饰物,端庄得体

郭沫若说:"人们对服装的选择,可以窥测到他的文化水平和道德修养的底蕴。"

1. 教师服饰的总体要求

（1）端庄、大方:不穿鲜艳服装。

（2）含蓄、稳重:不引领时装潮流。

（3）简单、整洁：不拖泥带水。

（4）美观、和谐：不过于土气。

2. 着装的原则

（1）"TPO"原则。TPO 是英文中 Time、Place、Object 三个单词的英语字母缩写。"T"指时间，泛指早晚、季节、时代等；"P"代表地方、场所、位置；"O"代表目的、目标、对象。TPO 原则是目前国际上公认的衣着标准。遵循这一着装原则，就是合乎礼仪的。

（2）整体性原则。正确的着装，能起到修饰形体、容貌等作用，形成和谐的整体美。服饰的整体美构成，包括人的形体，内在气质和服饰的款式、色彩、质地、工艺及着装环境等。服饰美就是从这些因素的和谐统一中显现出来的。

（3）个性化原则。着装的个性化原则，主要指依个人的性格、年龄、身材、爱好、职业等要素着装，力求反映一个人的个性特征。选择服装因人而异，着重点在于展示所长，遮掩所短，显现独特的个性魅力和最佳风貌。现代人的服饰呈现出越来越强的表现个性的趋势。

（4）整洁性原则。在任何情况下，服饰都应该是整洁的。衣服不能沾有污渍，不能有绽线的地方，更不能有破洞，扣子等配件应齐全。衣领和袖口处尤其要注意整洁。

3. 服饰的协调

（1）穿着要和季节相协调。一般说来，春、秋季气候不冷不热，适宜穿着浅色调的薄厚适中的衣服；而冬、夏季就偏冷或偏热了，与之相适应，我们的着装则应该相应地偏厚或偏薄。如同样是裙装，夏天应着薄型面料的，而冬天则应该穿厚面料的裙子。且夏季服装颜色以浅色、淡雅为主，冬季以偏深色为主，如深蓝、藏青、咖啡等色。

（2）穿着要和体形相协调。体胖的人不宜穿横格的衣服，应穿深颜色、竖纹衣服；体瘦的人应穿色彩明亮度高的浅色服装；颈短的人不穿高领衫，可选择无领或低领款式的上衣等。

（3）穿着要和社会角色相协调。如果你现在置身家中，身份是太太或先生，你可以随心所欲，自由着装；如果你现在的角色是办公室职员，需要与同事或上司交往，你的着装则需要符合办公室礼仪，男士着西服，女士着套裙；假如你现在是路上行人或公共场所的一员，则你的着装需要符合社会道德规范，要不伤风化和大雅。服饰美的创造必须与个人的角色特征密切吻合，这才能显示出服饰美的魅力。

（4）穿着要和交际环境相协调。比如说，在办公室要穿典雅庄重的职业装，女士以职业裙装为最佳；出席婚礼，服饰的色彩可略微鲜艳明亮一些，但不可过度，否则有压倒新娘之势，这是不礼貌的；而参加葬礼吊唁活动，则应着深色凝重的衣服；在家中，可穿舒适的休闲服装甚至是睡衣，但若突然有客人拜访，则应立即到卧室中换装与客人见面；在运动场上，则要穿着适合运动的服装。

4. 色彩的搭配

（1）色彩的特性。不同的色彩有不同的象征意义。

①红色。象征兴奋、热情、快乐，在感觉上给人以十分强烈的刺激作用，显示浪漫、活泼与热烈。因此，红色的服装更显朝气和青春活力。

②黄色。象征华贵、明快，但它是一种过渡色，能使兴奋的人更兴奋，活跃的人更活跃，同时也能使焦虑和抑郁的情绪更明显。

③蓝色。象征宁静、智慧和深远，是一种比较柔和的颜色，它能使人联想到天空和海洋，给人以高远、深邃的感觉。

④橙色。象征活力与温暖，是一种明快、富丽的色彩，能引起人的兴奋与欲求，使人联想到阳光。

⑤绿色。象征生命与和平，是一种清爽宁静的色彩，能使人想到青春、活力与朝气。

⑥黑色。既可象征深刻、沉着、庄重与高雅，也可以代表哀伤、恐怖、黯淡与恫吓，是一种庄重、肃穆的色彩。它能使人们产生凝重、威严、阴森等不同感觉。

⑦紫色。象征高贵和财富，给人以富丽堂皇、高雅脱俗的感觉，是一种华贵、充盈的色彩。

⑧白色。象征纯洁、高尚、坦荡，是一种纯净、祥和、朴实的色彩，给人以明快、无华的感觉。

⑨灰色。象征朴实、庄重、大方和可靠，是一种柔弱、平和的色彩，给人以平易、脱俗、大方的感觉。

（2）色彩与体形。一般来说体形较肥胖宜选用富于收缩感的深色、冷调，使人看起来显得瘦些，产生苗条感。如果穿浅淡色调，脸上的阴影很淡，人就显得更胖了。但是肌体细腻丰腴的女性，亮而暖的色调同样适宜；体形瘦削，服装色彩选用富有膨胀、扩张感的淡色，沉稳的暖色调，使之产生放大感，显得丰满一些，而不能着清冷的蓝绿色调或高明度的明暖色，那会显得单薄透明弱不禁风。胖体和瘦体还可利用衣料的花色条纹来调节，横色条纹能使瘦体形横向舒展、延伸，变得稍丰满；竖色条纹能使胖体形直向上长，产生修长、苗条的感觉。

臀部过大的体形，上装用明色调，下装用暗色调，上下对照，突出上装，效果会好些；腿短的人，上装的色彩和图案比下装华丽显眼一些，或者选择统一色调的套装，也可以让腿看起来更长；正常体形，选用服装色彩的自由度要大得多，亮而暖的色彩显得俏丽多姿，暗调、冷色系也可搭配得冷峻迷人。选用流行色更加富于时代色彩，但是也必须考虑穿着的时间、场合，适合自己肤色，同时要讲究色彩与款式、饰物的搭配协调，注意上下装色彩的组合搭配。

（3）色彩的调配。服装色彩搭配得当，可使人显得端庄优雅、风姿绰约。搭配不当，则使人显得不伦不类、俗不可耐。

①同种色相配。这是一种简单易行的配色方法，即把同一色相，明度接近的色彩搭配起来。如深红与浅红、深绿与浅绿、深灰与浅灰等。这样搭配的上下衣，可以产生一种和谐、自然的色彩美。

②邻近色相配。把色谱上相近的色彩搭配起来，易收到调和的效果。如红与黄、橙与黄、蓝与绿等色的配合。这样搭配时，两个颜色的明度与纯度最好错开。例如用深一点的蓝和浅一点的绿相配或中橙和淡黄相配，都能显出调和中的变化，起到一定的对比作用。

③主色调相配。以一种主色调为基础色，再配上一二种或几种次要色，使整个服饰的色彩主次分明、相得益彰，这是常用的配色方法。采用这种配色方法需要注意：用色不要太繁杂、零乱，尽量少用、巧用。一般来说，男性服装不应有过多的颜色

变化，以不超过三种颜色为好。女子常用的各种花型面料，色彩也不要过于堆砌，色彩过多，显得太浮艳、俗气。不同色彩相配，常采用对比手法。在不同色相中，红与绿、黄与紫、蓝与橙、白与黑都是对比色。对比的色彩，既有互相对抗的一面，又有互相依存的一面，在吸引人或刺激人的视觉感官的同时，产生出强烈的审美效果。因此，鲜艳的色彩对比，也能给人和谐的感觉。如红色与绿色是强烈的对比色，配搭不当，就会显得过于醒目、艳丽。若在红与绿衣裙间适当添一点白色、黑色或含灰色的饰物，使对比逐渐过渡，就能取得协调，或者红、绿双方都加以白色，使之成为浅红与浅绿，看起来就不那么刺眼了。

5. 西装的要求

（1）西装的选择。选择合适的款式，选择合适的面料和颜色，选择合适的衬衣，选择合适的领带。

（2）西装的穿着。要穿好衬衣，内衣不要穿得过多，一定要打好领带，要会扣扣子，要用好衣袋，鞋袜要整齐。

正装：男教师一般穿西装和衬衫；西装以深色为主，避免色彩非常艳丽的西服；西装袖子上的商标必须拆掉。

体育老师可以穿运动装。上课时穿运动鞋，不穿皮鞋。

不引领服装新潮流：在别人流行穿长裙时，不要比别人长；而别人流行穿短裙时，也不要比别人短。尤其不要抢先把最流行的服饰穿到办公室或教室炫耀。

着装要注意扬长避短：脖子短，穿 U 领或者 V 领的服装，不穿高领衫；体胖，深颜色、竖纹衣服；体瘦，色彩明亮度高的浅色服装。

①衬衣。衬衫、西装的颜色不能是同一色，白色衬衣最好。衬衫的里面不要套深色的内衣。衬衣袖口应长出西服袖口 1～2 厘米。

②领带。长度正好抵达腰带，或者有一两厘米的距离。不要穿夹克打领带。打领带时，衬衣领口扣子必须系好，不系领带时不要扣衬衫的领口。

③西装扣子。双排扣西装：应把扣子都扣好；个矮不穿。单排扣西装：一粒扣的，随意；系上端庄，敞开潇洒。两粒扣的西装：只系上面一粒扣，是洋气、正统；只系下

面一粒，是牛气、流气；全扣上，是土气；都不系敞开，是潇洒、帅气。三粒扣的：系上面两粒，或只系中间一粒。

④衣袋。西服上衣两侧的口袋只作装饰用，一般不放物品，否则会使西服上衣变形。西服上衣左胸部的衣袋只可放装饰手帕。有些物品，如票夹、名片盒可放在上衣内侧衣袋里，裤袋亦不可装物品，以求臀位合适，裤形美观。

⑤鞋。男士穿西服、打领带情况下，一般要配以皮鞋，杜绝运动鞋、凉鞋或者布鞋；皮鞋要每天保持光亮整洁；一双皮鞋不要连续穿着3天以上。女教师不穿超过5厘米的细高跟鞋，上课时不穿马靴，不得穿拖鞋。

⑥袜子。两种袜子不该穿：尼龙丝袜——不吸湿、不通气，易产生异味，妨碍办公和教学；白袜子——穿深色西服、黑皮鞋时不要穿白袜子，除非是白皮鞋，否则，将产生巨大的反差，西方称："驴蹄子"。

年过24岁，一般不穿白袜子，它会使你显得像一个学生。

女性丝袜的长度要高过裙子的下摆，袜口永远不要外露。

穿半截裙子的时候穿半截袜子，袜子和裙子中间露段腿肚子，俗称"三截腿"，术语叫恶性分割。

袜子以肉色相配最好，深色或花色图案的袜子都不合适，不穿残破的袜子。

夏天可以不穿袜子（重要场合除外）；穿裙子不要光腿。

（3）颜色：三原则。在校园，男教师全身衣着的色彩，在总量上限制在三种之内。如灰色西装，黑色皮鞋、白色衬衫。多于三种，令人眼花缭乱，失去庄重之感。

6. 饰物的佩戴

校园内不戴有色眼镜；不佩戴转移学生注意力的饰物（女教师不佩戴长而粗的项链，不佩戴手镯、手链、耳环，双手戒指不超过一只，手机如果有坠子的不要把坠子露在外面）。

忌戴奇特、夸张、杂乱、叮当作响、摇曳不止的饰物，饰品数量尽量减少。

7. 穿着的禁忌

女教师，不穿细带裙、露背装；不穿过透的服装；裙子一定要到膝盖或以下；不穿黑皮裙,黑皮裙在国际社会,尤其在西方国家,被视为一种特殊行业的服装(站街女郎用以标示身份);不穿小一号衣服(紧身衣)。

课堂着装:以套裙为主,颜色看起来要严肃;上衣要有领有袖,或两者必有其一。

二、规范言行举止

有一位教育专家曾经做过这样一个实验。他把一个班的学生分成两组,他对第一组学生说:"经过老师的测评,老师发现你们的智商很高,将来你们能成为科学家。"他又对另一组学生说:"老师给你们测了智商,你们的智商不高,将来不会有出息。"过了若干年后,第一组学生的学习越来越好,他们之中真的出现了很多优秀人才。第二组学生学习平平,真的没有出现优秀人才。这个教育家后来说,他们并没有去测谁的智商。第一组之所以出了很多优秀人才很有可能是因为教育家的一句肯定的话。

由此可见,教师一句肯定或否定的话将会影响学生的一生。记得有人说过这样的一句话:"教师不经意的一句话,可能会创一个奇迹;教师不经意的一个眼神,也许会扼杀一个人才。"这个实验就是一个有力的证明。教师在实施教育的过程中应该用最完善的语言启迪、影响、感染学生的心灵世界,用最优美生动的语言教育、感化学生,开拓学生的视野。

教师的言行举止是学生的榜样,是真正的言传身教,教师的言行举止对学生应具有示范性。

(一)语言方面

教师的语言技巧也是其魅力所在。语言是用来传授知识、启迪智慧、交流感情、陶冶情操的,所以教师要力争做到"语不惊人死不休"。如果一个人善于表达,即使他是一个二流的学者,也可以是一个优秀的教师。从职业角度看,教师恐怕是说话较多的了。如果按"满堂灌"的教学方式计算,那么教师在一堂课上说的话足足抵得上普通人一个星期的话。说话不仅是语言技巧,更是一门艺术。

好教师的语言反映他独特的人格魅力和素养,具有无穷的亲和力,对学生的成长产生着重要的影响。教师语言使用的细节要求有:

1. 激情

教师的语言魅力主要在于要有激情。言为心声，教师在课堂上将自己对教育事业的投入，对学生的热爱，对所教专业的精通融入了语言，他（她）的声音必然充满热情，必然富有感染力，必然具有吸引力，必然产生号召力。

2. 风趣

说话清楚有力，生动风趣，思路清晰，应当是每个教师的基本功。语言的丰富多彩，风趣幽默，言之有物、言之有度、言而有信实际上体现了教师的才华，体现了教师的学识，更体现了教师的人品。

3. 规范

"非礼勿言"是《论语》中的一句话，意思是不合乎礼仪的话不要说。使用规范、正式和文明的语言，应当是每个教师必须具备的师德。教师应讲究语言艺术，用美的语言去感染学生。教师的语言要准确、形象、生动、清新、文雅、文明、纯洁，切忌用语粗鲁、尖酸、刻薄。

4. 语言使用"十戒"

一戒语苛训人；二戒教条盈耳；三戒粗言秽语；四戒方言土语；五戒语病时出；六戒口语过多；七戒喋喋不休；八戒大呼小叫；九戒不合实际；十戒离题闲扯。

5. 忌讳使用 10 种语言

侮辱性语言；恐吓性语言；诽谤性语言；讽刺性语言；指责性语言；贬低性语言；武断性语言；揭短性语言；不公平语言；不工整语言。

6. 锤炼课堂语言

教学语言规范而生动、准确而幽默，它的渗透性就强，就容易激起学生思维的波澜，优化教学信息的输入。

（1）净化语言，剔除芜杂。课堂表达中的拖泥带水现象比较普遍。有的教师讲课"嗯啊"连篇，学生冠以"老干部做报告"的雅称；有的教师讲课没有滤清平时口语中的口头禅，显得贫乏，甚至庸俗；还有的教师片面强调激发兴趣，一味口若悬河，插科打诨，殊不知把该表达的思想和知识淹没在了唾沫之中，大大降低了表达的效果。课堂表达剔除赘言，做到贴切详明、干脆利落，是件极不容易的事，需要有恒心和毅力。在平时的备课中，就要做好去粗取精、去伪存真的工作，尽量将那些不合语言规范、容易分散学生注意力的内容删去。

（2）准确鲜明，言简意赅。教师的语言要准确、鲜明、简练。所谓准确，就是要观点明确，语意清晰，发音标准，遣词得当，造句符合文法，推理合逻辑，用语具有专业性和学术性。所谓鲜明，是指语言要褒贬分明，饱含真情实感；爱什么，恨什么，赞扬什么，反对什么，泾渭分明。所谓简练，是指言简意赅，论述简明扼要，提纲挈领；分析鞭辟入里，丝丝入扣；描绘画龙点睛，入木三分；见解独到深刻，令人耳目一新。这样的语言才会具有感染力和吸引力，才能够像春雨一样流入学生的心田，同时把美好的思想和科学的知识一道带进去。

（3）清晰畅达，一语道破。可以想象，授课时表达含含糊糊、闪烁其词，难免会使学生如坠云里雾里。首先要使教学思路清晰有序，明确教学的重点，从而确定教学语言的运用，做到条分缕析、清晰畅达。其次对比较深奥的知识，要力戒峰回路转、九曲三弯式的讲授方法，应当抓住要害，开门见山，一语道破，在知识点的联系中，做出深入浅出的讲解。最后在设疑时，教师也要注意发问用语的精当简洁，让学生尽快悟到要领，迅速处于紧张的思维状态。

（4）感情丰富，激励一生。语言作为一种感人的力量，它真正的美离不开言辞的热情、诚恳和富于激励性。因此，教师一定要努力把活生生的灵感和思想贯彻到自己的话语中去，使"情动于中而言溢于表"，从而打动学生的心，使学生产生强烈的共鸣，受到强烈的感染。教师语言的感情色彩，来源于教师科学的世界观、人生观，来源于教师对教育事业的无限热爱，对文化科学知识的强烈渴求，以及对学生的赤诚之爱。据说鲁迅先生讲课的声音并不抑扬顿挫，也不慷慨激昂，但他的每句话、每个字都充满着感情的魅力，使学生觉得意味深长，引人入胜，使每一个接近过他的学生都感到有一种信念的力量浸透在自己心里。

（5）生动活泼，通俗易懂。有人做过抽样调查，在"学生最喜欢的老师"的特点中第一条就是"上课认真，声音洪亮，语言清晰、活泼、生动、幽默"。毛泽东同志的"十大教法"中也明确提出："说话通俗化；说话要明白；说话要有趣味；以姿势助讲话。"要做到这些，有赖于我们平时广为采撷，留心积累；要注意向群众学习，人民群众中有着大量新鲜活泼的语言宝藏；要学习一点语法、修辞、逻辑知识，学习可以为我们所用的语文材料。总之，平时兼收并蓄，教课时才会根据需要信手拈来，恰到好处，使课堂教学倍增风采。

（二）举止方面

1. 手势

（1）正确地用手势传情达意。在社交中要善于用手势传情达意，每个手势都可以传达出许多信息。

（2）日常交际中的几种手势。直臂式：引领较远方向。具体做法是：手臂穿过腰间线，但不要高于腰间线，身体侧向客人，眼睛看着手指引方向或客人脚前10厘米左右，同时加上礼貌用语，如"这边请"等。

横摆式：指引较近方向。具体做法是：大臂自然垂直，以臂肘为轴，小臂轻缓地向一旁摆出时微微弯曲，与腰间呈45度左右，另一只手下垂或背在身后，面带微笑，同时加上礼貌用语，如"请进"等。

斜摆式：也叫作双手斜式，引领就座。当椅子在引领者左方，左手在前，右手在后，双手掌向上，以肘为轴，向椅子方向摆出，双肘微弯曲，左肘弯曲度小于右肘弯曲度，上身微微前倾，面带微笑说"请坐"。

双臂横摆式：当业务繁忙或客人较多时，一般用这种手势。具体做法是：两手从身体两侧经过腹前抬起，双手掌向上，双手重叠，两肘微曲，向两侧摆出，上身稍前倾，微笑施礼，加上礼貌用语，如"朋友们，里面请"等。

双臂竖摆式：这是一种信息提示手势。当场面比较隆重，需要向全场众多客人发出某一信息时，可以采用这种手势。它的优点是能使全场来宾都能看到。具体做法是：双手手指相对，由腹前抬至头的高度，或再向上超过头的高度，然后向两侧分开下划至腹部。

（3）不同国家、地区的几种常见手势的含义。①"OK"形手势。拇指、食指相接成环形，其余三指伸直，掌心向外。"OK"手势源于美国，在美国表示"同意""顺利""很好"的意思；而法国表示"零"或"毫无价值"；在日本是表示"钱"；在泰国表示"没问题"；在巴西是表示"粗俗下流"。

②"V"形手势。这种手势是二战时的英国首相丘吉尔首先使用的，表示"胜利"。如果掌心向内，就变成骂人的手势了。

③举食指手势。在交谈中，伸出食指向对方指指点点是很不礼貌的举动。这个手势，表示出对对方的轻蔑与指责，更不可将手举高，用食指指向别人的脸。西方人比东方人要更忌讳别人的这种指点。

④举大拇指手势。跷起大拇指，在中国是赋予其积极意义的，表示敬佩或夸奖别人。但也有很多国家和地区例外，在美国和欧洲部分地区，表示要搭车；在德国表示数字"1"；在日本表示"5"；而在希腊，跷大拇指却是让对方滚蛋的意思。中国人在与希腊人交往时，千万不要用跷大拇指去称赞对方，那样一定会闹出笑话，甚至产生不愉快。

⑤捻指手势。捻指就是用手的拇指与食指弹出"叭叭"的声响。它所表示的意义比较复杂，有时是表示高兴，有时表示对所说的话或举动感兴趣或完全赞同，有时则视为某种轻浮的动作，比如对某人或异性"叭叭"地打响指。

2. 站姿与走姿

（1）站姿：挺拔、立腰、向上是站姿的最基本要领。

课堂站姿：

①抬头正首、双目平视，面带微笑；

②躯干挺直，身体重心在两腿中间；

③双臂自然下垂于身体两侧，或放在身体前后；

④没有特殊情况，不得坐着上课。

不良的站姿：缩脖、塌腰，手放在兜里、撸臂；双手扶桌，重心在讲桌上；用脚蹭地面，脚尖不断点地；身体挡住板书。

（2）走姿要洒脱：走路要端庄，不要手插裤兜走路；不要左顾右盼，不要回头张望；脚步要干净利索，有鲜明的节奏感；没有特殊情况不要跑；上楼梯，要一步一个台阶。

几个人一起走路，应该使自己的步伐与他人的步伐协调一致，既不要走得过快，一个人遥遥领先；也不要走得过慢，孤单单地落在后面，显得与众人格格不入。与上司同行，原则上应该在上司的左边或后面走；男女同行，上下楼梯、开门或在黑暗处男士均应走在女士前面，以便给予照顾。

上课前，老师应带着教材和教案走向教室，到达教室门口，要在门旁立正站立，等候上课。

3.坐姿与蹲姿

坐姿：坐姿要求仪态端正，腿摆放的角度要一致。

在必要的场合中，入座时应注意以下几点：

（1）在别人之后入座。出于礼貌，和客人一起入座或同时入座时；要分清尊卑，先请对方入座，自己不要抢先入座。

（2）从座位左侧入座。如果条件允许，在就座时最好从座椅的左侧接近它。这样坐，是一种礼貌，而且也容易就座。

（3）向周围的人致意。在就座时，如果附近坐着熟人，应该主动跟对方打招呼，即使不认识，也应该先点点头。在公共场合，要想坐在别人身旁，还必须征得对方的允许。还要放轻动作，不要使座椅乱响。

（4）以背部接近座椅。在别人面前就座，最好背对着自己的座椅，这样就不至于背对着对方。得体的做法是：先侧身走近座椅，背对着站立，右腿后退一点，以小腿确认一下座椅的位置，然后随势坐下，必要时，用一只手扶着座椅的把手。

4.蹲姿要优雅

（1）常见蹲姿。①高低式。高低式蹲姿，它的基本特点是双膝一高一低。主要要求在下蹲时，左脚在前，右脚稍后。左脚应完全着地，小腿基本上垂直于地面；右脚脚掌着地，脚跟提起。这时右膝低于左膝，右膝内侧可以靠在左小腿内侧，形成左膝高右膝低姿态。女性应靠紧两腿，男性可以适度地分开，臀部向下，基本上以右腿支撑身体。一般情况下高低式蹲姿会被广大的服务人员采用。而男性服务人员在工作时选用这一方式，往往更为方便些。

②交叉式。交叉式蹲姿，通常适用于女士，特别是穿短裙的女士。优点在于造型优美典雅。基本特征是蹲下后双腿交叉在一起，即在下蹲时，右脚在前，左脚在后，右小腿垂直于地面，全脚着地。右腿在上、左腿在下，两者交叉重叠。左膝由后下方伸向右侧，左脚脚跟抬起，并且脚掌着地。两腿前后靠近，合力支撑身体。上身略向前倾，而臀部朝下。

③半蹲式。半蹲式蹲姿，一般是在行走时临时采用。它的正式程度不及前两种蹲姿，但在需要应急时也采用。基本特征是身体半立半蹲。主要要求在下蹲时，上身稍许弯下，但不要和下肢构成直角或锐角；臀部务必向下，而不是撅起；双膝略为弯曲，角度一般为钝角；身体的重心应放在一条腿上；两腿之间不要分开过大。

④半跪式。半跪式蹲姿，又叫作单跪式蹲姿。它也是一种非正式蹲姿，多用在下蹲时间较长，或为了用力方便时，双腿一蹲一跪。主要要求在下蹲后，改为一腿单膝点地，臀部坐在脚跟上，以脚尖着地；另外一条腿，应当全脚着地，小腿垂直于地面；双膝应同时向外，双腿应尽力靠拢。

在日常生活里，采用蹲的姿势往往较少；在工作场合，除了捡拾地面物品、整理鞋袜外，也用不着蹲的姿势。

（2）蹲姿注意事项。①不要突然下蹲。蹲下来的时候，不要速度过快。当自己在行进中需要下蹲时，特别要注意这一点。

②不要离人太近。在下蹲时，应和身边的人保持一定距离。和他人同时下蹲时，更不能忽略双方的距离，以防彼此迎头相撞或发生其他误会。

③不要方位失当。在他人身边下蹲时，最好是和他人侧身相向。正面面对他人，或者背部面对他人下蹲，通常都是不礼貌的。

④不要毫无遮掩。在大庭广众面前，尤其是身着裙装的女士，一定要避免下身毫无遮掩的情况，特别是要防止大腿叉开。

⑤不要蹲在凳子、椅子上。有些地方的人们，有蹲在凳子或椅子上的生活习惯，但是在公共场合这么做的话，是不能被接受的。

5. 板书与课外

板书应根据所授的内容提前进行设计，这也反映出教师对课程的重视和对学生的尊重。板书不能过于潦草、零乱，而应条目清楚，突出讲课重点内容。板书的整体设计要规范、醒目、美观，给学生留下清晰的印象，便于他们记录和复习。

教师在课外和学生交流也要注意言行举止，要放下在讲台上严肃、庄严的架子，和学生亲切随和地交谈，听取学生的意见，使学生不会感到拘束。这时的举止应随意，一方面言谈要幽默、风趣，努力拉近与学生的距离，切忌板着面孔，故作正经，引起学生的反感；另一方面，即使课外，老师也不可过于随便，如和学生拉拉扯扯、称兄道弟，失去老师应有的威严，这会给课堂教学和思想教育工作带来不利影响。

6. 举止禁忌

勿当众嚼口香糖，勿当众挖鼻孔或掏耳朵，勿在公共场合抖腿，勿随手乱扔垃圾，勿大声清喉咙或吐痰，勿当众打哈欠，公共场合不吃零食，生病时不要去公共场合，不要在别人面前脱鞋。

三、拥有道德伦理

（一）公正

教师的公正是指教师在自己的教育活动中对待不同利益关系所表现出来的公平和正义。它表现在教师与自身、教师与同侪、教师与学生等人际关系之中。

1. 教师公正的必要性

（1）有利于良好的教育环境的形成。公正地对待学生是教师公正的重点。教师公正有利于直接的良好的教育、教学环境的形成。

（2）有利于教师威信的提高。如果教师的行为是不公正的，除了受同行及领导的舆论谴责和制度的惩罚之外，最主要的是会影响教师的威信。

上海师大曾做了一次对 4500 名学生的调查，结果有 84% 的被调查者认为"公正"是教师工作中重要的职业品质；92% 的被调查者认为，"偏私和不公正"是最不能原谅的教师品质缺陷。

由于学生对教师公正品质的期望很高，因此教师公正与否，当然会非常影响他在学生心目中的形象。

（3）有利于学生学习积极性的发挥。对个体而言，教师公正是学生学习积极性的源泉之一。对于学生集体来说，教师的不公正行为会人为地造成学生集体的分裂。其结果当然是集体生活和集体建设的动力减退、集体对学生个体在德育和智育诸方面的教育性降低。

（4）有利于学生的道德成长。教师要让学生选择公正的生活准则，他自己就必须首先做到为人处事的公正无私。同时在学生的心目中，教师往往是公正、无私、善良、正义的代表，学生对教师有非常美好的期待。除了践行公正者，任何人都不能使别人成为公正的人。

（5）有利于社会公正的实现。首先，教师的公正是社会公正的重要组成部分。其次，如果学生在学校生活中感受不到应有的公正存在，那么学生将很难建立起公正的信念，最终会不利于社会公正的实现。所以教师能否实践公正关系到整个社会公正的实现及其实现程度。

2. 教师公正的内涵

教师应当对得起自己，所以必须有一种对自己的公正。它包括对教师自尊、荣誉以及合理的经济利益等合法权益的要求和维护。

在自尊、荣誉以及其他利益的处理上，教师的同侪关系也必须保持适当的"度"，这是一种同侪公正。教师与自己同事的关系是一种真正意义上的"同志"关系。在处理同其他教师的关系上，教师主要是要公正地评价自己和他人的工作，并在此基础上做到相互配合，共同完成教育的使命。

许多教师对于自己的领导往往做不到公正对待，要么恭敬有余、唯上主义；要么恃才傲物、目空一切。教师在与领导的关系处理上最关键的是要在工作上服从分工、相互配合，在人格上相互理解、彼此尊重。

教师对学生公正的主要含义是在教育活动中对学生持民主与尊重的态度，对不同性别、年龄、出身、智力、个性、相貌以及关系密切程度不同的学生能够做到一视同仁、同等对待，不以个人的私利和好恶作标准。我们可以将这一教育公正称之为对象性公正。

概括地说，教师对学生的对象性公正最主要的是要做到：平等地对待学生；爱无差等，一视同仁；实事求是，赏罚分明；长善救失、因材施教。

平等地对待自己的学生，实际上也就是教育学上所常说的要树立正确的师生观的问题。从伦理学的角度看，教师要公正地对待学生，首先是要真正尊重和信赖学生。

爱无差等，一视同仁，指的主要是教师不能以自己的私利和好恶做标准处理师生关系，应当给所有学生提供平等的学习机会。正如俄罗斯的一句谚语所说的"漂亮的孩子人人喜欢，而爱难看的小孩才是真正的爱"。

实事求是，赏罚分明，就是要做到"尊重和要求的统一"，一方面要根据学生的实际因材施教，但是另一方面在制度上又不能允许有特殊学生的存在。赏罚本身往往是次要的，学生在意的主要是赏罚所体现出的教师对他们的评价。一定情况下对学生的惩罚与奖励一样，是有利于他们的成长的。公正是这一成功的惩罚模式的要素之一。

长善救失、因材施教，是要考虑到学生在个性、知识水平和智力程度等方面的差异，因材施"爱"、因材施"罚"，否则那种貌似的公正实际上却是不公正的。因为公正的原则既是"平等的应当平等地对待"，也是"不平等的应当不平等地对待"。

3. 如何做到教育公正

（1）自觉进行人生修养。公正看起来是一个很容易实现的道德原则。但实际上没有对教育意义的深刻领悟或使命感，没有无私奉献的情怀，不具有较高的人生境界者很难完全实现公正原则。公正的含义之中，"公平"与"正直"是有一些细微的差别的。前者指对人对己都应当一碗水端平，而后者则是指一个人有疾恶如仇、刚正不阿的品质。一个自私或有偏见的教师很难做到教育公正；一个明哲保身、不能坚持真理的教师也难做到真正的教育公正。要实现教育公正，首先要求教师成为一个公正的人，所以教师的道德和心性修养十分重要。

（2）提高教育素养。教育公正不能仅仅是一种心里的东西，而是要在教育实践中落实的法则。比如形式上的教育公正和实质上的教育公正的矛盾怎样解决，就不仅仅是一个道德原则的选择问题，它实际上主要是寻找这一原则的实现方式的问题。所以，教师公正的实现，需要教师有较高的教育技能上的素养。

教师的公正落实在许多方面都是与教育管理的素养联系在一起的。教师还应努力在教育教学管理上加强修养，努力在自己的周围创造一个良好的公正气氛，同时努力实践真正的公正。

（3）正确对待惩罚的公正。惩戒权一直是教师的职业权力和工具。当然毋庸讳言，惩罚也的确是一种消极的教育措施。除了要注意努力做到公正惩罚以外，教师还必须尽量控制使用惩罚的方式。惩罚的度如何把握、惩罚的公正怎样落实都是教师要努力探索的课题。

教师不仅要敢于同职业范围内的道德弊病进行斗争，而且应当具有对社会丑恶现象进行批评、斗争的勇气和策略。好人主义是不公正的温床，教师应当与之划清界限，成为社会的良心、社会的"清流"。

（4）做到公正与仁慈的结合。再怎么公正的惩罚仍然会对学生造成身心上的伤害，教师必须有相应的补救措施。教师的公正必须与教师的仁慈相结合，既可以增强教育公正的教育效能，也可以同时教会学生做一个既公正又仁慈的人。

（二）仁慈

1. 教师仁慈的内涵

日常生活是教师仁慈德行的真实表现，对学生的影响也是十分重要的。如果仁慈仅仅在课堂存在，教师在日常生活中是一个苛刻和残酷的人，就会让学生怀疑仁慈原则的真实性。

教师对学生仁慈的内涵首先表现在对待学生两种不同的心态。一是教师对学生无条件的爱心，二是教师对学生的高度宽容。

从某种意义上说，教师的仁慈集中表现在对待有问题的学生的态度上，这一点，苏联教育家苏霍姆林斯基有一个很好的说明。他说："要关怀人，就是说对待儿童犹如对待自己的儿子一样。儿童学习不好，落后；儿童难于像他的同班生那样学习；儿童或少年犯了流氓行为——所有这些都是糟糕的事。如果是你的儿子遇到了这种糟糕的事，你会怎么办？不见得你会提出开除、减品行分数之类的处理办法。当然理智会提醒父母，这些办法也是需要的，但你首先会提出必要的办法去挽救儿子，只用惩罚是不能救人的。"可以这样说，教师的仁慈表现为教师的耐心、冷静，诲人不倦；表现为教师的所有教育手段的出发点都是对学生的热爱。

教师对学生的仁慈主要表现为爱心与宽容，但是又不能止于抽象的爱心与宽容，还应当集中在对学生成长的有效帮助上。从正面去理解，学生人格上的健康成长重要的前提条件之一是他的学业成绩的提高。只有学业发展上比较顺利，学生才能建立自己对未来的自信和对社会、他人的信心。教师帮助学生提高学业成绩实际上是对学生最具实质意义的关怀。从反面去看，不当的教育行为，不管有意或无意，都是对学生的伤害，因而与教育仁慈的原则背道而驰。所以教师提高自己的业务素质，包括学科素养和教育技能，是教师仁慈真正实现的关键。

2. 教师仁慈的意义

对教师来说，能否做到对人仁慈，尤其是对学生做到仁慈施教，是一个关系到教育工作成败的关键。教师仁慈的意义大体上可以概括为以下几个方面。

（1）职业自由感。一个能够真正做到对人仁慈的教师，实际上就是一个在道德、业务上达到了某种自由境界的教师。仁慈会使他在工作环境中左右逢源、游刃有余。同时，当教师真正践行仁慈时，他也必然会体验到职业的自由与人生的意义。仁慈德行能够增强教师的职业自信，使之发现自己的职业意义，以更大的热情投身教育事业。

（2）动机作用。动机作用主要是说教师的仁慈或者师爱会以积极的情感为中介影响教育对象，促进学生的学习积极性，鼓励他们的道德成长。据说杜鲁门总统的成功就与赢得英文教师布朗小姐的吻有关。罗森塔尔和雅各布森的实验报告（1968）证明，教师对学生的友善、亲近和期望对学生的智力发展、学业成绩等都有着十分明显和积极的影响。

（3）榜样效应。教师无论是对学生，还是对同事、对他人的仁慈态度都对学生的仁慈品性的养成具有重要意义。教育公正让学生拥有公平、正直、刚正不阿、遵守法度的品质；通过教师的仁慈，学生则能够体验伦理生活的全面和技巧，形成积极的人生态度，养成对人的信任与关怀的品质，能够对人友善、慷慨和宽恕等等。

（4）心理健康功能。在学生眼中，教师是神圣的——他既是成人社会的代表，也是是非善恶的标准。所以教师的一言一行学生都十分在意。过于严厉的教师往往会使学生面临不必要的心理压力，造成心理疾患；过于放纵的教师又会使学生失去必要的控制能力的学习机会，形成社会性发展上的错觉，也不利于学生的心理健康。所以，实行真正的教育仁慈有利于学生的心理健康发展。

3. 教师仁慈的实践

要在教育实践中真正做到按仁慈的原则行事，教师必须具备的主观条件主要有以下几点：

（1）具有崇高的道德境界。1944年2月，一个即将被纳粹行刑队枪决的人说："我死时心中不怨恨德国人民。"所以安德烈·孔特－斯蓬维尔在他的《小爱大德》中这样评述宽恕和自由的关系："即使套着锁链，他也比杀死他的凶手们更自由，因为他们是奴隶！这正是宽恕所记住或表达的，它与慷慨相结合，这就像一种过多的自由，它看到罪人们太缺少自由，以至不能对他们恨之入骨……"

对教师而言，只有在道德修养上处于更高的水平，才能真正践行仁慈的原则。这是因为如果没有较高的道德修养，我们就会陷入日常利害之中无法自拔。自己都是不自由的，我们如何能够心平气和地对人、对事，如何来践行仁慈原则？

（2）拥有教育效能感——教育信心。教师仁慈不仅要求我们具有较高的道德修养，而且要求我们具有较高的教育效能感（即教育信心）。

教师的效能感可以分为一般效能感、个人效能感和总体效能感三类，随着教龄的增长，一般效能感会逐渐呈下降趋势，而个人效能感和总体效能感会出现上升的趋势。教师应当树立"通过教育，学生一定能够成才""通过努力，我一定能够教好我的学生"的教育信心（即一般效能感和个人效能感）。只有有信心，教师才能冷静地面对问题；也只有具有较高的教育效能感，教师才能发现自己的本质力量，更加热爱自己的学生和自己的事业。相反，我们可以看到，对学生苛刻、冷漠的教师往往都是教育上的失意者，由于对自己的能力失去信心，所以暴躁、蛮横、失去理智。这样的教师，我们是无法期待其具有真正的教育仁慈的。

但是，教育效能感并不能够凭空产生或提高，教师能够做的只能是不断提高自己的业务水平。

（3）掌握高超的沟通与表达技巧。林崇德教授曾经指出："热爱学生并不是一件容易的事，让学生体会到教师的爱更困难。"学生，尤其是低年级的学生，非常在意老师的表面上的情感表达，如果教师缺乏表达技巧，教育仁慈的原则就无法实现。所以，表达我们对学生的仁慈或热爱，使我们对学生的要求也成为学生对爱的解读对象，需要我们掌握高超的沟通与表达的技巧。教师应当学会运用语言、教态和其他手段恰当地表达对学生的热爱、尊重、期待与善意的要求。

（4）做学生的心理关怀者。如果一名教师对他工作中的（心理）诊疗方面无知，那么他所做的事与他应当做的相比，其成效要小得多。教师应当清楚他们的心理卫生工作者的角色的重大责任。

做学生的心理关怀者要求教师至少应当做到这样几点：

①要注意倾听学生的心声，关心他们的情绪变化，努力形成关怀学生的日常教学环境，使学生得到情感和心理上的有力支持，生活在一个具有安全感的心理环境之中。

②应当了解必要的心理疏导技术和其他心理学知识，正确地帮助学生调节情绪，减轻焦虑和正确面对不同发展阶段上所遇到的心理问题。

③对学业成绩不佳的学生要在帮助他们改善学习方法、学习习惯，提高成绩的同时，要注意消除他们的心理压力，让他们"抬起头来走路"。在心理上关怀学生，要求教师具备必要心理学素养。所以教师应当意识到心理知识和技能是实现教师仁慈的必要的基础知识，努力提升这一方面的专业素养。

（三）正直

1. 正直的意义

曾经有人在企业经理人员中做过一个调查，调查问卷的题目有两个：一是"你最愿意结交什么样的人"；二是"你最不愿意结交什么样的人"。调查结果是：在"最愿意结交"的人中，"正直诚信的人"排在了第一位；在"最不愿结交"的人中，"不正直不守信的人"排在了第一位。

这个结果提示我们：正直诚信是每个人的立身之本。

看过这样一则寓言故事：

老狐狸教了小狐狸遇到弱者就咬，遇到强者就讨好献媚的技巧后，又教小狐狸练长跑。小狐狸不耐烦地说："爸爸，你不是说有了欺弱捧强这两种本领就够吃一辈子了，为什么还要练长跑？""孩子，"老狐狸说，"这两种本领虽然是我们的传家宝，但如果要是遇上不吃拍马屁这一套的强者怎么办？只有用跑来逃命呀！""哟！"小狐狸说，"做个正直的狐狸不就用不着去学这些危险、丢脸的本领了吗？""说是这样说，"老狐狸说，"可我们狸族的祖宗八代不知试了多少次，要做到正直、诚实比学会这三种本领难上几万倍。"

由此可见，正直是多么弥足珍贵的精神财富。正则品端，直则人立。一个人只有品行正直，才能赢得他人的信任、钦佩和敬重，才能更好地立足于社会，才能不断向社会传递正能量。

一旦有一个人被称为是一个正直的人，这个人不管性格如何，学历、经济、家庭背景如何，一定会受到人们的信任、赞许和敬仰，他会生活得很充实，很自信、自在、自然，并因此而幸福——因为他时时可以感受到被人尊重的欣慰。

2. 教师正直的实践

正直即公正坦率，做事适中，做人堂堂正正，光明磊落，主要表现为一个人做事开诚布公，不虚假，公正刚直等。

正直的人决不是攀附权贵、口心不一的人，他不会心里想一套，口里说一套，实际行动中做的又是另一套。他是内心有一定规范的人，所以不会撒谎，也不会表里不一，而且也很少内心矛盾；他是一个真正的忠实于自己做人标准的人。

正直的人应该光明磊落，襟怀坦荡，处事简单；头脑却异常"复杂"，即智商特别高，但是，专门研究事情，不研究人。所以，他们看人、待人接物比较简单化，特别容易相信人，有时甚至因此上当受骗，也不改初衷。

正直的老师不会嫉妒比他优秀的老师，当别人超过他的时候，他会找到自己与他人的差距，而不会出口伤人。

正直的老师都能遵守规则。在上课铃声响前的一分钟，他们都能站在教室门前；

他们能够认真按学校的要求按时参加一切会议、教研工作，认真写博客，认真阅读学校推荐和要求阅读的书籍……在他们的心中，学校规定的任何规则，都是学校文化生命的最低保障线，也是大家工作、生存的保障。违反了规则，就等于破坏了大家包括自己在内的所有人的生存空间。

正直的人有高度的责任感，不仅对自己的职责负责，而且对自己的良心负责。因而，他们对所有他们参与的事情都是负责的。对于一个老师来讲，学校的成长就是老师的成长，是每个老师个体的成长。面对学校发出的培训、备课、反思、博客、读书等各种任务，正直的老师都会以感恩之心对待。

正直的老师一定会对学校负责。学校是大家的学校，是每个老师生存的保障，谁损害了学校的利益，阻碍了学校的发展，谁就损害了全校教职工的利益，就阻碍了学校整体的发展、壮大、繁荣，其实就等于破坏了大家赖以生存、发展、拥有幸福的家庭生活的基础环境条件。

（四）尊重

1. 尊重学生的内涵

首先，尊重学生是指对学生人格的尊重，这是其科学内涵的基石。教师与学生仅仅是教育教学活动中角色的差别，作为生命个体，没有尊卑、贵贱、高下之分。人格上的平等是师生相互尊重的必然和必需的要求。其次，尊重学生是指对学生平等的受教育权的尊重。这是教师尊重学生的核心内容。法律赋予了每一个公民平等的受教育权利，教师在自己的教育教学实践中，不能依据自己的感觉、好恶来区分学生的优劣，更不能以此为依据，选择性地喜爱一批，冷淡一批，忽视一批。再次，尊重学生是指对学生千差万别的个性特点和兴趣爱好以及符合自身特点的某种特长的尊重。这是教育的目的，也是教师的责任。我们要培养的是社会所需的各种人才，并非只是培养文化成绩的佼佼者这一种，也并非只是培养教师所教学科的出类拔萃者这一种。作为教师，要允许和尊重学生各学科之间存在差异，要允许和尊重学生在文化成绩与体育、美术、音乐、舞蹈、制作、网络、社交等多个方面的不同和不俗的表现。

2.教师尊重学生的意义

广东省教育学院曾对 4415 名学生（初一到高二）进行调查，结果表明，学生喜欢的教师前五条品质为：①热爱、同情、尊重学生；②知识广博、肯帮助人；③耐心温和、同意接近；④对学生实事求是，严格要求；⑤教育方法好。

由此可见，学生最需要的是得到教师的热爱和尊重。

从心理学的角度而言，得到别人的尊重是每一个人内在的心理需要。《基础教育课程改革纲要（试行）》指出："教师应当尊重学生人格，关注学生个体差异，满足不同学生的学习需要，创设能引导学生主动参与的教育环境，激发学生的学习积极性，培养学生掌握和运用知识的态度和能力，使每一个学生都能得到充分的发展。"

（1）尊重学生有利于教师的工作。教师尊重学生，以平等友善的态度对待学生。由于学生的向师性，他们会更加尊敬老师，乐意按老师的要求去做，甚至帮老师出主意，做事情。

（2）尊重学生有利于学生健康成长。根据马斯洛的需要层次理论，每个人都有一种希望得到他人尊重的需要。如果老师满足了学生自尊的需要，有助于激发学生自信，产生积极向上的力量；否则，学生就会产生自卑无能的感觉，因而可能自暴自弃。教师不尊重学生，就会给学生造成心理创伤。教师尊重学生，有助于和谐人际关系的形成，有助于团结友爱班风的形成，有助于学生健康成长。

3.教师尊重学生的实践

对学生的尊重，必须坚持"尊重与约束""爱护与矫正"相结合的原则。在教育教学实践中规范教师的行为，用教师的言行举止来体现和诠释对学生的尊重。

（1）对学生有爱心。爱是尊重的基础，如果离开了对学生的真爱，尊重只能是虚假的形式，唯有发自肺腑的爱，才能产生真正的尊重。爱心，是燃烧的火，会让绝望的心灵重新点燃。作为教师要像爱护自己的儿女一样热爱学生。在平时，教师应深入学生当中与学生打成一片，时时注意，留心观察学生。当学生在生活上遇到困难，在学习中失去信心时，应给予帮助，增强他们的自信心。当学生体验到你的爱心，他们就会直视困难，努力克服困难，扬起理想的风帆，勇往直前。

（2）最重要的是对学生要宽容。作为教师对学生要宽容、豁达，教师要同情那些缺少天赋、在生理上有缺陷、学习成绩差，或者犯了错误的学生，用同情心唤醒他们的上进心、自信心和自尊心，帮助他们清除自卑感，排除他们的烦恼和悲伤，用热情和温暖鼓励他们充满信心地学习和生活。当遇到学生"顶牛""越轨"时，教师应放下教师的架子，设身处地为学生着想，三思而后行，这尤其需要教师有自我批评的勇气和精神。

然而，宽容不是纵容。学生的学习活动应该是一个生动活泼的、主动的和富有个性的过程。在这个过程中，学生需要的是宽容而不是纵容，他们应具备的是个性而不是任性。为师者应准确把握"尊重教育"的尺度，过分的尊重，将使我们的教育滑向"生道尊严"的那一端！

（3）要正确地认识和尊重学生之间的差异。学生之间的差异很大，这是无法否定和抹杀的。教师只能考虑怎么去准确认识，怎么去对待，决不能视而不见搞"齐步走"，实际上也走不齐。只有尊重这点差异，学生的个性才会有发展的空间，学生才能生动活泼地发展。在这一点上，教师要做到：不是选择适合我们教育的学生，而是要提供适合学生的教育。

（4）要重视学生自己的生活经验和文化见解。在当前信息化、知识化迅猛发展的时代，学生完全有可能在某些方面已超过了教师，所以教师要尊重学生的经验和见解。经验是学习新知、形成能力的基础，正因为如此，新课改不仅强调教师要尊重学生的生活经验，而且还十分强调教师要对其各方面的经验进行整合以形成能力。教师要有勇气主动改变自身传统上的法理性和权力性地位。

（5）要为学生提供表现证明自己的机会和条件。一节好的课堂教学或者一项活动，不仅仅只重视教师的语言如何精彩，风格如何独特，组织形式如何新颖，而且还要重视教师是否给学生提供了表现的机会和条件。教师的教学是否成功，其评价核心应是看教师是否真正给了学生主动学习的地位。一名优秀教师必定善于创设各种情景，让学生在尝试中发现问题、在体验中学到新知、在表现中获得成功。让学生在做中学，是对学生学习权利和发展规律的最大尊重。

（6）要为学生树立一个公正的形象。公正也是对学生的尊重。面向全体学生授课，是对每个学生学习权利的尊重；平等地对待学生，是对学生人格地位的尊重。教师只有公正才会一视同仁地对待每一个学生，才会不偏不袒地处理学生中的矛盾，才会获得学生的尊重。学生亲其师而信其道，这样才会收到满意的教育教学效果。惩罚应建立在唤起学生高度自觉的基础上。教育不可容忍任何侮辱学生人格尊严的言行。教师应把学生视为一个有人格尊严的人，以与人为善的态度处理学生的过失，使其即使受罚也心甘情愿，甚至尊严感更强烈。

四、成为命运之神

易卜生曾说：每个人都是神，没有不是神的人，只在于他是否看到了这一点。我是命运的主人。左右境况的力量就在每一个人的体内。如果我们拥有遇事求己的坚强和自信，我们就会成为自己的观音。当你是孤军奋战时，你一定要相信：你就是自己的神。没有人能解救你，除了自己拯救自己。

有这么一个故事：

某人在屋檐下躲雨，看见观音正撑着伞走过。这人说："观音菩萨，普度一下众生吧，带我一段如何？"观音说："我在雨里，你在檐下，而檐下无雨，你不需要我度。"这人立刻跳出檐下，站在雨中说："现在我也在雨中了，该度我了吧？"观音说："你在雨中，我也在雨中，我不被淋，因为有伞；你被雨淋，因为无伞。所以不是我度自己，而是伞度我。你要想度，不必找我，请自找伞去！"说完便走了。第二天，这人遇到了难事，便去寺庙里求观音。走进庙里，才发现也有一个人在拜观音，那个人长得和观音一模一样，丝毫不差。

这人问："你是观音吗？"

那人答道："我正是观音。"

这人又问："那你为何还拜自己？"

观音笑道："我也遇到了难事，但我知道，求人不如求己。"

也许，神是伟大的。但神会给我们什么呢？

我们祈求力量，神便给我们困难去克服，使我们变得强壮……

我们祈求智慧，神便给出问题让我们去解决……

我们祈求成功，神便给我们大脑和强健的肌肉……

我们祈求勇气，神便设置障碍让我们去克服……

我们祈求爱，神便指引我们去帮助需要关爱的人……

我们祈求荣耀，神便给我们创造荣耀的机会……

从神那里，我们没有得到任何我们祈求的东西，但却得到了想要得到我们祈求的东西所必须具备的品质。然后，我们需要做的是：毫无畏惧地生活，直面所有的障碍和困境，并充满信心地去克服！

相关链接：

真实的高贵

◎【美】海明威

在风平浪静的大海上，每个人都是领航员。

但是，只有阳光而无阴影，只有欢乐而无痛苦，那就不是人生。以最幸福的人的生活为例——它是一团纠缠在一起的麻线。丧亲之痛和幸福祝愿，彼此相接，使我们一会儿伤心，一会儿高兴，甚至死亡本身也会使生命更加可亲。在人生的清醒时刻，在哀痛和伤心的阴影之下，人类最接近真实的自我。

在人生或者职业的各种事务中，性格的作用比智力大得多，头脑的作用不如心情，天资不如由判断力所节制的自制、耐心和规律。

我始终相信，在内心生活得严肃的人，也会在外表上生活得朴素。在一个奢华浪费的年代，我希望能向世界证明，人类真正需要的东西是非常之少的。

悔恨自己的错误，而且力求不再重蹈覆辙，这才是真正的悔悟。优于别人，并不高贵，真正的高贵应该是优于过去的自己。

第二章 关爱自己

教师的工作需要大量的体力、脑力，还要耗费大量的心力，教学指标、职称评定、不停发展的教学改革、复杂的人际关系等等，都给教师带来了很大的压力。现实存在的压力减是减不掉的，那就需要我们用心关爱自己，运用一些方法将这些压力解开，带着愉快的心情工作生活。

一、尊重承认自己

很早以前，有一对双胞胎王子，有一天国王想为大儿子娶媳妇，便问大王子喜欢怎样的女孩。

大王子回答："我喜欢瘦的女孩子。"

这个消息立刻传开了，年轻女孩都想："如果我瘦下去的话，或许能做个王妃呢！"于是大家争先恐后地开始减肥。

不知不觉，国内几乎没有胖的女性了。不仅如此，因为女孩们一碰面就竞相比谁更苗条，甚至出现了许多女孩因为营养不良而得重病的情况。

但后来却出现了意外的情况，大王子因病过世了，因此国王仓促决定由小王子来继承王位。

于是国王便问了他同样的问题。"现在的女孩都太瘦弱了，而我比较喜欢丰满的女孩。"小王子说。

年轻女孩听说后，又开始大吃特吃，不知不觉中，国内几乎没有瘦的女孩了。

而小王子最后所选的新娘却是一位不胖不瘦的女孩。

小王子的理由是："不胖不瘦的女孩才健康。"

你的缺点在一个人眼中是缺点，在另外一个人眼中就可能是优点。因此，我们应当正确地认识自己，肯定自己。

有一次，爱因斯坦上物理实验课时，不慎弄伤了右手。教授看到后叹口气说："唉，你为什么非要学物理呢？为什么不去学医学、法律或语言呢？"爱因斯坦回答："我觉得自己对物理有一种特别的爱好和才能。"这句话在当时听起来似乎有点自负，但却真实地说明了爱因斯坦对自己的特长有充分的认识和把握，所以才有了以后的伟大成就。

尊重自己是个体由肯定的自我评价引起的自爱、自重、自信及期望受到他人、集体、社会尊重与爱护的心理。认清自己，方能知己所长，明己所短，方能取长补短，获得长足的进步，进而在适合自己的领域获得成功。尊重自己、承认自己是个体对自我能力和自我形象的主观肯定，认为自己是一个有价值的人，感到自己值得别人尊重。一个尊重自己、认可自己的教师对自己的人格、言行和名誉都非常珍视，不轻浮流俗，不狂妄自大，不自轻自贱，待人处事与自己的身份相符。尊重自己、承认自己有一种巨大的人格力量，这种力量不仅是实现个人幸福的内在要素，而且是增进社会幸福的持续动力，更重要的是，当人格力量成为一个人的内在需求时，它本身就能给人带来高层次的幸福感受和体验。

20 世纪 80 年代，美国密执安州立大学的学者曾对美国人的生活状况和心理状况做了大量的社会调查，之后他们得出这样的结论：幸福感最主要的来源不是对家庭生活、工资收入或友谊的满足，而是对自己的满意和尊重。如两个同样努力工作的人，其中那个自信的人在工作中总会以一种更为轻松的方式度过，当很好地完成了任务，他会认为这是因为自己有实力，当遇到实在无法完成的任务时，他会积极寻求解决的办法；而另一个缺少自信的人则会把成功归功于好的运气，把失败看成是自己本领不到家。只是由于这小小的心理差异，一个人自信，一个人不自信，虽然两人花的时间和精力都差不多，但往往尊重自己、认可自己、较为自信的人比缺乏自我尊重、缺乏自我认可、不自信的人更为幸福。

尊重自己，认可自己，最主要的就是要自信。苏格拉底曾说过："一个人能否有成就，只看他是否具有自尊和自信这两个条件。"主宰和战胜命运的首要条件就是自信。毛泽东的成功与其自信是分不开的，他早年就曾写下"自信人生二百年，会当击水三千里"的诗句以明志。自信是人自身的资源和力量，它就像一支火把，能最大限度地燃起一个人的潜能。人生的道路曲折而漫长，只要你迈步，困难和挫折就不可避免。这时，只要有信心，就能不惧风雨的肆虐，从重重困境中奋起；只要有信心，就能勇敢地走出苦涩与沉重，发觉生活的美好；只要有信心，就能扫除眼前的一切阴霾和障碍，振作精神继续前行。天空因白云而蔚蓝，生命因自信而精彩。自信能使人从困境中解脱出来，使人在黑暗中看到成功的光芒，使人不怕困难、摆脱恐惧、勇往直前、开拓进取、超越自我。自信赋予人奋斗的动力，为我们改善自身的生存条件，创造美好的未来，到达幸福的彼岸奠定基石。

自信不是夜郎自大、自以为是，也不是得意忘形、盲目乐观，而是激励自己奋发进取的一种心理素质，是以高昂的斗志、充沛的干劲迎接挑战的一种乐观情绪。自信，并非意味着不费吹灰之力就能获得成功，而是说在战略上要藐视困难，从一次次胜利和成功的喜悦中肯定自己、接纳自己、超越自己，从而创造生命的亮点，事业的辉煌。

一代文学宗师韩愈，第一次参加进士考试，名落孙山。接着，他又考了两次，均以失败而告终。当他第四次应考时，主考官还是第三次的主考官陆贽，而且考题也与第三次应考试题相同。韩愈一看到考题，竟然大胆地把第三次应考的文章一字不改地写下来，递到陆贽手中。陆贽感到非常奇怪，于是就把韩愈的文章，仔细读了一遍，发现果然是一篇上好佳作，当即对这位斗胆呈来相同考卷的人大为赏识，把他定为第一名。

韩愈的这一举动，某些人可能认为十分荒唐，十分放肆。然而，他却偏偏成功了！他成功的秘诀是什么？就是自信！自信给了他敢于打破常规行事的力量。

一个幸福的人，首先应该认识自己，了解自己，承认自己，喜欢自己，欣赏自己，接纳自己。如果一个人连自己都看不起，整天自怨自艾，那是没有幸福感的。失去自信的人，就像失去灵魂的一具躯壳，永远生活在失败的阴影里。如果没有自信，人就容易自卑或自大，个人的自卑或自大往往比外界的困难和他人的嘲笑还容易阻碍我们向幸福前进。自卑的人往往认为自己什么都做不成，总觉得自己的水平还达不到某一程度，导致无法充分挖掘和发挥自己的潜能，也就无法获取事业的成功，感觉不到幸福的存在；自大的人往往认为自己比别人强很多，做起事来往往固执己见、一意孤行，听不进别人意见，不采纳他人建议，这样做出的事也不会得到大家的认可，又何来幸福的感觉呢？

《信心门》说："世间的财富，要用信心的手去取；辽阔的江海，要用信心的船来渡；

丰硕的果实，要用信心的根生长；无尽的宝藏，要从信心的门进入。有信心就有希望，有信心就有力量。信心是道德的根源，信心是智慧的保姆，信心门里有无限的宝藏。"自信是成功的保证，也是获取幸福最便捷、最有效的途径。

作为一名教师，只要我们的自信是建立在实现客观可行的目标的成就感之上，建立在被自己、被别人和被社会尊重与认可的良好感觉之上，自信就能给我们提供源源不断的幸福感，让我们感受到生活的快乐，感受到事业的进步，感受到成功的喜悦。如果你看到自己的优点和长处，并且善于在工作和生活当中运用它们，你就能放射出夺目的光芒！尊重自己、认可自己、相信自己是人的一种自爱能力，也是激励自己、开发自己、提升自己的一股动力。古人说，立志而圣则圣，立志而贤则贤。教师在工作当中，应懂得欣赏自己，把自己的优点和长处统统找出来，反复暗示和激励自己"我可以""我能行"，从而逐步摆脱"事事不如人，处处难为己"的困扰。自己给自己鼓掌，自己给自己加油，自己给自己戴朵花，便能撞击出生命的火花，培养出豪迈的人生，感受到幸福的喜悦！自信，给你学习力和创新力，助你开阔眼界，开拓思路；自信，给你战斗力和行动力，助你坚定信念，战胜逆境；自信，给你洞察力和自控力，助你把握自我，实现目标；自信，给你亲和力和驾驭力，助你完善自我，超越自我。尊重自己，掌握好自己的命运；认可自己，平衡好自己的内心；相信自己，实施好各项计划和任务；幸福就能与你形影相随。

二、努力善待自己

有一个小孩不知道回声是什么。一天，他独自一人站在山谷中，大声喊道："喂！喂！"附近的小山立即反射出他的回声："喂！喂！"他又叫："你是谁？"回声答道："你是谁？"他尖声大叫："你是蠢材！"山上立刻传来"你是蠢材！"的回声。孩子十分愤怒，对着小山破口大骂起来。然而，小山也毫不客气地回敬他。孩子回家后对母亲诉说这事。母亲说："孩子呀，那是你做得不对。如果你恭恭敬敬地对它说话，它就会和和气气地对待你。"第二天，孩子又到了那里。"早上好！"小孩向小山问候。小山也友善地向小孩问好。"对不起，昨天我不该向你说粗话。"小山也客客气气地向孩子道歉。

生活就像回声一样，你怎样对待它，它就怎样对待你。人生也一样，善待他人，就是善待自己。

"善气迎人，亲如兄弟。""愿同尧舜意，所乐在人和。"善待别人就是礼待自己。有时候帮助别人搬开"绊脚石"，往往也在为自己铺路。

曾经某军队在一场激烈的战斗中，该军队的上尉忽然发现一架敌机正向其俯冲而来。同时，他又发现离他四五米远处还站着一位小士兵。他想也不想就纵身一跃，将小战士紧紧地压在了身下。片刻过后，巨大的爆炸声音响起，飞溅起来的泥土纷纷落在了他们的身上。上尉拍掉身上的尘土，回头一看，顿时惊呆了：自己刚才所处的那个位置被炸成了一个大坑。上尉在帮助别人的同时，无意中拯救了自己的生命。

善待自己是一种自我释放、自我调节、自我塑造的行为方式，也是一种积极健康的生活态度。善待自己，要懂得在行为上约束自己，在思想上放飞自己；善待自己，还要懂得如何充实自我，笑对生活；善待自己，更应懂得如何善待别人。因为在宽容他人、善待他人的同时，也就是在善待自己。学会正确认识和评价自己，学会自我解放、自我完善，及时调节不适心态，放弃不必要的攀比之心和功利之心。保持心理平衡是维护身心健康的基石，只要注意并做到心理平衡，就掌握了开启健康与幸福之门的金钥匙。

虽然说教师职业是神圣的，但我们教师是人，不是神，所以我们教师也要学会善待自己，享受生活。

1. 善待自己的职业

既然当上了教师，我们就得认真地审视这个职业，多看这份职业给我们带来的职业优势：它可以养活我们一辈子，让我们衣食无忧；能让我们与爱人孩子长相守，有利于家庭稳定；能让我们更明白教育规律，有利于对自己孩子的教育；有着让别人羡慕的长时间的假期，有利于调节疲惫的身心；特别是，教师的工作对象是天真可爱的孩子，他们淳朴、善良、求知的天性，让我们也自然而然地经受着灵魂的洗礼。所以，我们要善于从自己的职业优势中寻找人生的乐趣。

2.善待自己的身体

敬业并不需要透支健康，保持健康是更好地敬业。人是一个整体，是一个国家最宝贵的财富。人的发展首先是身体的发展，人的健康首先是身体的健康。教师不能一味苦干，而应该巧干，应多研究如何用尽可能少的劳动投入换来更大的工作成效，而不要动不动就加班、补课。加班、补课很多情况下是一种低效劳动，是对自己的不尊重，也是对学生的不尊重。教师还应制订必要的身体锻炼计划，越是工作忙，越要锻炼身体，调节脑力，使身心张弛有度。

3.善待自己的心灵

教师应努力使自己保持积极乐观的心态，让自己快乐地生活。要走向快乐，首先，教师应培养自己的职业认同感，热爱教育教学和研究，这样才能在工作中精神焕发，身心健康。其次，教师对自己的工作要有科学的短期规划和长远规划，这样才能在工作中有条不紊，按部就班，从容度过每一天。再次，教师要有比较高雅的兴趣爱好，可以读书、写作，可以赏乐、摄影、画画等，丰富自己的业余生活。最后，教师要培养自己平和善良的心态，不要盲目攀比，要有进取心，也要有耐挫力；要不甘落后，也要欣然看待别人超过自己，并由衷地为别人的成功鼓掌。用一颗真诚的心，为自己营造一个良好的工作和人际环境。

善待自己，善待生活，善待人生，你便会发现，在你的人生中，每一天都是非常特别的，每一分钟都是美好和快乐的，这样的人生怎么会不幸福呢？

三、学会赞美自己

赞美就像照在人们心灵上的阳光，能给人以成长的力量。没有阳光，人就无法正常发育和成长。赞美能给人以信心，没有信心，人生的大船便无法驶向更远的港湾。每个人都渴望得到他人的赞美。有一种赞美无须向他人索求，那就是自我赞美。

赞美自己不是自夸，而是一种"爱自己"的心态。既然我们需要赞美，既然赞美可以让我们的人生更上一层楼，催人奋进，那就让我们学会赞美自己吧！教师对于赏识教育已经耳熟能详，知道要赞美学生来提升他们的自信。那么，教师自身呢？难道不同时给予自己一点赞美吗？

教师要善于赞美自己，用赞美来提升自己的"精气神"，夸奖自己做对了的事情，就能收获丰硕的成果：个人的自信、学生们的敬佩、同事们的赞赏。由此可见，善于赞美自己是多么有益的事情。无论是教师，还是每个置身于社会打拼的人，都需要拥有会赞美自己、善于赞美自己的良好心态。如此一来，自己就会变得越来越优秀。

心理学认为，人的行为具有暗示性。当人认为自己"行"时，事情就真的会成功，而在人自怨自艾时，事情往往真的会因为畏缩不前而失败。那么，喜欢自己、赞美自己"你真棒"的人也会因为这种自我暗示，变得越来越出色。

学会赞美自己对教师的职业生涯来说有着非比寻常的意义。

1. 会赞美自己的教师是会善待自己的人

会赞美自己的人，一定是一个对自己充满了自信和生活乐观的人。会赞美自己的教师，不管人生是绚烂多彩还是平凡无奇，都能在自己的身上找到闪光的地方，从而让自己充满阳光和活力。这样的教师会笑看生活的风雨，时常给自己以慰藉和鼓励，对生活具有憧憬和希望。

2. 赞美自己能够提升教师的自信

赞美自己，给自己鼓掌，这样才能让自己保持良好的心态，自信、坚强地面对一切挑战。美国一位心理学家说过：不会赞美自己，就激发不起向上的愿望。现在社会提倡赏识教育，要求教师赏识孩子的每一点进步，激励孩子健康成长。教师仅仅对孩子进行赏识教育，对自身却不以为然，这样只能让赏识教育空有其形，而无其实。能够发现学生闪光点的教师必然是一个赏识自己的人，这样的人不会吝惜对自己的赞美，一定会为自己的职业、自己的努力自豪。赞美自己其实是教师寻找自信的支点。"给我一个支点，我就能撬动地球。"每天给自己一个自信的"支点"，教师会越来越自信，越来越积极向上。

教师们也可以"无事找事"地赞美自己，哪怕是一些微不足道的地方，只要有心赞美，就可以让自己的心情变好，更有斗志。这份赞美不一定要说出口，不一定要别人来分享，只要一个会心的微笑，只要心灵的一点点波动，这时你就能体会到成功的喜悦，这不仅是对自身的欣赏和肯定，更是对未来的追求和希望。

教师要有赞美自己的态度，可以这样做：

1. 用积极的眼光看待自己，善待自己

世界上没有人是完美无瑕的，不需要因为自己的不完美而感到沮丧。教师要学会用积极的眼光看待自己，找出自己明显的优点和"不明显"的优点。很多时候，一些小缺点在会赞美自己的人看来也是无须挑剔的，因为他们的心中洒满了阳光。

2. 学会几个赞美自己的方式

（1）看着镜子里的你，然后告诉自己："你真棒！"这是最常用的心理暗示方法，大声说出来效果更好。

（2）在做了一件正确的事情之后，在口头或心里对自己赞一声好。例如圆满完成了领导交代的任务、与家长进行了一次成功的沟通等等。如果喊出来不好意思，可以自己"偷着乐"，暗自叫好。

（3）照顾自己，将自己打扮得有精神一点。教师爱护身体，善于保养，平时穿着适合自己的好看衣服，精心打扮一番，这也是对自己的一种赞美——对自我的爱护和珍惜。

（4）追求进步。赞美自己不是停滞不前、沾沾自喜，而是给予自己前进的信心和动力，让自己有更大的力量向前冲。赞美自己不是漠视自己的缺点，而是正视自己的优点；真正会赞美自己的人并非狂妄自大，而是心态乐观；会赞美自己的人，一定是乐享生活的人。他们具有良好的心态，能够看到生活中种种积极的方面，看到自己身上的优点和值得表扬的行为。

四、充分享受稳定

人们最大的幸福感并非来自刺激，而是来自稳定。

1971 年，美国心理学家布理克曼和坎贝尔提出了"享乐跑步机"的概念。无论生活的步调发生什么改变，最终还是要归于平稳，而幸福的最高境界也就此为止。一个人在凉水中沐浴一段时间，他会觉得水温正好；如果他离开凉水，又到热水中去

沐浴，一开始他会觉得热，但过上一段时间，他又会觉得水温正好。不管生活的境况如何，对于周边环境在满足我们享乐时所体现的价值，我们迟早会产生一个稳定下来的"不冷不热"的平稳感知，这就是幸福。

这也符合自柏拉图以来对幸福的一种广为人知的界定，即幸福乃和谐、平衡，而平衡的状态是不可超越的。

教师是一份让人羡慕的职业，并不是因为它是一份高薪的职业，而是因为它是一份稳定的职业。

稳定是一种状态，指所处的环境或者心境在一定量的时间之内不会轻易变化，它跟风险是相对的。稳定能给人类带来安定，是人类所向往的生活状态。所以职场上很多人都想找稳定的工作。

教师也是人，也需要一个良好的心境，而教师职业的相对稳定性，正好满足了教师的这一需求，所以从事教育的人会感到很愉悦。

曾经有人做过这样一份调查：教师是不是一个让人羡慕的职业？大家如何看待教师这个职业？职场人自己想不想从事这个职业呢？结果显示，尽管在职场人心目中教师依然不是一个高薪的职业，但是有超过半数的职场人表示自己如果可以重新选择，会选择教师这个职业，而选择教师职业的主要原因是考虑到教师职业的稳定性和安全感。

由此可见，教师职业相对稳定性的诱惑力有多大。现在除公务员外，没有任何一种职业能有这么大的稳定性。所以，作为教师，我们是幸运的，也是幸福的。

教师职业的稳定，并不是教师可以无所作为，当一天和尚撞一天钟，这样的教师生活是乏味的。我们应该充分利用这种优越性，做出让自己更幸福的事。我们不妨从以下几个方面做起。

1. 享受"慢"生活，用心体验生命

现代生活节奏非常快，人们为保住工作而忙着、奔波着，几乎忘了享受生活的美好。而教师这份相对稳定的职业却给我们提供了享受生活的机会，那么就让我们"慢"下来，享受"慢"生活给我们带来的幸福。

"慢"生活不是懒惰，而是热爱生活，懂得生活，享受生活。慢下来，你会发现那调皮的孩子多么可爱、那古怪的学生多么聪明、那枯燥的教学多么有趣。进入"慢"的教育情境中，学生就会释放自己的天性，课堂就会焕发生命的灵性，生活就会成为一种享受。

教育是师生共同走过一段生命历程，是师生共同成长的美好旅程。教育是"慢"的艺术，生活也是"慢"的艺术。就让我们"慢"下来，细细地品味生活的优雅，慢慢地思索工作的情趣，享受着"慢"的教育带来的幸福！

2. 不做教书匠，要做教育家

教师职业的相对稳定，能提供给教师一个非常宽松和谐的环境。在这种环境中，教师没有朝不保夕之虑，心情平稳而愉悦。稳定的生活能使教师专心致志、一门心思地去研究教材、关注学生、探讨教法，不断提高自己的教育教学能力，最大限度地发挥教师的聪明才智。终身从教的稳定最有可能让教师发展为教育家，实现人生最大的目标。

所以幸福的教师要享受这份稳定，更要好好利用这份稳定，发挥自己的最大潜能，实现自己的梦想。这样的人生将再幸福不过了。

五、用心享受过程

有时候，人们过于重视奋斗的结果，却忽略了过程。其实，过程和结果一样灿烂，甚至过程能够给人带来更大的幸福体验。会享受过程的人是智者，他们知道怎样从小事中获得乐趣，从最平常的事物中提炼智慧。也许从他们的智慧中，我们能学习到享受过程的方法。

在人生的道路上，人们喜欢享受成功的荣耀，因此渴望到达彼端，但那只是一个点而已，人们走的最长的"过程"却经常被忽略，甚至被视为磨难。其实，过程也是一种财富。享受生命，本就没有什么结果可言。人一生每一个生活的细节，都是一种过程。完美的结果是人人向往的事情，但过程也充满了美妙之处，因为这一路的风景和磨炼已经收入自己囊中。

《世说新语》当中有个"雪夜访戴"的故事:

王子猷看到夜晚下雪,起了兴致要去访一位姓戴的朋友,便"乘兴而行",坐着小舟赶到朋友家。但是到了门口以后,他却又叫艄公把船划回去。别人感到奇怪,问他为何到而不入?王子猷回答说:乘兴而来,兴尽而返,何必非要达到见朋友这个结果呢?

王子猷最后得到的,不就是在那个雪夜行路的过程吗?王子猷一反常态,不追求行路的目的,而是重视一路上行路的过程,这正是一种潇洒的人生态度,这种情怀今人必不可少。在人一生的奋斗中,能够收获成功固然是最好的结果。然而,对于那些平庸的人来说,他们的生活就真的没有意义吗?反过来说,对于那些已经站在成功之巅的人,蓦然回首时,也许会发现:我除了名利与嫉妒的眼光,什么也没有得到。他们往往都忽略了努力的过程。须知,这过程之藤蔓,也许会比成功之花更加灿烂。所以享受过程,便是必不可少的。

举两个生活中非常常见的例子。

人们平常嗑瓜子,总是嗑皮嗑得不亦乐乎,边吃边聊,但是有了那种不用嗑就可以吃的瓜子仁之后,我们却不习惯买,因为我们喜欢的是嗑瓜子的过程。如果此例不足以让人想起那种过程中的乐趣,那么钓鱼又如何呢?只要不是以贩鱼为生,人们在休闲钓鱼时总是会做好"长期抗战"的准备,静候鱼儿上钩,如果一捞就是一条,那钓鱼还有什么紧张、刺激、乐趣可言呢?

教师要学会享受过程的乐趣,过好精彩的每一天,可以参考以下步骤。

1. 把注意力放在积极的事情上,享受生命的过程

我们认为生命如同旅游,记忆如同摄像,注意决定选择,选择决定内容。旅游的特点是从原点出发再回到原点。

有一年暑假,某中学两名教师结伴去厦门旅游。去厦门必到的游览地点要数鼓浪屿,而到了鼓浪屿就一定要到日光岩。结果两个人兴冲冲地到了日光岩一看,傻眼了,一块不足15平方米的岩石上挤满了人,多得都要把人挤掉下去。他们好不容易走上去,只待了不到2分钟就下来了,拍照片都不方便。结果,他们前后花了一个星期的时间,

在日光岩上只待了2分钟。为了弥补遗憾，他们在海边散步，到岸边无人处探险，避开了太热门的旅游景点。

如果从结果上看，这两位教师的旅程一点也不值，但是过程重于结果，他们最后已经达到了游览的目的。

2. 发现"过程"中的快乐

在学校的工作是一种享受，当每天早晨开始一天的工作时，你就在用自己的双手创造事业；上班下班也是一种过程，无论是坐车、骑车还是步行，都可以享受这段路程带给人的乐趣；做家务、购物、旅行、散步等过程也是一样，只要教师用心体会，就会在其中找到快乐。

3. 在失败的过程中成长

人生不可能一帆风顺，人也不可能与胜利提前"预约"好，从而保证它万无一失，这正是人生的真实。而在失败的时候，教师要进行自我检讨，努力恢复心情，并完善自我。历经风雨之后，教师就会发现，自己因为这个失败的过程而成长了。

享受过程的乐趣，教师会发现，自己有了更多的机遇去锻炼自己、成长自己，也有了更多的机会去欣赏生活、享受生活。

六、拥有年轻心态

人民教师，作为人类灵魂的工程师，要始终为学生起榜样作用，因此时常保持年轻的心态和朝气蓬勃的精神状态，是非常必要和有意义的。对于教师来说，年轻则朝气蓬勃，年长则精神焕发，这种状态将影响同事、学生，乃至感染整个校园，使其洋溢着生机与活力。

心态年轻的教师总是干劲十足，不仅充满了活力，而且在教学中充满了创造力，善于活跃课堂，用独特的方式让学生们学到切实可用的知识。

很多学生都喜欢年轻的教师，因为双方年龄差异小，沟通起来更加顺畅，而且青年教师一般都比较有活力。但是教师们都清楚，要想让自己永远保持年轻是不可能的，已经上了年纪的教师不可能再返老还童，而青年教师也会变老。因此，教师能够做到的就是保持一个年轻的心态。一些特级教师、名师还有那些年龄已近退休的老教师为什么受学生的欢迎呢？奥妙不在于他们的实际年龄，而在于他们的精神状态。

如今，教师队伍中出现了心态老化现象，这是什么原因导致的呢？

1. 部分教师没有正确处理好自己与社会的关系

一些教师对自己的待遇、地位没有正确的认识，遇到不满意的事情就怨天尤人。因为具有不满情绪，所以他们难以"知足常乐"；因为追求不能实现，所以他们显得疲惫，不甘心，心态也自然老化。

2. 缺乏进取的动力和精神

有些教师在评上高级职称之后就认为"登峰造极"了，迷失了前进的方向和动力。于是，他们在职称到手，没有后顾之忧后，就出现了"捧着茶杯等退休""磨洋工"的惰性状态。这种心态对于教育事业的进步有着很大的负面作用。

3. 外部环境的影响

由于干部队伍年轻化的方针，许多用人单位在选调教师的过程中对年龄作了种种限制，诸如"35岁以下""30岁以下"等规定，使不少教师一过30岁就认为自己老了，甚至有人还说出了"年过四十万事休"的话语。

无论是出于什么原因，教师心态过早老化，一方面在学生与教师之间形成了一条宽阔的代沟，导致学生与教师之间缺乏沟通；另一方面，这种心态使教师本人过早地把自己归入"老年人"行列。这种不健康的想法既不利于教师的身体健康（教师当中存在的种种"亚健康"现象，既是因为压力太大，也是因为心态不正），更不利于教师积极主动地去学习新知识、新技能。所以，为了教育事业的发展以及个人的幸福，教师都应当保持年轻的心态。

岁月可以改变容颜，但心态不能慢慢变老，教师应当始终保持一颗年轻的心。在学生面前，教师要充满朝气、阳光，用自己的激情感染身边的学生，激发他们求知的欲望。无论教师这个职业的取得是偶然还是必然，是主动还是被动，只要你还在从事它，就应当努力把它从职业变成事业，从工作中寻求价值和理想、快乐和幸福。

那么，教师应当怎样做，才能有个好心态呢？

1. 要有永不止息的探索精神

作为教师，要有一种年轻的心态，在教育事业上一般表现为一股不服输、敢拼搏、不断更新自我的与时俱进的创新精神；表现在教学工作中，就是对未知领域的不断探索，保持对教学的浓厚兴趣，并永远有一颗赤子之心，全身心地投入教育事业，用新的角度来观察教学和学生；表现在生活中，就是要保持精神的独立，不畏世俗纷扰，不醉心于名利应酬。

2. 教师应当保持乐观态度

很多教师因为环境压力而感到疲惫，那么，可以采纳这个建议：如果改变不了环境，最明智的选择是改变自己。评完高级职称了，可以继续往更高的地方前进；当过主任、校长了，还可以努力去当当优秀教师；倘若优秀教师不够格，那就拼命成为名师吧。当教师收入一般，但可以得到一些学生和家长的尊重。那些为年龄苦恼的人可以这样想：35 岁算老了吗？离退休还有很久呢！在这一段变老的过程中，可以做很多有意义的事。

3. 年轻的心态意味着激情

一些教师的课堂教学方法单调，教学语言枯燥乏味，就像挂着拐杖的老人，蹒跚而行，缺乏引人向上的激情。激情往往是年轻心态的表现之一，为了让自己的生活和工作更加富有激情，教师应当不断修炼自己的心态，培养起对工作和社会的热情，使自己充满活力。这种激情不仅是指教学中的认真教学，也指的是生活的活力与热情。教师变得有活力，心态自然也就会年轻化。

青春的本质不是粉面桃腮，不是朱唇红颜，而是坚定的意志，丰富的想象，饱满的情绪，也是荡漾在生命甘泉中的一丝清凉。年轻心态指挥着人的行动，同时也决定了人的视野和成就。当教师以年轻的心态来面对工作和生活时，会发现一切都变得更美好。

相关链接：

知识分子的勇气

◎刘春英

梭罗的美德是被滚滚红尘遮蔽了双眼的凡夫俗子们所不能理解的。他是哈佛出来的人物，但却从不迷信经院教育，也从不崇拜书本，一生特立独行，被不少邻居们视为怪人。他生性聪颖，具有渊博的自然科学知识，并精于木雕和数学，曾经研制出一种优质铅笔，并获得了官方证书，正当朋友们祝贺他从此可以财运亨通之际，他却宣布退出，因为"我不愿做已经做过的事情"，他要尝试新的东西。

他短暂的一生至少成就了两个伟业，或者，以世俗的目光来看，做了两件傻事。一是拒绝纳税，因而被关进监狱。1847年，他因反对政府把某项税收用于非正义战争，拒绝缴纳该项税款，因而被关进牢房。爱默生到牢里来看他，问："你在里面干什么？"他反问："你在外面干什么？"之后，他根据这段经历写成著名的《文明抵制》一文，指出公民的良知高于一切，公民有权根据自己的良知非暴力抵制政府的不道德行为。正是这篇文章，多年以后点燃了圣雄甘地和民权领袖马丁·路德·金的灵感和理想，成为非暴力抵抗运动理念的起源之一。二是舍弃文明生活，在瓦尔登湖边的林野亲手搭起一间简陋的小木屋，独自一人在里面住了两年零两个月，快乐地过着一种近乎原始的生活。这段隐居生活表面上看似厌世避世，事实上却是直面人生，借这种极端行为，警示由于愚昧无知而终日自寻烦恼、庸庸碌碌、领悟不到生命真趣的世人，人生有一千种不同的活法，人们称之为成功的生活只不过是其中一种活法罢了；我们不必单单夸耀一种而牺牲其他生活。"我绝没有鼓吹悲观颓废的意思，我只愿像报晓的雄鸡，立于栖木之上，引颈高歌，唤醒世人。"这段传奇经历阐释了他一生为之奋斗的远大理想——探索生活的艺术，也成就了他的传世之作——《瓦尔登湖》。今天，这笔精神财富不但早已成为哈佛的宝贵遗产之一，也成为美国文化构造不可分割的部分。

梭罗去世时，不过45岁，爱默生失去这位心爱的弟子兼亲密朋友，异常悲痛，亲手写下出自肺腑的挽词，一方面高度赞扬梭罗的高洁和远大的精神抱负，另一方面却惋惜他缺乏世俗的大志，否则，以梭罗的才华，他应该成为美国总统。

"我一生十分满足！"这是梭罗的遗言，个中的情怀，能有几人明白呢？

"很久以前我丢了一头猎狗、一匹栗色马，还有一只斑鸠，至今仍没有找到。"

"看日升月落，不，这还不够，还要看大自然本身，数不清有多少个清晨。无论冬凉夏暖，周围的人们还在梦乡留恋，我就已经开始忙碌了，乡邻们，譬如大清早赶往波士顿的农夫、出去伐木的工人，不少都曾碰到我从大自然中归来。"

"秋天，哦，还有冬天，我常常走出城外，聆听瑟瑟风声，着力捕捉其中的奥妙，我舍命地迎风而奔，一直跑到气喘吁吁为止。有时，从峭壁上或树上放眼观望，向过往的行人挥手示意；或在黄昏登上山顶，静待夜幕降临，借此感悟茫茫苍天的启示，虽然只是一星半点之微，直到夕阳西下，暮色沉沉。"

"一早起来，我便在屋外生火野炊：这种方式既方便简单，又别致有趣。有时烤着面包便有雷雨光临，我便在火堆上方架几片木板，坐在下面，看面包烤熟，身外雨落如丝，身边面香袭人，好不快哉。"奢侈的生活必然结出奢侈的果实，简单俭朴的生活成就了梭罗大智大慧的人生。

"我宁愿坐在一个南瓜上头，也不愿坐在天鹅绒坐垫上。我在天空垂钓，钓一池晶莹剔透的繁星。"这就是梭罗，一位天马行空、为个人理想和信念奋不顾身的知识分子，一位我们无法追随的圣人。

第三章 和谐人际

　　人不是孤立的，而是生活在共同交往的社会中，社会性是人的重要身份表征。社会幸福是实现精神幸福的重要手段。一个人只有在和谐的人际环境中得到其他人的尊重和关注，满足受尊重、归属感、理解和爱的需要，才能产生自我实现的需要。心理学把人际的和谐作为幸福感的社会支持因素，认为具有良好的社会支持的个体会有比较高的主观幸福感、比较高的生活满意度、积极的情感和较低的消极情感。

一、与同事和谐相处

　　只有把自己的丝和别人的丝编结成牢固的人脉网，才能在变幻莫测的社会中生存。

　　在创世之初，蜘蛛本是不会结网的，它们只会吐出一根根的单丝。虽然昆虫碰到单丝上的概率很大，但凭借一根单丝把昆虫捕住的概率却很小，蜘蛛们常常几天也抓不到一只蚊子，饿得骨瘦如柴。

　　上帝看到它们的处境，哀叹了一声说："你们为什么不把自己的单丝相互交叉织成网呢？"

　　蜘蛛们茅塞顿开，于是相互协作，把自己的单丝和其他蜘蛛的单丝交叉回环，终于织成了一个大的蛛网，从此它们再也不用为食物发愁了。

　　这个传说虽然有些荒诞，然而却给了我们深刻的启示：在这个充满竞争的多变社会，一个人单枪匹马，孤军奋战很难取得较大的作为。

　　有人这么说："和一个伴侣幸福地生活可以多活十五年，与一群同事愉快相处可以多活十年。"这句话不无道理，因为同事的关系正在变得越来越重要。一个最简单的现实就是你和同事相处的时间，往往要长于和家人在一起的时间。与同事朝夕相处，和谐的同事关系，会让你感到轻松愉快，每天快乐地上班、下班，你当然能享受更长的生命时光。

　　教师之间的关系比较稳定、单纯，相同的文化观、价值观，能使你们更容易走近彼此，团结在一起，这样和谐的同事关系，能让教师愉快地工作。

教师间公共的人际关系无外乎合作与竞争两种。正确处理这两种关系，使之有利于事业发展，有利于身心健康，是一个合格的教师必备的能力。一个和谐的集体，才是最有震撼力的集体；一个团结的教师队伍，才能培养出具有集体荣誉感的学生。

教师怎样才能处理好同事之间的关系，感受到和谐的人际关系带来的幸福呢？我们应注意以下几点：

1. 端正和同事相处的心态

教师要避免两种过激的行为，一种是太过争强好胜，一种是太过委曲求全。一些教师认为，工作中一定要百分之百突出自己的能力，这样才能让自己的位置和威信更为稳当，因此就处处争强好胜，很多时候都表现得锋芒毕露。在别人看来就是处处爱表现，从而引起大家的反感。另外一些教师认为，只要委曲求全就能够避免和同事之间发生冲突，但结果很多时候却不尽人意。

事实上，和同事相处时，要平等地对待他人，将自己和对方放在一个平等的立场上，表现自己能力的同时不去贬低别人，夸赞别人的同时也不看轻自己，这样才能和同事更好地相处。

2. 尊重同事

尊重是最起码的为人处世之道。夫妻之间要互敬互爱、相濡以沫，朋友之间要坦诚相见、彼此敬重，同事之间也是如此。尊重别人，别人才能尊重你，这是相互的。想要赢得别人的尊重，首先要虚心向别人学习，态度诚恳，不能给别人敷衍的感觉，不会的问题虚心请教，拿不准的事情诚心探讨，基本搞定的结果征求意见；其次要给别人更多的尊重，你敬我一尺，我敬你一丈，你给别人的尊重多，别人才能给予你更多的尊重。

不在背后议论同事的隐私。每个人都有隐私，隐私与个人的名誉密切相关，背后议论他人的隐私，会损害他人的名誉，引起双方关系的紧张甚至恶化。背后议论他人隐私是一种不光彩的、有害的行为。

看到别的同事得了什么奖励，取得了什么成就，要多想一想别人为这一成就付出的努力，再反思一下自己的行为，从而真正地认同别人的成功，真心地去祝福别人，将自己的嫉妒转化为前进的动力，这样才会赢得别人的尊重，经常对别人冷嘲热讽的人是没有人会喜欢的。

3. 对同事要大度

"人非圣贤，孰能无过？"要大度一些，要能容忍别人的小错误，不要过多地在意鸡毛蒜皮的小事，毕竟谁都曾经犯过错误。尤其是同事之间，如果过多地抓住别人的失误和小辫子不放，往往会激化同事之间的矛盾，不利于同事之间友好的关系形成。要学会善意的提醒，在意识到同事可能因为某种想法做法而出现失误和过错时，要以适当的方式在恰当的时机给予其提醒；要学会责任的共担，有的时候或多或少地承担一点责任会取得比推卸责任更好的效果。

对自己的失误或同事间的误会，应主动道歉说明。同事之间经常相处，一时的失误在所难免。如果出现失误，应主动向对方道歉，取得对方的谅解；对双方的误会应主动向对方说明，不可小肚鸡肠，耿耿于怀。

4. 注意培养和其他教师的协作精神

教师要在日常的行为中拉近和同事的距离，有事情的时候要注意相互通报，比如说学校通知一件事情，你自己知道了，要及时地告知其他教师，如果是可以代劳的小事，比如说领取什么物品之类的，可以帮人领一下，这样有利于同事之间培养协作精神。另外，如果有事外出，最好是和同事说一声，这样，如果有家长或者学生来找你的话，也可以有个交代，还能让其他同事感受到你对他们的重视和尊重，从而对你有更良好的认知。

5. 物质上的往来应一清二楚

同事之间可能有相互借钱、借物或馈赠礼品等物质上的往来，但切忌马虎，每一项都应记得清楚明白，即使是小的款项，也应记在备忘录上，以提醒自己及时归还，以免遗忘，引起误会。向同事借钱、借物时，应主动给对方打借条，以增进同事对自己的信任。有时，出借者也可主动要求借入者打借条，这也并不过分，借入者应予以理解，如果所借钱物不能及时归还，应每隔一段时间向对方说明一下情况。在物质利益方面无论是有意或者无意地占对方便宜，都会在对方的心理上引起不快，从而降低自己在对方心目中的人格。

6. 对同事的困难表示关心

同事遇到困难，通常首先会选择亲朋帮助，但作为同事，应主动讯问，对力所能及的事应尽力帮忙，这样，会增进双方之间的感情，使关系更加融洽。

7. 对同事一视同仁

只和才干杰出或气味相投的同事亲近而冷落他人的做法，往往会在无形中危害到自己在旁人心中的信赖度。

二、注重良性竞争

美国汽车售后市场的巨头 Eaton 和 Dana 公司，Eaton 公司主要从事汽车传动部分的零件，包括变速箱、分动箱等；而 Dana 公司主要从事汽车发动机零部件和车桥部分。它们所采用的是互购合作，Eaton 把自己经营的车桥部分卖给 Dana，Dana 则把变速部分卖给 Eaton，并且共同推出电子平台 Roadranger，方便了顾客的采购，大大减少了商品的流通过程。在合作中竞争，体现了"双赢"的原则，竞争对手相互排斥，只会两败俱伤，而相互促进，共同提高，才是合作与竞争的真谛。

学校是一个群体，教师是群体中的一员。虽然每个教师都有自己独立的工作职责和任务，但教育工作不是孤立进行的，必须与其他教师合作才能完成教书育人的任务。强调合作并不意味着没有竞争。在改革开放和市场经济日益发展的今天，竞争机制被广泛引入社会的各个方面，有助于产生推动社会进步和前进的动力。教育事业，也同样需要竞争，教师之间应充分合作，适度竞争。

在合作中竞争，要尊重竞争对手，向竞争对手学习。合作的过程是互帮互学、互相提高的过程。在竞争中合作需要我们形成团队精神。团队精神是团队内部形成的上下一致、相互支持、密切合作、无私奉献的群体精神。团队精神的核心是集体主义，是合作共享、乐于奉献，是个人的利益服从团队的利益。个人的成功不是最终的成功，团队的成功才是最终的成功。

教师之间的相互竞争与合作能起到相互学习、相互促进的作用。竞争中合作，合作中竞争。我们需要具备这种"竞争—合作"能力。学校追求的是综合的育人效果，要求教师具备合作精神与团队意识。只有在与同事有效的合作中，才能体现出我们的职业价值；也只有在教师这个团队中，我们才能感觉到工作的快乐。

既然合作和竞争都是必要的，应当如何促使教师之间良性竞争，共同发展呢？

1. 要正确地认识竞争与合作之间的关系

竞争和合作的关系是相对的，二者协调发展，才能充分调动主体的能动性，发挥更大的力量。良好的合作可以促进教师共同的进步，共同解决工作中遇到的各种问题，共同完成一些难度较大的教学任务；而适度的良性竞争也可以充分调动教师自身积极性，有助于其保持一种不断向上的心态，充分发挥自身的潜力，实现自身的最大的价值。重要的是，不论合作还是竞争，必须明确一点：二者的终极目标是一致的，那就是都是为了更好地教学，更好地促进学生的发展。

2. 要建立良好的竞争机制

合理的竞争机制有利于调动教师的积极性和热情，使其更好地投入教学工作中去；不良的竞争机制则会挫伤教师的积极性，容易使教师产生消极情绪，打消其对工作的热情。现在好多学校单纯以学生的学习成绩来作为评价教师的标准，其实这无助于良性竞争的形成。教师之间的竞争变成了单纯的驱使学生去争取分数的竞争，使得教师把学生的分数作为自己工作的唯一方向，教师的工作完全偏离了素质教育的要求，不仅加重了学生的负担，更加剧了教师和学生之间的对立。同时这也无助于对教师客观公正的评价，使一部分教师研究探索的热情逐渐消失，也在一定程度上影响师生之间的关系，无助于合作教学的推进。学校应该做的，应该是给予教师更大的自由空间，释放教师的激情和潜力，重要的是，改变单一以学生成绩评价教师的机制，增加对教师授课能力、学生学业水平以及教师与学生的协调程度、与教师的合作能力等多方面的考察，建立多种竞争机制，采用多种方法，促进教师更多地在教学能力和研究水平方面的竞争，争取每一位教师都能在竞争中获得进步。例如听课、说课比赛，既可以突出竞争意识，又可以在这过程中使每一位教师的教学能力都获得提高。

3.要鼓励良性竞争，消除不良竞争

良性竞争可以使教师获得前进的动力，更好地审视自身和别人的长处和不足，产生积极的、奋进的情绪，促进自身的发展，更好地服务于教学工作。而不良竞争往往给他人、集体和社会带来很坏的影响，而且由于教师职业的特殊性，这种不良影响有可能在教学中影响学生的成长，造成青少年的道德观念和价值观出现问题。具体来说，教师一方面要端正心态，勇于接受和面对竞争；另一方面，要克服墨守成规、故步自封、夜郎自大的心态，在竞争中保持一种光明磊落的心态，以诚相见，相互支持，保持竞争的公平性和平等性。那种为了获胜而不真心合作，或要求合作却暗中拆台的做法，都是违背公平竞争的精神的，不但显示自身道德水平的低下，也根本无益于自身水平的提高。在新课改的形势下，在这个充满竞争而又倡导合作的社会里，教师之间的竞争，应该是一种良性的、互相促进的竞争。在合作中竞争，在竞争中合作，开展正当竞争，实现友好合作，才是竞争与合作的最佳方式；为教学而合作，为学生而竞争，才是竞争与合作的最终目的。

三、乐于帮助别人

一个男人，从小失去了父母，在儿子8岁的时候，妻子又离开了他，在儿子大学毕业的时候，儿子又不幸遭遇车祸身亡。悲痛中的这个男人彻底绝望了，他找不到任何活下去的理由。于是，他准备结束他孤单而又痛苦的生命。不料在江边他突然看到了一位年近60岁、驼了背在路边捡垃圾的老妈妈，知道她一把年纪还要辛苦照顾一个弃儿，男人的心灵突然受到了一种震撼，于是他放弃了自杀的念头。

此后，他把这位老妈妈和她的小孙子接到了自己的家里。从此，他又有了一位妈妈和一个儿子。自从有了这个"家"，他也又能像往常一样地去上班了。每天下班回到家，他总会说一声"妈，我回来了"，而妈妈为他准备了一桌子饭菜；他那个"儿子"常会拿着一张成绩单冲着他喊："爸爸，我又得了100分！"这时，他总会抱起他的孩子，高兴地说："我的儿子真是好样的！"

就是这样三个毫无血缘关系的人，你需要我，我需要你，幸福地生活在了一起。一个人能感觉到需要别人，同时也被别人需要，就是幸福！

教师在工作中经常会遇到这样那样的困难，这时候你被同事所需要，就是一种幸福。

是的，被人需要是一种幸福，在满足别人的同时，也升华了自己存在的价值。记得高尔基说过："感到自己是人们所需要的和亲近的人——这是生活最大的享受，最高的喜悦。这是真理，不要忘记这个真理，它会给你们无限的幸福。"教师在工作中帮助别人，其实就是在享受幸福。

从踏上教育这方净土开始，我们就要做一个幸福的教书人。幸福的教师就应享受被别人需要带来的快乐，特别是被我们的同事需要带来的快乐。那教师要如何被同事需要，快乐地工作呢？

1. 体谅同事，真诚待人

当同事遭遇困境之时，要真诚地伸出援助之手，提供一些力所能及的帮助。即使在此之前彼此存在分歧、闹过矛盾，也要尽弃前嫌，拉同事一把。这不仅体现了自己的大度与宽容，更会获得他人的尊重和钦佩。而任何幸灾乐祸、落井下石的行为都是为人所不齿的。另外，对于同事的工作不要品头论足，要善于倾听，体谅同事的难处。所谓"站着说话不腰疼"，千万不可图一时嘴快，说出一些伤害同事之间感情的话来。

2. 同事皆友，亲如一家

教师要消除同事之间的陌生感和畏怯感，主动利用各种工作、生活和休闲的机会与同事接触，扩大交往范围。一个学校的教职工中，年龄有老中青之别，学历、职务有高低之分，但人格平等，均应一视同仁，把每一个同事都当作朋友。不要怕主动会引起别人的误解，只要你是真心诚意的。比如去收发室取报纸时，顺便就把楼上几个办公室同事的信和报刊都带上去送给他们；比如哪位同事午饭前有课，你就主动提出帮他买份午餐；再比如哪位同事病了，你主动问候；同班教师有急事请假，你主动提出帮助代课守班。即便同事不需要你的帮忙，你的心意他是会领受的。这样，你随时细心地体察同事的需求，时时抱着善意和助人的心态，那么同事就一定会很快地认同你、接受你。

协助同事不是吃亏，而应该是享受。在教育的百花园中，我们奉献爱心，收获快乐;在人生的旅途上,我们照亮别人、幸福自己!

四、真心享受温暖

一滴水只有放进大海里才不会干涸,一个人只有在集体里才能更好地得到锻炼,施展才华。团结的集体能让人温暖,上进的集体能让人勤奋,和谐的集体能让人愉悦。所以,作为集体中的一分子,有怎样的集体就会有怎样的人生。

教师处在一个知识分子组成的文化圈里,他们之间没有激烈的利益冲突,所以,教师间的关系是融洽的、和谐的,心情是愉悦的,生活是幸福的。

教师的劳动是平凡的,但又是伟大的。印度诗人泰戈尔说过:"花的事业是甜蜜的,果的事业是珍贵的,让我做叶的事业吧,因为叶总是谦逊地低垂着她的绿荫。"给学生们带来快乐,我们也能从工作中得到快乐,从工作中享受到幸福。教师的劳动是平凡的,与从事其他职业的人不同的是,教师还需要有不畏清贫的品质、不急功近利的情操、不为名利诱惑的人格、甘做人梯的精神。教师从事着太阳底下最光辉的事业。生活在这样一个集体里,少了社会上的尔虞我诈,多了一片宁静与温馨。

和谐的工作集体需要健康的人际关系。积极、良好、和谐的人际关系,可以为一所学校带来教育教学工作的生机,学校内部能够形成互相尊重、信任、理解、爱护、团结、和谐、进取的氛围。从教师角度说,校园中的人际关系主要有三种:上下级之间、同事之间、师生之间的关系。那么如何构建和谐的工作集体关系呢?

1. 优化领导和教师之间的关系

(1)兢兢业业干好本职工作,这是一个教师最起码的要求,没有一个领导喜欢吊儿郎当的教师。

(2)要善于维护学校的声誉,有大局意识。虚心接受领导的批评和建议,理解领导的安排和要求,工作中配合默契,形成一种相互信赖和尊重的氛围,切忌拉帮结派。

(3)积极参加学校举办的各种活动,沟通情感,为工作创设良好的氛围。

(4)对领导不卑不亢。

2. 优化教师与教师之间的人际关系

教育工作中，教师之间虽有一定的分工，但这种分工与其他工作中的分工有区别，教师之间的分工都统一在育人这个总目标中。在教育、管理学生的过程中，特别需要相互配合、协调。

（1）以大局为重。同事之间由于工作关系而在一起，就要有集体意识，以大局为重，形成利益共同体。

（2）对待分歧，求大同存小异。同事之间由于经历、立场等方面的差异，对同一个问题，往往会产生不同的看法，面对问题，特别是在发生分歧时要努力寻求共识，争取求大同存小异。

（3）与同事交往保持适当距离。在一个单位，如果几个人交往过于频繁，容易形成表面上的小圈子，让别的同事产生猜疑心理，因此，在与同事交往时，要保持适当距离，避免形成小圈子。

（4）发生矛盾时，要宽容忍让。同事之间经常会出现一些磕磕碰碰，在与同事发生矛盾时，要主动忍让，从自身找原因，换位为他人多想想，避免矛盾激化。如果已经形成矛盾，自己又的确不对，要放下面子，学会道歉，以诚心感人。退一步海阔天空，如有一方主动打破僵局，就会发现彼此之间并没有什么大不了的隔阂。

（5）嘴巴要紧，肚量要大。俗话说得好：病从口入，祸从口出。上班时，尽量多做事少说话。这样做既可以让自己多积累工作经验，又可以让繁忙的工作占去多余的时间，避免无聊时闲谈别人的是非。

（6）严于律己，宽以待人。同事之间，相处时间长，抬头不见低头见，关系处理起来显得更加微妙。严于律己，宽以待人，乃是处好同事关系的关键。

3. 优化教师与学生之间的关系

教师与学生的关系在学校关系中具有特殊的地位，它是教师对学生施加影响的重要手段，是"传道、授业、解惑"的重要渠道。形成良好和谐的师生关系，是实施和谐教育的前提。在教师与学生之间应建立起以民主、平等、和谐为基本特征的新型师生关系，积极创建民主、和谐的学习氛围和精神氛围。教师要优化自己，以健康的情感去感染、教育、鞭策和激励学生，与学生平等、友好地相处，化解学生之间，师生之间的矛盾与摩擦，为学生创建安全稳定、健康和谐的成长环境。

总之，只有建立融洽的工作集体关系，同事之间、师生之间才能互相协作，相互理解，才能形成一个良好的循环关系，才能促进学校健康发展，促使学生身心发展。

五、努力架设桥梁

现代教育不是一个孤立、封闭的过程，而是开放的、现实的、全方位的社会活动。任何学生的成长都离不开三个方面的环境——家庭、学校、社会，三个方面不可以替代。学生是在学校、家庭以及社会的共同影响下成长的。社会上经常流传这么一句话，"5+2=0"，意思是说学生在学校里接受了 5 天的教育，但因为周六周日在家，家长没有约束好管教好，放任自流，加上又接触了社会，受到了社会上不良风气的影响，结果把 5 天在学校的教育白白浪费了，一切又得从零开始。苏霍姆林斯基曾说过："教育的效果取决于学校和家庭影响的一致性，如果没有这种一致性，那么学校的教学和教育的过程就会像纸做的房子一样倒塌下来。"

苏霍姆林斯基曾把学校和家庭比作两个"教育者"，认为这两者"不仅要一致行动，要向儿童提出同样的要求，而且要志同道合，抱着一致的信念"。陶行知先生说："培养儿童的创造力，就需要我们像园丁一样，首先要认识他们，发现他们的特点，而予以适宜之肥料、水分、阳光，并清除害虫，这样，他们才能欣欣向荣，否则，不能免于枯萎。"搭建起心灵沟通的桥梁是促进孩子健康成长的有效途径。

家校沟通时，我们首先要做的事情是要增进彼此之间的理解。如果不理解，就不能达成有效的沟通；如果不沟通，就不能形成有效的配合。在理解的基础上，我们再寻找有共识的地方。家长和老师，他们有形成联盟的一个基本共识点，那就是希望孩子好。但是，希望变成现实总有一个过程，在这些共识的背后，我们还要进一步去挖掘深度的合作基础。在形成理解和具备共识的情况下，我们还要运用一些沟通的技巧，以便收到更好的沟通效果。

教师如何有效搭建起家校沟通的心灵之桥呢？

1. 提高自己的专业素养

成为一个受自己崇拜的老师，别人自然也崇拜你。教师不仅要把自己当成是一个教育者，还要把自己当成是一个学习者。"师者，人之楷模"，只要把自己提到"楷模"的高度，自然就能得到家长、社会的认同。

为此，教师要做个学识渊博的人，乐于读书；要做个勤于研究的人，形成自己独特的教学风格；还要做个品行高尚的人，与人为善。做到这三点，你就会成为一名让自己喜欢也让别人喜欢的好老师。

2. 深入了解学生家庭，提高家长教育孩子的能力

学生除在校学习外，大部分时间在家里，家长的一言一行都会给孩子留下深刻的印象。孩子的一举一动常常是家庭教育的结果。要做好学生的工作，首先应提高家长教育孩子的能力。因此，了解学生家庭情况，了解学生父母职业、文化程度及家庭结构等，是教师尤其是班主任与家长沟通的前提，有助于教师在与家长沟通时对症下药，采取针对性的措施。

3. 喜欢你的学生

教师让社会满意也就是让家长满意，让家长满意首先应让学生喜欢和满意。学生是教师与家长沟通的桥梁和纽带，学生对教师的评价会直接影响家长对教师的看法。试想如果我们的学生都能喜欢、信任并崇拜老师，那么，做家长的还有什么理由对老师不满意呢？

怎样做到让学生喜欢呢？关心每一名学生的成长进步，发现每个学生的特长喜好，让每个学生都能感受到你是爱他们的。学会去欣赏每个孩子身上的闪光点。教师对学生一句微不足道的称赞，都会让家长感到高兴，直至影响家长对待孩子的态度。这种奖赏性的行为和语言在一定程度上强化了孩子继续努力的心理。同时这种肯定也能使家长轻松、自信、愉快地面对教师，主动向教师提出孩子目前存在的一些不足，期望得到教师的指点与帮助。这样，交流的主题就会得到延伸，就能有效促进家校互动。

4. 与家长友好沟通

理解从沟通开始，良好的沟通能加深教师与家长的感情，容易得到家长的认同。

怎样才能与家长进行友好沟通呢？一要尊重家长，努力营造和谐、轻松、愉快的交流环境，耐心、虚心、诚心地听取家长一切合理有益的建议，让家长感受到你的热情。尊重家长的人格与观点，特别是要尊重所谓"差生"和"不听话"孩子家长的人格，如此，家长自然愿意沟通交流；二要把家长当成合作者而不是局外人。教育是家长、教师共同的事情。我们总说家长是孩子的第一任老师，所以我们要把家长当成自己的战友，跟家长共商教育策略，让家长感到他也是教育中很重要的一部分，他自然会主动沟通交流。

5.及时加强沟通联系

一要做到"勤"，教师平时要勤于跟家长沟通交流孩子的情况，共同探讨孩子教育过程中的问题，不要只在孩子犯错误的时候才找家长谈话。二要做到"诚"，对学生家长要像对待同事、对待朋友一样平等友好，和家长谈话，发短信要客气，要注意礼节，不起高调，不发火。只有诚心诚意，才能打动家长的心，使他愉快地与你合作。三要做到"新"，要结合时代特点，充分运用现代信息技术与家长联络。

6.精心组织家长会

组织家长会，要发挥其"立体教育"的作用。一要形式活泼，班主任不要"一言堂"，要充分调动家长、学生和科任老师的积极性；二要主题明确，每次会议一定要主题突出，切忌面面俱到；三要内容实在，每次会议都须结合学生实际和家长实际展开讨论，切实解决一些实际问题，使家长们感到来有所得，不来有所缺，激发他们积极参加家长会的浓厚兴趣。

相关链接：

生命需要感动

◎曹仁亮

黑格尔在《生命的哲学》里讲述了这样一则故事，一个被执行死刑的青年在赴刑场时，围观人群中有一个老太太突然冒出一句："看，他那金色的头发多么漂亮迷人！"那个即将告别人世的青年闻听此言，朝那老太太站的方向深深地鞠了一躬，含着泪大声说:"如果周围多一些像您这样的人,我也许不会有今天。"

还有一个类似的故事:一个年轻人,他对生活已完全丧失了信心,准备割腕自杀。临死前,他搜空所有的记忆想找一个能让自己活下来的理由,但他所能记起的都是些伤心事。绝望之时,他脑海中突然闪现出一件事:小学时的一次写生课上,他画了一棵树,绿色的枝干,绿色的树叶。老师从他身后走过,说了一句:"多么有创意啊!"正是这一句模棱两可的话让他又重新燃起了生的希望。

假如一个人老是生活在别人的指责、轻视、甚至鄙夷中,往往会希望泯灭、自甘平庸,甚至心理变态,仇视他人和社会。而一句饱含爱心的善意的激励,或许能引导他走向人生正途。

一句赞美的话也许会改变一个人的一生,只可惜现实生活中我们往往过于吝啬,不肯轻易吐露自己的赞美之言,却容易在不经意间伤害别人。第一个年轻人之所以走到那一步,或许就在于此吧!如果大家都像那位老太太一样,多一份爱心,在别人沮丧失落之时,送一句鼓励或赞美的话,让他感受到阳光的温暖,让他知道在茫茫人海中他不是孤独的,一直有人在关注着他,与他同行,悲剧可能就会得以避免。

狄更斯曾这样描述生命的意义,如果我能弥补一个破碎的心灵,我便不是徒然活着;如果我能减轻一个生命的痛苦、抚慰一处创伤,或是令一只离巢的小鸟回到巢里,我便不是徒然活着的。"减轻别人的痛苦,分担他人的忧愁,让他或是她感动,我们便不是徒然地活着,生命的内容就不会苍白无色。正如汪国真诗中所提:获得是一种满足,给予是一种快乐。"给予别人,感动别人也会感动自己。

第四章 充满活力

教师想要拥有幸福的教育生活，就必须成为一个有活力的人。

一、对任何事情都持乐观态度

有这样一个著名的小故事：

一个家庭有一对孪生兄弟，其中一个对待事物总是很悲观，而另外一个总是很乐观。父亲想要改造一下这两个孩子。一天，他买了许多色泽鲜艳的新玩具给悲观的孩子，却把乐观的孩子送进了一间堆满马粪的库房里。第二天早上，父亲去看看两个孩子有什么表现。当他走进悲观的孩子房间时，看到他正在哭泣，便问："为什么不玩那些玩具呢？""玩了就会坏的！"孩子哭泣着说。父亲叹了口气，走进库房，却发现那个乐观的孩子依然兴高采烈。"告诉你，爸爸。"那孩子得意扬扬地指着马粪向父亲说道，"这里一定藏着一匹小马呢，只不过我还没找到。"

从这个故事中，我们可以看到，乐观是一种心态，拥有这一心态的人，无论是面对崭新的玩具，还是马粪，都会感到快乐。因为他们眼中看到的是事物好的一面，感受到的都是积极向上的发展趋势。只有那些对待事物始终保持乐观心态的人才会在逆境中看到希望，在痛苦中看到幸福，在任何环境中都能保有一颗快乐的心。由此，我们可以想到，教师每天的工作繁多，遇到的事情也多种多样，尤其需要拥有乐观的心态，从而保证自己在任何环境中都能游刃有余地处理事务，正视事物的积极方面，从而更加顺利地开展工作。

心理学研究告诉我们，人的心态是非常重要的，既能使人走向成功，也能让人一事无成。人应当有点精神，否则就会萎靡不振，就会未老先衰，就不愿意去努力，最后自然就不可能取得成功。为了活得精彩，为了获得成功，我们应该树立理想，振奋精神，保持乐观的心态，不断地去追求，不断地去超越，只有这样，我们才不至于视教育工作为苦差事、烦心事，才能够把教育工作看成是一项有意义的事、有情趣的事，才能投入满腔热情，书写出辉煌人生。

乐观的人和悲观的人对事物会产生大相径庭的看法。最著名的故事就是：杯子里的水洒了一半，一个人愁眉苦脸地说："唉！只剩半杯水。"另一个人则高兴地说："太好了！还有半杯水。"这两种不同的看法会产生什么作用呢？前者会心情苦闷，看不到事物光明的一面，而后者即使是在逆境，甚至绝境中都能找到前进方向。

教师在教育教学工作中不可避免地会遇到这样那样的烦恼，但是心理学家研究分析后发现，在这些烦恼中，只有 8% 才是值得关注的，也就是说，有 92% 的烦恼都是人们因为心态失衡而自寻烦恼。心态不同，教师在一定环境下的感受也会不同。在遇到事情时如果能够保持乐观态度，教师就会发现这种心态的许多益处。

1. 对事物持乐观态度使人更自信

乐观的人一般也是自信的人，因为他们眼界宽广，能够把坏事变成好事，能够从"不可能"中找出"可能"。人也许不能改变环境，但至少可以改变自己处事的态度。好的心态让人更加自信，即使是遇到训斥和困难，也仍然会笑着面对。

2. 对事物持乐观态度能够提高教师的工作效率

乐观的教师往往比悲观的要能干很多，因为他们总是能够看到事情有利的一面，从而相信自己能够完成任务、克服困难。一些教师在遇到工作和生活中的意外状况时，不会产生"大祸临头"或是"倒霉"的抱怨，而是正视问题，用恰当的方式进行处理。

为了生活与工作的顺利与身心的安适，教师要想方设法让自己成为一个乐观的人。如果教师不像故事里那个乐观的小男孩一样天生乐观，那么就需要借助一些方法让自己逐渐拥有乐观心态。

教师如何才能让自己有乐观心态呢？

1. 换个角度思考，多注意事物积极的一面

任何事物都有两面性。从消极的角度看，人就会产生消极的情绪体验，陷入心理困境；而从积极的角度看，则可能发现事物的积极意义，变得乐观起来。因此，当教师面对一件喜忧参半的事情时，不妨多从积极的一面来看事物。也许有人会说，那岂

不是"阿Q精神"了？其实这与"阿Q精神"有着本质上的不同。"阿Q"式的精神胜利法是受辱之后的自我逃避，而从积极角度看问题则是看到事物中好的一面、有利的一面、发展的一面，并捕捉到积极因素促进以后的发展。

2. 用乐观的态度去处理问题

对待同一件事情，用乐观态度处理与用悲观态度处理会有着很大的不同。因此，教师在处理事情时不妨用乐观的方式，积极引导，合理推动，而非先一步放弃希望。

吴老师的班在高三上学期期末考试中失利，平均分落到了年级最后一名，班级里的几名"尖子"也没有发挥出正常的水平，还出现了好几个不及格的成绩单。成绩公布后，班里一片愁云惨雾，学生们一个个都垂头丧气，因为这是高中课程的总结考试，而且半年之后就要迎接高考，此时考得一塌糊涂，无论如何都不是一件好事。大家都为自己的成绩担心起来。吴老师却拿着试卷站到讲台上，语气铿锵地对大家说："没关系，这不是最后一次考试，我们应该高兴，还有半年的时间可以让大家去调整状态，把这次的失误都纠正过来。现在——"他环视教室里的人，说："大家列一份明细表，把自己暴露出的缺点和不足列下来，之后半年必须把它们一个一个克服。"同学们听了之后变得振奋起来，开始信心百倍地找出试卷纠错。

面对一时的挫折，吴老师没有灰心丧气，而是用乐观的态度鼓励全班同学，让大家重视这次考试失利带来的教训，并把它作为之后学习的指导。他的态度使班里的气氛重新活跃起来，燃烧起了大家的斗志，这对于即将进行高考复习的学生来说，是非常重要的一次心理调整。由此可见，教师面对事情时态度是乐观还是悲观非常重要，它往往决定了教师接下来要走的道路。

3. 增加阅历与理论修养

有的时候，人的思想悲观是因为阅历过浅、见识不深，没有培养出从积极角度、长远角度看问题的眼光和心态。针对这一点，教师要多方面开展阅读，加强自己的教育理论修养和思维方式锻炼，并积极汲取前人经验，让自己的思想改头换面。

总之，乐观态度是人生道路上的良药，是帮助人战胜困难的助手，具有重要的作用。对于教师来说，乐也是一天，悲也是一天，那么何不快乐地面对一切呢？

二、选择健康科学的生活方式

古人讲："盈缩之期，不但在天；养怡之福，可得永年。"

幸福的人生应当有健康的身心。身心健康是实现人生幸福的自然基础，是实现人生幸福的起点。身心健康、充满活力，不仅能够使人充分发挥自身的潜力和创造力，而且能够使人更好地感受生活、热爱生活、享受生活，在生活中不断地追求幸福、不断地完善自己。拥有健康的身心是实现人生幸福的第一步，而健康的身心来自于健康的生活方式。人的健康与否主要取决于人的生活方式是否恰当。医学工作者通过大量反复的研究表明：生活和行为方式不健康、不科学是人发病最主要的原因。世界卫生组织经过研究指出：在影响个人健康的四大因素中，生物因素占 15%，环境因素占 17%（其中社会环境占 10%，自然环境占 7%），医疗卫生服务因素占 8%，生活行为方式因素占 60%。我国有学者研究了影响个人健康的四大因素在死因中的构成比例，结果是生活行为方式因素占 48.9%，环境因素占 17.6%，生物因素占 23.2%，医疗卫生服务因素占 10.3%。担任过世界卫生组织总干事的中岛宏博士曾深刻地指出："我们必须认识到，世界上绝大多数影响健康的问题和过早死亡都是可以通过改变人们的行为来防止的，而且花费很少。"可见，健康主要取决于个人的生活行为方式。良好的生活方式可以促进人体的健康，反之，则会危害人体的健康。

养成文明、健康、科学的生活方式十分必要。2000 年，世界卫生组织提出了"合理膳食、戒烟限酒、适当运动、心理平衡"的健康促进新准则，并把它称之为"健康基石"。合理膳食要求膳食的营养供给与人体的需要之间必须取得平衡，并能照顾到不同年龄、性别、生理状态及特殊条件下的情况，使供需之间均能达到营养平衡。我国营养学会根据国情，制订了膳食指南，其原则包括："食物要多样、饥饱要适当、油脂要适量、粗细要搭配、食盐要限量、甜食要少吃、饮酒要节制、三餐要合理。"健康的生活方式需要戒烟限酒。烟草中许多物质对人体都是有害的，仅目前查明的致癌物质就有 40 多种。医学家的研究表明，吸烟者患肺癌的概率在戒烟 10～15 年后可降到与不吸烟者一样；冠心病的死亡率在戒烟 1 年后明显下降，戒烟 10 年后可降到不吸烟者的水平。酗酒对人体的危害是毋庸置疑的。酗酒会毒害肝脏，损害肝功能，使肝细胞严重受损，最终导致肝硬化，医学上称之为"酒精肝"。短时间大量饮酒，可导致酒精中毒；长期饮酒多的人，还会发生酒精中毒性心脏病，严重者可出现心律失常，心力衰竭，甚至突然死亡。但适量饮酒有保健作用也是肯定的。国外学者的研究表明：老年人适当饮酒能降低冠心病的死亡率。健康的生活方式也需要适当运动。"生命在于运动""一身动则一身强"。研究表明，运动能使人减轻压力，还能释放不良情绪产生的负能量，使人的心理感到轻松和愉悦。教师工作压力大，可以通过散步、慢跑、游泳等非竞技性锻炼活动来宣泄情绪，更好地缓解压力，增加幸福感。现在有专家提出适量运动的"三五七"标准："三"指每次步行 3 公里，30 分钟以上；"五"指每周至少有 5 次运动时间；"七"指中等强度的运动，即运动后，心率加上年龄约等于 170。科学、适量的运动能够帮助我们达到健康长寿、增进幸福的目的。心理平衡也能促进人的身心健康，增强人的幸福感。世界卫生组织提出这样一个口号：健康的一半是心理健康。良好的心理状态有利于保护和稳定中枢神经系统、内分泌系统和免疫系统的功能，从而有利于保持身体健康，促进疾病的康复，增强我们的幸福感。教师要想保持心理健康，从容应对繁杂的工作事务，就要做到：善良、宽容、乐观、淡泊。心存善良，心中就会有轻松之感和喜悦之情；学会宽容就会严于律己，宽以待人；乐观开朗可以激发人的活力和潜力，使人高兴、积极、向上；有了淡泊的心态，就不会大喜大悲，就不会攀比嫉妒，身心自然平和、健康。

健康的生活方式给人带来幸福，选择了健康的生活方式就是选择了幸福。教师要想更好地为学校、为学生服务，要想获得更为长久的幸福，就需要选择健康的生活方式。

三、运动让人年轻并充满活力

有人曾经这样说过："运动让人年轻并充满活力。"的确，在一个人的一生中，少年时代和青年时代的运动量是最大的，在这段时间，每个人身上都会焕发出美好的青春活力。

科学实验表明，体育锻炼可以驱散抑郁状态下释放的激素、葡萄糖和油脂，提高肾上腺髓质分泌儿茶酚胺的能力，儿茶酚胺能有效缓解抑郁症状。另外，体育锻炼可刺激人体释放一种化学物质，它能改善人体中枢神经的调节能力，提高机体对有害刺激的耐受力，使人镇静并感到快乐。一个人心情不好时，会觉得全身无力，做事提不起精神。运动可以消耗身体热量，改善体能，让人有自我掌控感，进而重拾信心，改善精神状态。

铁托是南斯拉夫人民爱戴的领袖，也是著名的国际事务活动家。铁托一生经历坎坷，坐过牢，遭过流放，但身体十分强健，活了 88 岁，一直思维敏锐，精力过人。他的高寿与他坚持体育锻炼是分不开的。铁托是一个运动多面手，喜欢驾车、围猎、击剑、跳舞等，对垂钓尤其着迷。

哪怕是短暂的闲暇，铁托也要扛起钓竿到水边去碰碰运气，即使没有鱼咬钩，他也不烦恼。他常对身边的人说，垂钓不仅是一种很好的休息，还可以培养军人敏锐的观察力和快速反应的能力，是一种很好的体育锻炼方式。

由此看来，运动不仅令人体格健康，还有助于精神健康。运动除了能激发身体各个部位的活力外，还可以令人心情愉快、远离抑郁。医生在治疗抑郁症患者时也鼓励他们进行适量的锻炼。同时，也有研究人员通过科学实验证实了运动具有抵抗抑郁的作用。

如果人们不是处在容易被抑郁困扰的时代，运动的神奇作用还不至于如此大书特书。然而现实是：运动的缺乏在很大程度上导致了人们郁闷情绪的产生。所以我们应该重新认识运动。坚持运动，不需要很剧烈，也不需要一次运动很久，关键在于有规律：一周运动三次，每次坚持半小时，就会大大减少不良情绪带给我们的困扰。

适度运动，可增强心、脑、肺、胃肠、神经内分泌、免疫各系统功能。研究表明，人在 35 岁以后，这些功能每年以 0.75% ~ 1% 的速率退化。不运动和坐着的人其退化的速率是经常锻炼的人的两倍。美国疾病控制中心报告指出，适度运动可使血液中好胆固醇的含量上升 4%，使坏胆固醇的含量下降 5%。美国医学会公布，每天运动量相当于快走 30 分钟的人比不活动的人死亡率降低 56%。

泰勒·本 - 沙哈尔在其幸福课上也曾说："获得幸福需要很多方面的努力，而运动却可以让你以最快捷的方式体验幸福。"

健康专家指出，不同人群应该根据自身特点，选择不同的运动方式，即所谓量体裁衣制订"运动处方"，以达到强身健体的目的。一般来说，可以按年龄阶段选择运动方式。

30 岁左右。此时人的身体功能已越过了顶峰。如忽视身体锻炼,对耐力非常重要的摄氧量会逐渐下降。此时身体的关节常会发出一些响声,这是关节病的先兆。为了使关节保持较高的柔韧性,应多做伸展运动。还要注意心血管系统锻炼,隔天一次,每次进行 5 ~ 30 分钟(慢跑或游泳),强度适中;20 分钟增强体力的锻炼,试举的重量可轻一些,但做的次数可多些;5 ~ 10 分钟的伸展运动,重点是背部和腿部肌肉。久坐办公室的人更要注意做伸展运动,方法是:仰卧,尽量将两膝提拉到胸部,坚持30 秒钟;仰卧,两腿分别上举,尽量举高,保持 30 秒。这个年龄阶段的人可以选择攀岩、滑冰、武术或踏板运动来健身,除了减重,这些运动能加强肌肉弹性,特别是臀部与腿部的肌肉弹性,还有助于加强活力、耐力,能改善平衡感、协调感与灵敏度。

40 岁左右。超过 40 岁的人适量运动不仅有利于保持好的体形,而且能预防常见的老年性疾病,如高血压、心血管疾病等。每星期锻炼两次,内容包括:25 ~ 30 分钟的心血管锻炼,中等强度,如慢跑、游泳、骑自行车等。10 ~ 15 分钟的器械练习,器械重量要比 30 岁时的轻一些,重量太大会损害健康,但次数不妨多些。为防止意外,最好不用哑铃,而用健身器械。5 ~ 10 分钟的伸展运动,尤其要注意活动各关节和那些易于萎缩的肌肉。可加一次 45 分钟增强体力的锻炼,不借助器械,可做俯卧撑、半蹲等,重复多组,每组约 20 次,数量依自己的承受力而定。40 岁左右的人应选择具有低冲击力的有氧运动,如爬楼梯、网球等。

50 岁左右。50 岁左右的人应选择游泳、重量训练、划船以及高尔夫球。

60 岁以上。60 岁以上的人就应该多散步、跳交谊舞、练瑜伽或进行水中有氧运动等。

正如美国健身专家约翰·杜尔勒《身体、思维及运动》一书中解释健康生活观念时所说:"人与生俱来便各自不同,个人的身体类型显示不同的遗传因素,不同的身体构造对不同的运动都会产生一定的影响。"界定你所属的思维及身体类型,再根据你的特别需要,选择要做的运动,让运动成为一切幸福的源泉吧!

人生短暂,我们要珍惜每一天,保持健康的体魄、美好的心灵。生命在于运动,运动让人生更幸福!

四、亲近大自然，感受大自然

泰勒·本－沙哈尔不止一次地强调："幸福是尽可能多地与自然相接触。"因此，到大自然中去吧，当你亲近大自然，融入大自然中，你会发现，幸福原来是一种触手可及的感觉。

世间万物，包括我们人类，都是大地的孩子，我们从自然中来，最终也要回到自然中去。母亲抚养了我们，回到母亲的怀抱，怎能会不亲切、不舒服呢？大自然有一种神奇的力量，有一种神奇的快乐密码。当我们心情不好的时候，我们不妨给自己放一天假。

不用坐高铁到千里之外去，不必乘飞机漂洋过海，只消自己驾车或者骑超级环保的自行车，带上孩子或约上三五知己，暂离喧嚣，来到乡村。春天，万物吐露新芽，鸟语花香；夏天，远处一望无际的青纱帐，近处的南瓜花、丝瓜花、葫芦花在微风中接受阳光的亲吻；秋天，瓜果飘香，秋色连波，波上寒烟翠；冬天，踏雪寻梅。时而抬头仰望蓝天白云，时而俯首对话一草一木，时而闭上眼睛深呼吸，感受天然氧吧中弥漫的花香，同时放慢脚步静心聆听自己的心音和宇宙的声音。

此时此刻，你会觉得生命原来如此美好！你会感到心旷神怡，感觉所有压力和烦恼都已经烟消云散，而你的内心世界充满了幸福与快乐。

你可曾在一个闷热的夏日午后看蜻蜓飞翔？你可曾于某个寒冷的冬季清晨眺望巍峨的远山？那你又是否曾恍惚间感到飞翔的蜻蜓突然变得非常沉静，而冷静的群山却在一瞬间放射出无限的活力？于是我们得到了一种完全不同于前的风景，这就是只有用心灵才观察得到的大自然，它可以轻易地超越一切现实的真相。其实，只要懂得感悟，我们就定会相信夹竹桃也能跳舞，凤尾蝶也会歌唱。

初春去郊外踏青，满目稚嫩的新绿！"遥看近却无"。不禁让人想起孩提时，我们乐于与每一株植物交谈，看见一棵苗壮的小草就仿佛觉得一个婴儿在成长。这就是因为孩提时的我们有一颗无比纯净的心灵，可以不含任何杂念地感受自然中的每一个生命。闭上眼能感受到春天的大地在震动，有无数绿色的草芽发出簌簌的声响破土而出。这世界上还能有哪一种声音比这更令人心醉和振奋呢？

盛夏时分，如果你到嘉峪关，在那里真正震撼你的不是号称"天下第一雄关"的城楼，而是那仿佛蔓延了整个世界的漫漫黄沙，眼前的沙海，翻滚着、浑厚着几千年的沧海桑田。站在无边无际的沙中，你被震撼着的渺小的心仿佛看到了黄沙神奇的幻舞，听到了黄沙厚重的低吟。它们有广袤之地的粗犷与不修边幅，它们又有大西北所特有的万种风情，每一张面孔都无比奇异又无比自然，往往会使你感到目眩，不知道哪一个才是真实的。

秋日落叶纷飞，铺满了小径，很悠闲地踏在上面一路走去，有沙沙的摩擦声在脚下响起。仔细听着，一如听到了叶落归根般长久而欣慰的叹息。不由想起老农说过，秋天庄稼成熟的时候，他们能在田里听到谷穗压弯秆子时轻微却满溢着喜悦的"啪啪"声。无论我们生活在哪里，无论我们拥有过怎样的人生历程，我们都一样懂得热爱欣赏这个与我们共存的大自然。

拜伦说："我不是不爱人类，而是更爱大自然。"感悟自然，这是人类一种与生俱来的神奇本领，虽然有些人至今还不曾意识到它的存在，但在我们的生命中，正是因为有了善于感受自然的心灵，才使得我们了解了"美妙""奇迹""珍惜"的含义……

其实幸福有时也十分简单，并不是你必须经历一生艰苦卓绝的奋斗而拥有万贯家财才是幸福。每个人关于幸福的价值观都不一样。但也许有一天，当你觉得自己不幸福的时候，你可以试着去大自然中走一走……亲近大自然，靠五官感受幸福。自然中的一切都是美好的，令人向往的，给人们愉快的感受。让我们生活在自然之中，生活在幸福之中吧！

五、忙碌而丰富多彩的业余生活

伟大的物理学家爱因斯坦说过："人生的差异在于业余时间。"可见业余时间的重要性。有人曾经做过这样一个简单的计算：假如一个人活到70岁，他一生大约有61.32万小时。一个人每周工作40小时，一年52周，那么一个人一年的工作时间约为2080小时。如果他一生工作35年的话，那么总共有7.28万小时的工作时间。61.32万小时减去7.28万小时工作时间，再减去29万小时的睡眠、吃饭等生活必需和年幼无知的时间，余数约为25.04万小时。25.04约为7.28的3.4倍，这就是说，人的一生的业余时间大约是工作时间的 3.4 倍！这么多自由的时间由我们自己支配，我们应该怎样打理呢？

生活本身是丰富多彩的，不同的人会出现不同的人生。有的人忙忙碌碌，终其一生，怎一个"累"字了得。有的人悠闲自得，终其一生，怎一个"空"字了得。有的人充实快乐，终其一生，怎一个"福"字了得。你愿做哪一类人呢？

教育以人生价值的实现为根本，教育的真义是使人幸福。教师应当理直气壮地追求自己的人生幸福，教师从事自己的职业活动不只是为学生成长付出，不只是别人交付任务的完成，同时也是自己生命价值和自身发展的体现。怎样使自己的业余生活丰富多彩呢？不妨从下面做起。

1. 发展高雅的个人情趣

当今世界上最大的化学化工公司杜邦公司的总裁格劳福特·格林瓦特，每天挤出一小时研究一种世界上最小的鸟——蜂鸟，用专门的设备给蜂鸟拍照。他写的关于蜂鸟的书是自然类书籍中的精品。

威尔福莱特·康是一位世界织布业的巨头，尽管事务繁忙，他仍坚持业余时间画油画。他的油画大量地在画展上展出，其中有几百幅以高价被买走了。

在海外的华侨商人大都有业余时间玩麻将的爱好。这并不是由于他们好赌，想靠此赚钱，而是他们将此看作一种业余爱好。因为它对他们而言至少有 3 种作用：一是放松放松，休养身心；二是在感情上联络家人、员工和生意合作者；三是在玩麻将中悟生意经。麻将桌上风云变幻，机会稍纵即逝。因此，要想赢，就得把握机会，猜测对方的牌，从全局出发，深思熟虑，打出自己的牌。而做生意正需要这种敏锐的观察力，准确果敢的决断，良好的全局观念。总之，玩物而不丧志，玩得起放得下。

现代生活的浮躁奢靡之风，使人较少有情趣追求。就拿琴棋书画来说，古人大多作为个人文化修养的标志，而现代人则更多地赋予了工具色彩。教师应有别于普通人，在日常生活中要有意识地培养自己的高雅情趣，发展爱好，形成特长，进而打造特有的文化标记。

2. 进行广泛的社会交往

每一个人都是一个生命的智慧之源，与人交往的过程实际是智慧交换的过程，是理解生命的过程。教师要在业余生活中广泛接触不同群体的人，与他们进行有效的沟通和对话，真诚地与他们交朋友，从而拓宽自己的视野，增长自己的见识。

3. 体验丰富的现实生活

教师对生活方式的选择，重在提高主流生活的品质，并不排斥有意识地进行非主流生活的体验。由于学生的家庭生活背景具有多元性，他们的体验也具有多样性。在强调课程体验与生成的今天，教师具有多样的生活体验，才能与不同的学生个体进行有效的对话。教师在业余生活中，对那些新潮的场所和行为，要勇于体验，以获得广泛的生活积累。

4. 涉猎新奇，丰富人生阅历

教师的生活总的来说较为平淡，需要强化猎奇心理和冒险精神。对那些新奇的事物要敢于接触，对那些常人不敢为的行为要敢于尝试。探险、旅游、发明创造等要纳入教师业余生活，跨区域的体验式生活、跨领域的探究性生活也要走进教师的生涯规划。这种丰富的人生阅历是教师用之不竭的财富。

教师的职业是神圣的，面对的孩子是纯真的，只要我们有一颗热爱生活、纯洁诗意的心，只要我们能把自己的业余生活打理得丰富多彩，我们的人生必将是幸福快乐的！

六、享受惬意自由的假期时光

假期——就像是高速路上的服务区，在这里你不仅仅是休息放松，更重要的是调整紧张的心态，补养供给和修整养护，为下一段的续航做准备。

教师每年都有令人羡慕的长假，使教师的身心获得了巨大的放松。假期，教师可以把规律的时钟调成懒散；可以把紧张变成随意；可以让心在百无聊赖中体会一种松弛；可以不修边幅地走在大街上，不去看任何人的异样目光；可以在自己喜欢的时间、地点做自己喜欢的事情，哪怕效率很低；可以有一个计划，或出游，或会友，或去一个没有人的地方静静地发呆。也可以过一天算一天，不用劳顿，只是让自己随心而动。这些都可以是自己股掌之间的事情。这么慵懒、惬意的生活，谁会不羡慕呢？

一学期的工作下来，教师可以说是身心俱疲。假期对教师来说，是空闲的，更重要的，它是一种调整。教师如何将假期作为一种资源和财富很好地进行利用是很值得探讨的。如果把包括学识、修养、技艺等在内的教师职业能力比作一个大厦，业余时间的修为同样是大厦不可缺少的一个部分。就像在高速路上的服务区里，你不仅要进行放松调整，还要进行必需品的补充。

在假期里，教师可以更多地按照主观意愿自由地支配自己的生活和时间。

1. 为健康储蓄

平日里，教师们工作繁忙，一些农村教师担任多个学科的教学任务，更是"两眼一睁忙到熄灯"。许多教师一谈起教学工作，最大的感受便是累。不妨利用假期这段可供自己自由支配的时间安排一些合理的锻炼活动，教师可以根据个人的身体条件、兴趣爱好、家庭状况，选择在家静养或是出门旅游，来放松心情、开阔视野，让身体做一次真正的放松，学学太极拳、打打球、练练瑜伽等，或者到户外去走走看看。这样既放松了长期紧绷的神经，又较好地调节了生活，更重要的是锻炼了身体，为健康储蓄。

2. 为亲情增温

由于职业所承担的特殊使命，很多教师平日的工作大都忙忙碌碌、紧紧张张，整天待在学校，和学生在一起，很少顾及家庭，顾及孩子。面对难得的假期生活，教师决不可把这种职业习惯再带回家中，教师应当利用假期这段时间，好好地照顾一下家庭，多陪一陪亲人，多看看父母，做一位不仅会工作，而且会生活、善生活的教师，让亲情和工作相得益彰。

3. 为工作充电

《中国教育报》曾组织过一次有关中小学师生关系的调查，结果发现导致师生关系不和的一个重要原因竟然是老师的阅读面比学生窄，师生间沟通困难。说白了，就是老师读书太少使师生间的鸿沟加宽加深。

"问渠哪得清如许，为有源头活水来。"面对日新月异的时代发展和教学改革，教师要不断地丰富自己的知识、提高个人的素养，不妨利用假期这段时间精心选择几本自己喜欢的书籍，好好读一读，沉浸其中，作一番精神和心灵的旅行；可以集中精力研读一些平时因为忙于工作想读而没时间读的教育专著，丰富自己的专业知识，广泛涉猎专业知识领域以外的文史、科学知识；可以翻阅平时积累的教学笔记、教学反思、教学感悟等，从中梳理并发现具有一定内在联系或者规律性的东西，从而提炼出自己的教学特色、特长，甚至可以升华为自己的实践智慧，从而让自己的教学思想和教学理念更加系统、更加完备；也可以反思出自己工作的疏漏和失误之处，以便提醒自己在新学年的工作中尝试新的方法去弥补和改进。

科学合理地安排好假期生活，可以达到休整的目的，使我们身心健康，并以更充沛的精力投入工作中去。热爱学习，先读书方能教书、育人。读书学习会让我们的教育视野更开阔，会让我们知道如何尊重自己，尊重学生，会让我们的假期生活更有意义，以崭新姿态迎接新的学期！

相关链接：

理想的教师

◎郭翠霞

什么是理想的教师？朱永新教授在教育理想中用诗一样的语言描述了他心中理想的教师。

理想的教师，应该是一个胸怀理想，充满激情和诗意的教师。任何教师要想有高的成就，高的水准，首先必须有高的理想，他应该是个天生不安分的会做梦的教师。人要会做梦，优秀教师要永远伴随着自己的梦想。当生活没有梦时，生命的意义也就完结了。

理想的教师，应该是一个自信、自强、不断挑战自我的教师。他应该善于认识自己，发现自己，在交往中自贬一些未尝不可，但内心深处绝对不能自贬。只有自信，才能使一个人的潜能、才华发挥到极致；只有自信，才能使人得到"高峰体验"。培养人就是培养他的自信，摧毁人就是摧毁他的自信。作为教师，应珍视这种自信，不因一时挫折而丧失自信。只要一个人的自信心不被摧毁，他就一定能够成功。人来到这个世上，就应该有他的价值，他的舞台，就应该有他扮演的角色、达到的境界，只是我们常常没有发现自己存在的价值，没有确立起人生的信念。一个人要取得成功有两个重要的前提：一个是追求成功，一个是相信自己能够成功。作为一名教师，应该不断地追求成功、设计成功，更重要的是要撞击成功。教师要有这样或那样的冲动，有这样或那样的撞击，当一个教师停止了撞击，就意味着他对生活失去了意义，对自己的存在失去了自信。

理想的教师，应该是一个善于合作，具有人格魅力的教师。竞争基础上的合作，合作基础上的竞争，是现代社会的显著特征。一个不善于合作的教师，走不了太远，因为这个社会是需要合作的社会，社会如此，教师职业也是这样。真正高明的教师，应该是一个非常尊重他的同事、非常尊重他的领导、非常善于调动各方面因素的教师，这就需要教师做到三个要点：一换位，二尊重，三互惠。

理想的教师，应该是一个充满爱心、受学生尊敬的教师。

理想的教师，应该是一个追求卓越、富有创新精神的教师。

理想的教师，应该是一个勤于学习、不断充实自我的教师。

理想的教师，应该是一个关注人类命运、具有社会责任感的教师。

理想的教师，应该是一个坚韧、刚强、不向挫折弯腰的教师。

第五章 诗意工作

人，应该诗意地栖居在大地上。诗意，是一个教师来自内心深处的精神追求，是教师内在修养的自然流露。许多成功的教师都是富有"诗意"的工作者。

一、树立良好的工作意识

大部分人都按他们的方式活着，他们的方式就是：干活挣钱，然后吃饭。还有另外一种说法："今天工作不努力，明天努力找工作。"其实说白了，大部分人的努力工作是为了养家糊口。随着生存压力的增大，养家的重担不仅压在男人肩上，也同时落在了女人肩上。结果，大部分人从不敢越雷池一步，他们唯一的心愿就是：得到一份稳定的工作。他们为工资和短期福利而工作，但从长远来看，这样做是非常危险的。我们不能仅仅为了钱而工作，否则很容易变成金钱的奴隶。

美国钢铁大王卡内基说过："为我工作的人，要具备成为合伙人的能力。如果他不具备这个条件，不能把工作当成自己的事业，我是不会考虑给这样的年轻人机会的。"

首先，树立起不只为薪水而工作的意识。因为薪水只是工作的一种报偿方式，虽然是最直接的一种，但决不是唯一一种。一个人如果只为薪水工作，没有更高远一些的自我提升和发展的意识，工作起来也就没有了主动参与的积极性，所有的事情都是被动地在接受。所以就会出现这样的情况：单位策划的一些需要员工积极参与的活动，只要不是下硬性任务到头上，而是让员工自主参与，那么就有可能没法开展。

英特尔总裁安迪·格鲁夫在一次应邀对大学生的演讲中说道："不管你在哪里工作，都别把自己当成员工，应该把公司看作自己开的一样。你的职业生涯除你自己外，全天下没有人可以掌控，这是你自己的事业。"

把工作当作自己的事业，能够让你拥有更大的发挥空间，使你在掌握实践机会的同时，能够为自己的工作担负起责任。树立为自己打工的职业理念，在工作中培养自己的企业家精神，让自己更快地在事业上取得成功。

所以，一个以薪水为个人奋斗目标的人，是无法走出平庸的生活模式的，也从来不会有真正的成就感。虽然工资应该成为工作目的之一，但是从工作中能真正获得的东西却不只是工资卡上的数字。如果工作仅是为了面包，那么生命的价值也未免太低了。人生不仅仅只有满足生存需要，还有更高层次的需求，有更高层次的动力驱使。不要麻痹自己——告诉自己工作就是为赚钱，人应该有比追求薪水更高的目标。

有一次，英国女王参观著名的格林尼治天文台。当她得知任天文台台长的天文学家詹姆·布拉德莱薪金的级别很低时，立即表示要提高他的薪金。布拉德莱得悉此事后，恳求女王千万别这样做。他说："一旦这个职位可以带来大量收入，那么，以后要到天文台来工作的人，将不会是天文学家了。"

其次，树立工作质量决定生活质量的意识。一位名人曾经说过："一个人在选择怎样度过自己的某段时间时，都是赌徒。他必须用自己的岁月做赌注。"其实人生的任何一次选择都像是一场赌博，而且赌注无一例外的都是自己的生命；只不过正确的选择会在损耗生命的同时收获生命以外的东西，错误的选择则只是在耗费生命。从这个意义上讲，一个人选择怎样去工作，其实也就是选择了怎样去生活。因为生活的好坏与工作的得失向来有着密切的关系：一个在工作中实现自我价值的人，所能得到的"奖赏"自然可以大大提高他生活的质量；一个在工作中抱着"糊口"或者只想有个"铁饭碗"的人，得到的薪水，也只能勉强维持生活现状和基本生计。何况，工作是人生中不可或缺的一部分，占去了人一天中1/3的时间，假使一个人24岁参加工作，到60岁退休，工作至少将占去他生命的1/3。那么在这占去生命1/3的工作时间里如果始终找不到一个正确的工作态度，从工作中只得到厌倦、紧张与失望，生活的痛苦可想而知。

很多单位都可能存在这样的员工：他们每天按时打卡上班、下班，每天早出晚归、忙忙碌碌，却不能及时完成工作，同时也很难尽职尽责。对他们来说，工作只是一种应付，上班应付、加班应付、上司分派工作任务时应付、工作检查更要应付，甚至回到家中想到第二天的工作时，也是想怎样去应付。像这样的员工怎么可能有出色的成就呢？像这样的人怎么可能过上高质量的生活呢！

微软公司总裁比尔·盖茨曾说："无论在什么地方工作，员工与员工之间在竞争智慧和能力的同时，也在竞争态度。一个人的态度直接决定了他的行为，决定了他对待工作是尽心尽力还是敷衍了事，是安于现状还是积极进取。一个人态度越积极，决心就越大，对工作投入的心血也越多，从工作中所获得的回报也就相应地越多。"

对工作有崇高态度的人可以把卑微的工作做成伟大，缺乏事业心的人可以把崇高的工作做成卑下。影响一个人工作成功的因素是什么？是一个人的学历还是一个人的工作经验？都不是，是他对工作的态度。任何一家有抱负的单位，都会有一种竞争机制，不会让那些碌碌无为的庸人长期在自己的单位混日子。任何有事业心、责任感的人，在竞争如此激烈的现代社会中，也不会让自己长期待在某个平庸的角落。

《把信带给加西亚》的作者在书中这样写道："我钦佩的是那些不论老板是否在办公室都努力工作的人。这种人永远不会被解雇，也永远不会为了要求加薪而罢工。这种人不论要求任何事物都会获得。他在每个城市、乡镇、村庄，每个公司、商店、工厂，都会受到欢迎。"

不要以为事业都是伟大的、让人津津乐道的壮举。正确地认识自己平凡的工作就是成就辉煌的开始，也是你成为出色雇员最起码的要求。如果在平凡岗位上的我们，以敷衍的态度对待工作，每天被动地、机械地工作，同时不停地抱怨工作的劳碌辛苦，没有任何趣味，那我们的环境会自己变好吗？收入会增加吗？会有很好的前程吗？当然不会！这样我们只能永远做等待下班、等待工资、等待被淘汰的那种为工作而工作的人。

我们左右不了变化无常的天气，却可以适时调整我们的心态。正如人们常说的那样，假如你非常热爱工作，那你的生活就是天堂；假如你非常讨厌工作，那你的生活就是地狱。因为在你的生活当中，大部分的时间是和工作联系在一起的。不是工作需要人，而是任何一个人都需要工作。你对工作的态度决定了你对人生的态度，你在工作中的表现决定了你在人生中的表现，你工作中的成就决定了你人生中的成就，你的工作质量决定了你的生活质量。所以，如果你不愿意让自己的生活惨淡无味，那就从改变你工作的态度开始吧。

二、养成良好的工作习惯

1. 主动工作才能收获幸福

有一位跨国公司总裁说过："什么样的员工是称职的？如果这个员工在休息的时候还会经常想着工作，想着如何把工作做得更好，那么这个员工就是主动的，就是称职的。现在的企业实在是太需要这样的员工了。"

威姆斯是美国一家公司的普通职员，每天负责递交文件、打扫环境卫生、清理垃圾等事情。尽管工作琐碎、辛苦，但威姆斯尽心尽力，毫无怨言。公司的人对他也非常友好，因为他总是主动为他人营造更好的工作环境，尽管很多事情并不是他分内的工作。

威姆斯似乎比老板还要珍惜和爱护公司，同时他也是环保理念的实践者。清理垃圾时他坚持实施垃圾分类，印坏的纸张或是一些背面空白的废纸，他都裁成小片分给同事做便笺纸，他还会将卖废纸得到的钱捐给工会。威姆斯几乎把公司当成了自己的家。

两年后，正是靠着这种责任感，在那些学士、硕士们羡慕的眼光中，威姆斯被破格提升为主任，进入公司中层主管的行列。

拿破仑·希尔告诉我们，责任心是一种极为难得的美德，它能驱使一个人在不被吩咐应该去做什么事之前，就能主动地去做应该做的事。胡巴特对责任心作了如下的说明："这个世界只愿对一件事情赠予大奖，那就是'责任心'。"

什么是责任心？我告诉你，那就是主动去做应该做的事情。

仅次于主动去做应该做的事情的，就是当有人告诉你怎么做时，要立刻去做。

更次等的人，只在被人从后面踢时，才会去做他应该做的事。这种人大半辈子都在辛苦工作，却又抱怨运气不佳。

最后还有更糟的一种人，这种人根本不会去做他应该做的事。即使有人跑过来向他示范怎样做，并留下来陪着他做，他也不会去做，他大部分时间都在失业中。

从表面上看，你每天的工作，就是在为单位完成教育教学、管理服务等工作，实际上，单位支付给你的工作报酬固然是金钱，但你在工作中给予自己的报酬则是宝贵的经验、良好的训练、才能的展现和品格的历练。

一个人选择一份职业，一定有自己的理由。那么，请你把必须从事目前这份职业的理由详细地列出来，让自己清楚从事这份职业的原因是什么，这样就可以给自己一个工作的理由。当然，你还可以仔细地分析一下，你从事的职业将给你的人生带来什么样的收获，从而更好地了解这份工作对你人生的意义。

如果你一直抱着为别人打工的心态做事的话，你永远只能把自己当成雇员，无法调动起自己全部的热情和工作积极性。真正会工作的人，往往都会把工作当作是自己的事情来完成。他们通常都具备良好的责任感，并且会为实现目标而竭尽全力，他们在工作中不仅积极而且非常主动。所以，尽快放弃那种不情不愿、非要在别人督促之下才会行动的态度吧，因为它是你成功路上最大的绊脚石！要明白，你不只是单位的员工，是在为校长工作，你更是单位的主人、校长的合伙人。学会主动地工作，你会收获更多。

2. 每天对工作说一声"谢谢"

有位父亲告诫刚踏入社会的儿子："若遇到一位好老板，便要忠心为他工作；假如第一份工作就有很好的薪水，那算你的运气好，要努力工作以感恩惜福；万一薪水不理想，老板也不太好，就要懂得在工作中磨炼自己的技艺。"

只要你做个有心人，感恩工作，每一天都为理想信念而勤奋工作，用心工作，那么你的工作就会充满快乐，你的人生目标和人生价值就会得以实现。

或许不少人会惊讶："我为什么要谢谢我的工作？我这么辛苦，这么努力，都是为了工作，为什么还要对工作说'谢谢'？只要我不讨厌它就行了，用不着这么夸张吧？"

有一位成功人士曾经说过："你对待工作的态度决定你工作时的心情。"如果我们每个人都能够试着对工作说声"谢谢"，那么不仅自己受到了鼓舞，而且还让自己工作时的心情变得更好，心情好了，工作效率自然也就高了，我们也就更容易体会到工作的快乐。

兰西是一名插画家，他每天都要去工作室上班。虽然每天都要对画画投入许多的时间和精力，但是他依旧非常热爱自己的工作。

他每天很早就来到工作室，微笑着与同事打招呼，然后精神饱满、信心百倍地投入工作中去。他说："我每天一上班就能够很快地投入自己的任务中，而当下午下班时，我会感到十分的惋惜，就像一个画家在野外作画，因为天黑了而不得不放下画笔。"即便兰西犯了错，遭到了批评，他也不会悲观叹气，而是会想："我又免费学了一条经验，真不错。"每到下班时间，他会在心中默默地说："非常感谢我所拥有的这份工作。感谢它为我带来充足的物质生活，感谢它让我感受到成就和快乐。"兰西每天都会在心里对自己的工作说谢谢。

"谢谢"这个词在我们的生活中并不少见，可是能够对工作说"谢谢"的人却少之又少。因为很多人总是不由自主地把工作当成自己所要完成的任务，甚至对工作感到麻木。看看我们的周围，很多人对工作并没有一个好的态度，总是在形势所迫时才慢腾腾地去工作，更不会关注自身的潜力。即便做事，他们也是敷衍了事，宁愿待在原地也不肯花点心思向上攀登。他们对待工作别说感谢，就连正确的态度都没有。

我们要明白，态度是内心的一种潜在意志，是个人的能力、意愿、想法、感情、价值观等在工作中的综合体现。世上没有做不好的事情，只有态度不好的人，而且态度比能力更重要。如果我们能每天都和自己的工作说声"谢谢"，那么我们也会收到工作的"回礼"。对待同样的工作，不同的人会从不同的角度看，有人看到了工作的乐趣、事业的发展，每天过得津津有味；也有人看到了工作的辛苦、薪水的微薄，每天都是愁眉苦脸。而这不同的角度就决定了人们在职场上不同的工作态度。

欧美国家的学者在研究员工工作满意度时发现，那些对自己的工作抱有积极心态的员工在工作中能够感到愉快、充实、放松、幸福，这些良好的感觉不但来自他们对工作的兴趣，也来自他们对工作环境和条件的认可。如果我们本身就带着一种不好的情绪工作，我们就不可能找到更加完美的工作方式，也就看不到工作给予我们的回报。带着感恩的心对待自己的工作吧，终有一天，我们会收获工作馈赠的"大礼"。

3. 把工作当成生活的恩赐

泰勒教授曾描述工作有三种境界：赚钱谋生、成就事业、完成使命。他认为工作是一种恩赐，而不是一种苦差。因为它是我们能够赚钱、养家糊口的基础，是让我们的生活得以维系的保障。但如果你只把工作当成任务或赚钱的手段，就谈不上个人价值的实现。因为你的心里必然只想到如何赚钱，如何获取更多的利益，而没有把它看作是一件愉悦身心的事情。长此以往，你就会对工作产生厌倦，甚至叫苦连天。

把工作当成事业去做的人，除了注重财富收入外，还会重视自身能力的培养和锻炼。他们会努力地在自己的工作岗位上做到最好，为下一步的提升做好准备。如果我们每个人都把工作当成是一种恩典，而不是总抱着一种为别人打工的思想，那么我们就会对工作充满热情，在工作中实现自我，获得充实感和幸福感。

环顾周围，那些升职快、薪水高的人，大部分都是工作最努力、表现最突出以及最不计较个人得失的人。因此，要想真正达到自我境界的提升，就决不能在困难面前低头，更不可以被"付出"吓倒。

倘若你面对劳动闪躲了，面对工作逃避了，面对付出缩手缩脚了，那么回报也会放慢脚步，对你退避三舍。

在一项针对医院清洁工的调查研究中，研究人员发现：一组人觉得自己的清洁工作很无聊，没什么意义；另一组人觉得自己的清洁工作很有意义，做得很投入，他们与护士、病人以及家属交谈，想办法让医院的员工、病人感到更加舒适。显然，后者看待工作的角度更好，这让他们找到了自己工作的意义：我不仅仅是个倒垃圾和洗衣服的人，正是由于我的工作，医院才能正常运转，病人才能更快地康复。

所有人都会羡慕那些已经取得成功的人，但是，千万不要简单地将其成功归功于运气。如果你目睹了人家所付出的心血和努力，那么你就能深刻体会到成功是多么来之不易，就算真有一点运气的成分在里面，那也是上天对他们的付出所给予的奖励。生活中，越是努力的人，运气就越好；职场上，越舍得付出的人，得到的就越多。

如果你对工作总是采取一种应付的态度，能少做就少做，能躲避就躲避，敷衍了事，采取"等价交换"的原则对待自己的工作，那么，工作也就不会给你机会，你只能永远原地踏步，甚至被淘汰。

石油大王洛克菲勒说过："我们努力工作的最高报酬，不在于我们所获得的，而在于我们会因此成为什么。"也就是说，努力工作表面上看起来是有益于他人，但最终的受益者却是自己。如果你不是为了薪水而工作，而是以自我实现为目的而工作，那么你就等于迈出了成功的第一步。

其实，只有拥有了工作，我们才能够获得使命感。当我们完成使命后，我们会有强烈的成就感。工作能够让我们的生活更加充实，能够让我们获得更多的快乐，而我们往往却只看到了工作的艰辛和薪水的多少，忽略了它给我们带来的无形的好处。所以，与其在烦恼中艰难度日，不如从工作中发现快乐，尽情地享受工作。如果我们视工作为生活的恩赐和一种享受的话，就能提高工作的效率，并取得满意的结果。

4. 让自己养成优秀的习惯

（1）善于学习。在风云变幻的职场中，思维活跃、能力超强的新人或者经验丰富的业内资深人士不断地涌入你所在的行业或公司，你每天都在与几百万人竞争，因此你必须不断提升自己的能力，增进自己的竞争优势，学习新知识并在企业当中学到新的技能。

在领导者的眼中，一名优秀的员工一定是一名善于学习的人。不要认为我们只能在教室里学到知识，好的员工要学会从自己的工作中吸取经验教训，向愿意和我们分享的人学习能够学到的一切知识。我们可以从书刊杂志以及互联网上获取信息，通过观察和学习新的趋势，使自己能从专家的角度进行思考，使自己更加自如地掌控未来的变化，更好地帮助自己适应多元化的工作。

（2）有序工作。一名善于适应复杂化工作的员工，能够敏锐地分出工作的轻重缓急，把摆在面前的任务根据重要性分出不同的等级。然后将重要的工作马上完成，次要的和不那么重要的可以先放一放，待时间充裕时完成。将重要的部分进行明确化、简单化，同时集中精力解决问题，不能将所有工作以同样的方式进行处理。不重要的枝节果断地去除，这样做的最终目的是将精力完全集中在某一点，避免做无用功。实在不能省去的部分就用其他简单的方法取而代之；将需要花费较少时间的工作积攒起来一次性完成。这样可以将复杂的工作简单化，提高效益、争取时间。

（3）认真负责。把每一个新情况当成机遇，看到事情光明的一面。把每一项挑战都看作是一个新的机遇，看作是对自己的智力和适应能力的测验，这样才会使自己获得真正的提高。具有依赖心理的人在面对复杂化的挑战时往往把责任推给别人，他们会说："这不是我的责任"，或者"你决定吧"。而独立自主的人则会说："我来解决这个问题""我会负责的"，或者"我抽时间做吧"。保持前一种态度的人永远也不会得到单位的信赖。

（4）适应压力。工作中的压力每个人都会有，但最主要的一点就是能否适应这份压力。如果适应的话，那么工作中的压力就是自己进步的动力，就会很从容地去面对，找出压力的根源所在。如果是知识欠缺，那么就要给大脑充电；如果是人际关系等其他方面的欠缺，那么就要向有经验的人学习，多找单位的同事谈心。当然压力的来源很多，这就要求员工要自信，能够找出压力的来源，不断完善自我，不断留给自己发展的空间，才能够很好地适应工作中的压力。

三、高效率解决问题

瑞典有句老话："钱是可以储存的，而时间是不能储存的，你怎么花时间，决定了你一生的生活质量。"

高尔基说："时间是最公平合理的，它从不多给谁一分；勤劳者让时间留下串串果实，懒惰者却只留下了一头白发。"

时间是最公平的，分给了我们每个人每天 24 小时，让我们的生命平行前进。在这 24 小时里，有人完成了自己的工作还有空暇欣赏一下美景音乐；有人工作太多，忙得疲惫不堪；还有人看似忙忙碌碌，却毫无收获。亲爱的老师们，您是在哪个阶段？是不是还在埋怨时间不够用？

比较一下，可以看看您的时间是不是浪费了。

一些欧美主妇一般都喜欢一周中固定一天或者两天去超市大采购，去之前会列个清单，这样一次性购买一家人一周的日用品和瓜果蔬菜。而在中国，则是每天早上（如果是上班族，那么一般都是下班之后）去市场晃晃悠悠买一天要用的蔬菜；在日本，电车或地铁上基本人手一本书或报纸，到学校或者公司之后则立刻进入工作状态，不再浪费时间看工作之外的东西。而在中国，大部分人乘公车或地铁时都在看手机新闻或者玩小游戏。而据我所知，日本的地铁与中国的一样拥挤。

您是不是偷偷笑了？虽然现在教师已经不再拎着菜篮子上班了，但是下了班去逛逛菜市场的习惯还是有吧？虽然教师不是"一张报纸，一杯茶"，但是上班时间总会有些工作外的事情要干吧？不得不承认时间就是这样在不知不觉中浪费掉的。

有一位超级能干的女老师，她是一对 4 岁双胞胎孩子的妈妈，老公生了重病，父母因为年纪大也没法帮她带孩子。而她在胜任自己的高校教学工作、照顾好老公之余，还会来参加朋友的聚餐，并且一周去跳两次拉丁舞。是不是很羡慕她这样有质量的生活？

她的秘诀是：我的时间是按小时来算的。她永远都在高效率地利用自己的每一小时，能在同一时间内完成的事决不拖拉。比如，周末送孩子去上两小时的兴趣班时，她就在旁边的咖啡馆看看书，写写论文；家人下午午睡时，她就抽空去跳舞或者健身；有一点空余时间的时候，就可以召集朋友聚聚餐。

时间流逝了就没有了。我们都羡慕叮当猫那个神奇的口袋，想要什么都可以从里面拿出来。可是哪怕我们只是想回到刚才，都是一种奢望了。通常情况下我们的每一天都是这样度过的：

上班后 30 分钟在整理办公桌，然后花 30 分钟来上网冲浪；中午下班前 30 分钟已经不能集中精力工作了；下午两点之前还在昏昏欲睡，下班之前 15 分钟收拾东西准备下班。这还不包括由于个人情绪原因、各种外界的干扰等情况下的其他安排。但是那每一分，每一秒，流动着的，不只是你办公桌上的闹钟，还有你生命的血液！赶快学习提高自己工作效率的方法吧，这是"储存"时间的最好方法！

美国著名的管理学家唐纳德·C·伯纳姆曾在他的《提高生产效率》一书中提出了提高效率的三个原则，即当你处理任何工作时必须自问：第一，是否能取消它；第二，是否可以与其他工作合并；第三，是否可以用更简便的东西替代它。

在工作中我们不可能所有的事情都事必躬亲，要明白在自己的岗位职责范围内，哪些事情是自己必须要做的，哪些是应该做的，哪些是能够做的，并且要先做最重要的。有些电话、会议，就要勇敢地对它说"不"；能够分配给助手的事情就不要"吝啬"让助手帮你完成，提高助手的工作能力也是提高自身效率的一种方法。

在提高工作效率方面我们还应该向一个国家学习：

与中国隔海相望的邻国——日本，面积只有中国的 1/25，不仅资源匮乏，地震、台风等自然灾害也频繁发生。但日本却被称为"世界上变化最迅速的国家"。1986年，日本的国民生产总值达19000多亿美元，仅次于美国，位居世界第二位。到1987年时，日本钢铁工业生产的粗钢达9850万吨，仅次于当时的苏联，位居世界第二；汽车产量达1200万辆，拥有"汽车王国"的称号；日本的家电发展更是一往直前、势不可当，雄霸全球。日本在第二次世界大战后从崩溃的边缘迅速发展并实现了工业化和现代化，这与日本众多著名企业孜孜不倦、严谨的工作态度、高效的办事效率是分不开的。而在这众多企业中贯彻施行的一个"5S管理"方法就是值得我们借鉴的。

"5S管理"即整理（SEIRI）、整顿（SEITON）、清扫（SEISOU）、清洁（SEIKETSU）、素养（SHITSUKE），是通过培养员工良好的工作习惯，创造良好的工作环境而达到高效率的工作方法。

整理——将工作场所的东西作一个严格的区分。手边只有自己目前最重要最紧急的文件。

整顿——其他有用的资料、文件按重要程度分类整理，放在固定位置。保证自己要用的文件能在第一时间找到。

清扫——将对工作没有用处的东西全部清除干净。工作时可以专注手头的工作，排除其他干扰。

清洁——让工作场所井然有序，整洁干净。

素养——通过上面做法的落实，养成良好的工作习惯及个人品质。

日本许多生产企业都贯彻实施这个"5S管理"，通过这个方法将工作中的每一个动作都分解，拿多重的东西，用哪只手拿，最先迈哪只脚，每步多少厘米，一分钟多少步，如何转弯，如何上下楼，迈几个台阶更快，移动的距离多远，都精密计算，严格规定并训练执行。工具也以省时和方便为原则摆放在固定位置，工人离开工作岗位五步以上就跑步，减少不必要的劳动。这样提高了工人的工作效率，也改变了那些爱犯懒的员工的个人习惯。

在我们的工作和生活中，当然不可能像上述日本企业那样精确到每一步，但是可以学习这个"5S管理"的精髓，通过贯彻实施让我们的办公环境整洁有序，文件、公函井井有条，各归其位，以此让工作事半功倍，缩短完成一件事情的单位时间，减少那些本可以规避的时间的浪费。

有人说，"你用多少时间完成一件事，那么完成这件事就变成了多少时间。"所以，我们一定要学会提高工作效率，工作之前明确目标，工作时全神贯注，杜绝外界干扰，规定完成工作的时间，时刻有紧迫感，不要让时间在不知不觉中悄然消逝，到最后才"火烧眉毛顾眼前"。要知道对时间的浪费是一切浪费中最奢侈、最昂贵的浪费。

四、尽力而为，问心无愧

在为人处世的格言当中有这样一句话："凡事尽力而为，力求问心无愧。"在教育生涯中，教师会遇到很多的不足与失落，在各种竞争中也未必都名列前茅。如果教师过于苛求自己，生活就会变得非常疲惫。"尽力而为"是什么含义呢，就是用全部力量去做某件事。当教师已经为某一项目标付出最大努力时，那么他就可以无悔了。

凡事须尽力而为。这个"尽力"不是用80%的力量，也不是随随便便使一下力即可，而是用出自己所有的努力，在这之后，无论结果如何都不需要再自怨自艾。

那么，所谓"尽力而为"应当是什么程度呢？一个小故事可以启发大家。

一个父亲教育自己的儿子，对他说："今天给你一个任务，用自己所有的力量把院子里的大石头清理出去。"七八岁的儿子接到这个任务后连忙做了起来。他搬走了一些较小的石块，又"哎哟哎哟"吃力地搬出几块较大的石头，但是最后一块大石头却怎么也搬不动。儿子用尽了力气，也不能把它搬动，急得大哭起来。父亲问他："你用尽全力了吗？"儿子抹着眼泪说："当然了！"父亲笑了，走过去把石头搬起来说："你没有，因为你没有用到我。"

是的，在这个故事里，"父亲"也是儿子在自己力所不及时可以使用的力量之一啊。这个故事告诉我们，有时候我们自认为是尽力而为了，其实并没有发挥出全部力量。比如在教师工作中，对一些学生屡次管教无效就认为该生不可救药，其实可能是自己没有用对方法。又比如教师因为自己已经很努力工作却依然没有评上先进而自叹倒霉，其实可能是工作缺乏可以拿得出手的成绩。

凡事尽力而为，力求问心无愧。这是一种心态，一种既积极进取又潇洒面对所有可能的结果的心态。工作压力大、工作竞争性强的教师也应具备这一心态，才能在长期的工作中处于心理平和的状态,不至于因压力过大而心态失衡。

那么,要想保持这种心态,教师应当怎样做呢?

1. 工作上要尽力

"尽力"是教师服务心态的基石之一,如果没有曾经用尽全力地奋斗过,那就失去了说"无愧于心"的资格。一名教师,必须在教育教学工作中发挥出自己能力所能达到的最大的程度,把心血倾注到教学与管理当中,改善负面因素,促进正面因素发展。

被要求管理一个"差班"时,一些教师可能心里会不愉快,认为自己肯定拿不出什么好成绩,这种一开始就否定事物发展可能性的心态是消极的。教师只有挖掘班里学生的潜力,激发他们的自信心和自豪感,让他们一鼓作气地取得好成绩,这样,才能称得上"尽力"了。

2. 参与竞争但不苛求

教育事业中的竞争可谓激烈。评优、评先、考试之后的班级排名、中高考上线率……一系列竞争让教师时刻绷紧了一根弦。诚然,教师无法摆脱这种充满竞争感的时代背景,但是教师可以改变自己在竞争中的心态。为了事业发展,教师要积极参加评选和各种活动;为了学生进步和学校的整体水平,教师也要督促学生参与到各种竞争中去。但是,教师对竞争的结果要泰然处之,成绩突出可以欣慰,成绩不佳也要接受这一现实,从头再来、再接再厉,不应当因为竞争结果而心绪大乱,一味苛求自己或学生必须达到目标不可。压力教育是一种教育方法,但如果单纯用压力来折磨自己或他人的心灵,那就毫无益处可言了。

3. 在"失败"面前沉住气

对于教师而言,学生就像艺术家手里的艺术品一样,不希望让他有 点瑕疵,因此教师在遇到调皮的学生、成绩差的学生、性格"怪癖"的学生时,会非常生气、苦闷,有时甚至怀疑自己的能力,从而严重影响自己的生活和健康。对于教师来说,这些都是经常会遇到的局面,如果没有好心态,教师将难以保持自己身心的健康与舒适。有一种说法叫作"没有坏学生,只有不会教的老师",但同样有一种哲学思维叫作"内因是事物变化发展的基础、根本,外因是事物发展的外部条件,且外因通过内因起作用"。因此，当教师鼓舞起学生的斗志，使学生无论从学习成绩还是精神面貌上都出现进步时，教师会觉得非常喜悦，感到自己的努力得到了回报，但如果遇到了屡教不改、徒劳无功等情况时，教师也不要太压抑自己。如果确定已经尝试了所有可以使用的方法，那么教师只要对得起自己的良心就行，不要对自己要求太苛刻，不管是对自己还是对学生都不必追求完美。

如果想让自己的工作和生活舒心而快乐，广大教师，请记住：工作中尽力而为，力求问心无愧，至于结果，教师大可以用平常心对待。

五、追求平凡中的不平凡

教师，从事的是根的工作，我们不羡慕红花的光彩夺目，也不忌妒绿叶的欣欣向荣，要知道，没有根的默默奉献，怎能有收获的秋天。

作为一名教师，我们既没有雄厚的财富，也没有炙热的权势，在别人看来，教师也许是一份极普通的平淡无奇的职业，但在我看来，它是一份让我引以为豪的事业！

教师的自豪究竟来源于哪里？我想下面的这首诗做出了很好的诠释：

> 一株株细小的幼苗
>
> 已经长得比山峰还高
>
> 一粒粒粗粝的沙石
>
> 已被琢磨成无价的珠宝
>
> 一颗颗懵懂的心灵
>
> 在蹒跚中明白了爱之符号
>
> 这就是我们教师的自豪

心理学告诉我们，自豪是一种对自己或他人取得成就时的心理满足感。当祖国强大时，我们会说为祖国感到自豪；当学校兴盛时，我们会为学校感到自豪；当自己的事业成功时，我们会为自己的事业感到自豪。教师的职责是教书育人，所以他的自豪来源于学生的成长。

"忙碌着，但快乐着""繁忙而又充实""清苦却又幸福"成了众多敬业教师的口头禅。教师为什么因这份职业自豪呢？因为他们懂得教师虽是奉献者，但更是收获者。

首先，收获了人才。教师"传道、授业、解惑"，是知识的传播者，品行的示范者，为各行各业培育了各种人才。试想，当教师看到自己的学生在工作中做出一番事业的时候，他是多么自豪啊！

其次，收获了真情。教师教育的对象是有感情的人，是有思想，有感情的学生。教师用满腔热情与真挚的爱，把学生送到理想的彼岸。而学生们对老师也充满了满腔热情和真挚的爱。这种爱是深沉的、是纯洁的、是经得起岁月考验的。多少年后再相遇，听到学生对自己真挚的感激之语，教师怎能不幸福！

再次，收获了才华。教师职业是一项创造性的劳动。教师面对的是不断更新的知识，不断变化的学生。针对千变万化的情况，教师需要不断学习新知识、不断研究新问题，才能迎接不同的挑战，才能满足社会发展的需求。在这种学习和研究的过程中，教师收获了才华。

因此，做教师是幸福的，做教师也是自豪。教师在工作中的收获比任何职业都多、都珍贵！

教师要学会享受工作、享受生活，然后你会发现其实自豪感是那么的容易获得。

1. 享受职业幸福

作为一名教师，只有懂得享受这份职业给你带来的所有荣耀，你才能充分地热爱它，才能从这份职业中获取成就感，从而建立自己的幸福感。这要求我们保持良好的心态，优化自己的情绪，正确看待荣辱得失，不浮躁、不牢骚、不怨天尤人，对工作保持一种超然的心态，做到"宠辱不惊看世间花开花落，生死不惧望晴空云卷云舒"。

2. 享受学生的爱

学生是我们的最珍贵的财富。你越爱他们，他们就越爱你。所以让我们把爱心献出来，也享受他们带给我们的爱。智利著名女诗人米斯特拉尔曾说："别让我为了学生懵懂或前学后忘而伤心痛苦，让我比做母亲的更为慈爱，像母亲一般爱护那些不是我亲生的小孩……给我朴质，给我深度，让我每天教学时避免烦琐平淡，让我在工作时，抛开个人物质的追求和世俗的苦恼，让我的手在惩罚时变得轻纤，在爱护时更加温柔……"在教育引领学生前进的过程中，幸福的教师都会以海洋般深沉宽广的爱去拥抱每个孩子，并懂得享受孩子们的爱。

3.享受成长

一个幸福的教师决不能把教学当作自己生活的全部，还要懂得让自己成长。教书育人是享受，个人成长也是享受。所以教师要丰富自己的生活，多读一点书，享受智者的风范；多做一点研究，享受创造的乐趣。我们不一定成为名家，但一定要成为受人敬佩的老师。当听到学生敬佩你的才华、同事敬佩你的学问、社会认同你的价值的时候，作为教师，你该多么自豪！

当你回头看走过的路，虽没留下可歌可泣的动人事迹，却留下了"全身心投入"几个大字。我们要在心里大声地说："我自豪，我是一名教师！"

六、付出多少，就会得到多少

一个老婆婆有两个儿子，大儿子长得英俊潇洒，而小儿子却相貌平平。老婆婆担心小儿子长大后很难娶到媳妇，所以对其格外用心。从小就细心教授小儿子学会怎样穿着衣服，怎样待人接物，而对大儿子却没怎么用心。在两个儿子都到了成家年龄的时候，小儿子很顺利地娶到了漂亮的媳妇，而英俊潇洒的大儿子却娶不到媳妇。这时老婆婆才又开始教导大儿子，但大儿子已是积习难改了，老婆婆费了很大的劲儿对大儿子进行包装，最终好不容易才为大儿子娶到了一个丑媳妇。

从这个故事我们看到，一个人能否成功，与其先天条件没有直接的关系，关键在于其后天的努力。大儿子虽然天生俊美，但由于年少时没有培养好习惯，却积累了许多恶习，因而长大后难以娶到媳妇。小儿子虽相貌一般，但由于从幼年开始母亲便注重培养其为人处世的方式，使其养成了很多好习惯。他所付出的努力比他哥哥多，所以最后他得到的也比哥哥多。

有个年轻人想做生意，于是他向父亲征求意见："我想在咱们这条街上赚钱，需要先准备什么呢？"他的父亲想了想说："如果你不想多赚钱，可以现在就凭两间门面，进货上柜开张营业；而你若想多赚些钱，就得先准备为这条街上的街坊邻居们做些事情。"年轻人接着问道："那我该先做些什么事情呢？"

父亲又想了一会儿说："能做的事情有很多，如邮递员每天送信，但有很多信件很难找到收信人，你可以帮忙找找；还有，很少有人扫街上的树叶，你可以每天清晨去扫一扫；此外，许多家庭需要得到一些举手之劳的帮助，你可以随便帮帮忙……"

年轻人不解地问道："这与我开店有什么关系呢？"父亲笑着说："你想把生意做好，这一切对你会有帮助的。"

年轻人虽是半信半疑，但还是按他父亲说的那样去做了。每天，他不声不响地帮邮递员送信，打扫街道，帮几家老人挑水劈柴；听到谁遇到困难需要帮助，他马上就会去。

没多久，这个年轻人就闻名于这条街道，所有的人都知道年轻人的存在。

年轻人在半年后开了自己的商店，开始挂牌营业。让他感到惊奇的是来了非常多的顾客，一条街的街坊邻居几乎都成了他的客户，甚至其他街的一些老人也拄着拐杖特意来他的店里买东西。他们对年轻人说："我们都知道你是个好人，到你这儿来买东西，我们放心。"后来，年轻人决定送货上门，遇到经济困难的人家，他也总会让他们先赊账。就这样在短短几年间，他便从一个一文不名的年轻人成了著名连锁店的老板。

我们常常只想得到自己想要得到的，却很少认真想过收获前的付出。有付出才会有回报，也许有些回报会来得晚些，但如果你不懂得付出是永远也不会有回报的。许多前人的事例都告诉我们，你付出多少就会得到多少。

七、不受消极同事影响

如果学校里的教职员工超过3人，其中就可能会有人态度比较消极。这决不是说大部分的老师都如此，实际上，大部分老师都是非常乐观向上的。但是，即使只有一位消极的员工，其他老师也会受到极大的影响。迄今为止，我还没有看到任何一所学校能够幸免。

在学校每间办公室里，都可能有消极的教师。他就像一个沉重的项圈，如果你不抵抗，就会被它套住。他总是抱怨孩子淘气、懒惰、愚笨和学校管理不力等等。如果你愿意，他会向你展示，他是如何用怨恨、用他的牢骚和诅咒，还有他的欣喜来反击学生的。他似乎从未意识到，他的行为等于是在承认自己是个爱讲八卦的、虚伪的、不靠谱的人。与消极教师做朋友，是天大的错误。

在职业生涯的每一个阶段，你都可能会有消极的时候，这时你很可能想换一个工作。无论能力如何，面对职业瓶颈时，许多教师无法积极面对，他们或选择放弃努力或选择退休。面对这样的选择，他们喜欢把自己如何失去工作热情、如何讨厌学生工作的经历"分享"给新教师。下面的方法可以帮你拒绝那些喜欢跟你分享悲观情绪的人。

一位遭受教学失败打击的消极教师向你走过来，他开始警告你应该多注意你班的那些爱惹麻烦的学生，你可以简单地说："谢谢你告诉我这些，这些学生是最需要我帮助的学生，我会更多地关注他们的，你对他们的关注也很多，再次向你表示感谢。"然后你可以微笑着离开。这个方法屡试不爽。

还有一个方法：如果也是这样的一位教师向你走来，他向你抱怨某个学生或某个同事，你可以简单地说："我很高兴跟你聊天，但我急着去洗手间，上课铃声马上就要响了。"这个方法也很有用，但他们会再去找其他目标发泄他们的不满。

切记：不要参与任何让你走向消极一边的讨论。学生需要的是积极的、有影响力的、真正关心学生成长的老师，他们也更喜欢这样的老师，更喜欢这样的老师讲解的每一节课。

作为年轻老师，站在一个岔路口，面临着一个相当重要的选择：向左走呢，还是向右走？你可以向左——随波逐流，混混日子；也可以向右——一切以学生的最大利益为重。无论怎么选择，你都不会孤独。不过，要知道，其中的一条路将会异常崎岖，需要你全身心地付出，就是右边那条。现在让我们来看看，在每一条路上，都有什么等待着你。

向右走——一切以学生的最大利益为重，利弊如下：

◆利：你的课堂将会成为令人兴奋的地方，学生的成绩突飞猛进。他们个个自信自重，你也会受到学生以及教育界前辈们的极大敬重，并做出对社会无法衡量的贡献。

◆弊：你将会相当辛苦，选择向左走的人可能会对你充满戒心。

◆最终结果：你将会成为一名快乐、成功、努力、有价值、有效率且备受敬重的好老师，你将走入别人的灵魂深处，改变他们的命运。

向左走——随波逐流，混混日子，利弊又如下：

◆利：你受到了那些消极人士的热烈欢迎，可以随时倒苦水，发牢骚；只给学生发练习题，上课混时间，下课留作业，工作一身轻。所有的责任，尽可推到社会、家长、上级领导和学生的身上，而完全忘记其实自己就是负责人。

◆弊：上课时，你可能遭遇数不尽的管理和纪律问题——不过，这也是个供你发牢骚的好题材；知晓最新的小道消息；你不屑和讥讽的态度将招致学生的厌恶，教育界同行们也不会看重你；最后，你意识到自己一步不慎，满盘皆输，到那时剩下的就只有后悔了。

◆最终结果：你将会不堪重负，人也变得刻薄，痛苦。你将错过作为一名老师应得的所有回报。

何去何从，一目了然。

优秀的老师之所以成功，就在于他们做出了正确的取舍，请你也慎重考虑吧。

八、积极培养奉献精神

教育事业与祖国宏伟事业紧密相连，与提高民族素质密不可分，关系到家家户户的喜乐。而教师就是担当此重任的先进人物。一名教师，可以不出色，但是决不能缺少奉献精神。奉献精神是教师这一职业的精髓，决定了教师的胸中要有一团火，愿意为教育事业、为学生奉献自我。

所谓奉献，是指一个人为了维护整体利益和他人的利益，满怀感情地工作和为他人服务，甚至舍弃和牺牲自己的个人利益，这是一种高尚的品质和高贵的精神。具有奉献精神的人会忘我工作，将自己一腔心血倾注到事业当中，为国家和人民做贡献。而有奉献精神的教师，不会斤斤计较个人得失，具有热爱教育事业、顽强拼搏的意志力和大无畏精神。

爱因斯坦说过："人只有献身于社会，才能找出那实际上是短暂而有风险的生命的意义。"教师的工作就是培养合格的人才,满足社会的需要。培养人才要花大量的心血和汗水。人们用蜡烛来赞美教师的奉献精神,最能体现教师的人生价值。

人生的价值在于奉献,以下三点教师职业的特性也要求教师具有奉献精神:

1. 教师职业的重要性决定着教师要具有奉献精神

教师从事的职业是"天底下最光辉的职业",教师所做的工作不单单是为了自己生存,还关系到祖国的未来、社会的发展、人类的进步。教师是文明和科学知识的传承者。教育者的身份使他们的一举一动具有重要的意义。也许只是为学生讲解了一个知识点、演算了一道习题、调解了一次矛盾,或是自己解决了一个教学难点、提出了一个新的教育课题,但正是在这些工作之中,教师一点一滴地培养和造就了祖国建设的栋梁之材,发展了教育事业,甚至可以说是继承和发展了人类文明。

2. 教育事业的特殊性决定了教师要具有奉献精神

教育事业与其他行业不同,一方面它是传承文化、培养社会新生力量的一种事业,本身具有崇高性,教师这一职业也因此具有示范性,在道德操守要求上要高于其他职业。另一方面,教师的教育对象决定了教师要有奉献精神。从本质上讲,教师是以学生为对象来进行劳动的。"十年树木,百年树人",培养人的工程十分艰巨。教师不仅要把学生"教会",还要"教好",不仅要关心他们的学习,还要重视对他们进行道德纪律方面的塑造,因此教师必须具有奉献精神,这样才能不厌其烦地爱护学生,辅导学生,为学生树立好榜样。试想,如果教师心胸狭窄,沉醉于一己私利之中,怎么能在教育事业上尽心尽力,又怎么能培养出合格的学生?

3. 爱岗敬业的职业操守和师德决定了教师要具有奉献精神

任何一种职业都要求从业者投身其中,奉献精力和才华,教师自然也一样,需要认真地对待教育工作。而且教师职业为教师的生存提供了有效保证,因此教师本着爱岗敬业的职业操守,更应该尽心尽力。教师职业道德行为规范更是将爱岗敬业、关爱学生作为践行师德的最基本要求。

奉献精神对于教师来说并非可有可无,而是必须拥有,这是评判一名教师是否合格的标准之一。教师要想在岗位上做出贡献,离不开奉献;教师要想在教育事业中做出成绩，同样离不开奉献。所以，教师自走上讲台那天起，就要注意培养自己的奉献精神。

教师要从以下几点培养自己的奉献精神：

1. 教师要培养投身教育事业、奉献一生的感情

教育事业是爱的事业，包含了崇高的使命感和责任感。作为一名教师，要对教育事业充满热爱，对工作要有满腔热情，对学生要有一片丹心。教师从走上岗位起就要不断培养自己的奉献精神，愿意为教育事业奉献出自己的勤劳与智慧，时间与精力。

2. 教师要注意言传身教，以身作则，为人师表

对于教师的道德要求，荀子认为："故学至乎礼而止矣，夫是之谓道德之极。"孔子认为："学而不厌，诲人不倦。"这都是我们历代师德的宝贵遗产，说明了教师言传身教、为人师表的重要性。教师的性格及其在教育教学过程中的一举一动、一言一行，待人处世的方式乃至气质，都会对学生产生很大影响，起着熏陶、感染和潜移默化的作用。因此教师必须"以身立教"去塑造学生的品质，成为学生心目中的典范。

3. 严谨治学，不断强化自身师德素质

教师要培养奉献精神，需要不断在教学实践和科研上下功夫。如今是知识经济时代，新的信息和新的知识层出不穷，其更新周期不断缩短，任何人都需要加强学习。因此，一方面教师要养成终身学习的习惯，不断地以新的知识充实自己，成为热爱学习、善于学习的榜样，才能更好地给学生传道授业。在教学研究上也是如此，教师应当认真研究教学教育课题，为教育事业添砖加瓦。另一方面，新时代的教师，应当自觉加强道德修养，既要有脚踏实地、乐于奉献的工作态度，又要有淡泊明志、甘为人梯的精神境界。

4. 奉献要克服怕困难的思想

在教师的工作当中面临着数不清的困难，具有奉献精神的教师往往不畏困难，竭尽全力地工作。奉献精神要求教师不怕苦、不怕累、不怕麻烦地面对教育和教学工作中的一个个难题，并解决掉这些"拦路虎"。教师要在克服困难的过程中培养自己热

爱学生的感情，达到无私奉献的崇高境界。

5.关爱学生

一些教师总是不自觉地偏心，喜欢聪明的、可爱的学生，但学生不是工厂里一个模子造出来的，他们往往个性迥异，各有特色。具有奉献精神的教师会关爱所有的学生，为每个学生着想，教好每个学生。

霍老师在一所乡村中学做教师，还担任着班主任的职务。一次半夜，突然有学生跑来求助。原来，女生宿舍的一位女同学突然发高烧，腿部僵硬无法动弹。其他学生没有见过这种情形，都吓得不知所措。霍老师连忙推出三轮车，和另一位女同学顶着初冬的寒风，带着生病的学生走了十几里路去镇上的医院。霍老师已到中年，而且腹部刚动过大手术，瞪着三轮车非常吃力，棉毛衫都湿透了。但是，当学生被及时送到医院，得到治疗时，他从心底里感到高兴。

具有奉献精神的教师关心自己的学生，急学生之所急，为学生的健康忧心，为学生的困难操心。

无数教师无私奉献，殚精竭虑，在平凡的岗位上做出了不平凡的业绩，他们用自己的行为诠释了教师的神圣与崇高，获得了学生及世人的敬仰。

相关链接：

生活是美好的

◎【俄】契诃夫

生活是极不愉快的玩笑，不过要使它美好却也不难。为了做到这一点，光是中头彩赢了20万卢布、得了"白鹰"勋章、娶了个漂亮女人、以好人出名，还是不够的——这些福分都是无常的，而且也很容易习惯。

为了不断地感受到幸福，甚至在苦恼和愁闷的时候也感到幸福，那就需要：一，善于满足现状；二，很高兴地感到："事情原来可能更糟呢。"

这是不难的。

要是火柴在你的衣袋里燃起来了，那你应当高兴，而且感谢上苍：多亏你的衣袋不是火药库。

要是有穷亲戚上别墅来找你，那你不要脸色发白，而要喜气洋洋地叫道："挺好，幸亏来的不是警察！"

要是手指扎了一根刺，那你应当高兴："挺好，多亏这根刺不是扎在眼睛里！"

如果你的妻子或者小姨练钢琴，那你不要发脾气，而要感激这份福气：你是在听音乐，而不是在听狼嚎或者猫的音乐会。

你该高兴，因为你不是拉长途马车的马，不是寇克的"小点"（寇克是19世纪德国细菌学家，"小点"指细菌），不是毛毛虫，不是猪，不是驴，不是茨冈人牵的熊，不是臭虫……你要高兴，因为眼下你没有坐在被告席上，也没有看见债主在你面前，更没有跟主笔土尔巴谈稿费问题。

如果你不是住在边远的地方，那你一想到命运竟然没有把你送到边远的地方去，你岂不觉着幸福？

要是有一颗牙痛起来，那你应该高兴，幸亏不是满口的牙都痛。

你该高兴，因为你居然可以不必读《公民报》，不必坐在垃圾车上，不必一下子跟三个人结婚……要是给你送到警察局去了，那就该乐得跳起来，因为多亏没有把你送到地狱的大火里去。

要是你挨了一顿桦木棍子的打，那就该蹦蹦跳跳，叫道："我多运气，幸好人家没有拿带刺的棒子打我！"

要是你的妻子对你变了心，那就该高兴，多亏她背叛的是你，不是国家。

依此类推……朋友，照着我的劝告去做吧，你的生活就会欢乐无穷了。

修业篇

XIUYE PIAN

1. 只有初恋般的热情和宗教般的意志，人才能成就某种事业。

——路　遥

2.使学生对教师尊敬的唯一源泉在于教师的德和才。

——【德】爱因斯坦

3.学生可以原谅老师的严厉、刻板，甚至吹毛求疵，但是不能原谅老师的不学无术。

——【苏】马卡连柯

4.知道事物应该是什么样，说明你是聪明的人；知道事物实际是什么样，说明你是有经验的人；知道怎样使事物变得更好，说明你是有才能的人。

——【法】狄德罗

5.一个无任何特色的教师，他教育的学生不会有任何特色。

——【苏】苏霍姆林斯基

6.一味地挖苦、贬低，会导致孩子的反抗，反对父母，反对学校，或者反对整个世界。

——【意】布鲁诺

7.教育者应当深刻了解正在成长的人的心灵……只有在自己整个教育生涯中不断地研究学生的心理，加深自己的心理学知识，才能够成为教育工作的真正的能手。

——【苏】苏霍姆林斯基

第一章 规划生涯

教师作为一种以人育人的职业，对其自身的素质和劳动质量提出的要求是很高的、是与时俱进的。因此，教师需要不断地设计出适合自己未来发展的规划。

一、选择当教师是为什么

很多人在问：什么是一生的职业？我一生所要从事的职业应该是什么呢？

如果你的天赋和内心要求你从事木工工作，那么你就做一个木匠；如果你的天赋和内心要求你从事医学工作，那么你就做一个医生。坚信自己的选择并进行不懈的努力，你就一定能够成功。但是，如果你没有任何内在的天赋，或者内心的呼声很微弱，那么，你就应该在你最具适应性的方面和最好的机会上慎重地做出选择。不必怀疑这个世界是任由你去创造的，真正的成功在于出色地履行自己的职责、扮演好自己的角色，这一点是每一个人都能够做到的。

有这样一句话曾经广泛流传："没有哪一个认识到自己天赋的人会成为无用之辈，也没有哪一个出色的人在错误地判断自己天赋时能够逃脱平庸的命运。"

富兰克林说："有事可做的人就有了自己的产业，而只有从事天性擅长的职业，才会给他带来利益和荣誉。"站着的农夫要比跪着的贵族高大得多。做一个一流的搬运工也要比做一个二流的其他角色强。

如果我们遵从马修·阿诺德的说法，那么，宁可做鞋匠中的拿破仑、清洁工中的亚历山大，也不要做根本不懂法律的平庸律师。

一个人的职业对他生活的影响比其他任何事情都更强烈。一个人从事合适的职业能使他肌肉结实，身体强壮，思维敏捷；能纠正他的失误和偏差；激发他的创造发明潜能；使他得以施展才华；能使他开始积极地生活；能激励他的进取心，让他觉得自己是个真正的人。因此一个人必须处在真正适合自己的位置上，完成真正的人所应完成的工作，承担真正的人应该承担的职责，并表现出真正的人的勇气与胆识。如果命运没有让他从事这样的职业，他就不会觉得自己是个真正的人。无事可做的人称不上是完整意义上的人。他无法通过工作来表现自己坚强的个性。

150磅的肌肉和骨骼不足以构成真正的人，一个大脑袋也不足以构成真正的人。真正的人是由骨骼、肌肉和大脑组合起来的，知道怎样完成适合自己的工作，能够进行健全完整的思考，开创一条与众不同的道路，勇敢地承受巨大的压力和职责。只有这样，才能真正成就自己。

我们周围大多数人在平庸地生活着：

◆适合教书的人在商海中沉浮挣扎。

◆天生的商人枯坐在机关的木椅上无所事事。

◆八面玲珑的外交天才穿着白大褂在做手术。

◆本能驰骋疆场的英雄人物在法庭里为被告辩论。

◆那些能令"洛阳纸贵"的人又整日在为如何升职而费神操劳。

你为什么要做老师？你找到了自己作为老师的骄傲了吗？你第一次觉得自己是一名真正的老师是在什么时候？

虽然每个人选择成为老师的原因各不相同，但在这些原因中我们总能找到相似之处。这些典型的相似之处包括：

◆我喜欢与年轻人一起工作。

◆我喜欢帮助别人，并希望别人的生活与众不同。

◆我有一种特殊的天赋，可以帮助别人更好地学习。

◆我有一些激励他人的诀窍。

◆我很敬佩我的老师，我希望像我的老师那样去为别人付出。

一定不要忘记：花一两分钟的时间告诉学生，你为什么选择当老师，为什么坚持教学。你要让他们知道，你将教学视为一种使命的召唤和生命的荣耀，他们的成功对你来说是多么重要。无论多大的学生都喜欢故事，无一例外！因此，请告诉他们关于你的故事！

为了让一代一代的人更好地成长，需要有潜力、训练有素、负责任的教师，把大量知识的传递、人文素养的提升和职业素养的培养变成现实。

一个有潜力的教师应该是这样的：

◆积极地去思考人们的潜力、优势。

◆永远向好的方面看。

◆能积极地沟通。

◆是可信的、诚实的、有耐力的。

◆擅长与他人互动。

◆安排好时间，使时间利用最大化。

◆自信，能平衡好工作和个人生活，有控制力。

◆拥有健康向上的形象。

◆搞清楚如何去激励他人。

◆有幽默感。

如果你记住以下这些话，你会做得很好！

◆不要只是教这些孩子——爱他们，好像他们是你自己的孩子，他们也会用爱来回报你。

◆记住，他们的世界比你的还要大，他们每一天都生活在里面。你是他们生活的打扰者，找到你在其中的位置。

◆老师教的不仅仅是知识，也教生活。让你的学生通过你看到生命的彩虹。

◆尊重你的学生，他们同样也会如此对待你。

◆成功总好过失败。享受成功的孩子们，第二天也会再次尝试。而总是经历失败的孩子们会很容易选择放弃，明天他们将会产生纪律问题。

◆不要期待奇迹。一个奇迹可能要花一生的时间，你只有到最后一刻才能拥有。

我是一名教师。这就是我的职业，这就是我所做的事情，我的热情所在，我所面临的挑战，更是我的快乐。

二、自己不是一个受害者

有位女士在候机，漫长的几小时。她在商店买书看，顺便买了袋饼干。

她全神贯注地看书，却见邻座男士厚颜得真可以，自两人座位中间取用片片饼干。

她试着忽视，避免动气，看书，嚼饼干，不断看时间。

大胆的"偷饼贼"不断蚕食她的饼干，她越来越焦急，心想："若不是我善良，早打肿他的双眼了。"

她拿一片，他也拿一片，最后一片，她迟疑怎么处理，她堆满笑脸，心中紧张分分。

他拿起来，折成两半，给她一半，自食一半。

她抓住饼干想："天啊！这家伙有心计，也够粗鲁，竟没表现出一点感激。"

她从没如此恼怒，班机一到，她如释重负，收好东西准备登机，拒绝回头再看一眼那忘恩负义的"偷饼贼"。

她上了飞机陷在座位里，找找即将看完的书籍，手入袋中却惊讶得喘息，一袋饼干完整地在手里！

她不禁叹息："我的饼干在这里，那一袋是他的无疑！"道歉已嫌迟，她知道，粗鲁、忘恩负义的"偷饼贼"是自己！

读完了《偷饼贼》这个故事，你马上就会明白，虽然这位女士一开始看起来像是受害者，但实际上不过是她自己如此想罢了。对周围情况的判断使得她认为自己受到了侵害，可实际上，她并不是那位被指控的"偷饼贼"的受害人。

与此相同，老师们也绝非是自己所从事的职业的受害人。工作是我们自己选择的，当初应聘的时候，我们也曾骄傲地出示自己的毕业证，接受面试，然后又在合同上签下自己的名字。我们自愿选择的职业，还可以随时更换。那么，我们怎么会成为自己选择的而且还要继续选择的事情的受害人呢？绝对不会！然而，这样的对话却随处可闻："你能相信他们让我们干什么吗？难道他们以为我们是——超人？"另一种情景也极为常见："如果班上没有那五个学生，我的生活就会非常精彩。他们一定是故意把那些学生放在了我的班上。如果学生在课堂上一个个就像动物一样，我真的没有办法上课，也别把他们打发到办公室去，一丁点儿用也没有，一会儿他们就会被打发回来。"再听听："他们成天待在象牙塔里发号施令，可我们在课堂上简直就是自杀。那些领导们比我们多拿多少钱啊，这真是天大的玩笑，巨大的不公平！"

不要总以为自己是个受害者！这很危险，只能导致挫折感、怒气冲冲和自以为是。这不仅对我们自己，而且对那些每天都受我们影响的孩子们，都是百害而无一利。

一对夫妇去剧院观赏著名的基督受难舞台剧。落幕以后，他们到后台去拜访扮演耶稣的主角。跟主角合完影后，他们注意到角落里有一个很大的木制十字架，是主角在舞台上背负的那个道具。

先生对太太说："替我照一张背十字架的相。"

他上前把十字架背在背上，让他大为惊讶的是，十字架非常重，大大超出他的想象。原来十字架是用沉重的橡木做的，背上后他要费很大的力气才能挪动一步。结果在使尽了力气后，他不得不气喘吁吁地放弃了。

他回头问主角："我还以为它的中间是镂空的、分量很轻呢。你为什么要打这么重的一个十字架呢？"

主角答道："先生，如果我感觉不到十字架的重量，我就演不好这个角色。"

沉重是真实生活的一部分。我们享受生活中的欢乐，就要接纳生活中的沉重。生命中的一些重担和责任是你必须承担的，你必须要负重前行，才能踩出踏踏实实的脚印。

我们要在心中为自己点燃一盏希望之灯，当我们感到失望和困惑时，便用它去照亮前方的道路，从而看到远方的光明，鼓舞自己坚定地走下去。

从前，有这么一个故事：

一老一小两个相依为命的盲人，每日里靠弹琴卖艺维持生活。一天老盲人终于支撑不住，病倒了，他自知不久将离开人世，便把小盲人叫到床头，紧紧拉着小盲人的手，吃力地说："孩子，我这里有个秘方，这个秘方可以使你重见光明。我把它藏在琴里面了，但你千万记住，你必须在弹断第一千根琴弦的时候才能把它取出来，否则，你是不会看见光明的。"

小盲人流着眼泪答应了师父，老盲人含笑离去。

一天又一天，一年又一年，小盲人用心记着师父的遗嘱，不停地弹啊弹，将一根根弹断的琴弦收藏着，铭记在心。

当他弹断第一千根琴弦的时候，当年那个弱不禁风的少年已到垂暮之年，变成一位饱经沧桑的老者。他按捺不住内心的喜悦，双手颤抖着，慢慢地打开琴盒，取出秘方。

然而，别人告诉他，那只是一张白纸，上面什么都没有。泪水滴落在纸上，但他笑了。

师傅骗了小盲人？这位过去的小盲人成为如今的老盲人，拿着一张什么都没有的白纸，为什么反倒笑了？

就在拿出"秘方"的那一瞬间，他突然明白了师父的用心，虽然是一张白纸，但却是一个没有写字的秘方，一个难以窃取的秘方。只有他，从小到老弹断一千根琴弦后，才能了悟这无字秘方的真谛。

那秘方是希望之光，是在漫漫无边的黑暗摸索与苦难煎熬中，师父为他点燃的一盏希望的灯。

倘若没有它，他或许早就被黑暗吞没，或许早就在苦难中倒下。就是因为有这么一盏希望的灯的支撑，他才坚持弹断了一千根琴弦。他渴望见到光明，并坚定不移地相信，黑暗不是永远，只要永不放弃努力，黑暗过去，就会是无限光明。

然而这样的过程是一个痛苦而漫长的积累过程，许多人没有成功便是因为耐不住寂寞和痛苦而半路退却了。

的确，积累的过程是枯燥乏味的，很容易让人心生厌烦，也正因如此，我们要在心中为自己点燃一盏希望之灯。当我们感到失望和困惑时，便用它去照亮前方的道路，从而看到远方的光明，鼓舞自己坚定地走下去。

这盏希望之灯便是故事中的那个"秘方"，其实它不过是我们自己为自己设定的一个理想和目标。

三、直面工作的审美疲劳

再美丽的事物，如果长时间地对着它看，也难免会产生视觉上的审美疲劳。其实，在职场中，我们长期处在同一领域，每天都要大量地接收类似的信息，因此容易对工作产生疲劳感。当最初的新鲜感慢慢淡去，随之而来的是提不起精神的职业倦怠。这个时候，如若我们置之不理，那么很快就会走到情绪崩溃的边缘，再也无法获得工作的乐趣。所以，我们应该想办法为工作注入新的活力，这样才能重获幸福和快乐。一般情况下，产生职业审美疲劳的原因是长期地重复同类型工作，无法对工作成果产生主观上的满意，进而缺乏职业安全感，在没有足够的职业安全感的状态下，我们工作的动机逐渐模糊，从而产生审美疲劳。那么，如何应对职业审美疲劳？让我们来看看专家的建议：

1. 寻找新动力

职场遭遇审美疲劳，是我们职业生涯发展过程中的停滞期。我们只有发掘出新的动力，才能够继续前进。类似于重新寻找伴侣身上新的闪光点，我们不妨重新审视自己所处的环境，自己日常工作的内容，从中发现新的乐趣以及新的挑战。新的乐趣可以减缓每天面对大量重复信息的厌倦感，而新的挑战则可以激发斗志，赋予工作新的激情。

2. 适时放缓脚步

如果我们的日程安排得太过紧凑，例如总是早上六点起床上班，晚上七点到家做晚饭，长期坚持每天工作到午夜，那么早晚有一天，我们的身心会崩溃。应该适当地改变一下现状，比如找个风景秀美的地方散散心度度假，为自己的办公桌上添几盆绿色植物，等等。

3. 提高自己的适应能力

很多人会因为选择了自己喜欢的工作而欢欣鼓舞，可是没多久，就变得垂头丧气，觉得自己对工作的兴趣在减少。然而逃避不是解决问题的办法，我们需要做的是提高适应工作、适应环境的能力。参加工作的头几年，是培养一个人的职业素养和工作习惯的关键时期，此时形成的心态将对日后的职业发展有重大的影响。需要记住的是，与工作相处就像与自己的爱人相处，热情和兴趣都是需要不断培养的。

所以，如果我们想要对工作保持长久的热情，就需要适时地转变工作方式和工作态度，这样我们的工作才会长久保鲜。

一个懂得经营事业的人，必定是一个对生活充满热情的人。因为他可以让自己随时随地保持一份高昂的激情去对待生活中的一切。就像泰勒教授在幸福课中提到的，"一个人只有学会把工作当作事业去经营，才能够让自己离成功更近"。

四、远离职业的倦怠困惑

在教师的职业生涯中，几乎每个个体都会遭遇厌倦期，只不过有的人能够很快度过这一时期，而有些教师因为各种原因，长期处在这个时期的困惑中。教师的职业倦怠对其个体发展和学校教育教学工作都会产生较大的负面影响。

教师出现厌倦感很正常。众所周知，教师这个职业压力大、责任重，而且事务繁多，突发事件也多。教师会因为各种原因对教学感到厌倦，甚至对生活感到厌倦。在教育事业中，这被称为教师的职业倦怠，是一种非常普遍的"疾病"。

教师会对生活和事业产生厌倦感有这样几个原因。

1. 教育中的种种矛盾使教师为难

在教师的现实生活中，往往存在着素质教育的评价体系与升学考试评价体系之间的矛盾；教育本质属性的规定性与广大家长的实际评价标准之间的矛盾；学校对教师的评价与教育本身的价值标准之间的矛盾。这些矛盾大多又是不可调和的，这势必会极大地扼杀教师的主观能动性和创造性，使教师自我价值丧失。教师的个性和合理要求得不到应有的尊重，他们自然而然地会产生对所从事职业的倦怠，给自己的心灵造成伤害。

2. 教师规律的职业特性令人失去热情

教师的职业生涯比较有规律，而太有规律的工作、按部就班的生活，很容易熄灭一个人的热情。对于教师来说，他们会因为不停地讲同一篇课文而感到乏味。此外，职称评定制度会使教师在达到一定职称后产生"船到码头车到站"的想法。这些思想影响着厌倦期教师的工作动力。一般来说倦怠程度最高的是中级教师，他们年龄主要在 30 ~ 40 岁，是学校的骨干力量，所承受的来自教学、学生管理、同事之间的竞争以及家庭的压力明显高于其他职级的教师。而从人数的比重来看，这一类型的老师往往占到教师总数的一半以上，对学校全局工作所造成的影响会更突出。

3. 付出与得到不成正比使教师出现厌倦

教师的工作很繁重，要不断地上课、管理学生、培训和教研，以及忙于应付学校和上级布置的各种任务和检查，而素质教育与应试教育的矛盾带来的压力大多压在他们的肩头，凡此种种，都加剧了教师的心理和生理负担，使其产生倦怠。加上有时尽管教师的付出多，但对学生的教育成效未必显著，从家长和学生那里就不能得到心理安慰，这又可能导致教师产生对职业的失望感，从而成为教师失去工作热情的重要原因。

为了避免产生厌倦感，教师要学会保持平常心，让自己远离职业倦怠感，成为一个活力十足的教师。有如下几条建议。

1. 预防厌倦感，对症下药

教师要先弄清楚是什么原因导致厌倦感的，静下心来认真地反思一下自己最近的生活和工作出现了哪些变化，找出倦怠的原因所在，然后对症下药，寻求解决的办法，不要等到自己真的对生活感到厌倦了才匆忙补救。

2. 调整心态，正确认识教师这个职业

一些教师对职业有着过高的期望值，因此遇到不符合期望的情况就容易灰心、失望。所以说，作为教师，应对自己的事业建立合理期望，了解职业的限制性。从事教育事业的人，要做一个真实的人，而不是古书上的圣贤。教师也是一种职业，不只是教书育人，不只是要当"园丁"，他的工作牵扯着方方面面的利益，涉及行政与社会各个方面。教师需要评定职称，需要与上下级相处，需要处理新旧教育模式下的矛盾，需要做很多教学工作以外的事情，只有对教师职业有了清醒的认识，才不会因为现实与预期目标相差太大而产生理想的幻灭之感，也不会产生"当教师太麻烦"的厌倦感。

3. 正确认识自己和学生

教师要从事教育事业，就要了解自己的个性和特质，只有这样，才能找准自己的定位，才能在关于教育事业的理论中找到属于自己的部分。教师要降低对自身的期望值。职业倦怠表面上看主要是因为重复，而深层原因其实是焦虑与烦躁，而这种焦虑很多时候来自于外界的眼光。教师做好分内事，不失立场，不损道德良知即可，想太多只会让自己的心里累上加累。另外，教师对学生的期望要合理。许多教师对学生的要求过高，若学生达不到自己的要求，便会失望。其实学生们都是成长中的受教育者，自然有缺点。教师要用发展的眼光看学生，正视学生的优缺点。

4. 用充实的生活击败倦怠感

要想消除倦怠感，教师就应当使自己时刻保持积极状态，从而让倦怠感无缝可入。因此，教师可以试着充实自己的生活，用丰富多彩的生活陶冶自己的情操和涵养，成

为一个快乐积极的人。

（1）通过读书增加理论修养充实自己。教师通过书本知识进行自我培训、自我完善，从而在思想和性情上获得升华。读书能够丰富一个人的文化底蕴，构建精神家园；学习前辈的心得，可以增长经验，了解教育的特性和应对之策。这样一来，教师在不知不觉间就少了许多产生厌倦感的可能性，变得积极向上。

（2）培养生活乐趣，参加体育锻炼。教师可以在下课后看看电视，听听音乐，浇浇花，练练书法，逗逗宠物，或者制订旅游计划并实施。生活乐趣多了，人也会变得开朗愉悦，而且从中还能得出许多可用于课堂教育的有趣经验。体育锻炼使教师动起来，不再沉浸于疲惫感当中。这样不但可以使教师增强体质，还能够使教师心态变得积极。一般来说，教师进行体育锻炼要有规律并持之以恒，以适量和娱乐性为原则，最好不要选择过量或竞争性强的运动，以免增加压力。

5. 在重复性工作中体验过程的快乐

教师职业具有规律性，工作需要不断地重复，这就导致了许多教师因为这种日复一日的重复产生厌倦和烦躁。但是，教学工作在重复之中也有着许多的变化，只要教师用心为之，就可以找出无穷的新意。谁说我们必须用同一种方式上课？教师可以学会优化并体验每次重复性工作的过程，获得其中隐藏的快乐。如今的教育思潮多种多样，教学模式百花齐放，教师不妨也走上创新之路，尽力让自己的课堂变得丰富多彩。同时，教师还要与同事、学生建立融洽的关系，人际关系理顺了，人就会变得更加乐观。

6. 让亲朋好友成为自己的有力支撑

人际关系是人生活在社会中的重要依托，良好的人际关系可以使人在承受压力时得到较多的社会支持。当教师感到教学工作无趣时，不妨与家人、亲戚或知心朋友在一起，多想一想快乐的事情，有了压力大家共同排解，从他们那里得到振奋的力量。

总之，教师要想远离倦怠感，过得快乐，就要调整心态，让自己变得积极而阳光，从而驱散烦闷的阴云。

五、具有有益的归零心态

教师就应该是一个随时准备给内心"归零"的职业。因为教师的工作虽然周而复始，但从每一学年、每一学期、每一天、每一节课仔细来看，都是新鲜的、富有挑战的。教师如果能够具有这种归零心态，那么工作和生活就会充满新鲜感和挑战欲，让人更加享受。

亨利·福特说过："任何停止学习的人都已经进入老年，无论在 20 岁还是 80 岁；坚持学习则永葆青春。"

归零心态对于教师来说具有极其重要的作用，不归零就不会持续性发展。只有心态归零教师才能快速成长。打个比方，如果你要喝一杯咖啡，就必须先倒出杯子里的茶。不然把咖啡加进去之后，就既不是茶，也不是咖啡了，好好的饮品就变成了浑浊液。

冰心说："冠冕，是暂时的光辉，是永久的束缚。一个人只有摆脱了历史的束缚，才能不断地迈步向前。"人不能总沉浸在自己的荣誉中，那些都已经被打上了"过去式"的烙印，是可以放下的东西。一个孤芳自赏、陶醉于已有成绩的人，会为名所累，为成绩所累，慢慢地与现实相脱离。教师如果沾染上那种不良心态，就会在已有的成绩上吃老本，最终落后于时代。

归零心态对教师有哪些作用呢？

1.归零心态使教师保持对职业的新鲜感

拥有了"归零心态"就会使每位教师保持做教师的新鲜感，对工作充满激情，对教育事业有神圣的追求。教师会认识到长时间做一种重复性的工作是有价值的，是有意义的，内心深处坚定对教育事业的执着。当教师不是为了追逐名利，我们最大的收获就是给学生良好的影响，伴随他们健康成长。

2.归零心态能够提高教师学习和科研的积极性

拥有了"归零心态"会使每位教师积极参加教研教改活动，自我充电，不断提高业务水平。心态归零后教师就会认识到身为教师必须成为学习者，懂得教育是促进学生全面发展的过程，而不仅仅是使其获取知识的过程。教师应具有渊博的学识，还应不断学习新知识，优化知识结构，创造良好的学习条件让学生主动探究新知。教师应潜心教研、教改，开拓创新，勤恳务实。教师的自我充电有助于其产生新的教学理念，防止其产生"燃尽"的感觉，重新唤醒其对教学的激情，迎来教学"第二春"。

3.归零心态使教师热爱事业

教师拥有了"归零心态"就会调节自己，能够对教育"从一而终"，热爱教学工作，关爱学生，努力与学生构建融洽的师生关系。师生间相互尊重、理解、信任，营造一种和谐舒适的学习氛围，学生更容易把精力放在学习上，对教师也会表示好感和尊敬。教师应经常激励学生，真诚赞扬学生的长处，以发展的眼光看待那些所谓的"问题学生"，努力去理解每个学生各方面的兴趣和爱好，与之进行良好的沟通，真正在育人中体会教育的快乐。

总之，教师拥有了"归零心态"就会对自己的工作保持适当的期望值，会充满一种个人成就感，始终会身怀谦卑之心，尊重每位学生，对每一个生命充满敬畏，真正消除自身的职业倦怠，使自己的教育生涯再创辉煌！

归零，就是一种永不自满的状态，在到达一定阶段之后，敢于放下之前的成绩和荣誉，把自己当成一个新人，从头开始新一轮的奋斗。学会归零的人，都是进取心旺盛，永远前进的人。

要想具有这种有益的心态，教师就需要做到以下几点。

1. 对自我不断扬弃和否定

昨天正确的东西，今天就可能发生变化。过去被称赞的方法，到了今天可能就会被笑话为"老土"。在教育事业中，教师对于这一点的体会不可谓不深。昔日说"严师出高徒"，今天则鼓励温和待人，和学生友好互动；昔日上课"满堂灌"，今天却要想方设法把课堂教学设计得丰富多彩……有了这些基本经验之后，教师便能够体会到自我检讨、自我扬弃的重要性。因此，教师应当不时地洗涤自己的旧思想和旧认识，学会认识自己，否定自己的过去。

2. 忘记过去，忘记成功

人们在受到批评时要警惕、警醒，不过，在获得成功得到赞扬时同样也要警醒。

教师应当学会在鲜花和掌声面前看到成绩的暂时性，在迈向成功的道路上，应当忘记过去，尤其是过去的成功，毕竟，之后要走的每一步都将是全新的，要追逐的目标也是全新的。

一个有所追求的人要有归零心态。曾经，人们问球王贝利他最满意自己哪一个进球，他的回答永远是"下一个"。如果我们能培养这种"虚心"，将过去的成绩统统放下，矢志在未来创造更好的成绩，那么离成功就不远了。

3. 不断"清空"自己，塑造"空杯状态"

时代在变，思想也在变，教师应当在执教过程中时不时地"清空"自己头脑中的旧思想、陈腐的认识，让自己拥有一个乐于接受新事物的头脑。人的大脑沉淀的东西越多，对人转变思路越不利。只有让自己处在一种空灵的、没有负担的、没有污染的状态，人才能像一个空杯子一样，为杯子里装进无限的智慧和创造力。

哈佛大学的校长来北京大学时，讲了一段自己的亲身经历。有一年他向学校请了三个月的假，告诉自己的家人，不要问我去什么地方，我会按时给家里打电话报平安的。然后这位校长就前往美国南部农村，到农场干活，去饭店刷盘子。他在田地里做工时，会背着老板吸支烟，或和自己的工友偷偷地聊天，对于这种生活他感到很高兴。最后他在一家餐厅，找了一个刷盘子的工作，结果四小时后，老板就给他结了账，对他讲：可怜的老头，你刷盘子太慢了，你被解雇了。这位校长回到哈佛后，又回到了自己熟悉的工作环境，但这番经历却让他感到自己换了另外一个天地：原来在这个位置上是一种象征，是一种荣誉。这次乡村生活重新改变了他对人生的看法，让自己复了一次位，清了一次零。

在工作过程中为自己"归零"，是调整工作状态、调整心态的需要，具有不可忽视的作用，教师可以尝试借鉴。

4. 不断学习，与时俱进

毛泽东说过："学习的敌人是自己的满足，要认真学习一点东西，必须从不自满开始。"归零的心态就是一切从头再来，就像大海一样把自己放到海拔最低处，从而吸纳百川。不断归零，让自己处于"不满"的状态，教师才能不断汲取新的养分，丰富自己的知识宝库。

对于教师来说，及时归零，是返璞归真之后的自我重塑，是前进道路上抛下包袱后的轻装前进。所以，当取得成绩时、头脑阻滞时，为了以后的发展，教师不妨试试归零。

六、要拥有成长的指南针

曾有三名瓦工，在炎炎烈日下同样地建造一堵墙。一个行人问他们："你们在干什么？""我在砌墙。"一人答道。"我干一小时活，挣五元工钱。"第二个瓦工答道。行人又稍向前走了几步，来到第三个瓦工面前，提出相同的问题，第三个瓦工仰望着天空，以富有幻想的表情凝视着远方，答道："我正在修建一座大教堂，建造一座对本地区产生巨大精神影响的、能够与世长存的教堂。"多年以后，前两个瓦工庸庸碌碌，无所作为，还在砌墙，而第三个瓦工则成了一位享誉世界的建筑工程师。

古人云："有志者，事竟成。"目标对于人生，正像空气对于生命一样。没有空气，生命就不能够存在；没有目标，等待人生的只有失败与徘徊。没有目标的生活是没有色彩的，正如一艘在茫茫大海上迷失方向的航船，不知道要驶向何方。生活，因有目标而精彩。

一次偶然的机会，我阅读了一篇文章。1953 年，美国哈佛大学曾对当时的应届毕业生做过一次调查，询问他们是否对自己的未来有清晰明确的目标，以及达成目标的书面计划，结果只有不到百分之三的学生有肯定的答复。二十年后，研究者再次访问了当年接受调查的毕业生，结果发现那些有明确目标及计划的百分之三的学生，在二十年后他们不论在事业成就、幸福程度上都高于其他人。甚至这百分之三的人的财富总和居然大于另外百分之九十七的所有学生的财富总和。

作为教师，一支粉笔写下了我们无声的岁月；一根教鞭挥洒了我们青春的花雨；一块黑板拓展了我们无限的向往；一盏孤灯放射着我们激情的生命。看着孩子们从含苞欲放的花蕾绽放成艳丽的花朵，从一株株生机勃勃的幼松茁壮成长为"挺且直"的参天大树，我们无不感受着幸福！

但对于人生而言，在确立目标之前，你不会向前迈进半步。一个没有目标的人，就像一艘没有舵的船，只能是漫无目的地漂泊不定，只会到达失望和丧气的海滩。只有确立了前进的目标，一个人才会最大可能地发挥自己的潜力。只有在实现目标的过程中，我们才能够检验出自己的创造性，调动起沉睡在心中的那些优异、独特的品质，才能锻炼自己、打造自己、成就自己。

身为教师，如何制订正确、科学的发展目标呢？

1. 熟悉职业入门要领

对于刚刚走上讲台的新教师来说，其专业发展规划的目标重点是尽快熟悉职业入门要领，从一名普通的就业者成为一名朝气蓬勃的新教师，比如说，培养从事教育工作的情感、态度和价值观；确立从事教师工作的职业志向；明确教师的职业责任；等等。

2. 尽快成为一名合格的教师

对于进入职业适应期的教师来说，其专业发展规划的目标重点是尽快成为一名合格的教师，要掌握常规教学活动的基本过程与要求；具备熟练的听、说、读、写、评等教学基本功；能够准确领会课程标准的要求并尽快落实在教育教学活动之中；初步了解课程开发的过程和方法等。

3. 早日成为专业教师

对于进入了专业建构期的教师来说，其专业发展规划的目标重点是如何早日成为一名具有个人特色的别人不可替代的专业教师，要经常反思：我的教育教学方法是否具备科学性、实效性、个性化、人文化特色？为了形成具有本人个性化特色的教育教学模式，还有哪些问题需要进一步地深入研究和探索？

4. 善于调整克服职业倦怠

对于进入专业分化阶段的教师来说，其专业发展规划的目标重点是如何克服职业倦怠心理，善于调整自己的心态，培养平和、耐心、宽容、坚持的品质；准确把握对自身的评价；学会感受快乐，感受教育成功后的喜悦；把带每一届学生的经历都看成一次新的开始、新的挑战；激发专业发展的热情，力争成为能够引领教师专业化发展的"带头人"。

5. 不惧暮年，争做"夕阳红"

对于进入了专业（职业）续存阶段的老教师来说，其专业发展规划的目标重点是如何克服"暮年气馁"心态，以积极的心态回顾总结毕生的教育教学经验成果，表达、留存、传播，努力做到"夕阳红"。

给自己一个目标吧！它是我们人生的希望。对于我们的整个教育生涯来说，只有确立了明确而科学的奋斗目标并稳步前行，我们才会实现人生的最大价值，收获人生的最大幸福！

相关链接：

执 着

◎吴锡平

西西弗斯因为触犯了诸神，诸神罚他将巨石推到山顶，而由于自身的重量，巨石还总是滚下去，西西弗斯不得不下山再往上推。诸神觉得没有比这种机械重复无休无止的劳动更严厉的惩罚了。而西西弗斯则乐此不疲，用每一个坚实的脚印撰写自己不懈的追寻与充实的人生。这个神话故事成了执着的精神象征。

执着，就是这样一种勤勉的跋涉，一种淡泊的心境，一种刚硬的精神气质，一种壁立千仞，无欲则刚的节操。

执着是"咬定青山不放松，任尔东南西北风"；执着是坚守，在纷至沓来的诱惑面前，如锚定般坚强稳定，守住左顾右盼，游离不定的心思；执着是忘情，是专注，是一心一意全神贯注的追寻、探索，是锲而不舍孜孜不倦的探求；执着是热情的投入，是一份深深的眷恋；执着也是给予，是付出，是全身心的追求。

现代社会为现代人解放了传统社会的种种陈规陋习的束缚和禁锢，同时也为现代人提供了更为广阔的视野和更丰富的生活机会——一个人有了更多的需要，也有了更多的满足需要的手段。在纷繁的世界面前，许多人就多了无所执着的空虚与无所依托的孤独，也正因为如此，有所执着才成了现代人渴求的精神品质。

执着不仅仅是生存的需要，更是心灵的需要。毕竟，人活着不能没有一个东西吸引你往前走，也不能没有为追赶上这个东西而付出的奔跑。或许，我们奔跑了仍没能追上，但为了有所追求而执着，虽是艰辛的，却必然也是一种幸福。

不论你身居达官显位，还是身处平常街巷；无论你奔波于闹市通衢，还是栖身于田园山水，只有有所执着才能置常人眼中的得失、荣辱、毁誉于不顾，才能拥有笑傲人生的旷达与潇洒。

执着是一场漫长的分期、分批的投资，而成功则是对这场投资的一次性回报。执着于自己所爱的事业，追求一份成功与收获，该是生命的价值与意义。而只有坚守执着才可能有所收获。

古有精卫鸟，相传为炎帝女，因在东海游泳，不幸溺亡，经常衔西山之木去填东海，这就是"精卫填海"的传说，也是执着于人生目标的一个精神典型。为了我们的事业与生活，我们永远应该坚守执着，也许收获有迟有早，有大有小，但我们坚守执着，本身就是一种人生的大收获。

牵一只蜗牛去散步

◎ 张文亮

上帝给我一个任务，

叫我牵一只蜗牛去散步。

我不能走太快，

蜗牛已经尽力爬，为何每次总是那么一点点？

我催它，我唬它，我责备它，

蜗牛用抱歉的眼光看着我，

仿佛说："人家已经尽力了嘛！"

我拉它，我扯它，甚至想踢它，

蜗牛受了伤，它流着汗，喘着气，往前爬……

真奇怪，为什么上帝叫我牵一只蜗牛去散步？

"上帝啊！为什么？"

天上一片安静。

"唉！也许上帝抓蜗牛去了！"

好吧！松手了！

反正上帝不管了，我还管什么？

让蜗牛往前爬，我在后面生闷气。

咦？我闻到花香，原来这边还有个花园，

我感到微风，原来夜里的微风这么温柔。

慢着！我听到鸟叫，我听到虫鸣。

我看到满天的星斗多亮丽！

咦？我以前怎么没有这般细腻的体会？

我忽然想起来了，莫非我错了？

是上帝叫一只蜗牛牵我去散步。

第二章 丰富学识

教师要得到学生的信任、喜爱和尊重，要有对学生的吸引力、凝聚力、亲和力，就必须有学识和人格的魅力。学识丰富的教师通常具有较高的获取知识的能力、教学能力和科研能力，能做到教学方式灵活，教学氛围愉快。

一、要修炼和拥有雄心壮志

一名教师在工作上可以有自己的风格，或是春风化雨、和蔼可亲，或是激情洋溢、语调铿锵，又或是不苟言笑、令人敬畏。不过，教师要想取得杰出的成绩还需要拥有雄心壮志，不甘于平庸。教育事业需要教师不断奉献，而雄心壮志可以使教师取得令人瞩目的成绩。

也许有教师会问："当老师不是要默默奉献吗，和雄心壮志岂不是矛盾？"当然不是，教师的志向是在教育事业上不断奋进，是在长期的教育教学工作中不断挖掘出新的成绩、不断提高自我水平、不断开拓创新。这些，都是一名优秀教师应该做到的。

"雄心"是成就事业的心理品质，任何成就伟大事业的人都需要雄心壮志，教师也不例外。一位符合新时代意义的优秀教师、具有深厚人文素养的教师，必定是有抱负有追求的教师，他们在教育教学工作中精神焕发、精力充沛、性格坚毅、乐观向上、给人积极正面的力量感。教师也会因为保持着雄心并始终努力而增添无穷的魅力。

看看这样两组概念："瓦匠、木匠、教书匠"和"医生、律师、教师"。它们到底有什么区别？可以这样说：前者是一种职业，后者是一种专业。后者比前者多的是思想、是投入的程度。20 世纪 80 年代以来，教师专业化已成了世界性的潮流。教育事业要求高质量的教师不仅是有知识、有学问，而且是有道德、有理想、有专业追求的人；不仅是具有高起点的人，而且是终身学习、不断自我更新的人；不仅是学科的专家，更是教育的专家。看看这些要求，一名教师如果没有在教育事业中闯出一番天地的雄心，是无法完美地做到这些的。

教师具有雄心是其从事教育事业过程中提高水平的保证，要成为一个成熟的教育专业人员，必须通过不断地学习与探究来拓展其专业内涵，从而达到专业成熟的境界。尤其是现在，时代对教师提出了更新更高的要求，仅仅满足于做一个传统意义上的教师是远远不够的。雄心壮志是做一个好教师的前提。拿破仑有句名言："不想当将军的士兵不是好士兵。"同理，不想当好教师的教师是不能成长为一个好教师的。哲学理论讲过内因和外因的关系。大家都清楚，内因起决定作用。一个教师如果没有上好课的欲望，没有当一名好教师的雄心壮志，只想把一节课糊弄下来，把一天的教学活动糊弄下来的话，那他的书就不能教好。教师只有热爱自己的工作，才会全身心地投入；只有拥有在教育事业中大展宏图的欲望，才会坚定地去奋斗。

教育事业是要求教师献出爱心、献出毕生精力的事业。如果教师不把它当作自己的事业，立下做出一番成绩的志向，就很可能会沦为"教书匠"。

教育家陶行知在工作上始终雄心勃勃。他曾经在一封信中说过："我现在觉得我是一只狮子，在人们睡着了的时候，巍然雄视一切。"他的全部教育活动，都在于不断创造，不断开辟，都在"创造值得自己崇拜的创造理论和创造技术"。他坚定地认为"教育为最可为之事"，并为教育事业奉献了一生。教师们应当学习这种精神，用极大的魄力和意志力为教育事业挥洒汗水。好教师并非天生的，他是来自于长期的职业生涯中的苦苦修炼。要想成为一名优秀的教师，就要不断努力，从以下几个方面入手。

1. 修炼成为教学能手的雄心

教师要有成为教学能手的雄心。在走上工作岗位之后，教师不应当秉承着"有个工作即可"的想法，而要干一行、爱一行、精一行；要有不服输的精神，在工作的方方面面奋勇争先。要实现这样的雄心壮志，教师必须在课前深入钻研课程标准和教材，熟练地驾驭教材；并精心备课，精心设计教学环节、课堂活动，精心准备教学内容以及教学方法等，从而熟练地驾驭课堂。此外教师还要成为一名教育实践的能手，全面了解学生，与学生建立良好的交流平台，认真地辅导和管理学生。把这些做好，教师才能更加有底气地去追求更大的目标。

2. 修炼成为教育专家的雄心

"心有多大，舞台就有多大。"教师不仅要有成为合格教育工作者的准备，还要有成为教育专家的志向。这一目标的实现需要教师全面涉猎古今中外的教育理论书籍，为自己储备足够的教育理论功底；还要认真学习新课程改革的理论和实践经验，并主动开展课堂教学改革探索。此外，教师还要踏踏实实地进行一些实践性、应用性比较强的教育科研，提出自己的新观点、新见解，并形成完整的教育论文。

3. 修炼成为名师的雄心

诸葛亮说过："志当存高远。"虽然不可能所有教师都成为名师，但必须有成为名师的雄心。这要求教师要更安心于教师职业，有工作的耐心和雄心，在成为教学能手、教育专家的基础上更进一步，开拓创新，创造出自己的教学模式和教育理论。

优秀的教师往往有着卓越的志向，他们的雄心壮志推动着他们不断前行，令他们攀登上一座又一座高峰。

二、须学会接受教育新观念

时代在发展，教育事业也在发展，一名教师无论是为了促进教育教学工作开展，还是为了个人的进步，都不可能在思想方面一成不变。而在数年之前，"新课改"的启动，又令广大教师经历了一次教育教学工作的改革。这些事实都告诉我们，教育工作是在不断更新的，教师为了不落后于时代，必须主动接受新观念、新思想、新认知。教育系统中的大小改革是必然现象。随着时代发展，思想多元化，教育新观念的不断涌现，教师一个不小心就可能成为半个"文盲"，对名师的演讲懵懵懂懂，完全不能理解。不同的思维方式就会有不同的思考、不同的处理方式、不同的结果，教师稍微转变思维方式就会别有洞天。因此，教师不可不重视教育观念的改变。教育新观念对于教师的事业具有下列重要意义。

1. 教育观念是教师行动的指南

教育观念的类型与性质往往决定了教育行为的性质。教育观念是一只无形的手，存在于教育教学的全过程中，影响、支配、控制、推动着教师开展教育教学活动。

一些教师的教育方式方法落后陈旧，根本原因就是还在用过时观念指导自己的教育
教学。

2. 教育观念是教师立教的根基

教育观念是教师实行各种教育教学具体措施的基础，也在一定程度上决定了学生
的训练成果。例如《素质教育在美国》一书介绍，中国教师教画太阳，先是老师画一
个太阳，然后让学生照着画，谁画得像谁就是画得好，学生画出的太阳都是千篇一律
的红太阳和圆太阳。美国教师教画太阳，先让学生自己画，随心所欲地画，结果学生
画出来的是各种颜色、各种形状的太阳。这个例子就是不同观念指导下的不同教育行
为。中国教育强调共性、统一、规范，美国教育强调个性、独立、创新。所以说，新
观念的诞生，必然会对教育事业产生很大影响。

3. 教育观念是教师素质的核心

有没有新的教育观念，是优秀教师与一般教师的区别；而观念正确先进与否，更
是教师素质高低的标志之一。在我们看来，一个观念陈旧、思想保守、教学方法过时
的教师，决不是一个素质高的教师。

因此，教育改革的实行和良好教育教学活动的实施，关键是要有一大批用先进理
念武装头脑的教师，关键是教师能树立正确的教育观念，能用先进的教育理念来指导
自己的教育教学。因此，主动寻找和接受新观念就成了教师的必要任务。

随着社会发展，人们教育思想的多元化，计算机及信息技术的广泛应用，教育教
学工作已经发生了巨大的变化。细数历年来的教育观念种类，教师可以得到一个惊人
的数字。面对不断更新的教育观念，教师要主动学习、择优选择。那么，教师应当了
解哪些方面的观念呢？

（1）教师要积极学习新观念和新知识。如今，新的教学模式不断涌现，为教师的
工作带来了丰富的原材料。为了不断进步，走在时代前列，教师要积极学习新教育理
念，在思想上全面把握教育潮流，并尝试付诸实践。

（2）教师要学会多种教育新观念。教师要了解的新观念数不胜数，按照类型可以
分为：

①新的课程观。课程是开发的;课程是人的各种自主性活动的总和;课程是动态和发展的。树立新的课程观,要着眼于全人发展。新的课程观注重课程目标的完整性,强调学生的全面发展;重视基础知识的学习,提高学生的基本素质;注重发展学生的个性;着眼于未来,注重能力培养;强调培养学生良好的道德品质;强调国际意识的培养。

②新的教材观。生活即教材;教材是引导学生学习和做人的范例;教材是引起学生认知、分析、反思的案例;教材是教师和学生实现教与学目标的工具,而不是教学的最终目的。

③新的教育观。教师要树立"教育是为了促进人的全面发展,是为学生一生的发展和终身幸福奠定基础"的教育价值观。

④新的人才观。每个人都有长处,都有特别的本领,人人都可能是人才;人人有才,人无全才;在正确教育下,人人皆可成才;人才要通过实际检验才能判断。

⑤新的教师观。教师要终身学习,成为综合型教师;教师要积极投入研究;教师是课堂的引导者;教师是学生的合作者,共同学习的伙伴;教师是推动学生更好学习的促进者;教师是课堂的组织者。

⑥新的学生观。学生是独立自主的人,教学应发挥学生的主观能动性,尊重学生;学生有个性差异,应因材施教;学生是发展中的人,应允许其犯错误;学生具有很大潜力。

⑦新的教学观。教学目的观:从"教给学生知识"转变为"教会学生学习",从"为了学生升学"转变为"为了学生发展"。教学应让学生更富有知识,而且还应让学生更聪明,不仅如此,教学还应让学生更高尚。教学方法观:从传统的"灌输式"转变为"以启发式为主,多种方法综合运用"。学习方式观:从"接受学习、被动学习、封闭学习"为主转变为"自主学习、探究学习、合作学习"。教学过程观:要从"以教育者为中心"转变到"以学生为中心",从"教师主导、控制"的一边倒过程,转变为"师生交往、共同发展"的互动过程。

⑧新的课堂观。课堂全面开放,教师与学生在教学过程中积极互动,合作学习,以学生为本,既重视过程,又重视结果。

⑨新的质量观,重视人的发展和综合素质,以及创新精神和实践能力。

⑩新的评价观。评价目的强调教育促进发展的功能；评价标准多样化；评价主题多元化；评价方式多种化。

总之，教师为了自己与教学工作的共同进步，应当主动接受新的教育观念，用于指导自己的实践。

三、积极主动接受知识更新

所谓知识更新，是指知识的除旧布新。现代科技迅速发展，旧有的知识会逐渐老化，我们必须不断学习新知识、新技术并不断运用新成果，才能适应现实工作的需要。一个成功的教育者，首先是一个善于自我更新知识的学习者。教师的知识更新包含了两个层面的内容：一是打破，二是重建。即打破传统的、陈旧的甚至是落后的教育理念、理论和教学的方式、方法，建立起一整套全新的、科学的、先进的、合乎时代潮流的教育思想体系。

实践经验是财富，同时也可能是羁绊。因为过多的实践经验有时会阻碍教师对新知识的接受，可能一时地掩盖教师新知识的不足，久而久之，势必会造成教师知识的缺乏。缺乏新知识的教师，仅靠那点旧有的教学经验，自然会导致各种能力的下降甚至是缺失，这时旧有的教学经验就成了阻碍教师教学能力发展和提高的障碍。教师所以要不断进行知识更新，用全新的、科学的、与时代相吻合的教育思想、理念、方式、方法来武装自己的头脑。

教师进行知识更新的理由。

1. 社会发展的普遍要求

教师作为社会的一部分，必须符合这一客观的共同要求。我们必须适应社会的发展要求，不是社会来适应我们。

2. 知识更新的客观要求

知识更新的速度越来越快，知识更新的周期越来越短，2～3年知识总量就翻一番，于是专业化程度也越来越高。古代人只要死记硬背或理解不到5万字就可以成为举人、进士，但现在要考大学，我们需掌握和理解多少知识？

3. 社会对教育的要求在不断提高

在政治多极化、经济全球化的背景下，中国的基础教育面临挑战和考验，学生的实践能力不强，发明创造不多。许多教师不适应新教材，主要原因在于教师的知识不够用。学生素质的全面提高，离不开教师的知识在深度和广度上的拓展。当今青少年学生发生的巨大变化迫使教师提高课堂教学素养。

4. 教师职业专业化的要求

由于知识专业化程度越来越高，教师专业化就成了必然的趋势。教师不仅是一种职业，更是一种专业，所以说教师应该是教育领域里的专家。

5. 教师自身发展的需要

教育要发展，教师就必须发展。教师有着自己的追求目标，例如，三年达标、五年成骨干，以及优秀教师、学科带头人、名师、首席教师等。追求目标的过程就是教师自身发展的过程。医生越老越好，成老专家；教师越老越不受重视，虽然不是老糊涂，但老教师的经验就不如老医生的管用，这是由教师职业的特点决定的，这里有一个经验在工作中的作用问题。教师需要的是更多的知识，而知识又是在不断地更新，老教师接受新知识的能力不如年轻教师。

教师如何进行知识更新？

1. 通过学习实现知识更新

学习对于教师的知识更新具有重要的意义。在新课程背景下，教师的学习形式无非两种：理论性学习与经验性学习，只是学习的内容和方式有所不同。理论性学习不只限于温习曾经习得的教育知识与相关学科知识，而主要是学习新理论与新知识。达·芬奇说过，"经验是知识的母亲。"经验作为一种教育资源是我们非常熟悉、非常亲切的。教师中蕴藏着丰富的教育教学经验。在工作中，教师的经验会与日俱增。正是鉴于此，不少学校都要求新教师拜师学艺，组织教师彼此观摩、听课、评课。不过，在新课改背景下，教师中可借鉴的经验实在有限。因而经验性学习难以满足教师更新自我的需要。这在客观上迫使教师们努力探索，相互合作和交流，在尝试中反思和建构新的可取的经验。此外，现成经验的缺乏，也更加凸显了理论知识补充的必要。

2. 通过校本研修实现知识更新

校本研修是教师个人或教师群体对本校教育问题的探讨和思考。校本研修的形式很多，教师们易于进行的形式大致有以下几种：

（1）撰写反思性教学日记。教学日记是课堂生活的记录，其中既有各种观察资料、经验分析，又有教师对自身实践（尤其是课堂教学中的关键事件）的反思与解释。撰写反思性教学日记实际上是教师对自己课堂生活推敲琢磨的过程。

（2）口头切磋。这是两个或多个教师一起通过检讨教学活动中遇到的具体问题（如教学观念、教材、学生的行为表现与作业等）来研究自己的教学经验的一种方式。

（3）合作性课堂研究。这是教师们一起研究（观摩与讨论）某个教师的课堂教学，包括研究其课堂环境与课堂文化、教学方法与教学手段、教学语言与师生互动、教学目标及其实现程度诸方面的活动。

3. 通过教学改革实现知识更新

一位思想家说过："理解探戈的最佳方法就是跳，而不是分析。"同样，教师理解新课改的最佳方法就是参与教学改革，在参与中理解新理念、形成新制度、探索新做法，实现角色转换和能力提高，自我更新。准备教材是有助于教师发展的主要活动之一。它的含义包括以下三方面：

（1）研究如何把"死"的教材变成"活"的知识，寻找变活的方法。

（2）研究如何根据学生基础、教学任务等具体情况重新安排所教内容的先后次序、重点难点等。

（3）思考教材中需要补充的内容，引导学生将视野向外拓展。简言之，研究教材就是激活、改组和拓展教材。而这实际上正是作为新课改一部分的校本课程开发。

四、学习是持续发展的根本

于漪老师说："教育是一项伟大的事业，一头挑着学生的明天，一头挑着祖国的未来。"教师为了将这副担子挑起，首要的前提就是终身学习。

学习是教师的一种生活方式。马卡连柯说："学生可以原谅老师的严厉、刻板，甚至吹毛求疵，但是不能原谅老师的不学无术。"教师要避免不学无术，唯一的途径就是学习！"水之积也不厚，则其负大舟也无力"。一个教师的知识储备不足、修养不够，教学中必然捉襟见肘，更谈不上教学中游刃有余、高屋建瓴。更何况随着社会的发展，对教师的要求越来越高。教师是平凡的，但不是平庸的。教育界流行这样一条"知识折旧率"：一年不学习，自己知道；两年不学习，同事知道；三年不学习，学生知道。一个不将学习当作自己生存方式的老师，终究要被学生嫌弃，要被教育抛弃。昨天优秀，不能代表今天也优秀；今天的优秀，也不能保证明天依然会优秀。唯有不断学习，才能保持永恒的优秀！

教师的学习方式很多，其中最主要的有自主阅读、师法名师和进修培训三种。

1. 自主阅读

一位学者说过："一个人的精神发展史，应该是一个人的阅读史，而一个民族的精神境界，在很大程度上取决于全民族的阅读水平。"

据联合国教科文组织调查，全球每年阅读量排名第一的是犹太人，平均每人一年读书 64 本。

与此相关联的是，一个民族的阅读量与创造力呈正相关：在世界总人口中，犹太人只占 0.3% 左右，可是却获得了全球 27% 的诺贝尔奖。犹太人不仅在科学领域遥遥领先，在经济、思想等领域出现的全球领袖人物也比比皆是。

读书是教师专业成长的重要方式和途径。苏霍姆林斯基说过："应当在你所教的那门学科领域里，使学校教科书里包含的那点科学基础知识，对你来说只不过是入门的常识。在你科学知识的大海里，你所教给学生的教科书里的那点基础知识，应当只是沧海之一粟。"当我们专注于一本好书时，犹如接受智慧的洗礼，与智者进行心灵的对话；犹如跳动的知识精灵带着我们遨游寰宇，让我们感到充实、愉悦和慰藉。

阅读可能改变不了人生的长度，但可以改变人生的宽度；阅读可能改变不了人生的起点，却可以改变人生的终点！在书海中畅游，我们收获的不只是知识，还有智慧和真理。读书让我们开阔视野，增长才气，激活灵气。

那么，教师应该怎样读书呢？

（1）读书要善于选择。为了解决书多时间少的矛盾，教师读书必须学会选择，采取浏览与精读相结合的方式。一般的书可以浏览，重要的书、名著就需要精读；与自己研究方向远的书浏览，与自己研究方向近的就精读。浏览的面不可太窄，精读的面不可太宽。

①教师首选读物是教科书。除所教年级的教科书和课程标准外，还要通读全学段甚至整个中小学阶段的教科书，以便了解每册之间的内在联系。

②阅读其他科目的教科书。在所教的课程中适时提及其他科目的课程内容，不仅有助于学生融会贯通地理解学习内容，而且有助于学生形成对世界的完整理解。

③阅读一些优秀的教育刊物。好的教育文章及时地反映了教育界同行对于教育前沿问题的思考，会对我们的思考与探索有所启发。

④阅读一些教育经典名著。如苏霍姆林斯基的《给教师的建议》、陶行知的《陶行知教育文集》、李镇西的《爱心与教育》……"经典"之所以称之为"经典"，就是因为它包含的精神理念具有超越时空的生命力，永远不会过时。《论语》中一句"因材施教"不是蕴涵着今天我们所说的"承认差异""尊重个性"乃至"多元智能"吗？谈"师生关系"、谈"教师与课程同步发展"，还有比《礼记·学记》中"教学相长"四个字更精辟的吗？冷落经典，便是遗弃了我们应该继承的颠扑不破的真理。阅读教育经典，就是聆听古今中外教育大师不朽的声音，就是请大师们走进我们的心灵，就是让人类共有的教育真理之光照耀着中国今天的教育。

作为一名教师，我们还应该阅读本学科最优秀教师的著作和他们推荐的文章。阅读他们的著作，能带给我们本学科的智慧，能让我们对本学科教学有更深入、更全面的思考。同时，他们的成长，也能为我们的成长提供可供借鉴的范例。作为语文教师，应该读读钱梦龙、魏书生、余映潮、窦桂梅、王崧舟等老师的著作和文章。而作为数学教师，孙维刚、张思明、华应龙、徐长青等老师的著作和文章则不可不读。

此外，作为人类文明的传承者，除了认真阅读教育教学专业书外，还要读一些政治、哲学、经济、历史、文学等与教育"无关"的书，徜徉于人类精神文明的长廊，在触摸历史的同时憧憬未来，在叩问心灵的同时感悟世界，从非教育的书籍中读出教育来。阅读一些文学作品和思想随笔之类的书籍，会使我们的内心变得丰富、细腻与鲜活。读"图像"：电影、电视，讲座、报告，名师讲课等。

（2）读书要善于积累。教师要把读到的感悟和重要部分用笔记下来，或制作卡片备查，有条件的话还可以分类剪辑，或用电脑记录为电子笔记，对所读的东西加以梳理和提升，从而转换成专业发展的一种新力量。

（3）读书要学以致用。只有将读到的知识运用到实际教育教学中，才能加深对知识的理解，起到触类旁通的作用；才能时常感到知识的欠缺与贫乏，从而唤起对知识的渴求。

读书好，好读书，读好书。我们只有不停地读书，才能拥有源头活水，滋润学生求知若渴的心田；只有不停地读书，才能打下深厚的精神底蕴，引领学生进入丰富的精神世界；也只有热爱读书的教师，才能培养出热爱读书的学生，才能营造出整个社会热爱读书的良好氛围。

2. 师法名师

一个人能走多远，看他与谁同行；一个人有多优秀，看他由什么人指点。当教师在专业成长中找不到奋斗目标，不知走向何处的时候；当教师在专业成长中遇到困难，急需力量支持的时候；当教师在专业成长中学习、研究缺少方法，不知怎么做的时候……名师作为过来人，能为教师的专业成长指点迷津。师法名师可让一些教师从"山重水复疑无路"，走进"柳暗花明又一村"。实践证明，许多教师的成长，都离不开教育前辈、教育名师的指导和帮助。

"海不辞水，故能成其大；山不辞土石，故能成其高；士不厌学，故能成其圣。"韩愈的《师说》写道："圣人无常师。孔子师郯子、苌弘、师襄、老聃。郯子之徒，其贤不及孔子。孔子曰：'三人行，则必有我师。'是故弟子不必不如师，师不必贤于弟子，闻道有先后，术业有专攻，如是而已。"名师要拜，同时也要以同样谦和的态度向身边的教师学习，特别是年轻教师，他们在实践中创造了许多鲜活的教学方法和好的教学经验，不能视而不见。汲取百家之长，自然也包括广大教师的经验，甚至还包括向自己的教育对象学习。这样，才能不拒细流，海纳百川。只要我们留心学习，虚心请教，就常常会有意外的惊喜和收获。

3.进修培训

教师，一方面要重视专业阅读和师法名师，站在大师的肩膀上成长；另一方面要积极争取专业的培训，通过专业培训，全面地提升素养。

封闭，保守，停滞不前，就会落后于时代。教师要积极参加各种培训，尤其是国家教育部、财政部联合实施的"国培计划"培训，以使自己在更新更高的平台上实现跨越和腾飞。

五、找寻一个学习的好朋友

作为教师，我们常常感到彼此"孤立"。我们总是把时间都花在自己的学生身上，这往往导致了我们没有太多的时间和我们的同事进行互动交流。但是，不可否认，我们可以从同事的支持中受益匪浅。

在两个或两个以上教师间发生的、以专业发展为指向、通过多种手段开展的，旨在实现教师持续主动地自我提升、相互合作并共同进步的教学研究活动叫同伴互助。

同伴互助使教师在自我反思的同时开放自己，加强教师之间以及在课程实施等教学活动上的专业切磋、协调和合作，共同分享经验，互相学习，彼此支持，共同成长，加强教师作为专业人员之间的对话、互动与合作，最终促进教师的专业发展，达到"为教师所有""为教师所参与"及"为教师所享"的目的。

"独学而无友，则孤陋而寡闻。"一个教师的专业发展与提高的过程，实际上就是教师个人的教学反思、教师群体的相互借鉴合作以及个人的系统理论学习的过程。

教师个体在知识结构、智慧水平、思维方式、认知风格等诸方面都存在差异，教师同伴之间的互相学习交流有助于打破教师个体思维上的局限性和模式化倾向，有利于教师转变观念。同时，教师间的切磋研究、经验分享会给教师的专业发展以巨大的支持，使教师有自信心和勇气挑战自我，改进教学实践。

在目前知识激增，更新速度加快的形势下，教师间合作交流的优势还在于能促进教师间信息与资源共享，使教师成为一个高效率的学习者，能应对和适应新课程。

如果有一个好朋友能够帮助你，你往往会更容易获得成功；如果有一个好朋友能够耐心听你倾诉，你往往会更容易克服困难；如果在你的内心深处有一个好朋友为你加油，你将会有更大的动力来完成一项任务！教师只有转变观念，积极投身于合作交流活动中，才能进一步提升自己的专业发展水平。

教师如何进行同伴互助？

1. 努力提高教师自身综合文化素质

教师只有具有宽厚的综合文化素养才能为其专业发展奠定坚实的基础。1980 年 6 月 16 日，美国《时代周刊》一篇题为《危急！教师不会教》引起了公众对教师质量的担忧，拉开了以提高教师素质，促进教师专业发展为核心的教育改革的序幕。我国基础教育改革是一项关系下一代、关系民族未来的宏伟事业。实施新课程改革要求教师具有广博的文化知识与广阔的文化视野。特别是在当今科学技术突飞猛进的今天，学生获得教育信息的渠道多元化。这样，学生、家长、社会对教师的要求越来越高，也就决定了教师必须终身学习，不断提高和优化自己的知识结构。在课堂上，教师只是阅历比学生丰富些，在专业知识上先走一步，可是有许多新兴的领域是教师未必熟悉的，有不少问题教师难以回答，为此，教师也要不断地学习，甚至主动地向学生学习，这样既能从学生那里学到尚不了解的东西，也能从学生那里深化原有但不甚清晰的东西。在课堂教学中常常有教师感受到与学生思想碰撞而产生的灵感，得到不少来自学生的启发。

2. 提高自我认识、完善人格，培养教师同伴互助精神

人是否愿与他人合作，取决于人是否有良好的自我认识及对他人的认识。自我认识是个体对他人、对周围世界关系的认识。有正确自我认识的教师，才能恰当地评价、接受自己和他人，才能控制和掌握自己的命运。教师通过正确认识自己和他人，可以对自己的行为做出相应的调整，并因此形成良好的行为和抑制力。这些都是完美人格的组成部分。在工作和生活中，具有完美人格的人，不仅能在其独立劳动过程中顺利完成自己的任务，也能善于吸取别人的长处，与人合作，以达到最好的效果。

3. 你可以与隔壁班的老师达成协议

如果你们两个都愿意的话，你们甚至可以将它转变成你们之间的积极竞争。下面是一些关于协议或者竞争的建议：

（1）比比看，谁保持理智和掌控力的时间最长，可以准备一些奖品，谁赢了这场竞争，谁就能获得这些奖品。

（2）你们每个人都要投入额外的努力来帮助一个陷入困境的学生，然后分享彼此的成功经验。

（3）彼此分享一些关于课堂与教学、提高学生成绩以及改善学生行为的想法和建议。

（4）比比看，谁能想出最有创意的方法，让学生能够积极完成分配的任务、积极提交作业、阅读最多的书籍等等。

（5）在你们两个班级之间，偶尔就某些方面展开竞争，比如出勤、功课、学生的良好行为等等。

选择一个好朋友，就像选择一个网球搭档一样。与别人一起练习远远胜过自己一个人埋头苦练，它将帮助你迅速地提高能力，更好地打好教学这场比赛。

六、专业扎实而且一专多能

目前，许多教师的学术底蕴不够，因而在教学中，出现了要给学生一碗水，自己尚不具备一桶水的情况。于是，当课程目标确定后，教师不能如期、如愿地完成课程目标，也就出现了课程执行力不到位的情况。

今天是小刘老师第一天上高一的语文课。怀着激动的心情，她迈着轻快的脚步走进了教室。说实在的，为了这节课，小刘老师整整准备了一周。她对教材和教材的拓展，以及与此相关的许多内容都进行了周全的准备。

开始讲课了，一切都很顺利。在小刘老师的引导下，整个课堂的气氛很融洽，师生在互相探讨中将教材的讲解带入了高潮。这时，一个学生提出了一个与教材内容相关的物理问题，最重要的是，这个问题的解决涉及了文章中一个关键词语的运用。这下子，小刘老师傻了。这可怎么办？

好在小刘老师想到了前辈们教过的为师之态：真诚。于是，她想了一想，对学生们说："真对不起，这个问题老师还真不知道怎么回答，因为涉及了物理知识。这样，我们课下都想一想，或是请教别人，争取把这个问题在下节课解决。好吗？"

看着同学们理解的目光，小刘老师在其余的时间中，让这节课貌似顺畅地上完了。但实际上，小刘老师心里非常清楚，因为那个问题没能解决，自己的心里很别扭，她除了觉得自己在学生们面前丧失了威信，而且深刻地感到自己应该努力向一专多能的方向前行。

其实，小刘老师的这个想法是可以理解的。每个教师都希望在自己的学生面前树立威信，不敢说是百事通，至少在全体学生面前，能以自己的学识赢得学生的尊重。而要赢得这份尊重，教师就需要具备扎实的专业知识，尽可能让自己达到一专多能。

试想，当一个教师在自己所教的学科中，被学生问得哑口无言时；当一个教师面对着相关的学科知识而感到无力时，那将是多么沉重的打击，也将是一份多么沉重的心理负担。除此之外，这些问题还将影响到教师的课程执行力。

倘若一个教师对自己所学专业知识不精，他就不能如期完成课程教学计划，更谈不上将课程教学中学生需要的知识准确传达到位。许多优秀的教师不仅是本学科的高手，更是其他学科的能手，他们之所以能将课程目标贯彻到底，究其原因还是由于他们自身的能力决定的。

由此我们说，一个教师要提高自己的课程执行力，首先要在明确目标的前提下，夯实自己的专业知识，尽量做到一专多能。

1. 强化自我发展意识

每个人都各有所长，甚至一些人在自己工作的领域成了专家。但要知道，发展是无止境的。人不可能没有目标，倘若没有目标，人就会缺少压力和动力，生活就会缺乏色彩，生命也就失去了意义。因此，伴随着时代的进步，教师就要对自己提出新的要求，只有这样，才能适应学生的变化需要，做到与时俱进。因此，教师应该在反思的基础上对自己做一个相对客观的评价，然后明确自己的发展目标，以目标去激励自己。

2. 增强接受和运用新教育理念的能力

教育理念的实质就是一个人对"教育"的理解，是教师教育行为的指导思想。陈旧、保守、落后的教育理念，势必使教师的教育行为简单甚至粗暴，缺乏人文情感。

因此，具有良好的教育理念，对教师来说是至关重要的。

当前，先进的教育理念很多。最根本的教育理念是"一切为了学生的发展"。在此基础上，我们就要思考怎样才能"为了学生的发展"。有了这样的理念，教师就能摆正自己的位置，就会去努力提高自己的能力。

3. 不断探索实践

教师要"一专多能"，要将自己的专业化水平提高到一个新的层次。教师还要勇于实践，善于反思，精于归纳，重在提炼，具体的方式可以是：观摩——观摩优秀教师上课；参与——个体参与或融入集体中参与；专项实践——带着具体问题或具体的思想去做；积淀——在反思的基础上归纳提炼。

观摩课可以是观摩家常课，也可以是观摩"秀"课，还可以是同事的或是知名优秀教师的课。教师可以在观课中发现其他教师的教学智慧，感受教学艺术，领略教学魅力，改进自身教学中的不足。

俗话说：看戏容易，演戏难。要成为一个优秀的教师是一件很不容易的事。因此，教师要积极地参与到具体工作的实践中，进入角色。课堂教学是主阵地，教师应优化教学设计，借助同事的资源，认真上好家常课，并有目的地上好研究课；要融入集体，参加一人主讲大家评——"主讲共评"的活动，在同事互助中汲取智慧，寻找新的增长点。

"专项实践"要突出"问题引领，行动跟进"。教师要进行探讨和研究教育教学中存在的问题和困惑。解决同一知识点也可有不同的切入点，这就要"专门"探讨研究。教师应从多方面努力，提高自己的研究能力和解决问题的能力。

每位教师要想得到真正的专业发展，必须要善于积淀。"积淀"应是有生命力的"积淀"，这种积淀是总结自己教育工作实践中的得失，并能运用教育理论进行分析，从中得到启示，为今后的发展奠定新的基础。写"案例"是教师"积淀"的好方式。物质的世界是由原子构成的，人文世界是由故事构成的，"案例"就是我们教育教学实践中的故事，是我们专业化发展中一面可以借鉴的镜子。

相关链接：

克服惰性

◎罗 兰

你也许要问：怎样才可以克服自己的惰性而把自己推动起来？

当然，惰性实在是很不容易克服的一种东西。

没有多少人不懒惰，那些勤奋的人，都是一些意志的力量在推动他的。

所以，我们不妨说："意志是克服惰性的一种力量。"而这意志的形成，是要靠一个值得追求的目标。有这个目标在那里等待我们去达到，我们就会觉得有理由把自己发动。

俗话说："人不为利，谁肯早起？"

"利"是目的之一，喜欢"利"的人，自然会为了追求"利"而让自己早起。当然，世上不是人人都喜欢"利"的，即使人人都喜欢"利"，也不一定每一个人都把"利"当作最值得追求的目标。

那么，把什么来代入这个"利"，这就要看我们自己的理想或喜好了！

因此，如要克服自己的惰性，先要为自己建立一个理想的目标。

问问自己，你要得到什么？你最喜欢、最向往的东西是什么？你先在心里为自己找到这个答案。也许，你喜欢发财。也许你喜欢发了财之后，为自己弄一片果园。也许你打算出国，也许你想参加高考，也许你想成为音乐家、画家或作家。那么，等你确定了你的目标之后，你会发现生活中有许多项目突然变得有意义起来，而另外又有些项目突然变得不重要起来。那时，你就会找到一些可以把自己发动的力量，让自己不再那么毫无目的的懒惰下去了。

当然，只是大目标，有时未免觉得遥远，而且太过抽象。那么，我们不妨把大目标确立之后，再给自己订立一些小目标。

比如你想存钱为自己买一片果园，那么你先要把存钱的方法找到。所谓存钱，当然一方面是开源，一方面是节流。开源的方法是工作，节流的方法是多勤劳，少游荡。这个小目标确立之后，你会开始觉得早晨一定要早起，才可以免得把时间浪费在床上，而利用这个时间，你可以去送报纸，送牛奶，或自己取代家里工人的工作去整理庭园。

于是，你觉得早起有了意义。以前，你会觉得早起也没有事，或不知道从何着手去做事。而当你有了目标之后，你在起身之前，就已经知道起来之后该忙些什么，你就会很顺利地把自己从床上拉起来，去做事了。

同样的道理。如果想在学问上有点成就，那么，你达到这个目的的办法，只有用功读书。于是，你就可以开始找一些你应该读的书放在桌上，排出次序，一样样地去读，这样你自然就愿意尽量利用时间去读，去记，去写。而不会只在心里着急，却不知道该做些什么才是。

建立目标，是帮助自己克服惰性的方法之一。除此之外，要设法给自己找一点可以鼓励自己的力量。因为成功的路途是很漫长的，在这漫长的路途中，如果缺少鼓励，就不容易把兴趣长远维持下去。而这鼓励的力量，也要看你所要追求的是什么而定。你想存钱的话，自然是银行的存折最能使你得到安慰和鼓励。如是其他，那么，像互相勉励的朋友，自己工作的成绩，师长的奖励，等等。要留神给自己安排一点这一类的机会。

明确的目标和适当的鼓励，可以使我们进取得快些，顺利些。

但是，最主要的，还是要我们自己时常在心中反复记住一句话：

"人生很短，没有多少时间可以允许我们浪费！"

西哲说："要活得好像明天就要死去一样。"

这话真的有着不凡的催逼的力量，谁也不知道哪一天是自己的生命终站。

多数人都预期自己可以活到一百岁，因此在二三十岁的时候，他还在那里慢慢腾腾，不慌不忙。

而认真生活的人，常会相信，只有自己可以掌握的这短暂的现在，是他靠得住的寿命。因此他尽量地利用他每一分、每一秒的时间去推动他自己。

生命不浪费，成功的机会就多了。

15 位知名大学校长的推荐书单

中国人民大学、北京师范大学等 15 位知名大学校长向社会给出了他们的推荐书单：

（1）中国人民大学校长陈雨露推荐书目：《乡土中国》，作者：费孝通。

（2）北京师范大学校长董奇推荐书目：《平凡的世界》，作者：路遥。

（3）中国政法大学校长黄进推荐书目：《乡关何处》，作者：野夫。

（4）湖南大学校长赵跃宇推荐书目：《自由在高处》，作者：熊培云。

（5）复旦大学校长杨玉良推荐书目：《被淹没和被拯救的》，作者：[意]普里莫·莱维。

（6）南开大学校长龚克推荐书目：《革命烈士诗抄》，作者：萧三。

（7）宁夏大学校长何建国推荐书目：《时间简史》，作者：[英]史蒂芬·霍金。

（8）华中科技大学校长丁烈云推荐书目：《叩响命运的门》，作者：马小平。

（9）南京大学校长陈骏推荐书目：《孔子评传》，作者：匡亚明。

（10）上海交通大学校长张杰推荐书目：《苦难辉煌》，作者：金一南。

（11）武汉大学校长李晓红推荐书目：《中国哲学简史》，作者：冯友兰。

（12）四川大学校长谢和平推荐书目：《相约星期二》，作者：[美]米奇·阿尔博姆。

（13）浙江大学校长林建华推荐书目：《大数据时代》，作者：[英]维克托·迈尔·舍恩伯格，肯尼思·库克耶。

（14）香港科技大学校长陈繁昌推荐书目：《神雕侠侣》，作者：金庸。

（15）中国科技大学校长侯建国推荐书目：《寂静的春天》，作者：[美]雷切尔·卡逊。

书单中，15所大学的校长各自向网友推荐了自己心中的经典，并给出了推荐理由。中国人民大学校长陈雨露推荐的是费孝通的《乡土中国》，他认为这部书"对中国社会的分析鞭辟入里，发人深省，为了解中国社会文化的基本特性提供了重要参考"。"曾经，在那个物资匮乏的年代里，《平凡的世界》是无数人的精神食粮。"北京师范大学校长董奇推荐的书目是路遥的《平凡的世界》，他表示，"如今，在这个富足幸福的时代，依然有很多人喜爱它。不屈不挠的奋斗精神，是年轻人所需要的，不论在过去、现在，还是将来。"香港科技大学校长陈繁昌则推荐了金庸的《神雕侠侣》，他认为："金庸先生的小说文笔独特，塑造的人物性格鲜明、深刻细腻，感情澎湃壮丽，意境甚高。"

对这份"15位知名大学校长推荐书单"，我们的教师都读过了吗？如果你读过，那就和你的同事、学生一起分享心得，如果你没读过，那就抽出宝贵的时间获得一些精神的给养吧。

第三章 走近学生

赞可夫说:"当教师必不可少的,甚至几乎是最主要的品质就是热爱学生。"教师要走近学生,就应具备走近学生的本领,让他们的心灵绽放出真诚、美好、积极向上的花儿,并最终被引入一个全新的阳光地带。

一、有一颗充满爱的心

每个人只要心中拥有爱,并勤于实践,那就会生活美满,否则,结局是很凄惨的。有这么一个温馨的故事:

夏季的一个傍晚,天色很好。玛丽出去散步,在一片空地上,看见一个10岁左右的小男孩和一位妇女。那孩子正用一只做得很粗糙的弹弓打一只立在地上、离他有七八米远的玻璃瓶。

那孩子有时能把弹丸打偏一米,而且忽高忽低。玛丽便站在他身后不远处,看他打那瓶子,因为玛丽还没有见过打弹弓这么差的孩子。那位妇女坐在草地上,从一堆石子中捡起一颗,轻轻递到孩子手中,安详地微笑着。那孩子便把石子放在皮套里,打出去,然后再接过一颗。从那妇女的眼神中可以看出,她是那孩子的母亲。

那孩子很认真,屏住气,很久才打出一弹。但玛丽在旁边都可以看出他这一弹一定打不中,可是他还在不停地打。

玛丽走上前去,对那母亲说:"让我教他怎样打好吗?"

他母亲对玛丽笑了一笑。"谢谢,不用。"她顿了一下,望着那孩子,轻轻地说,"他看不见。"

玛丽怔住了。

半晌,玛丽喃喃地说:"噢……对不起! 但为什么?"

"别的孩子都这么玩儿。"

"呃……"玛丽说,"可是他……怎么能打中呢?"

"我告诉他，总会打中的。"母亲平静地说，"关键是他做了没有。"

玛丽沉默了。

过了很久，那男孩的频率逐渐慢了下来，他已经累了。

他母亲并没有说什么，还是很安详地捡着石子，微笑着，只是递的节奏也慢了下来。

玛丽慢慢发现，这孩子打得很有规律，他打一弹，向一边移一点，打一弹，再转一点，然后再慢慢移回来。

他只知道大致方向啊！

夜风轻轻袭来，蛐蛐在草丛中轻唱起来，天幕上已有了疏朗的星星。那由皮条发出的"噼啦"声和石子打出后的"砰砰"声仍在单调地重复着。对于那孩子来说，黑夜和白天并没有什么区别。

又过了很久，夜色笼罩下来，玛丽已看不清那瓶子的轮廓了。

"看来今天他打不中了。"玛丽想。犹豫了一下，她对他们说声"再见"，便转身向回走去。

走出不远，身后传来一声清脆的瓶子碎裂声。

无私的爱与奉献是人类存在和世界美好的基础。只要有一个正确的大方向，有爱的支持，没有什么是做不到的。

二、宽容是最美的师德

陶行知先生有一天发现学生王友用泥块砸自己的同学，他当即制止了王友，并让他放学后到校长办公室。放学时陶先生来到校长室，发现王友已等在门口。陶先生立即掏出一块糖果送给他："这是奖给你的，因为你按时来到这里，我却迟到了。"王友带着怀疑的眼神接过糖果。陶先生又掏出一块糖果放在他手里："这也是奖给你的，因为我不让你再打人时，你立即就住手了，你很尊重我。"接着陶先生又掏出第三块糖果塞进王友手里："我调查过了，你砸他们，是因为他们欺负女学生。这说明你很正直，有跟坏人做斗争的勇气！"王友哭了："你打我两下吧，我错了，我砸的不是坏人，是我的同学呀！"

陶行知先生满意地笑了，他随即掏出第四块糖果递给王友："为你正确地认识错误，我再奖给你一块糖……我的糖完了，我看我们的谈话也该完了。"

王友愧疚地走了，陶行知的宽容使他更深刻地认识到了自己的错误。

学校是一个应该容许学生犯错误的地方。学生犯错误并不可怕，关键是让他们认识到自己的错误，勇于承担自己的责任，时时保持一颗"向善"之心。很多情况下，只有等到事情发生了之后，学生才能意识到自己的错误。"改正而不重犯"是教师对犯错学生的教育要求。要实现这一点，方法有很多。但通常情况下，教师对犯错学生的宽容，最能引发学生心中的愧疚感，使他们产生感激之情，从而努力改掉自己的毛病。

教师，要学会宽容和理解，因为这样才能更好地和学生交流沟通。老师的宽容能够培养学生的美德，激发他们的上进心。所有的学生都不可能不犯错，对于犯了错的学生，如果老师动辄发火、重罚，不但不利于教育学生，还会有损教师的形象；相反，给学生一些宽容，反而会赢得他们的尊重和感激，从而更有可能让学生接受教诲，主动改变自己。纵使学生犯下了再大的过错，教师也应当用极大的宽容之心予以包容。只有如此，才能真正赋予学生改过自新的机会，才能挽救学生的前途命运。

那么，教师应该如何学会对学生宽容呢？

1. 教师应学会欣赏每个学生的个性差异

每个学生的个性不同，但都有获得尊严的权利，更有被别人尊重的需要。因此，教师要学会欣赏每个学生的个性差异，理解并接受这些差异，尊重每个学生的心理需求。教师的宽容和爱心，能让每个学生都按照自己的个性健康成长，充分发挥出自己的优势，创造出幸福快乐的人生。

2. 尊重每个学生，宽容他们的错误，但是决不放纵

尊重学生，既要尊重他们的思想和行为，也要宽容他们的错误和缺点。每个人都是在错误中成长起来的。教育不是为了得出正确的结果，而是对走向正确的那个过程的探索。教师应该给学生留出犯错误的空间，并充分信任他们以后一定能改正。但是宽容并不是放纵，教师尤其要把握其中的区别，并努力帮助学生学会自律，严格要求自己。

3.对于屡教不改的学生，教师要注意保护学生的自尊心和自信心

越是屡教不改的学生，自尊心和自信心其实越容易受到挫败和打击，焦虑心理无法排解，问题会越来越严重。这时候，教师要给予学生充分的尊重、信任和理解，让学生从自卑感、恐惧感中解脱出来，积极主动地解决问题。

三、与学生有效地沟通

你第一次上课的时候，学生总是想要了解你是一个什么样的老师，因此，他们会很认真地观察你的一举一动。他们了解你的第一个窗口就是你对他们说的话以及语调、音量和口气中表达出来的权威感。通常情况下，第一印象是很重要的。因此你应该事先做好充分的准备，必要的时候甚至可以自己多练习几次对学生第一次讲话的内容。

有些教师似乎天生就会与学生打交道，知道应该说些什么以及怎样说，并且认为这是一件很自然而然的事情。但是对另外一些教师来说，事情就不那么简单了。因此寻找关于这个问题的一些建议，能够帮助你更好地做好准备，以一个良好的开始建立起师生之间友好合作的学习氛围。你的讲话目的是要营造出一种积极、专注的课堂气氛，让学生愿意参与教学活动。你所使用的语言在其中会起到相当关键的作用。

1.词汇

多使用"我们"代替"我"和"你"能够立即拉近你和学生之间的距离，因为"我"这个词关注的是你自己；

"我们将要看到／发现／思考／关注／考虑／讨论"代替"我希望你们今天做……"，这种句型向学生传达的信息是：虽然是你指明了方向，但是他们才是动作的主动者；

"这个问题我们该怎么办？"或"关于这个问题我们都知道些什么？"表示你对学生的想法很有兴趣；

用提问的方式和商量的口气比使用命令句型更能表明你的态度。控制并非你唯一的目的，你还希望学生感受到你对他们的尊重；

教师应多使用一些能够鼓励学生的词汇，例如帮助、支持、思考、观点、提供、建议、猜测、预测。

2. 语调和音量

教师在上课时应做到：

说话的声音要尽可能放低：如果需要提高声音让学生注意，那么，请你在学生安静下来以后将音量降下来；

音量要保持一致，使用友好的语调；

避免"老师腔"，即声音一直都很高昂，有的时候近乎喊叫，这对营造良好的学习氛围没有任何帮助，通常情况下会让学生变得紧张、烦躁；

语调、语速和音量要有变化，尤其是在朗读课文的时候；

绝对不要冲学生大喊大叫，这能表明你是尊重他们的（喊叫表明你无法控制自己的情绪）。

3. 说话的方式

不要：辱骂学生；讥讽学生；取笑嘲弄学生；恐吓学生；威胁学生；想方设法证明自己"说了算"（学生已经知道这一点了）；告诉学生其他老师对他们的看法（正面的或负面的）；告诉学生你教过他们的兄弟姐妹，对他们整个家族都不抱希望或抱很高期望（这样会让学生十分尴尬）。

一定要：与所有学生交谈的时候都保持友好的态度；在上课的时候，根据学生的进展情况，使用支持性的语言鼓励他们进行学习和思考；选择语言的时候要有专业精神，保持态度中立。

4. 过渡性的语言

很多教师都会在课堂上使用一些过渡性的语言，提示学生改变教学内容或活动项目。这些词汇包括："现在""大家听好了""好了""我们先到这里"等；然后是一般性的指令："把手里的笔放下，抬起头，听我说""你们完成以后……""你们还有一分钟时间……"等。

你在选择合适表达方式的时候应该注意自己所说的话对学生的影响，要保证口气和语言的中立性。

5.事先准备措辞

上完一节课以后，回忆一下有哪些词说得不好，把这些词记下来，然后注意观察其他老师在同样情况下使用什么样的表达方式，并将这些也都记录下来。你主要记录以下情况你是如何表达的：

走进教室的时候以及开始上课的时候；

转入开场白；

开场白的表达；

转入第一项课堂活动；

活动中使用的语言；

转入课程结束阶段；

下课前的语言表达。

你还可以认真观察并记录其他教师在下列情况下说的话：

与个别学生交谈时的话；

对迟到学生说的话；

表达不赞同的话；

分发及收回学习材料、书籍、文具时说的话。

记录好这些原始素材以后，你应该决定哪些说话的方式适合你自己，然后在实际教学工作中使用这些语言。如果找不到现成的，你就得自己寻找适当的表达方式了。

四、构建和谐的师生关系

苏霍姆林斯基说："师生之间是一种互相有好感、互相尊重的和谐关系，这将有利于教学任务的完成。"是的，和谐的师生关系就如恋人般的相互喜爱，如兄弟般的相互信任，如挚友般的相互尊重。拥有这般美好的感情，师生在一起才是愉悦的、幸福的。

正所谓"亲其师，信其道"，构建和谐的师生关系，学生才能更理解你，信任你，才能更愿意接近你，教师才能充分感受到学生的爱，并永久地享受着这份爱，这样的教师怎么会不幸福呢？

和谐的师生关系需要教师用心去构建。在教育教学活动中，要构建和谐师生关系应注意以下几点：

1. 要热爱学生

"教育不能没有爱，没有爱就没有教育"，爱是教育的灵魂。教师只有热爱学生，才能正确对待、宽容学生所犯的错误，才能耐心地去塑造每一位学生。记得初为人师时，对那些所谓的"差生"我一直不知道怎样才能让他们热爱念书。直到我发现一位老教师经常在放学后将那些学生请到办公室对他们进行认真地辅导，发现他总是让这些学生帮助他写板书，并在其他老师面前表扬他们，慢慢地，让人惊喜的事情发生了：这些学生竟开始主动问老师问题，迟到的现象少了，上课不再病恹恹了，成绩也有了一定的提高。看到那些学生的进步我才发现原来爱学生虽然很难但它非常重要。

2. 尊重学生

因为给学生以尊重，学生才能感受师生的平等，才能感受自尊的存在。一旦他们认为失去自尊他们就会失去向上的动力，精神的支柱，由此导致消沉。反之，他们就会获得向上的动力源泉。记得在一次集体劳动结束后，我在全体学生的面前表扬了一位性格内向、平常说话声音很小的男生，我说："男同学劳动时应该向他学习才能体现男子汉的魄力。"没想到从那以后这位平常不爱表现、成绩不是很好的学生在各种集体活动中表现越来越出色，成绩也稳步提高，与我的关系也一下子拉近了很多。

3. 理解学生

正如苏霍姆林斯基所讲的："尽可能深入地了解每个孩子的精神世界——这是教师和校长的首条金科玉律。"只有了解学生的家庭背景、个性差异、兴趣爱好、心理变化、发展特点，我们才有与学生相处的基础。有一次我得知班上有几位家庭经济困难的学生，我决定替他们向学校申请困难补助，当我通知他们去领困难补贴时，看到他们那惊讶而又感激的神情，我感到十分快乐。

4.改变自己

师生关系是对立统一的,教师处于矛盾的主要方面,在运动变化中起着主导作用。因此,构建良好的师生关系关键在于教师。教师首先应该结合自身的工作转变观念,加强自身修养,提高师德素养和教学能力,以高尚的品格和过硬的素质去感染学生,征服学生。很多教师就是因为这点让他们每到一个新的班级都会获得学生的一片欢呼。其次,教师应该做好角色的转换。在素质教育中教师不再是独奏者而应是伴奏者,舞台的中心应该是学生,教师的任务是激发学生学习的兴趣而不是监督学生。

幸福源于和谐,和谐始于建构。和谐的师生关系,使我们的工作顺畅,心情舒适。这样我们自然就会拥有幸福。

五、让学生真心喜欢你

良好的师生关系能使学生拥有良好的情绪去面对学习。教师要善待每一个学生,做学生喜欢的老师,这样师生双方才会有愉快的情感体验。一个教师,只有当他受到学生的喜爱时,他才能真正实现自己的最大价值。

作为一名教师,当你的学生喜欢你,喜欢上你的课,喜欢听你的话时,你的教学也就成功了一半。要想让学生喜欢你的课,首先必须让他们喜欢你。但是,如何让学生喜欢你呢?

1.要善于发现美

罗曼·罗兰说得好:"生活中不是缺少美,而是缺少发现美的眼睛。"学生"行"与"不行",教师起着关键作用。孩子有时稍遇挫折,就会认为自己不行。而教师的伟大之处就在于从"不行"中发现"行",帮助学生找回自己,发现自己最值得骄傲的长处。

2.教师要正确评价学生

教师要善于发现学生的闪光点,用欣赏的眼光看学生;要让学生在课堂上得到快乐,给学生成功的体验,让学生发现自己的价值。

3. 要有一颗宽容的心

苏霍姆林斯基说过："有时宽容引起的道德震动，比惩罚更强烈。"年轻人犯错误，连上帝也会原谅。教师要宽容学生的错误和过失，宽容学生一时没有取得很大的进步。每当想起叶圣陶先生的话：你这糊涂的先生，在你教鞭下有瓦特，在你的冷眼里有牛顿，在你的讥笑里有爱迪生。身为教师，就更加感受到自己职责的神圣和一言一行的重要，对我们的孩子多一分宽容，多一分信任，多一分鼓励吧！

4. 要理解学生

很多时候孩子会做一些让人生气的事情，这时候，教师要冷静处理，千万不能出口伤人。有时孩子的叛逆行为其实是他们内心深处的焦虑或需求的表现，教师如果设身处地地站在孩子的角度思考就不难发现。比如，一个孩子上课爱接茬，还会说些与课堂无关的话来吸引其他同学发笑，其实是他希望别人重视他的存在，用这种方法来实现自己的价值。这时简单粗暴的批评是起不到作用的，老师要理解他内心的苦闷，并且愿意帮助他，和他共同努力来实现他的愿望。因为喜爱是建立在相互理解的基础上的，所以学生喜欢真正理解自己的老师。

5. 采用灵活的教学方式

贴近生活、有实际意义、显示出活力和美感的教学情境，既能激发学生的学习兴趣，也能让学生更加轻松地理解和掌握知识。在课堂中，每一个教师都应充分展示自己积极乐观的一面，多用微笑去面对课堂中出现的问题；用合理的、有利于师生沟通的方式去解决问题。只有这样才能促使学生积极思考，不断提出问题、分析问题、解决问题。

6. 反思自己的言行

教师在繁忙的教学工作中，要时常反思自己的言行。有时说过的话，过后想起来会觉得有些不妥，也许在不经意间就伤害了学生的自尊，这时教师一定不能顾及面子，要敢于放下架子诚恳地承认自己的错误，这样反而有利于以身作则教育孩子知错就改。其实孩子都是很宽容的，对于这样的老师他们只会和你越来越亲近。

六、学会和学生做朋友

很多人说，现在的学生越来越难教，教师也越来越难当。不过，这也正好说明现在的教育再也不能搞过去的那种专制式教育，而应顺应时代的发展，在师生之间构筑起平等民主的新型师生关系，不仅要求学生尊重教师，同时也要求教师尊重学生、爱护学生。如果能够与学生成为朋友，你就会觉得，学生其实并不那么难教，还会收到神奇的教学效果。

一次针对中小学生的名为"你最希望和老师的关系是什么"的调查表明，有73.3%的学生希望能和老师成为"朋友"；另有14.7%的学生希望老师是自己的"大哥哥、大姐姐"；只有12%的学生认为彼此之间仅仅就是"老师与学生"的关系。

这也意味着教师在教学生明白做人的道理的同时，要走进孩子的心灵世界，和每位学生做朋友，并由此使学生对教师产生信任感、亲近感和依赖感。学生对教师的尊重是对知识的尊重、对教师品格的尊重，而不是屈从于教师的个人威严。相反，如果教师成为学生眼中惧怕的对象，学校便不再是一个温暖的学习乐园，学生即使听从教师管理，也只是"畏服"，而不是"心服"。教师和学生做朋友，对教师自己和学生来说，都有不少益处。

1. 可以省去许多管理烦恼

教师如果能够和学生成为朋友，就可以在班级管理上得到学生更大程度的配合，因此，教师在管理纪律、指导学生、调解矛盾时就可以获得比以往更加显著的效果。师生关系融洽了，课堂气氛也必然会变得和谐，在这样的条件下，教学效果、学习效果都可能达到最佳。

2. 有利于师生沟通

教师像对朋友一样地对待学生，学生也会以同样的心态来对待教师，愿意向教师说心里话，交流心得，交流思想，这对于教师尤其是班主任教师来说，无疑是一条做好学生思想工作的捷径。和学生做朋友，教师将很容易走进学生的内心。

3. 有利于做后进生的工作

和学生做朋友，可以更好地了解学生，明白他们学习中的困难、生活中的苦恼。

而这些往往是板着脸的教师无法得到的信息。和学生做朋友的教师往往能够深入地与后进生交流，明白他们的心理，热情帮助和辅导他们。许多学生不是不爱学习，也不是故意破坏纪律，他们只是需要自律和引领。因此，教师只要怀着一颗热爱学生的心，在与学生做朋友的过程中以情感人，以情育人，以德服人，使学生真正感受到教师的爱和真情，往往就能够打动学生，促进后进生转变。

教师要做到既教书又育人，就需要更多地放下书本，走进学生的心灵中去，和学生做朋友。那么，要想和学生交朋友，教师应当如何做呢？

1. 进一步提高师德师风

教师要有爱心，要提高自己的师德素养，给学生以爱心、细心，使其感受到教师的温暖。对于教育事业来说，教师首先应该是一个有感情的人，而不仅仅是一架教书的机器。倘若学生对教师有所畏惧，必然会妨碍教育教学的顺利进行。因此教师在课内外如果放下严厉的面孔，多一些微笑，对学生多说几句鼓励的话语，多主动与学生进行沟通，那么，课堂上必然会出现学生积极举手发言，各抒己见的场面，而课外学生也会主动地与教师打交道，出现其乐融融的场面。教师要想和学生做朋友，首先要成为一个有魅力的人，而其中最关键的就是拥有良好的师德师风。

2. 学会"蹲下去"

师生要成为朋友，教师必须"蹲下去"。这是一种心态，一种把自己放在和学生一样高度的心态。只有蹲下去，才会让学生感受到教师并非时时处处比自己高，并非是不可接近的，师生是可以倾心交流、平等讨论的；只有蹲下去，教师才会发觉学生在某些方面也很高大，甚至比自己还高一些。教师蹲下去与学生相处，才能随时听取学生的意见，了解学生的需求，理解学生的愿望，才能不断根据实际情况修正和调节教育教学计划，从而打开学生的心灵窗户，引起感情的共鸣，激发学生学习的积极性、主动性和创造性。因此，教师必须学会"蹲下去"，以便有利于学生创新思维的发展和创造力的培养。

3. 鼓励和帮助学生

在学生进步时教师要及时给予鼓励，在他们犯错时，教师要运用正确的方式方法给予说明，此外还要在学生遇到困难时给予帮助。不管是在生活上、学习上，教师都要及时发现学生的问题并帮助他们解决问题。

4. 要用多种方式与学生沟通交流，缩短师生间的心理距离

要培养朋友式的师生关系，教师需要用和蔼的态度吸引住学生，并以渊博的知识增添自己的魅力。教师应采用多种方式与学生交流。课堂上的一个眼神、一个手势，甚至一个微笑都能让学生感觉到你在与他们交流。课下的聊天、谈心，甚至一起做游戏也是增进师生关系的有效方式。教师可以通过这些活动让学生不知不觉地感受到老师的关爱，建立起融洽的师生关系。不过，有一点需要注意：朋友关系并非意味着对学生放任自流、姑息错误。教师不妨在面对学生时用一分严格之水，再掺上九分感情之蜜。

教师把学生当成朋友，教师才能更好地给学生传授知识；学生把教师当成朋友，才能更好地学习知识。和学生做朋友并不是一句口号，教师应当真正地去了解学生的想法和内心的渴望，最重要的是要和他们平等地进行沟通交流。

七、和学生建立有效联系

老师能做的最重要的事情之一是：花费精力和心思与学生建立有效联系。和学生建立有效联系，能为你带来能量，是保持教学之树常青的源泉。当你觉得和学生建立了良好的关系，可以和家长分享学生的进步，那么你会觉得满足，会有成就感。你的内心会有一个声音小声说道："你选对了。"

建立有效联系是所有工作中最重要的一环。它可以促进教学，降低学生犯错误的概率，并使师生关系更加融洽。可以把不同的活动综合到教学安排中，让它们帮你建立起良好的师生关系。你可以从以下几个方面做起：

1. 照顾到全体学生

在课堂活动和讨论中，教师要尽量照顾到全体学生，要特别注意让那些安静的学生参与进来。可以通过时常调整座位确保每个学生都有机会坐在教室前端。在课堂讨论过程中，问完问题要让学生有时间思考，这样那些反应不快的学生就能够有时间想到答案了。

从盒子里抽签，保证所有的学生都参与到课堂讨论中。这个方法可以传达这样的信息给学生，就是他们要时刻保持对课堂活动的关注，因为他们随时有可能被叫到。这个方法还避免了回答问题的机会都被主动举手回答问题的学生抢走。鼓励学生与伙伴开展合作，尽量保证那些不爱说话或者不主动的学生有机会参与并感到自己存在的价值。

2. 通过班会和学生进行联系

在适当的时候召开全体班会。教师不要总是为班级的一切事情做决定，可以让全体同学开会，并在会议上做某项决定。例如，午餐时学生犯了错误，可以在不点名批评的前提下，召开班会讨论什么样的行为可能对班集体造成伤害，需要怎么改进等。教师还可以让学生在班会上决定体育课应该做些什么，如何保持教室整洁，以及如何更好地互相帮助。班会为学生提供了发表意见的机会，他们会觉得这些会上讨论的问题很重要，同时学生也感觉到了教师对他们的尊重。

3. 主持班级内庆祝活动

班级作为一个整体，不要回避集体的庆祝活动。庆祝活动可以规模很小，很快结束，不需要花费整个下午来化妆，也不必一定有蛋糕之类的食物。例如，你可以准备一个十分钟左右的庆祝活动，在放学时进行，可以告诉学生，由于他们的优秀表现，他们可以听十分钟的音乐，或者是有十分钟的自由活动时间。这种方法简单易行，也给学生一个放松的机会。学生可以知道教师会注意到并且认可他们的优秀表现。

4. 利用"电椅"法

这个活动可以很神奇地增进同学之间的关系以及师生之间的关系。如果课堂上有几分钟的剩余时间，你可以利用这个活动来填补空白。选择一个椅子作为"电椅"——可以是你的椅子，一个特殊的凳子，或者学生的椅子，把它放在教室前方，选择一个学生，让他来到教室前方坐在椅子上。给全班同学一分钟的时间，想一下该同学的优点，鼓励学生主动说出来。学生可以举手说"她很细心"或者"他很大方"等。提醒学生发言不是必须的，但是如果真的想到了什么，可以自由和大家分享。对于一小部分同学来说，这可能是他们听到表扬的唯一机会。

5. 进行个人沟通

让学生尝试在日志中记下自己的想法或所参与的活动。花时间给学生的日志写评语进行反馈，让日志成为互动式的。通过给学生写纸条，表达你对学生个人或者他和别人在班级所做的某件事情的欣赏。便条内容要具体明确，可以巩固学生的行为。给学生家长发一些表扬学生的短信，表扬他们的积极表现，在家庭作业上的进步或其他值得表扬的事情。给家长打电话，告诉他们，学生在学校做得很好。这样，学生就知道教师是支持他们的，对他们的期待很高。

6. 和个别学生交流

花些时间和个别学生谈话，了解他们的兴趣和爱好。每次邀请四五名学生和你共进午餐，吃饭时，可以询问学生的个人情况。很多教师每周或每个月都会选择一两名学生进行交流。让学生把家里的照片带来，和班级的同学分享自己的兴趣爱好、假期生活以及宠物趣事等。学生一旦发现你对他们感兴趣，就会和你进一步产生联系，你也觉得你们的关系近了。

7. 帮助学生处理危机

教师要应对的最困难最具挑战的情形之一，是帮助个别陷入危机中的学生渡过难关。遇到以下情况，学生会觉得陷入困境：父母决定离婚；家里有人去世；社会问题等。

有时候，学生会暂时把自己的问题隐藏起来，但是如果老师足够细心，就能根据蛛丝马迹发现学生的困境。发现学生是否有困难的过程如下：

寻找问题。教师和学生一起寻找问题，帮助他们发现问题、解决问题，并表达自己的情绪或观点。有时候，在帮助学生解决问题时，想让学生说出问题并不是那么容易的。

找出学生有哪些选择和解决方法。教师帮助学生快速思考有哪些可能解决问题或放松情绪的方法，看看会取得什么样的效果。

制订计划采取行动。教师帮助学生找出下一步该如何采取行动，处理危机，有时候要采取具体的行动，如写信、打电话或和人直接交谈来处理问题。

如果你觉得学生问题比较严重，需要进一步采取措施。比如和校领导取得联系，了解可能解决问题的具体规定和程序。

八、帮助学生克服自卑心理

帮助学生克服自卑是教师的责任，也是义务，但在实施的过程中要掌握方法，找到技巧，对症下药才能引领学生走出自卑的泥潭，走向健康快乐的生活。

1. 首先帮助学生克服消极的心理暗示

教师可以通过交流和沟通，分散学生过分关注自己的意识，打破学生对自己的错误认识，敲碎学生恶性循环的"我无能"的思维模式，鼓励学生转变。创造条件，给学生尝试的机会，告诉他："我不行，我更要去做，做了才知道行还是不行，即使失败了，也没什么大不了，因为每个人都失败过，失败是成功之母，树立不怕失败的勇气和信心。"

让学生努力尝试接受自己。教师要多给学生创造体验成功的机会，多给学生提供表现自我的机会。在学生自我表现时，教师抓住机会及时给学生鼓励和表扬，并在同学中为自卑学生树立威信，使他们得到同学的掌声。

在自卑学生的转化过程中，教师要关注学生在行为或者在语言上流露出的情绪，当他们有"我是大笨蛋""我无能"的意识时，要及时给学生送上榜样的力量，激励他们不气馁、不放弃，让他们相信不懈努力会换来成功，帮助学生逐渐淡化自卑意识，重新认识自我。

2. 培养学生自信

自卑的学生都缺乏自信，要培养他们的自信，教师要在班级活动中给他们安排适合的角色，给他们能力范围内能做好的事情，让自卑学生在自己的成绩中发现自己，提升对自己的认同度。当学生看到自己有比别人强的地方时，会增强自己的信心，久而久之，他们的自卑心理就会在不自觉中被自信所代替。

教师在讲课时要有目的地设计教学内容，对自卑学生要给出他们能解答的问题，如果教师每天上课都给学生表现的机会，学生每天都有学习的动力，自信会随成功而诞生。教师在班级里给自卑的学生安排工作，培养学生的责任意识，在完成工作后，学生会有满足感，以后对班集体的事会更加关心，这就增强了他们的集体意识，有利于他们走出自我的小天地，增加他们融入集体的自信心。

3. 少批评，多表扬

教师可以用赏识的目光注视自卑的学生，对他们的错误尽量淡化，对他们的优点尽量放大，这样做不是姑息他们的错误，而是用正面的、积极的语言与他们交流。不用训斥和简单的指责，小心使用批评语言，既要使他们认识到自己的错误，也要保护他们的自尊心，维护他们的自信心，使他们在愉快的心情下，接受教师的批评。

4. 帮助学生提高学习成绩

学生的主要任务是学习，学习好与不好对学生的心理影响很大，要增强学生的自信，首要是帮助学生提高学习成绩，成绩提高了，自信心会自然增强，他们就能在同学面前抬头挺胸，不再缩头缩脑、怕人嘲笑。

提高学习成绩首先要转变学生的学习态度，调动学生学习的积极性，这需要教师付出比别人更多的爱心和耐心来关注学生。美国心理学家威谱·詹姆斯认为："一个没有受过激励的人仅能发挥其能力的 20% ～ 30%，而当他受过激励后，其能力可以发挥 80% ～ 90%。"可见激励对学生的作用有多大。

学生在教师的关心和爱护下，会激发强烈的自尊心，从而不再自甘落后，不再想自己不行，而想我要行，我要努力。老师的鼓励能唤醒学生沉睡的潜能，把原来的不可能变成可能。

自卑的学生本以为自己处于被老师遗忘的角落，因此在同学面前抬不起头，沉默寡言，不愿与人交流，也不想交朋友，自我放弃，当教师给他们鼓励时，他们往往会抛开原来的情绪，投入学习中来，成绩也就明显提高了。

5. 分散注意力

当自卑的学生受挫时，教师可以安排其他学生带动他参加班级的活动或让他负责班级的某项工作，并交代他要努力去做，不能让老师失望，当他们忙碌新事情的时候，就不会再纠结已有的失败，心里会慢慢释然。

很多学生受挫后之所以很自卑，不敢抬头看人是因为觉得老师和同学会看不起他，嘲笑他，如果能在他失败的时候给他信任，让他投入新的任务中去，那么他就很快会忘记受到的挫折，也不会磨损自己的自信心。

老师也可以私下安排几个学生找他玩，与他做他喜欢的事，陪在他身边，谈新的话题，不让他想过去的失败，不让他感到孤独。这样，自卑的学生就不会再钻牛角尖，再想同学瞧不起他的事情，也就没有自卑的心理了。

自卑的学生之所以自卑，是因为他们总拿同学的长处与自己的短处比较，越比越没有自信，就越自卑，对自己越失望，这是他们缺少关注，缺少成功的体验的结果。如果在他受挫的时候，老师对他关心，同学主动与他交往，他就会打消别人瞧不起他的想法。

6.正面评价

学生自卑很多时候是因为感觉别人对自己的评价不好，别人看不起自己；感觉自己没能力，是班级的落后生。如果老师放大他的优点，给他表扬，并安排同学在他能听到的范围内，给他肯定和称赞，他听了就会解除疑心重，怀疑别人说他坏话的毛病，有利于发展正常的人际交往。

自卑的学生大多对自己要求严格，期望过高，希望自己处处都表现完美，被人赞扬，如果没有达到自己的预期，就会失望，给自己不符合客观事实的评价，如果大家看似无意地多给他正面、积极的评价，他心里或许就不会觉得自己那么差了。

7.自我安慰

自卑的学生喜欢挑自己的错，喜欢打击自己，教师要通过交谈让学生认识到成功的人毕竟是少数，不要总期望自己做最优秀的，红花需要绿叶的映衬才美丽动人。

教师要教学生学会自我安慰，自我欣赏，不要把失败看得太重，要对自己说："没什么大不了，下次我仍有机会。太阳只有一个，星星满天都是，为什么别人能做星星，而自己不能呢？"这样想就能找到心理平衡了。

相关链接：

师爱是一种等待

◎ 余承智

"师爱是一种等待！"这是一个朋友在我博客上的留言。于教育而言，师爱是教育的语言，以爱育爱，以智启智；教育的过程是心灵对视、碰撞、交流、发展的过程。教育应该用发展的眼光看待学生的成长，让学生在亲身感悟和体验中不知不觉地接受教师的教育思想，做到"随风潜入夜，润物细无声"。

在当今社会，没有人愿意花时间去等待。没有人愿意花时间去等待公交车，顺手照个面的，一切匆匆而过；没有人愿意花时间去饭店等待吃饭，随便来个便当，一切随心所欲……可教育不行，教育需要时间，需要等待。

等待需要耐心。孩子入学，要学的东西很多，我们不能指望着一次到位。不是说孩子都是在错误中成长的吗？因此，作为一名教师，应该有足够的耐心，努力引导学生一点点地进步，一个台阶一个台阶地成长。没有耐心，总是指望着他们一口吃成胖子，那是不行的。耐心体现在教育上就是循序渐进，按教育的规律，按科学的规律办事。

等待需要智慧。教育的等待不是那种随遇而安，不是那种得过且过，不是那种头脑发热。教育的等待是一种智慧，智慧的教育是因材施教，因人施教，以智启智。对于正在学习与成长的孩子来说，赏识是最好的教育方式。赏识孩子，并且相信孩子会一点点地进步，这是一种充满智慧的等待。

等待需要坚持。对于正在学习与成长中的孩子来说，重要的是习惯的养成以及学习思维的形成，这些需要通过一次又一次的教育去发现、去感悟、去生成。教师与家长所要做的就是坚持。这种坚持一方面是坚持科学的方法，坚持良好的习惯；另一方面是坚持信任，相信孩子能做好每一件事，态度要始终如一，不能因为某些因素的变化而突然否定一切，尤其是否定了孩子的信心。没有信心的孩子，是没有方向的；没有信心的父母，是没有目标的。有了信任，有了坚持，你才是真的走进了孩子的心灵。

等待需要宽容。我们要用一颗宽容的心去面对孩子的问题或者是错误。要学会宽容，学会蹲下身子去理解孩子。宽容不是一味地溺爱，宽容不是一味地放纵，宽容不是一味地熟视无睹。宽容需要花时间去了解，宽容需要花时间去计划，宽容需要爱心。

当你拥有了宽容的时候，你算是走进了孩子的心灵，与孩子同呼吸，同成长。

孩子是可塑的，在我们的眼里，他们应该是无所不能的。孩子的发展需要我们去引导、去影响、去教育、去等待。这是一种心灵的历程。这样的历程是需要我们去营造、去设计的。所有的历程不能复制，对于事后、对于将来，我们只能是讲述，只能是回忆。一切的历程，只有一次；唯一的一个；只这一个，只你一个。所以，我们应享受这个过程，等待这个过程。

师爱是一种等待，有着这样的教育信念的时候，你就能贴近孩子的心灵，你就会赢得孩子，赢得明天。

那天上班的时候，孩子们带花来了，一盆盆的花虽说不是很名贵，可这是孩子的心愿，他们说要用花装点自己的班级。你看，很多时候，教育是一种看得见却平常又平常的奇迹。这样的孩子难道不值得我们去用一生的爱去守候吗？

师爱是一种等待，更是一种守候。教育其实需要的就是这样的一份守候。去守候那份爱心、那份责任。

相信自己，相信他人

◎佚 名

相信自己是一种信念，它不是繁花如梦似锦，却如青松雪压不倒。正因为有了这样的信念，我们才会坚持到底，自信永远。

听取意见是一种气度，它不是高天辽阔无际，却如大海容纳百川。正因为有了这样的气度，我们才会集思广益，从善如流。

不是吗？相信自己不意味固执己见；听取意见也不代表亦步亦趋。

唐太宗自有治理国家的雄才大略，他不怀疑自己的才能，但同时也接纳了魏徵的"十思"，而不必"劳神苦思，代百司之职役"。

齐王也有管四方，理朝政的能耐，他也不会怀疑自己的才能，但他同时也接受了邹忌的"劝谏"，而使"燕、赵、韩、魏皆朝于齐"。

谁都不会轻易怀疑自己，可谁又能像前人那样善于纳谏，听取别人的意见呢？总以为"相信自己"和"听取别人的意见"势不两立，总以为自己无所不能，或总以为

别人无往而不胜，何必呢？我们为什么不能在相信自己，满怀自信的同时打开那一个个布满友爱之心的劝谏箱呢？

相信自己，相信未来，相信明天大地飞歌，相信未来由我们开拓。

相信别人，尊重别人，相信别人为你着想，尊重别人理想的选择。

是的，在人生的旅途中，我们总会遇到困难和挫折，它们如同玫瑰，刺痛了你我的手，但是，心灵的创伤要靠我们自己修补，手上的伤口还得让别人为我们包扎。我们相信自己会战胜困难，但我们从不否定他人的帮助，没有谁能独自生活而没有他人的帮助。

所以，不要固执，偏激，不要一味按自己的意愿行事。有时别人的劝言犹如苦口良药，虽然苦，却能根治你的病痛。也有时，别人的劝言犹如毒药，它的外表也许是鲜美的，但却能要了你的命。所以，我们要相信自己，有选择地，理性地，明智地对待别人的意见。好的，拿过来就是；不好的，任它去吧。春风吹了又吹，花儿开了又谢，我们管得了那么多吗？相信自己，你做到了吗？

第四章 淬炼技艺

教师扎实的教学基本功、过硬的教学技能、充满魅力的教学艺术、独特的教学风格等在构建有效课堂教学中起着举足轻重的作用。教学既是一门科学，又是一门艺术，而教学的科学和艺术是建立在教师具有广博的专业知识和熟练的教学技能基础之上的。一个教师如果没有广博深厚的专业基础知识，他的教学只能是照本宣科地生搬硬套；没有熟练的教学技能，也就谈不上教学的艺术，更不能把教学搞得生动活泼，以及有效地促进学生的学习。

一、牢固树立新的教材观

教材是教师进行教育教学的重要道具，教师要教给学生的基本知识都来源于课本。正确地用好教材，是提高课程执行力的关键因素。

教师只有树立了新的教材观，才能创造性地使用教材，提高课程执行力。在新课改背景下，教师不仅仅是课程的参与者与实施者，更是课程的主动开发者、决策者与创造者，这些角色的要求在教材中都能集中地体现。在不同课程的教材中，教师都能看到改革理念的渗透、教学内容的更新、知识体系的重组、教学方法的体现乃至评价方式的变革。因而，教师就能够从教材中获得对新课程体系的认知。

当然，教材只是专家、学者对于新课程美好设想的一种具体体现，这种美好的设想能不能转化为现实，其关键因素还在于作为课程执行者的教师。从这方面来说，教师对新教材的把握能力和使用水平就成了决定新课程改革效果好坏甚至是改革成败的关键性因素。

教师要想正确、有效地使用新课程的教材，必须要做好下面的工作。

1. 充分肯定教材的作用，但不盲目崇拜

教材的定义有广义和狭义之分。广义的教材不仅包括教科书，也包括其他有利于学生学习的材料。狭义上的教材就是指教师和学生平时使用的教科书。一般来说，我

们提到的教材，都是指后面的这种狭义的解释。

这些根据新课程标准编写出来的教科书在教学中起着举足轻重的作用，但我们必须知道，任何教材都不是十全十美的，比如有些英语教材中就有一些不真实、无意义的语言材料，还有一些教材的内容脱离学生实际，最明显的就是教材上所讲的制作比萨饼的过程，这个内容对于中国学生特别是农村的学生来说，实在是意义不大。

另外，任何一套教材都不可能完全满足不同地区、不同层次学习者的需要，因此，才有了人教版、北师大版、沪科版、粤教版、冀教版、苏教版、湘教版等不同版本的教材。我们要能在充分肯定教材的同时，也看到它们的局限性，不盲目崇拜。

2. 尊重、理解教材

这一点是有效使用教材的先决条件。新教材最显著的变化是它不追求学科本身的完备性和知识的覆盖面，而是把学生的发展和引导学生学会学习作为根本理念，即把教材的中心价值转移到学生怎样使用教材上。面对这种变化，教师必须深入理解教材，创造性地运用教材，才能真正将新课程理念转化为教学效果。我们要知道，教材毕竟是专家经过深思熟虑、精心选择的典型教学材料，"创造性地使用"并不意味着要抛开教材，而是首先要尊重与理解教材。

尊重教材包含两方面的意思，一方面是说不能想当然地轻易肯定与否定教材，而是要以科学的态度对待教材；另一方面是说教师要以专业的眼光和审慎的态度深入钻研教材，弄清其编排意图与特点，不盲目地进行改动与变换。

理解教材，是指在对文本进行深入解读的基础上掌握教材所呈现出来的各类信息，以及从中体现的三维教学目标。特别是对"知识"这一载体，理解新教材所提供的知识呈现方式、技能训练形式、情境创设环境、教学进程安排等信息。

这两点对于创造性地使用教材具有非常重要的作用，只有尊重教材，才会有创造性地使用教材的能力；只有理解教材，才能有创造性地使用教材的勇气与胆略。

3. 活化教材，进行二次开发

教材的二次开发指的是对教材的适度重组和改造。这是创造性地使用教材的基本手段，而教材的统一性与地域差异、教师差异、学生差异的矛盾也决定了对教材进行二次开发是十分必要的。

之所以要对教材进行二次开发，是因为教材上的内容并不等同于教师所要教给学生的东西。教材是学生接受知识信息的书面文字渠道，是写给学生看的。教师应该教给学生的东西还有许多没有写在书上，至少是没有明白地表达出来。再者，教材和教辅资料是面向全体学生的，并没有针对不同学习者的需要对它们进行选择、组织和排序，因此教师在教学过程中应根据学生的实际水平和情绪状态对教材进行二次开发，使教学内容更适合学生的实际状况。

教材的二次开发要着重在"拓""挖""思""悟"四个字上下功夫。

"拓"就是拓展、延伸，教师要将教材中的知识向四面八方延伸、联系、联络。

"挖"就是找到知识的本质、找到规律、找到方法，能够把教材内容内在的规律，内在的特征，内在的技巧、方法总结出来。

"思"就是应用的问题。教师要把教材和现实，和生活，和实际，和社会焦点、热点接轨，并学以致用。

"悟"就是一种悟道，最重要的就是创作，形成自己的作品。教师要在教材的基础上，形成自己独特的教学思路。

同时，教材的二次开发还要把握大的方向性问题，要保证开发向着下面的这四个方向努力。

第一是人文性。教材仅仅是一个例子，教师要以教材和新课程标准为蓝本，选取教材中没有却符合课标的更具有人文气息的个案，注重培养学生美好的人性、塑造学生健全的人格、启迪学生美好的心灵、铸就学生卓越的灵魂。

第二是生活性。学生是具有生命的鲜活个体，离开了生活，知识将变得枯燥乏味。因而，在这个过程中，教师要通过生活实例激发学生的好奇心、求知欲、探索欲，把他们培养成全面发展的人才而不是沦为高分低能者。

第三是趣味性。要使学生充满兴趣地学习，教师就要能够选取或设计适合学生身心发展特点、符合学生认知结构的活动来调动学生的积极性，激发学生的潜能。

第四是思维性。教师在对教材进行适度的增、删、选、编的过程中，必须要注意借鉴具有思维性价值的内容，要积极引导，有意识地训练学生的思维品质。

在这些基本原则的指导下，我们要注意，不能轻易地对既定的教材进行调整和增删，一般来说，我们能做的有两点：第一点是对教材中同类内容进行整合，包括学过的和没有学过的，通过前后整合让学生进行比较鉴别，举一反三，把前后的学习内容串起来，给学生提供"悟"的土壤；第二点是对教材中包含的方法技能进行抽取，并精选有相近技法的材料让学生进行"庖丁解牛"，练习规范动作。

4. 让学生参与教材的"再开发"

新课程的真正价值是在教和学互动的过程中体现出来的，教材的"再开发"只有引进学生的参与，才能显得更有实际意义和教学价值，才能为学生搭建有效学习的认知平台。

教师要能组织学生进行一些研究性学习，实现对教材的"再开发"。在这些活动中，教师要引导学生将课本学习和社会现实、个人生活联系起来，从而实现"再开发"。或者，教师可以请学生参与到教学设计的编写中来，让学生在交流和对话中发表自己的观点，从而体现学生的主体地位。

二、让学生迷恋你的课堂

如果一个教师一辈子从事学校教学工作，就意味着他生命中大部分的时间和精力，都是在课堂中和为了课堂教学而付出的。如果一个教师在课堂中寻找不到幸福感，他终究是不会快乐的。寻找教师职业幸福感的第一步就是把课上好，让学生迷恋、期待、向往你的课堂。

在实施素质教育的今天，规范办学行为，切实减轻学生的课业负担是教育的主旋律，这不应该成为我们完不成教学任务的借口。但在现实的教学中，我们的课堂教学任务完不成的现象却时有发生，怎样才能在课时减少的情况下既遵循教育的主旋律，又能完成教学任务、提高教学质量呢？我们不妨从以下几个方面入手。

1. 树立强烈的课程标准意识

在教师主导下的课堂教学，是教师个人组织学生的学习活动，具有一定的封闭性、自由性，教师个人容易产生随意性，这就要求教师要树立强烈的课程标准意识。新课程是在课程标准指导下的教学，只有有了课程标准意识，教师才会明确教学任务，一节课该教什么，不会有更大的随意性，保证了课堂教学的质量，让学生有的放矢，从而顺利地完成教学任务。

2.对课堂要有高超的驾驭能力

课堂是教师的主阵地，教师驾驭课堂能力的高低，直接决定着教学任务能否完成。驾驭能力强的教师，成竹在胸，充满信心，面对复杂、多变的课堂，能驾轻就熟、游刃有余地指挥调度；能牢牢地吸引住学生的注意力，充分地调动学生的学习积极性，出色地完成教育教学任务。而驾驭能力差的教师在课堂上往往会不同程度地表现出自信心不强、情绪低落、教学环节紊乱、缺乏系统性、应变能力差、不能调动学生参与等缺点。因此要完成教学任务，教师必须具有驾驭课堂的能力。

3.改进教学方法

教学方法是完成教学任务的途径、手段和方式。教学方法的运用要根据教学任务、教材特点、学生实际、作业条件等具体情况来确定，这是完成教学任务、提高教学质量的关键。在具体的教学实施过程中，我们要紧密结合课程标准与教学内容，在具体的教学手段上要主动采取自主、合作、探究的教学方式。

4.塑造"学生课堂"

教学围着学生转，学生的发展成为教学的根本目标；学生的需要成为课堂的中心。教学"平淡出效益"，"愉悦而深刻"，在常态过程下突出"三维"含金量。教师对课堂驾轻就熟、收放自如，教材、教辅是学生学习的"引子"和"导案"，教师的工夫用在了对教材资料、对学生学习活动、对反馈信息的研究上，这种课堂才能真正体现"以学生发展为本"的理念，应该成为新时期每一位教师的追求。

课堂是教师生命中最重要的舞台，也是学生成长中最重要的舞台。作为教师应全心全意去营造充满生命活力的课堂，和学生一起痛苦、一起欢乐、一起成长，与学生一起享受课堂，体验幸福。

三、享受高效教学的魅力

课堂是教师生命中最重要的舞台，每个教师的最大梦想就是在舞台上完美地展现自己的教学艺术。教师教学艺术的极致就是实现高效的课堂教学效果，它是每一个教师不断追求的目标，是教学过程的最优化，也是教育效果的最大化，更是师生完美配合的结晶。高效的课堂教学效果，带给教师巨大的成就感，让教师感到满足和快乐。

著名教育教学专家、博士生导师赵昌木教授说："教师教学有三种境界，一为获得知识，二为掌握方法，三为学会创造，即以智慧开启智慧。"绝大多数的教师停留在第一、二两个层次，还没用学会创造，那也就体会不到教育教学的幸福。只有学会了创造，课堂效率才会提高，我们才会体验到做教师的幸福。那么，我们如何创造自己的课堂，提高课堂的教学效果呢？不妨从以下几个方面去做。

1. 努力营造民主、平等、和谐的课堂教学氛围

在课堂里，教师要使学生保持一种开放自由的心态，鼓励学生标新立异，敢于向权威、书本挑战。即使学生的想法和见解不成熟、不严谨，甚至是荒唐、离奇的，教师也不能以嘲讽、挖苦的语言对待学生的失误。教师在课堂上要关爱学生、信任学生、尊重学生，教学的民主能激发学生高涨的学习激情和强烈的探究欲望，使学生的创新潜能得到最大限度地释放。

2. 注重引导求异、求奇、求新的学习心理品质

在课堂教学中，教师要精心设计问题情境，对学生进行启发，巧妙地展开讨论，调动学生的主动性、自觉性，使学生成为课堂的主人，使学生思维处于自由活跃的状态，使课堂教学氛围充满活力和激情，激发学生积极的思考，在求异、求奇、求新中寻找灵感，点燃创新的火化。

3. 尽力拓展课堂教学空间

面对时代对学生创新素质的迫切要求，学校教育必须实施开放式教学，把课堂向外延伸，增加实践课、活动课，开设研究性课程，让学生走出课堂，走出校门，走进自然，走向生活，参加社会实践，在活动中学会观察，激发创新欲望。奇妙的自然、

多彩的社会、丰富的实践是学生产生创造、创新欲望的基础和源泉。

作为教师，我们改变不了这个世界，但可以改变自己的课堂。只有改革传统课堂，才能开发学生的思维空间，吸引学生的注意力和兴奋点，激发学生的学习兴趣和求知欲望；才能有效地把教师的教和学生的学有机地结合起来，进而实现教与学的最优化，使得教学相长；才能达到事半功倍的效果，最终实现课堂教学效果的最大化，实现师生幸福成长。

四、实施有效的日常教学策略

接下来让我们看一下一位卓越的教师的教学经验，以及他所采用的日常教学策略：

1. 积极快乐的第一印象

教师留给学生的第一印象很重要，一旦建立则难以消除。如果学生走进教室，看到的是一位严肃的、面带愤容的老师，他们立即就会变得异常警惕和机敏，甚至立刻改变自己想要信任新学期老师的这种想法。即使老师后来"改变"了这种不友好的表现，要扭转学生对你的第一印象也很难，这比一开始就以积极的言行举止面对学生要困难得多。更糟糕的是，如果这位老师继续以这种"严肃"的态度对待学生的话，他面对的必将是一个艰难而漫长的教学时光。

事实上，学生真正需要的是一个能在他们生活中树立正面榜样，并能带给他们快乐的成年人。一旦你的负面行为对学生的学习和生活产生了消极影响，他们将会受到很大的伤害。因此，作为老师，最重要的一点就是确保学生从你身上获得积极的第一印象。

在学生面前努力呈现出积极的第一印象，其中，最重要的办法就是微笑着问候学生。事实上，在开学的第一天，学生最想知道的事情就是在你的课堂上等待他们的将会是什么，他们在这以后的学习中能得到什么。因此，请一定要记得告诉他们，能有幸做他们的老师，和他们一起学习、一起进步，对你来说是一件多么让人兴奋的事情；请记得向他们保证，接下来的时光将会是一帆风顺的，也将是充满精彩的。此外，你还可以向学生们透露一些在以后的时光中将会举办的令人兴奋的活动。在为学生展现美好愿景和幸福蓝图的时候，请尽量展示出你的热忱。当学生所看到和听到的一切都向他们表明你是一个充满快乐和激情的老师时，他们将会变得更加快乐和热情。这就是双赢！

积极热忱的言行举止会让人对你产生良好的第一印象，学生也将以积极的行为来响应你。因此，无论何时何地，请务必确保自己能呈现给学生和家长积极热忱的第一印象！

2. 课堂规则不宜超过 5 个

通常，老师制定的规则不宜超过 5 个。然而，很多老师却制定了 10 个或更多的规则贴在教室墙上。据悉，最常见的规则都是由老师单方面提出来的，并没有和学生一起制定，例如，发言之前请举手。那么，为什么老师会如此频繁地制定规则呢？这是因为太多的老师并不清楚规则和常规之间的区别。如果知道了这些区别，你就会明白"发言之前请举手"是常规，而不是规则。

什么是规则？规则是规定和调节严重的不当行为的准则，能在一定程度上防止学生的严重过失。一旦规则被打破，就必须对学生实行严重的惩罚，比如禁止攻击他人。绝大多数老师都不希望学生攻击其他学生。当这一规则公布时，学生就会知道这种行为是不被允许的。同时，老师还应该附上违反这一规则的相应惩罚措施。

虽然绝大多数的老师会认为只制定 5 个规则实在太少，因为在教学过程中只规定 5 个严重违纪行为对绝大多数老师而言实在是太困难了。事实上，你可能会发现很多你发布的规则实际上属于常规的范围。此外，在你已经确定好规则并附加了合理的惩罚措施后，请明确告知学生，以确保每个学生都清楚这些规则及其相应的惩罚措施。请牢记，关于规则最大的挑战就是如何强制执行。因此，一旦规则太多，你将难以掌控局面。

3. 课堂常规需要反复练习

就像我们经常所说的那样，课堂上的头号问题不是纪律，而是缺乏有组织的常规。太多的老师忽视了在学期一开始就制定有组织的常规的重要性。

课堂常规包括日常的行为。例如，如何走进教室、如何上交试卷、如何要求发言、如何申请加入小组、如何进行消防演习等等，这个课堂常规清单很长很长，因为许多日常的课堂行为都需要常规来约束，才能井然有序地进行。优秀的老师不会一次就把所有的课堂常规都制定出来，相反，他们会先确定最重要的常规，并在第一时间教给学生。当学生慢慢适应所教的常规之后，这些老师再慢慢地在这个清单上增加新的常规。

请确定一下哪些常规是你已经制定好的，哪些常规是你需要制定的。在执行这些常规中，请记得遵守如下步骤：

① 向学生介绍新的常规。

②详细地告诉学生你希望他们如何练习新的常规，并亲自做出示范。

③让学生练习新的常规。

④继续练习，并在他们"忘记"的时候不断地提醒他们。

⑤在练习常规的整个过程中，请始终保持一致。

规则针对的是严重的犯错行为，而常规强调的是在执行同一件或者同一类事情时，行为方式必须始终保持一致性。当学生破坏了规则时你需要惩罚他们，当学生破坏常规时你只需要让他们继续练习。常规必须始终保持一致，这是至关重要的一点。如果你的常规是：当你需要吸引学生注意力时，你会举起你的手，那么任何时候只要碰到这种情况，每一次你都必须这么做。千万不要随意用大声要求学生保持安静，或者恳求、威胁他们听你的话，或者提醒他们没有集中精力，或者啪啪地敲讲桌等方式来吸引学生的注意力。切记，一旦制定了常规就一定要遵守到底，这样才能取得事半功倍的效果！

4. 积极主动地解决问题

当人们看到一个装有半杯水的杯子时，有的人想到的是，只剩半杯水了，而有的人想到的是，还有半杯水。这可是同一杯水，为什么人们所想到的却如此不同呢？难道这其中有什么魔术吗？事实上，你明白的，根本就不存在什么魔术，我们的态度决定了我们的视野，无论生活是平凡的还是冒险的，我们只关注自己选择关注的！

请与学生分享这则短文，然后，给学生布置一个简单的任务，任务分配如下：让学生先找一个他们现在存在的问题，然后为这个问题找到一个积极的解决方法。请一定要记得提醒他们，即使他们的解决方法不管用，也至少要想明白为什么这个方法不管用。这个任务的关键是教会学生不要陷入对失败和挫折的恐惧之中，而是要积极地寻找解决问题的新办法。

别忘了提醒学生，只要他们能够证明自己的态度有所改善，就能获得你精心准备的奖品。此外，你可能已经注意到一些学生的态度已经得到了明显的改善，请明确地让他们知道，你已经注意到了这些积极的变化。

5. 平和的声音最有力量

大多数教师都会承认这样一个事实——你说话越大声，别人听进去的可能性就越小。一个温柔、平静的声音很容易传达你对他人的关心，而一个高分贝的声音则很容易传达你的激动和愤怒。在课堂上，如果教师能用一种冷静的方式克制自己，即便在学生失控时也能保持冷静，那么学生将会回报给教师意想不到的惊喜。

许多研究证明，学生会不知不觉地模仿教师的行为举止，这就是为什么同样的学生在不同教师的课堂上会有不同表现的原因所在。在那些喜欢大声说话、极少保持冷静的教师的课堂上，课堂行为问题非常明显。优秀的教师则非常注重这一点，他们会用尽一切办法，努力使自己保持冷静或者看上去显得冷静。当然，这并不意味着他们总是"感觉"自己很平静，很容易自控，相对而言，他们只是选择了看上去"显得"很平静罢了。其实，要达到这种效果很简单，最好的方法就是尽量用温柔平缓的语气说话。

请你为自己的声音进行测评，请回答下列问题。

◆在课堂上，当学生犯了错误，我批评他时，我的声音会变得很大吗？

◆在课堂上，我讲话的声音很大吗？

◆在课堂上，我一直都在努力保持平静的行为举止吗？

◆在和学生发生冲突时，如果学生的声音变得越来越大，我是否意识到，此时我的声音必须越来越温柔才能有效地解决问题？

◆有人偶尔路过我的教室时，是否能听到我为了控制学生或者课堂而极力提高自己声音？

◆在课堂上，我的声音是否曾经表达过我的激动和愤怒？

如果你已经确定要让你的声音平静下来，那么就尽快开始练习吧！你会发现如果你试着让你的声音平静下来，学生的行为立即就会不一样。

6. 微笑着问候学生

当你走进一家餐厅，或进入一家像沃尔玛那样的商场的时候，那里的工作人员都会对你报以微笑！这是为什么呢？因为这些场所的工作人员都希望他们的顾客有宾至如归的感觉，一旦人们有了宾至如归的感觉，通常会更容易购买他们所销售的东西，甚至会成为回头客，和他们建立彼此信任的关系。

我们必须强调，每一天都让学生觉得在你的课堂上他们是受欢迎的，是一件多么重要的事情！要想做到这一点，最好的方法就是每天都面带微笑满怀热情地迎接学生，并向每一个学生道一声问候"你好"或"早上好"或"你今天怎么样"或"看到你，我很高兴"。这样做的效果非常明显，大多数学生觉得你很欢迎他们，学生通常会更愿意"买"你所"卖"的东西。

让我们敞开心扉谈一谈。也许在某一天，你可能看到一些学生的确比看到其他学生会更高兴一点，这是人之常情！只要你不在学生面前表现出来，并坚持让每一个学生相信你见到他们都非常高兴，你就达到了目的。

微笑问候学生的关键，就是当你每天看到每一个学生时，你都必须表现得非常开心。如果你没有在学生快要走进教室时冲着他们喊"快点，时间很紧张，就等你了，我们马上就要开始上课了"，而是坚持每天都微笑着问候学生，那么你一定会得到一些意想不到的回报——快乐的孩子、积极上进的学生、幸福的你！没错，这不是变魔术，一个简单的问候就可以收获这所有的一切，而这一切都是你的微笑和热情所带来的。

7. 不要在讲台上坐得像个雕像

教室讲台上的讲桌，它实际上有两个用途：第一，给教师摆放教学所要用到的东西；第二，当学生不在教室时，可供老师坐在讲桌后的椅子上临时休息。除此之外，讲桌再没有其他任何用途。但是，很多老师却并没有记住后者所提到的备忘，当学生在教室的时候，他们也坐在讲桌那里，这是一个极大的错误。原因在于：物理上的距离造成了心理上的距离。讲桌在物理上将老师和学生分开了，因此也在心理上使得老师和学生分开了。事实上，每一个老师都想让学生将他们视为一名可亲可近的教练，永远和他们站在同一战线上。但是请你注意，在足球场的边线上从来没有教练的桌子。因此，请不要在讲台上坐得像个雕像，主动地走到你的学生中去！

当然，在学生不在教室的时候，你可以随意地坐在讲台上。但是，当学生在教室的时候，即便他们是在独自做功课，你也要参与到他们当中去，你的积极参与对学生来说是非常重要的。你离学生越远，学生越有可能出现不良行为；而你离学生越近，学生越有可能表现得很好。如果因为某些特殊原因，让你上课时需要偶尔坐下来，另当别论。总之，你与学生保持很近的距离，让学生感觉到你和他们在一起，这将有助于他们集中注意力，减少做"小动作"的可能性。

你一定要牢记：你不是坐在开庭席上的法官，你是无数渴望学习的学生的老师，你要小心地呵护这些渴望，千万不要因为自己无心的举动浇灭它们。你要永远记得提醒自己：你是老师，学生终身的导师——一个比其他人更容易安全接近的人。

8. 点燃学生的学习激情

如果给我们一个对学习充满激情的学生，我们将还给你一个能取得无限成功的学生；如果给我们一个比其他学生都有能力，但却对学习没有激情的学生，我们也只能还给你一个聪明却漫无目的的学生，顺带一个焦躁恼怒的老师。

作为老师，有一件事情是必须去做的，那就是点燃学生内心对学习的激情，让他们对我们传授的知识充满渴望。可是，我们究竟怎样做才能达到这个目标呢？只有一个诀窍，那就是我们自己要表现得对学习充满激情，我们要努力确保我们现在所教给学生的任何知识都是我们曾经教过的所有知识里最令人兴奋的。

你现在所教的知识是最令人兴奋的吗？当然不是！你的学生认为你所教的知识是最令人兴奋的吗？你要让自己有能力让学生相信这一点！其实，只要你尽自己最大的努力去帮助学生获得成功的话，你就一定能达到这个目标。

在每一堂课开始时，请大声而兴奋地告诉学生："猜一猜今天我们将会学到些什么？"然后，满怀激情地把今天要学习的知识讲给学生听。记住：你的激情是极具感染力的，它会转化为学生的激情。满怀激情的老师一定会拥有满怀激情的学生。在学生自己没有真正拥有对成就的渴望之前，他们会相信你所坚信的。

9. 当学生有不良行为时

即使在最好的学校里，最好的班级，由最好的教师教授一群最好的学生，也还是会出现这样那样的问题。当学生有不良行为，优秀的教师如何处理？面对棘手的问题，是什么原则指导着他们的行为？遇到问题他们如何应对？

学生有不良行为时，优秀的教师有一个目标：让这种行为不要再次发生。最不成功的教师常常另有目标：惩罚。成功的教师以防止不良行为为目标；不成功的教师以在学生发生不良行为之后实施惩罚为目标。如果孩子上课没带笔，他们希望孩子感觉糟糕，以便下一次做得更好。他们关注的是惩罚，是过去。

以我们接触过的家长为例。有些家长总是着眼于未来。他们总在琢磨可以采取哪些新办法帮助孩子日后取得成功。另一些家长却总是着眼于过去。他们谈论的是去年的教师，或者孩子的哥哥或姐姐在另一所学校的经历。有些家长甚至喋喋不休地谈论自己当年读书时如何如何。你愿意和哪种家长打交道？

身为教育工作者，我们必须集中精力看看自己有能力影响什么。大家都知道，我们不能改变已经发生的事情，把精力用在那些方面又有什么意义？还是让我们想想如何从一开始就防止不良行为的出现吧。

10. 教师的"百宝囊"

优秀的教育工作者时常会问自己的问题。

◆当学生出现不良行为时，教师能做些什么？

把所有选择都列出来，不只是你做些什么，而是所有教师，无论是新手还是老手，优秀的还是一般的，都可能会做的。我与多组教师做过这种测试，他们列出的选择非常相似：目光接触，靠近学生，再次下达指令，暂时不让学生参加活动，与学生讲理，让他们去外面坐着，呵斥学生，当作没看见，赞扬一名表现好的学生，让学生难堪，等等。

现在，你们中大多都会对以上某些行为不以为然，但又对另一些行为点头称是。但是，前面我们要的是数量。列出各种选择以后，我们就可以转到质量上了。

现在请回答：

◆以上哪种办法总是能起作用？

答案显然是："一个都没有。"当然，没有哪种办法永远灵验。如果有，我们每次都会用它了。

这些选择就是教师的百宝囊。问问你自己：

◆每位教师可供选择的办法都一样吗？

答案是肯定的。每位教师百宝囊里装的都是同样的工具。每位教师都可以使用目光接触，靠近学生，送学生去办公室，赞扬，讲理或呵斥等办法。任何一位教师都可以用你列出的选择或者其他教师列出的选择，尽管并非每位教师在实际教学中都这么做。

那么，好的课堂管理者与差的课堂管理者到底有什么区别？问题不在于我们的百宝囊，因为百宝囊的内容都一样。那么，不一样的是什么？

其中一个差别当然是教师使用百宝囊的频繁程度。水平高的教师每天只用一两次。水平低的教师每个小时都要到里面掏掏。如果我们使用百宝囊的次数太频繁，我们早晚会掏出一些丑陋的东西。

由此引出另一个，也更为重要的差别：质量的问题。有些经常出现的选择，比如呵斥、讲理和侮辱，都需要特别注意。

问问自己以下问题：

◆在课堂上什么时候可以挖苦讽刺？

你肯定知道答案：什么时候都不行。那么，不要在课堂上使用这种办法。

◆谁来决定你每个星期和学生发生多少次争执？

答案当然是我们自己。在和学生争论的时候，我们永远都赢不了。争论一开始，我们就输了。如果同伴都在观战，学生决不服输。我们希望赢，他们却是必须要赢。此外，我一直觉得，在师生的这种较量中，如果说需要有一方足够成熟、不孩子气的话，我希望那是老师。

◆除了真正出现紧急情况——比如："小心硫酸！"——呵斥有适当的时间和地点吗？

这一次，我们也知道，答案还是没有。那些我们最想呵斥的学生也是遭到呵斥最多的学生，我们为什么还会以为呵斥能起作用呢？因此，我们不呵斥学生。

成功的教师知道该从百宝囊里选用哪些东西。

11. 有趣的健忘症

一位老师分享了这样一个故事：

每年，我都会告诉我的学生，我有一种奇怪的健忘症。我告诉他们我只记得他们做过的每一件好事，对于他们做过的坏事我很快就会忘记。我说："如果你们做错了什么事情，我会帮助你们解决。但我想让你们知道，因为我很健忘，通常在第二天就会忘记它，所以不要让我再想起它，也不要担心我会因此而记恨你们，因为我甚至都不记得它了。"我的学生都知道我其实不是真的健忘，我只是想以我的方式告诉他们，我永远都对事不对人，永远不会因为他们曾经做的坏事而记恨他们。毕竟，他们还是孩子，我不会从成人的角度来看待他们的表现，我想让每一个学生都知道这一点。

请仔细想想这个老师所采取的策略——让自己患上一种奇怪的健忘症。通过这个方法，你的学生就会明白，你能够帮助他们及时处理错误行为，但你不会因为他们的过错而记恨他们，他们每个人都可以改过自新地开始崭新的一天。这的确是一个不错的选择。

研究表明，在感到焦虑或担忧时，学生很难对学习产生热情，学习效率也会变得非常低下。如果你一直对学生的错误念念不忘，就会使得学生伤心沮丧，他们的学习积极性也会大受影响。但是，如果你让学生知道你能够很快让事情过去，而且不会对他们的错误斤斤计较，那么他们就会感到安心和舒服，也会全力以赴勇于接受挑战，并且遵规守纪，最重要的是，他们将从此永远把你记在心里。事实上，这种做法对你和学生来说真的都没有任何坏处！

12. 关注课堂上的积极事情

在一次励志演讲中，一位演讲家通过一个活动向听众传达了一个意义深远的主题。

首先，他让观众环视四周，在 30 秒的时间内找出并记住房间里所有黄色的物体。活动开始后，参与者们迅速浏览了一下房间，识记黄色的物体。30 秒后，演讲家让他们闭上眼睛，说道："好了，请在你们的脑海里列出房间里所有黑色的物体。"参与者们吃了一惊，完全想不起来房间里有什么东西是黑的（他们的眼睛还闭着）。演讲家让他们睁开眼睛，再次环视四周，这一次，他们惊奇地发现，房间里黑色物体的数量远远超出了黄色的物体。但是，因为一开始他们只关注黄色，所以也就只看到了黄色的物体。这其中有什么含义呢？"让脸庞朝向太阳（黄色），你就不会看到阴影（黑色）。"随后，演讲家把这次活动与实际生活——我们关注的日常生活——联系了起来。

同样的原则也适用于课堂，在课堂上，不管任何时候，肯定（黄色）和否定（黑色）的东西都是均衡的。仔细想想，如果我们只关注积极的一面，找到的自然也就是积极的东西。一味地寻找"不对劲"的地方，人就会变得消极，有挫折感。很多老师在课堂上只把目光停留在消极事物上，所以我们经常听到这样的话："别那样干！""坐下！""坐直了！""别动！""你注意点行不行啊？""这不是你说话的时候！""安静！""别让我把你送到校长那去！""如果你再这么干一次的话……"有意思的是，往往是老师不让学生干什么，他们偏偏会那样干。因此，不能不说课堂上一些错误的行为举止其实都是老师引导不当的结果。相反，在那些善于关注积极事物的老师的课堂上，你听到的是下面这些话："谢谢你举手。""干得不错！""谢谢你这么专心地来做这件事。""我为你骄傲。"同样，学生们也会尽量满足老师的期望，因为在这种情况下，积极的行为受到了表扬和鼓励。这里我们不是说积极的老师上课时就从来不会遇到消极的事情，当然也会，但是在他们的课堂上，消极的事情发生的概率非常小，而且通常也被处理得非常得当。这样，反过来又进一步激励和鼓舞了学生们良好的行为举止。

优秀的老师深知，关注课堂上积极的事物（黄色）能够培养和造就积极的行为，从而遮住并最终完全吞没所有的黑暗。

13. 给予学生积极的期望

很多年前和一位学生之间的经历让我永生难忘。开学前一周，我去参加了一个教师家长联谊会。一对父母跟我说："我们提前为拉妮莎的态度向您道歉。""您的意思是⋯⋯"我问道，心中充满了疑惑，因为我还没见到这个孩子。"唉，她的态度可真成问题，教过她的老师都会这么跟你说。在家里，天天都这样，我们三番五次地告诉她这样不好，可是一点儿作用都没有。如果她有什么问题，请一定告诉我们，让我们来解决。"

看来，从第一天起就必须重视这个问题，所以我决定不放过任何一个机会来寻找拉妮莎身上积极的一面，哪怕是一个小小的暗示。说实话，我有点担心和她见面，但还是抱着很大的期望。开学第一天，拉妮莎走进教室的时候，我先做了个自我介绍，她很不情愿地和我握了手。然后我说："看起来你非常值得信任，你愿意帮我把这封相当重要的信转交给教学秘书吗？"（信封是空的，这是我们事先安排好了的。）"好的，老师。"拉妮莎答道，脸上露出了一丝笑容。"太谢谢你了"，我说道，"我喜欢你的微笑，你的礼貌，还有你的态度！"从那一刻起，拉妮莎在班上的态度一直都是其他学生的榜样，但是我还是从来都没有停止表扬她。六个星期后，有一天下课后，拉妮莎向我转交了一封她父母写来的信。"里边是什么呀？"我问道。"我父母写的信，她们想告诉你我在家里的态度已经有了很大的改善，想和您说一声谢谢。"我假装对她的过去毫不知情，说道："为什么要说'改善'呢？你的态度已经再好不过了。在我见过的七年级学生里，你是态度最端正的学生之一。"拉妮莎接着讲了很多她过去的事：在家里，在学校里，人们都说她脾气不好，态度也不端正，希望她改改。其实这一切我早就知道了。"那你为什么突然改了呢？"我问她。"我想了很多"，拉妮莎回答，"还记得开学第一天，你跟我说我态度很好吗？那时候我想或许是你还不太了解我，更或许是我身上也有好的一面有待挖掘呢。你是第一个对我做出积极评价的人。既然你希望我这么做，那我为什么不呢？"学生们愿意实现你对他们的期望，上面不过是一个小小的例子，但意义却非常深远。在他们学习和与别人相处的过程中，如果你满怀期望地对待他们，或者从一些小小的成功入手，并且利用这些成功来逐步消除自己对他们的消极期望，那么他们就会真正地发挥自身的潜力，成为他们应该成为的人。

对生活期望什么，它就给予我们什么，学生也是如此。

14. 不求完美只求进步

棒球巨星巴贝·鲁斯在他的职业生涯中，本垒打的记录达到了714个，而三击不中的记录则高达1330次。

在棒球运动中，很多"大师"凭借着一生中300点或者更少的击球率而走进成功的殿堂。也就是说，他们失败的概率竟然达到了70%！但是，这丝毫不能影响他们的成功——他们永远是大师级的人物。但是，上学的时候，一个学生的成功率必须至少达到70%，才能勉强通过考试。想象一下，在生活的哪个领域里我们的成功率还能高达70%以上？我敢打赌，你找不出来。在足球比赛中，从技术角度上来讲，每一脚球都应该得分，可事实上并非如此。但是，虽然不得分，教练依然会做同样的安排，为下一次的成功打好基础。

再去找找有没有哪位家长教给孩子的东西，70%的时候都一教就会？显然没有。或者，再去找一位能有70%成功率的股票经纪人。如果找得到的话请你给我打电话！

关键之处在于，我们经常给学生贴上失败的标签，却不知道这恰恰是自己的错误——求全责备，一味地要求每个学生都有完美的表现。也难怪，我们上学时受到的就是这种教育。如果一份试卷里有100个问题，而你答对了95%，那么你会立刻找出那5个答错的，而不是那95个答对的。这是事实，而且很多人会因为考不到满分而情绪低落。从和一位老师的谈话中，我得知她的学生根本就没有体验过任何的成功。

仔细观察了一下，我发现她的学生之所以学习那么吃力，就是因为所学内容大大超出了他们的实际水平。令人惊奇的是，每次考试他们还能考到50分或更多呢。很显然，他们有潜力可挖，我把这点告诉了这位老师。我和她说："等一下我会用汉语跟你说话，用汉语给你上课，而且还要用汉语给你考试，你觉得你能考多少分呢？""天哪，我对汉语一无所知，肯定是考零分了！"她说。（我也不会说汉语，不过是讲个道理而已。）"难道你不认为最少能考50分吗？"我问。"绝对考不了！"她说。"这就对了，你现在给学生教的东西远远超出了他们的实际理解能力，所以学起来才很吃力。这就像是你用一门完全陌生的语言跟他们说话，给他们上课和考试。可是，他们现在考了50分了，你看，他们有多大的潜力可挖！"我感叹着。"我可从来没这么想过"，这位老师答道，"我明白你是什么意思了，我需要说他们听得懂的语言，根据他们的实际水平开展教学。""对极了"，我说。"然后再一步步往前走，他们的进步，不断展示出来的潜力和巨大的成功一定会让你惊喜不已！"我又补充了一句。

果然，第二天，这位老师就开始根据学生的实际水平进行教学了。不到一周的时间，学生们都取得了进步。学期结束的时候，所有人都通过了考试。对，他们没能得到优秀，但毕竟通过了考试。在课堂上，我们一定要教给学生真正重要的东西，那就是不断进步。不切实际地追求成功，只会让你压力过度，情绪失调。每个人都能获得成功，但必须一步一步来，本垒打是完美的，但三击不中也可以不断地帮你提高球艺。

正是积极地从一次次的"击球不中"中吸取经验教训，很多人才最终走向了成功。

15. 切忌冷嘲热讽

很多孩子的内心世界，都埋藏着地雷，稍有不慎，一触即爆。侮辱性的语言无疑就是危险的引爆物。

"现在什么时间了？"有个学生问道。"告诉你，现在是你该闭嘴的时间。"老师答道，语气刻薄。我在他们的教室里待了大约15分钟，知道这个学生已经埋头学习了好一会儿，一定是累了。"为什么这么挖苦人呢？"我很纳闷。没过几分钟，大部分学生都已经写完了作业。很自然地，一些孩子开始交头接耳。"拜托！"老师大声叫道，"你们要做的是学习，而不是说话！""可是我们写完了呀！"有几个孩子回答。"好吧，千万别让我找出什么错误来！"老师说。"我不会做第四题。"又有一个学生说道。"看看吧，如果你忙着用脑，而不是用嘴，你的思维就能更集中一些，不是吗？"老师已经有一些愠怒。此时，几乎全班学生都开始叽叽喳喳了，而这位老师，越来越生气，终于和一个学生"短兵相接"了："再说一个字，就给我到办公室去！"老师大喊着。"大家都说话，凭什么就我一个人去？"学生毫不客气地回敬，"要去都去！"情况越来越糟，这位老师感觉受到了不应有的对待，委屈得很。但是，她不知道，恰恰是自己那种消极讽刺的口吻激起了学生的反唇相讥。根源问题还是课堂管理方式欠妥。不管到底是谁挑起了事端，老师都不应该在课堂上使用讽刺性的言辞。冷嘲热讽，只能说明老师无法有效地控制局面，缺乏职业能力。对大多数学生而言，生活里的讥讽已经够多了。作为老师，我们的责任就是帮助他们消除这些话语的不健康影响，让他们建立自信和勇气，并且起到一个良好的示范和表率作用。

现在是什么时间了？是我们该好好地自我反省，检查一下自己对学生的态度，从此不再使用讽刺性言辞（哪怕是一点点）的时候了。

16. 对待学生要"人性化"

今天我在杂货市场看见我的老师在购物

啊？她也来这样的地方？

我从来没有想过她也跟我们一样

我偷偷地看了一下她的购物筐

她买的也是很普通的物品

她边走边看

与其他人并无两样

我原以为她每天住在办公室

但如今看来，她也不是高高在上

我从来没有想过她也跟我们一样

如果你曾经在杂货店或其他公共场合遇到过学生，你一定对上面列出的事实深有同感。学生认出你的时候，简直就像是遇到了什么大人物。"喔，天哪，老师也来买杂货呀！"那一刻，他们会下意识地不把你看作是"人"，你是老师，事情就是这样。虽然学生与老师的确应该有一条界线，但是，我们还是都想也应该在学生心中树立一个"人"的形象。

建议老师们每人都制作一个"个人公告板"。在上面写下个人的情况：兴趣、学生照、成绩单、全家福、所获奖项以及学历等等。虽然简单，但却可以让学生觉得你非常有人情味儿。他们需要知道，你也是一个活生生的、有血有肉的人，就像他们一样，而且上学时成绩竟然也就是中上游！

来试试吧，满怀人情味地对待学生，他们就会更加尊敬你。

17. 别让学生难堪

如果一个老师在学生的同龄人面前谴责学生，那么他就犯了一个特大错误！

作为一名老师，当你当众谴责一位学生时，你无形之中就让在场的同龄人充当了他的观众，这让他觉得在这么多观众面前有必要大大地表演一番，比如态度强硬地顶撞你、一声不吱地默默抗拒你等等，以此来维护自己的尊严和在同学们心目中的地位。但是，如果选择与学生私下里谈话，你就能轻易地卸掉他的防御心理。

任何老师都可以证明这样一个事实，即当你私下里和一个学生谈话时，他的态度几乎不可能变得强硬。当然，老师有时还会犯一点小错误，即误以为在学生桌旁轻声和学生谈话就是私底下和学生处理情况了。这样的方式的确表明了老师希望单独与学生处理问题，这是好的一面，但是不好的一面就是仍然会有一些他身边的学生在充当观众。所以，对学生来说，即使老师在他的桌旁和他轻声细语，他仍然会觉得在同龄人面前可以态度强硬地大大表演一番。当你在私底下谴责学生时，请注意以下事项：

◆ 维护学生的尊严；

◆ 拆除他可以在观众面前表演的舞台；

◆ 减少学生防御性反应的可能性；

◆ 创造冷静地讨论问题和解决方案的机会。

试想一下，假如学校的领导批评你时，你希望他用什么样的方式呢？你是喜欢它发生在私底下还是全体教师会议上呢？假如你真的做了必须接受谴责的事情，那该怎么办呢？不用太担忧，绝大多数学校领导也能像你处理学生那样私下里和你解决这件事情。其实，这和处理学生的方式没有什么不同。因此，不管怎样，请将心比心，坚持私底下谴责学生。

如果你能私底下秘密地处理学生的问题，赢得好结果的机会就会成倍增加！

18. 答错题的学生也需尊严

维护一个孩子的尊严，你将永远地留在他的心间；夺走一个孩子的尊严，你要面对的报复可能是没有尽头的。

避免和学生"角力"很重要。从多次听课的经验中，我发现在下面这两种情况下，老师最容易跟学生起矛盾：要么是学生答错问题，要么是学生故意答错问题。

让我们来看一个实例，课堂上正在讨论美国总统，老师提问，美国的第一任总统是谁？坐在后排的一个学生举手回答，他给出的答案竟然是一个脱口秀主持人的名字，全班同学觉得这个答案很荒谬都大笑起来。此刻老师必须做一个选择：或者大发雷霆，让这个学生看看到底谁厉害；或者一点点地消融这个学生的力量，谨慎地否定这个答案，做到不动声色，泰然自若，同时还能维护这个学生的自尊。如果选择前者的话，她可能就会带着满腔的愤怒和怨气这样说话："很有意思！你走的是喜剧路线？记住，不知道真正的答案就别胡说八道。"当然这只会火上浇油，导致这个学生以后变本加厉。但是，让我欣慰的是，老师选择了后者。她镇定地看了那位学生一眼，说道："我完全了解你是怎么想的。你认为总统一定是男的，正好，这名脱口秀主持人和总统都是男的。你还认为总统一定很出名，碰巧他们两个也都很有名，思路很广啊。现在还有谁能告诉我第一位总统的名字？"此时，另一位同学说出了正确的答案。这个学生"哗众取宠"的"阴谋"自然也就不攻自破了。他看上去很吃惊，想着自己的回答可能还不那么糟糕，因为毕竟老师还给他打了几分。在剩下的讨论时间里，他一直都非常积极。有那么一两次甚至还主动举手答对了问题。

下课之后，我向这位老师处理问题的方式表示了赞扬。她说："哦，对了，这个学生是新来的，他不过是想尽快地融入课堂中来，所以，我一定要尽可能地帮他实现这个愿望。另外，我可不会为这种事情而大发脾气，还有更重要的事情要做呢！"

就在同一天，我在另一个班上看到有个学生答错了问题，但他是真的不知道正确答案，而不是故意的。听到答案后，老师说："这个问题我们讨论了一周，你怎么搞的？"我吃了一惊，随后看到那个可怜的学生尴尬极了。剩下的时间他一动不动，一声也不出，又被老师当作不专心责骂了一次。

学生完全沉默的时候，我们就失去了他们。如果是我们使他们闭口不言的话，那么课堂上除了成绩问题，纪律问题也在所难免了。要知道，学生们可能答错问题，但至少他们在积极地参与啊！而且错误的答案也能向我们反馈学生对某一项内容的实际理解程度。秘诀就在于，无论学生是有意还是无意答错了问题，我们都应该维护他们的尊严。

只有学生们认为自己受到了尊重，才会有积极的长久的效果，反过来也一样。如果老师不去维护甚至随意践踏学生的尊严，他们要面临的可能就是无法了结的报复。

19. 经常向学生表示感谢

小事也可以对学生造成巨大影响。说声"谢谢"也是其中的例子，它有如下好处：

◆完全免费；

◆让学生知道你关心他们；

◆让学生感觉到自己得到了欣赏，与众不同；

◆向学生示范得当的行为举止；

◆鼓励学生不断进步，让全班同学都受到鼓励；

◆有助于建立一个积极向上的学习环境。

有一次，我有幸聆听了一位老师多次向学生道谢——比我听过的任何一位老师都多。听课时，我多次听到她这么讲："谢谢你马上就开始学习。""谢谢你与我们分享。""谢谢你懂得课堂上不能嚼口香糖。"（这是跟一个正在嚼口香糖的学生说的，他马上就把口香糖包起来扔掉了。）"谢谢你没有把课间的问题带到课堂上，我知道这很难，如果你愿意谈的话，我们下课再说。谢谢你的理解。"（这是跟一个正要把课间休息的问题带到课堂上的学生讲的，听到老师的话他立刻安静了。）"谢谢你回答问题。""谢谢你犯了这个错误，它能让我们从中吸取教训。""谢谢你记得把作业带来。""谢谢你的帮助。"……

不出我所料，这位老师的课上没有任何纪律问题。这难道不是一个奇迹吗？每年她的班上都安排有很多"刺头"学生，但在她的课上，所有的学生都非常听话。他们彬彬有礼，刻苦勤奋，非常爱戴她。

记住，说声"谢谢"不会让你损失什么，但你的所得却是无价的，经常向你的学生表示一下感谢吧。

20. 鼓励学生保持自律

最优秀的老师们有两个共同点：他们都有详尽明确的纪律规定；他们不断地加强和践行这些规定。

听起来很简单？是的。这些老师不会让事情变得复杂化。他们在最开始都会设定一个计划。尽管他们的计划也只是包含一些规则，每个规则都会对应一项惩罚措施——

非常明确、详尽、合适的措施——一旦规则被打破，就必须承担后果。学生们事先知道这些，他们知道老师规定他们遵循这些规则，而且要始终如一。

一个老师这样说道："学生们希望有规则存在。他们希望确切地知道他们在每个老师的课堂上可以做什么，不可以做什么。所以我会在课前告诉他们，让他们知道我是一个言而有信的人。这样的话，我就可以按照计划行事。我让学生们一起制定规则，然后，当某个学生破坏了规则，他很清楚地知道会有什么后果，而我也决不会姑息。我只是简单地提醒他，他违反了规则，就必须承担后果。这让我免去了很多头疼的事情。我拒绝和学生争论以及讨价还价。他们所要知道的就是，我是专业精神，我对他们负责，我要始终如一。"

另外一个老师和我们分享了下面的故事：

"我只有四个规则，但我对其贯之以始终。关键是制定规则的时候要非常理智和平静。其中一个规则是，任何学生都不能够取笑他人。我向学生们解释取笑他人之所以被禁止是因为我太在乎他们之中的每一个人，因而不允许其他人取笑。如此，我得到了他们所有人的支持。当一个学生笑另外一个的时候——而这确实经常发生，我平静地采取惩罚措施。没有慌乱，没有讨论，没有压力。而这确实奏效，我现在没有被纪律的问题所困扰，这不是因为我教的学生多么优秀。每个人都想知道我是如何做到的，我告诉他们我的全部做法。真是想不通，很多老师居然不按照我的方法去做！"

通过观察前面两位老师，以及其他我们认为最优秀的老师，我们还发现他们都是非常优秀的课堂管理者。有着最好的管理计划的老师们几乎没有规则，因为他们完全可以依照流程进行控制。他们虽然没有规则，却循序渐进、始终如一地按照计划行事。所以我们鼓励你向最优秀的老师学习——执行一个规则然后对其持之以恒。当他们犯错误的时候不要和学生争论，因为从来就没有必要和一个学生争论。

那么有没有底线呢？如果规则被违背，不要恶语相向，只是按照你的计划，坚持你的计划，然后纪律问题自然会无影无踪。

21. 培养学生的责任心

不管你教的是几年级的孩子，你是否都会承认你的一些学生确实比其他学生更有责任心一些呢？相信绝大多数老师都会认为这是一个不争的事实！然而，试图把责任教给那些最需要它的学生，却是一个非常艰难的任务。不管有多艰难，我们都想向你分享一个小诀窍，那就是给他更多的责任！这是让学生变得更加有责任心的最佳方式。绝大多数成年人都认为，孩子是没有责任心的，我们必须不停地告诉孩子他们需要变得更有责任心。但是，孩子却不喜欢有人喋喋不休地教训他们。那么，让孩子变得更有责任心的动力到底在哪里呢？没错，你可以适当地惩罚孩子。但是，我们不能一味处罚孩子，而是应该向孩子指出什么是负面的，应该怎么避免负面的事情。事实上，告诉孩子他有多糟糕，是根本不可能让他变好的。但是为他提供一些让他变好的机会，然后在他真正变好的时候称赞他，这将有助于使他有更强的动力变得更好！你可以做这样一个简单的试验：

选一位你班上最不负责任的学生，让他只负责一点点小事情，切记千万不要给他分配过多的任务。比如，你可以让他负责收作业、擦黑板或者贴纸条等等。然后在他完成任务时称赞他，并对他说："你有没有注意到你变得比以前更负责任了？我为你感到骄傲！"随后，你可以慢慢地增加一些能培养他责任感的任务，并在他每一次完成任务时称赞他，这样就足够了。

切记：在做完这些行动后，不要指望一夜之间那些不负责任的学生马上就能拥有最完美的责任心。事实上，不要指望任何学生变得完美，你只需要像所有优秀老师那样，不断地帮助学生认真、耐心地朝着一个更大、更好的目标坚实地迈出每一小步。

22. 利用信息技术辅助教学

如何使用信息技术辅助教学，非常重要。你最经常使用的设备应该是教室里的互动白板。

（1）互动型白板。毫无疑问，学生一般都比较能够接受屏幕上显示的内容。电视、录像和白板，这些都能够吸引他们的注意力，通常都能够保证他们在很长一段时间里集中注意力。你应该关注的主要问题是他们是否在进行积极的学习，或者只是在浪费时间。互动型白板可以有不同的使用方法，关键是你要利用掌握的所有教学材料，事先做好充分的准备。越来越多的教师在展示教学内容的时候使用 PPT，有不少教师会利用这个机会鼓励学生积极参与。同印刷文本一样，这些展示文字同样对学生提出了一定的要求，这一点应该在事先做好准备。此外，教师还应该认真考虑展示内容的播放顺序，一定要保证学生能够跟得上进度，能够达到预期的教学效果。

你在准备使用这些信息技术设备之前，应该比较一下预期教学效果以及所需准备时间。如果你知道使用这些设备能够取得其他教学方法无法或很难取得的教学效果，使用信息技术设备就是有意义的。你在做准备时应牢记：

◆你所投入的时间与学生的实际学习效果。

◆使用信息技术设备能够产生的实际教学效果，以及对学生智力上的要求。

◆针对每个阶段的展示，你希望学生有什么样的反应。

◆如何进行与演示相关的必要讲解。

◆你使用这些技术的专业知识水平。

◆你使用信息技术是想要给别人留下深刻印象还是为了要更好地教学生知识。

◆如何组织课堂活动，以便获得最佳学习效果。

每一次你想要使用信息技术的时候，都应该先问自己一个简单的问题："我想要学生做的事情是否经过了认真的考虑？"

（2）网页。网页已经成为教学的重要辅助工具，越来越多的教师开始学会了利用网站辅助教学。可以经常在网站上回答问题，这样你就能够减少给家长打电话的时间，学生问问题的数量也相应减少了。还可以在网站上包含以下内容：

◆上课笔记。在网站上公开讲课笔记，学生可以在下课后参考，这样他们在上课时就能更加集中注意力听讲并参与讨论，而不必担心落下笔记。学生也可以在讨论开始前就把笔记打印出来，在讨论的开展过程中他们可以对笔记进行补充。

◆项目和作业。可以分发项目，也可以把作业发布在网上，对于那些忘记把作业带回家的学生或者想在学生做完作业后进行检查的家长来说，线上作业是很有用的。

◆家庭作业。每半个月或一个月，或每结束一个单元，就把家庭作业放到网上，这样你就增强了学生计划和准备的能力。你可以为学生选择一些网站，添加到作业网页的链接上，把具体的作业和相关的网页链接起来。

◆学生网页。学生也可以有自己的网页，这样你很容易就能找到学生作业或者项目的相关信息了。鼓励有电脑的学生和没有电脑的学生组成小组，这样大家就都能有上网的机会了。

23. 让学生保持清醒的课间休息法

当你开车时，你是否曾经历过公路催眠？如果你曾经有过公路催眠的经历，就应该知道最好的解决方法就是把车停下来，在附近的路上稍微走上一小会儿。当你听讲座时，你是否曾经走神过？当你倾听一场冗长的讲话时，你是否曾经睡着过？希望你不会，但如果你有这样的经历也是再正常不过了的。当事情变得单调时，我们很容易丧失注意力。而如果不停下来多活动活动的话，我们是很容易睡着的。这就是为什么我们在看电视时，即使是在看我们很感兴趣的节目，都有过睡着的经历。

在教室里也同样是这样的。当学生正在进行单调的任务时，他们往往很容易丧失注意力。如果此时他们没有时间活动的话，他们很可能禁不住瞌睡虫的诱惑，而进入睡梦中！

高效的老师是很容易应对这类现象的，其中的秘诀就是经常为学生提供休息的时间，这样不仅可以让他们更好地参与课堂活动，而且能让他们集中注意力，保持大脑清醒。老师可以使用下面的方法让学生进行适当的休息。

有时，老师可以这样说："好吧，你们有 25 秒的时间，站起来，舒展一下吧。"当然，这些老师还有一条非常明确的规章制度，专门针对学生休息完之后如何有序地回到自己的座位上，并保持安静。有时，老师也可以这样说："转向旁边的同学，给你们一分钟时间讨论你们对刚刚所学知识的想法。"此外，老师还可以这样说："每个人都站起来，走到教室前面，围着我坐成一个半圆形。"

我们还能想到很多很多类似的例子，但这个方法的前提条件是课间活动必须井然有序地进行，不然教室会乱成一锅粥。

记住：避免课堂上的千篇一律就是避免课堂催眠的最好的办法。当学生感觉疲乏时，多为学生提供短暂的舒展休息，保持学生身体的运动，就能有效避免课堂催眠现象。

24. 不要轻易被学生激怒

作为老师所犯的最大的错误就是让学生找到你的弱点和软肋。所有的老师几乎都承认：让学生抓到我们的软肋只会使事情雪上加霜。但是，我们总是一次又一次地犯这种错误。

被学生抓到软肋的老师很容易被学生牵着鼻子走，在这样的情况之下不仅无法及时解决问题，而且可能情绪失控，甚至会与学生产生冲突，使事态的恶劣程度不断升级。下面是几个典型的案例。

学生：我从来没想过这么做！

老师：不，你就是想这么做！

学生：为什么？

老师：因为我说过要这么做！

老师：请认真听课！

学生：我一直在认真听！

老师：不！你没有在听！

当然，我们仅仅是给你列出了师生对话的开头，你可以想象一下这样的对话会引发什么样的后果。

请先想一想，当下次学生企图激怒你时，你将如何处理？请随时记得提醒自己是成年人，不能和学生产生冲突和争吵。不管学生说什么或者做什么，你都要保持冷静。请牢记：在课堂问题的处理过程中，只有一个人能够毫无理智地转身离开，但这个人决不是你！同时，也请你记住你随时都可以选择跟学生说"等你冷静下来后我们再谈"，然后冷静地离开。当学生的行为显得无理时，而你却试图和他理论，这种行为极不可取，而且毫无作用。请先控制好你自己，再来控制课堂局面。

做一个明智的老师，不要轻易与学生产生冲突。一旦陷入与学生的剧烈冲突，请像成年人一样去行动，尽快结束冲突。无论如何，请坚持做一个有职业素养而不是鲁莽冲动的老师！

25. 在教师休息室表现出积极的态度

新老师总是习惯性地从善意的资深老师那里接受很多建议。其中，一个典型的建议就是："无论你做什么，请远离教师休息室！"你听说过这个建议吗？为什么会有这么多资深的老师警告其他老师远离休息室呢？原因很简单，众所周知，消极的老师一般都潜伏在教师休息室。他们不断地抱怨和哀叹，让所有的人都感觉非常沮丧，以至于那些积极的老师最终不得不逃离教师休息室。于是，消极的老师成功地占有了休息室，但这却是以牺牲积极的老师的休息为代价的。当然，我们有一个解决方案。

你可以争取一些积极的老师的支持，大家达成一致，在你们可以休息的时候一起去休息室，即使只有五分钟。在走进休息室的时候，要记得露出极具感染力的笑容，要比你平时表现得更加积极。每当消极的老师讲学生坏话时，（他们通常会这么做的）你只需简单地回答："我很喜欢这个孩子。"你是否真的认识这个孩子并不重要，你只需要假装认识他，假装很爱他。记住：每天你都要这样做。当你和积极的老师热烈地讨论你们对教学的热爱以及对你们所有学生的夸赞时，你可以看到那些消极的老师脸上的困惑。很快，他们会变得局促不安，以至于最后不得不逃离教师休息室，那些没有逃离的消极的老师则慢慢会变得像你们一样积极起来。

26. 利用各种社会资源改进教学实践

孤立可能有时会使教师没有办法得到其他促进教学的协助和支持。教师到了学校，走进教室关上门，然后就要一整天忙于上课，没有机会和同事有任何的交流，这种现象并不少见。作为新教师，要尽量避免这一点，学会寻求帮助。作为一名新教师，你要利用职业发展的机会，多多参与活动，这样你就能在众人的协助下，不断进步。以下主要强调的是借助内外资源提高教学技能的主要方法以及在合作式学习活动时，和别人的沟通方法。这样的资源使用方法对教学的进步至关重要。

互助项目。如果你的学校或所在的地区没有正式的互助项目，可以借助其他的资源获得帮助。

◆向校长或其他同事询问，能否把你和一个有经验的教师排在一组。通过对这名教师的观察，你会发现他在管理课堂、带动学生和利用评估反馈信息等方面都很专业。

你可以让这位教师对你的想法给出意见，一般他们都会很乐于帮忙。

◆和本地的其他新教师取得联系。

◆参加地区工作室等。利用这些机会和其他教师取得联系，尤其是那些和你教相近的年级和课程的老师。

◆看看地方大学有无协助新教师项目。

◆利用网络和其他方式。

培训班。最常见的学习活动都是通过培训班开展的。很多学校每年都要有一两次这样的培训，可能要求你在节假日或下班后参加学习活动。培训班提供的信息可以是一些间接信息，也有一些和教研室活动直接相关联的直接信息。要想有效利用培训班，关键在于在培训班活动结束后如何处理这些信息。理论上讲，你还会接受跟进培训，但是如果你参加的只是单一的教研室活动，你就一定要和其他的教师讨论如何利用这些信息了。你也可以和导师取得联系，在下课后和他讨论如何应用这些信息等内容。

高级深造项目。很多教师都会选择继续深造，拿到硕士或博士学位，很多地方也经常会因为高学历而提高教师工资待遇。除了高学历带来的收入优势，你在攻读硕士学位时学到的东西也是很宝贵的。一个好的硕士学习过程，能使你在研究应用和专业领域方面取得良好的平衡。在开始学习深造之前，要确保你对现在工作的应付自如。看看你每个星期是否还能抽出几个小时的时间学习，注意不能影响你的教学质量。你可以在工作几年后再选择继续深造。

集体备课。你可以利用它和同事建立联系并促进学生的学习。

◆写出课程安排。教师们可以开会，列出一致的课程安排，以切合课程标准安排，并确定在教学中如何融合这些标准。这时，教师不仅获得了学习其他标准的机会，还亲身体验了协作、团队合作的一种成就感。

◆合作备课。教师们可以一起备课，然后可以轮流为学生授课。合作备课可以给教师提供新想法，为组内的每个成员分担工作量，等等，这样教师就能为学生提供高质量的授课。

课堂听课。听课有两种类型：一种是正式的，一种是非正式的。作为教师，无疑你会接触到这两种不同的形式。如果你理解了每种形式的目的和过程，就能做充足的准备了。非正式听课是可能随时进行的，无须提前安排。校长或教导主任只是定期查看一下，不要中途停下来，他们想看看上课进行的情况，不希望因为他们的出现中断上课，你可以简单地打个招呼。如果你不知道如何处理这种场合，可以问问领导的具体要求。正式听课，听课人希望你能在他们在场时完整地上一节课。在听课前，你要给他们提供一份书面教案和座位表，这样他们就能对班上的同学对号入座了。听课人可能会考察这些内容：

◆你的教学目标是如何与教学标准联系起来的。

◆你是如何进行课堂管理和教学的。

◆你如何和学生交流（反馈、纠正错误等）。

◆你用了什么教学方法促进学生学习。

◆你用了什么测评方式考查学生学习。

听课前会议。在正式听课之前，很多学校都召开有教师和听课人参加的听课前会议。在会议期间，你可以和听课人分享课程目标并为课程的背景提供信息（如可以介绍一下你在上一节课和学生们进行的活动）。此外，你还可以介绍班级学生的具体情况，如学生的成绩，有特殊需要的学生以及任何其他相关信息，这样，听课人就充分了解了授课背景，也能理解在你授课方法背后的基本原理了。

可以请听课人关注你上课的某一具体部分。例如，如果你觉得和学生的反馈做得不是很满意，你可以请听课人评估一下你的反馈阶段并希望在听课后得到他的建议。让听课人提出建设性的批评意见，这意味着你很愿意不断提高自己的授课能力。

听课后会议。听听课人的反馈意见，听课人可能会让你澄清一些问题或和你分享听课后的一些主要感受。如果你有哪个方面想要改进，一定要争取得到他们明确的反馈。例如，在解数学题时，你采取了"说出思考过程"这种方法，目的是帮助学生理解整个思考过程。你可以解释为什么要采用这种方法，并问问听课人的意见和看法。

职业阅读。了解当前教育发展、优秀教学案例和教学资源等，还要自己阅读一些职业文件，大量的教育类书籍都可以在书店或网上买到。

远程学习。包括线上职业发展学习、电话会议和独立学习课程。目前，远程学习的应用率在不断提高，相比教研室课程，远程学习为教师提供了另外一种选择，教师能够更加灵活地参与到职业发展活动中。设计良好的远程学习活动可以让教师和导师之间进行互动。具体方式有网上论坛，实时交流（在线聊天）、学习网页、电子邮件和讨论小组等。

27. 给学生留下最后积极的印象

第一印象和最后印象都是持久的，请永远不要忘记，你的形象会深深地刻进你所教过的每一个学生的心中。你所教会他们的知识技能和为人处事的方法都将陪伴他们一生。当你意识到这些时，你可能会希望在教学时光快要结束时留给学生一个积极的最后印象。

在与学生共处的最后时光，你务必要做到以下几点：

◆感谢学生能与你共度教学的美好时光。

◆告诉学生，能做他们的老师是你最大的荣幸。

◆告诉学生，你希望他们能够明白在教学过程中你所做的每一个决定都是为了让他们更好地成长。

◆真诚地表达你对每个学生的信任。

◆回忆学生所取得的成就，赞美他们，并鼓励他们再接再厉。

◆和学生一起回想教学时光中发生的一些有趣的事情，并告诉他们你会珍惜这些美好的回忆。

◆告诉学生，你会想念他们。

◆告诉学生，他们是你所教过的学生中最特别的学生。（没错，每一届每个班级都可以这么说。）

◆祝愿学生在未来取得自己想要的成功。

◆告诉学生，你会永远记住他们每一个人，并一如既往地关注他们。

当学生离开你的教室时，请站在门口欢送他们，在他们即将路过你身边时，记得感谢每一个人，并为他们送上最好的祝福。请把你最好的和最灿烂的笑容送给他们！为学生留下一个积极的最后印象。

五、课程教学改革：翻转课堂

在美国科罗拉多州落基山的一个山区学校——林地公园高中。教师们常常被一个问题所困扰：有些学生由于各种原因，时常错过正常的学校活动，且学生将过多的时间花费在往返学校的巴士上，这样导致很多学生由于缺课而跟不上学习进度。

直到有一天，情况发生了变化。2007年春天，学校的化学教师乔纳森·伯尔曼和亚伦·萨姆斯开始使用屏幕捕捉软件录制PPT演示文稿的播放和讲解。他们结合实时讲解和PPT演示的视频上传到网络，以此帮助课堂缺席的学生补课。

更具开创性的是，两位教师逐渐以学生在家看视频听讲解为基础，节省出课堂时间来为在完成作业或做实验过程中有困难的学生提供帮助。不久，这些在线教学视频被更多的学生接受并广泛传播开来。由于很多学生在每天晚上18时～22时之间下载教学视频，以至于学校的视频服务器在这个时段经常崩溃。"翻转课堂已经改变了我们的教学实践。我们再也不会在学生面前花费30分钟～60分钟来讲解。我们可能永远不会回到传统的教学方式了。"这对搭档对此深有感触。

两位教师的实践引起越来越多的关注，经常应邀去外地向同行介绍这种教学模式。他们的讲座已经遍布北美，逐渐有更多的教师开始利用在线视频在课外教授学生，回到课堂的时间则进行协作学习和概念掌握的练习。

"翻转课堂"是指重新调整课堂内外的时间，将学习的决定权从教师转移给学生。在这种教学模式下，课堂内的宝贵时间能让学生更专注于主动的基于项目的学习，共同研究解决本地化或全球化带来的挑战以及其他现实世界面临的问题，从而获得更深层次的理解。

教师不再占用课堂的时间来讲授知识，这些信息需要学生在课后完成自主学习，他们可以看视频讲座、听播客、阅读功能增强的电子书，还能在网络上与别的同学讨论，能在任何时候去查阅需要的材料，教师也能有更多的时间与每个人交流。

在课后，学生自主规划学习内容、学习节奏、风格和呈现知识的方式，教师则采用讲授法和协作法来满足学生的需要，促成他们的个性化学习，其目标是为了让学生通过实践获得更真实的学习。

翻转课堂模式是大教育运动的一部分，它与混合式学习、探究性学习、其他教学方法和工具在含义上有所重叠，都是为了让学习更加灵活、主动，让学生的参与度更强。

"翻转课堂"有如下几个鲜明的特点。

1. 教学视频短小精悍

乔纳森·伯尔曼和亚伦·萨姆斯所做的化学学科教学视频，一个共同的特点就是短小精悍。大多数的视频都只有几分钟的时间，比较长的视频也只有十几分钟。每一个视频都针对一个特定的问题，有较强的针对性，查找起来也比较方便；视频的长度控制在学生注意力能比较集中的时间范围内，符合学生身心发展特征；通过网络发布的视频，具有暂停、回放等多种功能，可以自我控制，有利于学生的自主学习。

2. 教学信息清晰明确

"翻转课堂"的教学视频与传统的教学录像的不同之处在于，"翻转课堂"的教学视频中只出现教学信息，视频中出现的教师头像以及教室里的各种物品摆设，都会分散学生的注意力，特别是在学生自主学习的情况下。

3. 重新建构学习流程

通常情况下，学生的学习过程由两个阶段组成：第一阶段是"信息传递"，是通过教师和学生、学生和学生之间的互动来实现的；第二个阶段是"吸收内化"，是在课后由学生自己来完成的。由于缺少教师的支持和同伴的帮助，"吸收内化"阶段常常会让学生感到挫败，丧失学习的动机和成就感。"翻转课堂"对学生的学习过程进行了重构。"信息传递"是学生在课前进行的，教师不仅提供了视频，还可以提供在线的辅导；"吸收内化"是在课堂上通过互动来完成的，教师能够及时了解学生的学习困难，在课堂上给予有效的辅导，同学之间的相互交流更有助于促进学生知识的吸收内化。

4. 复习检测方便快捷

学生观看了教学视频之后，是否理解了学习的内容，视频后面紧跟着的四到五个小问题，可以帮助学生及时进行检测，并对自己的学习情况作出判断。如果发现几个问题回答得不好，学生可以回过头来再看一遍，仔细思考哪些方面出了问题。学生对问题的回答情况，能够及时地通过云平台进行汇总处理，帮助教师了解学生的学习状况。教学视频另外一个优点，就是便于学生一段时间学习之后的复习和巩固。评价技术的跟进，使得学生学习的相关环节能够得到实证性的资料，有利于教师真正了解学生。

"翻转课堂"要在中国的教育热土上开花结果，要促进我国的课程教学改革向纵深发展，需要做好以下几方面的准备：

1. 要树立教育变革的坚定信念

观念决定行为。有什么样的教育观念，就会有什么样的教育行为。很多教师在"分数至上"的教育环境中，已经锤炼出了一整套的看家本领，形成了一种固定的教学范式和习惯。实施"翻转课堂"，必然要打破自己和教育环境之间的一种平衡态，让自己处于一个新的、自己内心没有确切把握的动荡状态之中。如果没有坚定的改革信念作为支撑，教师通常是不愿意轻易改变既定的教学模式的。

2. 要有较高的教育信息化素养

当今学生本身就生活在信息时代，对信息时代的电子产品和各类软件有着天生的亲近感。但今天的教师不同，他们的青少年时代基本上都没接触过电脑，缺少了对信息技术的一份亲近感。大多数的教师平时使用电脑就是上上网、编写一些文本和数据表格、制作 PPT 等，其他的软件和技术很少涉猎。虽然视频平台可以聘请他人来进行制作，但如果教师不具备与教学视频编制相关的系列技能的话，要推动"翻转课堂"改革是很困难的。

3. 要抓住"翻转课堂"的关键点

为了实施"翻转课堂"，很多人将主要的精力都放在了视频的制作上，这其实也是一个误区。视频自然重要，但比视频更加重要的是如何支配课堂上多出来的这些时间。课堂的对话和讨论，需要教师做出精心的准备和细致的观察，真正做到因材施教。"翻转课堂"之所以成功,是因为课堂讨论带给学生"吸收内化"过程效益的提升。

4. 做好角色转换

首先,教师的角色从传统的圣人角色转变成导师;其次,学生的角色更加突出学习的主体性和主动性,因为如果没有一定的主动性,翻转课堂中的学习无法进行,必然需要学生的主动操作和主动思考;最后,家长的角色转变,家长在传统的教育思想体系下很难接受新型学习模式,在此过程中,要加强翻转课堂学习的宣传工作,让家长也能够理解新型教育方式,从而营造良好的学习环境和氛围。

总之,"翻转"让学生自己掌控学习,"翻转"增加了学习中的互动,"翻转"让教师与家长的交流更深入。

六、新的教学形式:微课程

微课程,以视频为主要载体,记录教师在课堂教育教学过程中,围绕某个知识点或教学环节而开展的精彩教与学活动的全过程;时长一般为 5 分钟 ~ 8 分钟,最长不宜超过 10 分钟,是"大数据时代"为适应学生的思维习惯和成长特点而产生的新的教学形式。

2010 年初识微课程,是从电影微课程《地球上的星星》开始的。当在李老师的优酷空间看完这集微课程时,我们被深深地震撼了。一是为影片的内容,二是为这种展示的形式。短短的几分钟,让我们领略到这部影片的精髓,长长的影片被浓缩后剩下了精华,不禁惊叹这种方式的神奇。

于是在李老师寻找电影微课程制作志愿者时,身为学校副校长的刘老师,怯生生地报了名——接着用自己的理解,完成了处女作电影微课程《美丽人生》,上交后,得到了李老师的亲力指导。期间,四实小一批微课程志愿者一起加入了 QQ 群,网络上不定期组织讨论,让老师们逐渐结识了非常多的微课程制作高手,他们跟着一起实践,深深地喜欢上了这种学习的形式。在工作中,四实小首批志愿者一起努力,一起见证着微课程的魅力。

评课中使用微课程，此时无声胜有声。

2012年2月，临沂市小学骨干教师培养团队活动中，四实小的几位骨干教师就对借助微课程评课进行了尝试。其中以刘老师为代表的两次微课程评课，获得了团队领导和同伴的一致好评。微课程再现了课堂环节和重点问题，并且加入了对课程的点评和反思——大家惊讶于这种形象的方式，更赞赏这高度凝练的思维精华。

新授课中使用微课程，画龙点睛引人入胜。

在陈老师参加市骨干教师竞赛过程中，我们首次尝试把微课程引入课堂中。第一次在陈老师执教的《小数点的移动》中，我们利用微课程展示了故事《一个小数点的悲剧》，仅仅3分钟的展示，配以《入殓师》中大提琴演奏的哀伤音乐，深深打动了学生，也打动了在场的每一位评委和老师；在陈老师第二次执教《方程的意义》中，展示方程的历史时，我们再次使用了这种方式，这种设计再次折服了与会老师。2013年4月，全市数学讲课比赛中，微课程首批志愿者之一胡老师参加市讲课比赛也运用了微课程展示，它给课堂增添了让人耳目一新的元素，恰如其分地结合教学内容，起到了画龙点睛的效果。

复习课中使用微课程，再现梳理教材内容。

2012年6月，山东省小学数学计算教学研讨会上，刘老师代表临沂市执教了一节复习课——一年级下册的《100以内数的加减法》。在简短的开场引入课题后，他引领孩子观看了用微课程制作的一单元教材内容。这次的微课程，除了教材重点内容的文字展示还设计了配音，这样给一年级的孩子起到一个提示作用，更有利于孩子们对一单元内容的梳理。这节课得到了领导和老师们的一致好评，他们感觉最亮眼的地方就是用这种清新的方式引领孩子回顾学过的内容，效果极佳。

理论学习中使用微课程，让收获与观看的时间成反比。

在一年前，我们就开始利用微课程的方式对老师们进行培训。我们精选部分微课程，安排在周例会前播放。其中《思维导图》的微课程，教会了我们集体备课的新方式；《56号教室的奇迹》系列微课程展示的雷老师的智慧和策略，给了老师们深深的启发；播放《坐在路边鼓掌的人》时会议室特别安静，大家反思的不仅是对学生，可能更多的是对自己孩子的教育；《创纪录》让老师们在边看边笑中反思了自己的教学评价方式;《两栏笔记》让我们好多老师学会了在听课记录本上使用两色笔，更便于分清哪里是课堂环节记录，哪里是自己的思考……

每次都是短短的几分钟，没有增加老师们的负担，没有引起他们的反感，就在这种轻松愉悦的氛围中，大家感受到一种力量，让善于思考的人走得更远……

活动梳理中使用微课程，收藏点滴感动，留下美好回忆。

在参加活动后，用微课程的方式记录活动的过程，加入制作者的只言片语，让活动更显完整和深刻。在市骨干教师长达半年多的比赛活动结束后，我们制作了一集微课程《我要上省课活动掠影》，重温了激动人心的比赛过程;在山东省小学教师远程研修暑期活动结束后，我们制作了一集微课程，留下了所有老师的身影;在刚刚结束的临沂市小数团队培训会上，再次用这种方式呈现了会议过程的精彩和动人的瞬间。短短的两天活动就这样在音乐和照片中再现，宛若一首动听的歌流淌在每位参会者的心里……让人感动的影片记忆加上文字介绍，美好的回忆就这么跃然屏幕上，感动了活动中的每一个人，还为活动留存了永恒的"电子档案"。

案例中，从五个方面分析了微课程为教学研究增添助力，从而让教学研究更生动精彩。评课中使用微课程，做到有的放矢，此时无声胜有声;新授课中使用微课程，突破重点、难点和考点，画龙点睛，引人入胜;复习课中使用微课程，对教材加工整合，再现梳理教材内容;理论学习中使用微课程，让收获与观看的时间成反比，提高理论学习的效率，增加趣味性;活动梳理中使用微课程，收藏点滴感动，留下美好回忆。

微课程，就这么走进了我们的生命中。它为我们的工作增添了一份意外的精彩，让平常熟知的事情增加了新的元素，使我们的教育教学工作在平凡中悄然多了些许的神奇。也许，这正是它的魅力所在，期待着微课程能够给我们带来更多的惊喜。

那么，怎样的微课程让教学研究更生动精彩?

1. 多长的课程最吸引人

基于 edX（大规模开放在线课堂平台）数据的统计，无论视频多长，用户实际观看时长的中位数都不超过 6 分钟。而且 6 分钟 ~ 9 分钟长的视频是个转折，更长的视频实际观看的中位数反倒会下降。比如长度超过 12 分钟的视频，实际观看中位数只有 3 分钟。所以，"微课程到底多短最合适"这个问题有了答案——6 分钟。这个数字让人挺难接受的，因为按多数老师的习惯，6分钟根本讲不了什么东西，15分钟都勉强。中小学微课程长度最长不宜超过10分钟，5分钟~8分钟最为适宜。

2.语速将提高课程的吸引力

虽然统计数字表明语速和视频吸引力并不完全成正比，但当语速达到每分钟大约300个字时，无论视频多长，都比较能获得更多注意力。原因很好理解，快语速常常伴随着激情，激情富有感染力，感染力更能打动学习者，让他更加专注。所以，教师越热情，甚至是激情，越能吸引学生。语速加快，讲授同样内容所需时间就会缩短，这样产出的视频就可以接近甚至达到6分钟的建议长度了。只要录课前做好规划，让内容更紧凑、节奏更快，不说废话，不机械重复，剪掉"嗯""啊"等口头语，短小精悍的视频就有了。这就是微课程制作必须要求老师具备的"语言观"。要求老师必须声音清晰、发音标准、语速适当、富有感染力，甚至可以适当幽默风趣一点。

3.教师头像可增加课程效果

对大于6分钟的视频，有教师讲课头像的和纯PPT、软件操作等录屏式微课程相比，前者收获的关注更多。没有老师的现场感和亲切感及监督，学生自主学习能力减弱，学习一段时间后也容易分神。因此，中国式微课程可以走"折中"路线——教师头像可以在片头片尾出现，中间偶尔出现，重要内容时可以出现，小结时也可以出现，甚至教师头像的画面位置和大小都是可以设置的。

4.善于制造一对一的感觉

教师都习惯于教室的教学气氛——黑板/大屏幕、教鞭或激光笔、站在讲台上、走来走去、学生全部面向教师，甚至安排一些学生假装当听众来提起讲课的兴致。但数据分析表明，这种在教室/演播室配置昂贵设备录制的视频，在吸引力上其实不如更低成本的私人录制方式。教师坐着面对镜头，背景就是办公室，像在做单独辅导一样地讲课，效果是最好的。这里的关键点就是让学生有一对一的感觉。

5.合理选择录课设备很重要

可汗学院的视频是典型的手写笔（板）应用，所以有学者干脆将这种视频称为"可汗风格"。统计表明,与传统单纯的录屏式微课程相比,学生更愿意在可汗风格的视频中投入 1.5 倍~2 倍的时间。老师边讲边画,确实很像一对一讲题的感觉。或者在一片白板 / 黑板上用板书讲课,或者在 PPT 上勾画要强调的内容,手写笔的效果远胜过鼠标单一的指示与播放,它让学生很清楚地知道该看哪里,并忠实地跟着老师的思路同步思考,从而实现学习过程思维的可视化。

微课程是伴随教育信息化发展的一种全新的资源类型与表现形式,对于提升基础教育信息化的综合效益具有重要意义。

七、形成自己的教学风格

美国田纳西州有一位秘鲁移民,他在此拥有 6 公顷山林。在美国西部掀起淘金热时,他随大潮变卖家产举家西迁,在西部买了 90 公顷土地进行钻探,期望能找到金沙或铁矿。可 5 年过去了,他不仅没找到任何东西,最后连家底也折腾光了。

当他落魄地回到故地时,发现那儿机器轰鸣,工棚林立。原来,被他卖掉的那个山林就是一座金矿,新主人正在挖山炼金。如今这座金矿仍在开采,它就是美国有名的门罗金矿。

一个人一旦丢掉属于自己的东西,就有可能失去一座金矿。在这个世界上,每个人都潜藏着独特的天赋,这种天赋就像金矿一样埋藏在我们看似平淡无奇的生命中,关键是看你能不能脚踏实地地发挥自己的长处,去经营自己的人生。那种整天羡慕别人的活法而邯郸学步的人,那种总认为财宝埋在别人家园子里的人,是挖不到金子的。

1. 形成教学风格是优秀教师的共同追求

雨果说过:"没有风格,你可以获得一时的成果,获得掌声、热闹、锣鼓、花冠、众人陶醉的欢呼,可是你得不到真正的胜利、真正的荣誉、真正的桂冠。"优秀教师之所以出名,主要原因之一,是他们经过若干年的教学研究和积累,形成了个性化的教学风格。教学风格,是教师在教学过程中自然表现出来的一种稳定的教学风貌和特点。虽然同为语文教师,但下列优秀教师的教学风格迥异:

于永正老师,他的课堂形成了"五重"特点:重感悟、重积累、重情趣、重迁移、重习惯，体现新、实、活、疑、爱、情、趣、美的教学风格。

孙建锋老师，他的课堂与时俱进，彰显扎实、灵活、创新、诗情、人文、激情、幽默的艺术风格，他常常把语文课上到学生心里去，给人以强烈的震撼。

王崧舟老师，他主张语文应该是精神的语文、感悟的语文、儿童的语文、生活的语文、民族的语文。他提出语文教师要为学生的语言与精神的协同发展而努力，让学生诗意栖居语文的课堂。

薛法根老师，他认为语文因生活而灿烂，课堂因生命而精彩，教学因生成而美丽。他提倡简单地教语文，轻松地学语文，因此他的教学风格简单而实在。

教学风格是一个老师区别于其他老师的标志。哪怕教同一学科，上同样的课，不同的老师呈现的课堂印象是不同的。雕塑艺术家罗丹曾说过："艺术中，有风格的作品，才是美的。"其实，在教学中也可以这么说，有风格的课堂教学才是美的，有风格的教师才是有魅力的。教学风格是教师在教学上成熟的标志。

教学风格的形成是一个漫长的过程，来不得急功近利和半点浮躁。从成功者的案例及长期的实践来看，要从以下几个方面努力，有目的、有计划地去追求。

（1）要修炼自己的人格魅力。风格就是人格的外在体现，塑造风格首先是塑造人格、完善人格。形成风格的过程是塑造人格的过程，在完善人格的过程中去努力提炼和形成风格。教师人格的核心是爱和责任，一切为了学生，对学生的成长负责。

（2）要形成自己正确而坚定的教育思想。教学风格的独特性，首要的是教育思想的独到。教学风格必须用教育思想来支撑，不同的教学风格是不同教育思想引领下教学改革探索和实验的结果。

（3）要善于分析自己、总结自己、提升自己。世界上没有两片完全相同的树叶，同样，世界上也没有风格完全一样的两个人。教学风格是教师的独特性在教学法上的全面反映，它因教师的学识、修养、兴趣、特长等的不同而各异。形成教学风格，要善于分析自己的"独特性"，善于分析自己的特点和优势；分析自己的气质类型，承认气质类型对风格形成的基础性作用；分析自己的知识背景和知识结构的特点，以此探索教学风格的特点；分析自己的教学经验和教学特点，坚持从教学方法改革入手，扬自己所长，并对自己的所长加以概括和提炼。

（4）要不断丰富自己的教学风格。丹纳说："一个艺术家的许多不同的作品都是亲属，好像一父所生的几个儿女，彼此有显著的相像之处。"教师的这堂课与那堂课，虽然内容不同、学生不同，但他的风格应是统一的。成熟的教学风格不是偶尔为之，而是相对稳定的，稳定性是教学风格的又一重要特征。

2. 教学风格形成的几个阶段

有专家认为，一种教学风格的形成要经过以下几个阶段：

（1）入格。入格是教学风格形成的起点。这一阶段最突出的特点是模仿，包括他人的教学语言、表情、教态和板书等的学习运用。在"入格"的过程中，模仿必须注意高标准，严要求，善于琢磨思考，得其精髓。

（2）立格。模仿达到相当熟练的程度后，教师通过自己的思考，刻苦锻炼教学基本功，逐渐做到把别人的经验"为我所用"，开始用自己的语言、表达方式和方法来探索性地进行教学，迈出建构自己独特教学风格的重要一步。这时，教师基本上已经摆脱了完全模仿，开始走出别人的"影子"，逐步建立自我形象。要实现从"入格"到"立格"的转变，应做到以下两点：一是学思结合，在模仿别人教学的过程中，多加思考，抓住其教学风格的精髓；二是学用结合，把模仿与运用大胆创新结合起来，努力做到学以致用、活学活用。

（3）破格。立格之后，教师在进行独立教学的基础上，开始能够结合自己的个性特征，进行艺术加工，以自己的某种特长为突破口，定向发展，逐步形成自己的教学特色，使教学进入个性化阶段。这时，教师的教学从内容理解到教学方式、方法，都有自己独特的东西，对自己和别人的教学，也有所创新和突破。"破格"意味着教师自己的教学风格既来自于他人而又有别于他人，同时也意味着"青出于蓝而胜于蓝"，是对他人教学风格的一种超越。

（4）无格之格。这是教学风格的最高境界，也标志着教师已成为一名成熟的教学艺术家。这时，教师的教学已经不拘一格、一式、一法，达到了炉火纯青的地步。俗话说"教学有法而无定法"。齐白石先生也说过"无法之法乃为至法"，对于教学风格同样适用，"无格之格乃是至格"，这也是教师的毕生追求。

相关链接：

教师的时间从哪里来

◎【苏联】苏霍姆林斯基

一位有 30 年教龄的历史教师上了一节公开课，课题是《苏联青年的道德理想》。区培训班的学员、区教育局视导员都来听课，课上得非常出色。听课的教师们和视导员本来打算在课堂进行中间写点记录，以便课后提些意见的，可是他们听得入了迷，竟连做记录也忘记了。他们坐在那里，屏息静气地听，完全被讲课吸引住了，就跟自己也变成了学生一样。

课后，邻校的一位教师对这位历史教师说："是的，您把自己的全部心血都倾注给自己的学生了。您的每一句话都具有极大的感染力。不过，我想请教您：您花了多少时间来备这节课？不止一个小时吧？"

那位历史教师说："对这节课，我准备了一辈子。而且，总的来说，对每一节课，我都是用终生的时间来备课的。不过，对这个课题的直接准备，或者说现场准备，只用了大约 15 分钟。"

这段答话开启了一个窗口，使人窥见了教育技巧的一些奥秘。像这位历史教师一样的人，我在自己的区里只知道有三十人左右。他们从来不抱怨没有空闲时间，他们中间的每一个人，谈到自己的每一节课，都会说是终生都在备这节课的。

怎样进行这种准备呢？这就是读书，每天不间断地读书，跟书籍结下终生的友谊。潺潺小溪，每日不断，注入思想的大河。读书不是为了应付明天的课，而是出自内心的需要和对知识的渴求。如果你想有更多的空闲时间，不至于把备课变成单调乏味的死抠教科书，那你就要读学术著作。应当在你所教的那门学科领域里，使学校教科书里包含的那点科学基础知识，对你来说只不过是入门的常识。在你的科学知识大海里，你所教给学生的教科书里的那点基础知识，应当只是沧海之一粟。

一些优秀教师的教育技巧的提高，正是由于他们持之以恒地读书，不断地补充他们的知识的大海。如果一个教师在他刚参加教育工作的头几年里所具备的知识，与他要教给儿童的最低限度知识的比例为 10：1，那么到他有了 15～20 年教龄的时候，这个比例就变为 20：1、30：1、50：1。这一切都归功于读书。时间每过去一年，学校教科书这一滴水，在教师的知识海洋里就变得越来越小。这里的问题不仅在于教师的理论知识在数量上的增长，数量可以转化为质量：衬托着学校教科书的背景越宽广，犹如强大的光流照射下的一点小光束，那么为教育技巧打下基础的职业质量的提高就越明显，教师在课堂上讲解教材（叙述、演讲）时就能更加自如地分配自己的注意力。例如，教师在讲三角函数，但是他的思路主要不是放在函数上，而是放在学生身上：他在观察每一个学生怎样工作，某些学生在感知、思维、识记方面遇到哪些障碍。他不仅在教书，而且在教书过程中给学生以智力上的训练。

教师的时间问题是与教育过程的一系列因素密切相关的。教师进行劳动和创造的时间好比一条大河，要靠许多小的溪流来滋养它。

点亮我们的心灯：寻求日常教育生活的突破

◎刘铁芳

我们行动的依据来源于理念，现实在理念中生成，理念赋予现实以和谐的形式，理念高于现实。理念高于现实强调的是人的主体性，也就是强调作为心灵主体的能力。教育作为有灵魂的实践正在于教育实践主体内在理念的引领。理念高于行动，哲学思考的魅力，正在于启迪个人的内在理念，以理念引领个人的实践。与其诅咒黑暗，不如点燃我们的心灯，点燃我们内心的理念之光。把自己的心灯点燃，可以照亮自己，可以照亮身边最贴近的人。虽然我们不足以改变世界，但我们可以改变自己。

历史上诸多的教育家们，他们的心灯照亮他们生逢的时代。回望现代中国教育的历史，那些杰出的心灵，王国维、陈独秀、蔡元培、胡适、陶行知等等，他们的行动充满着人性的温情。他们的心灯摆在合适的位置，被很多人看到了，正如《圣经》上说："人点灯，不放在斗底下，是放在灯台上，就照亮一家人。"灯要放在台子上，才能照得更远。对于我们而言，要把灯摆在合适的位置，可能有很多偶然性，所以最重要的是把心灯点亮。

早在 20 世纪 20 ～ 30 年代，杰出的先贤们点燃自己的心灯，赋予学校、教育以生动的精神。像浙江上虞白马湖畔的春晖中学，就是其中杰出的典范。春晖中学很多的建筑，同样深情地烙上了那些杰出的灵魂的印记。夏丏尊把自己的房子命名为平屋，就是认为自己是平凡的人。他们就是在学校的命名、建筑的命名中，用自己的内在理念伸展出乌托邦的教育空间，让我们感受到教育的美好，让我们明白，学校原来还可以这般，充满着生命的、文化的、理想的气质，洋溢着爱、美、自由。他们以个人杰出的灵魂改变了学校存在的本质，提升了学校存在的高度，甚至可以说提升了那个时代的教育品质。他们那个时代难不难？难道不比我们今天难？但他们身在其中却弦歌不止，精神依然卓杰，在这样艰苦的环境中成长为20世纪最杰出的人才。学校的灵魂从何而来，来源于校长、教师，来源于蔡元培、胡适、经亨颐、夏丏尊、朱自清，来源于他们内心，来自于他们高贵的灵魂。

反观当下的教育，尽管充满着令人炫目的各种成就，但繁华之中难以掩盖内在精神的贫困，这个时代有太多"内心空洞的表演"，我们也早已习惯于生活在表演与观看表演之中。我们经常是认认真真地完成任务，导致我们作为教育人内心的空洞，这种空洞是难以用忙碌来填补的，我们的忙许多时候还在加重这空洞。凭什么来填补？就是爱，爱是基础性的质素，是填补内心空洞的最重要的尺度。爱有两种基本存在姿态，一种是无对象的爱，一种是具体的爱。我们更习惯于看得见的爱，缺少的是超越性的爱，是不爱什么东西的爱，这种无条件的爱，它跟对象无关，它关涉的不是别人，而是我们自己的内心。爱乃是表明我们作为积极的存在。爱有三种形式：溺爱，这是占有型的爱，始终把爱的对象置于个人的手掌心；放纵型的爱，其实就是不管；解放型的爱，是让被爱者成为独立的自我，成为健全的人，知道自己该做什么，该拥有什么样的人生。爱是至关重要的，在爱之上还有责任，我们需要担当自己的责任，而不是逃避，来显现自我对平庸的超越。

今天的教育需要学生的感动，唯有如此，教育才能贴近他们生命的深层；也需要我们自己感动，唯有如此，我们才能真正地投入其中。但仅有感动是不够的，感动之后还要有健康的人生，成为健全的自我。感动而不能伤感，要展现人性的阳光的一面。这同样是我们的教育所缺乏的，那种东西是来源于人性自然。我们需要以阳光的人性来启迪阳光的人性。不管个人遭遇如何，一旦与孩子相遇，我们就应尽可能地把内心的阳光传达给他们，从而启发他们的心灵世界，给他们奠定阳光人生的基础。我一直记得安南说的一句话，"与其诅咒黑暗，不如点亮光明"。我们在抱怨周遭世界的同时，更应该释放自我人性的力量。

现成体制下谈论日常教育生活的突破，突破的路径在哪里，起点又在哪里？也许，我们没有办法改变世界，但我们可以举起心灯，照亮自己，走出伤感的自我，走向阳光的自我。点燃心灯后怎么办？也许会被湮灭，但难道我们就不会在铁屋子中找到一片亮光？正是这样一种精神的、生命的历险才足以体现生命的价值，体现人性的尊严。

寻找个人教育实践的改造，基本的原则是什么？在我看来，很好地表达乃是钱理群先生所说的"想大问题，做小事情"。所谓想大问题就是一定要从更大的视线中把握当代教育的生存问题，同时寻找这个时代教育的大的出路。不是简单的对症下药，今天的时代需要有大胸怀、大气魄。但同时，我们要行动，就只能做小事情，从小事着手，一点点改变课堂，改变学校，改变教育。比如说命名，学校、宿舍、教学楼可否起个优美的名字？改革的面越大，遭遇的阻碍就越大。只有一点点绵延而进，教育改革才能有真正的希望。恰如鲁迅先生所言，那走在最后的乃是民族的真正的希望。因为真正的改革需要的乃是韧性的坚持。从日常生活的改善开始，把教育改革的出路落实到日常教学的一点一滴，我们的教育需要的不是咒骂，而是建设，好比田里的禾苗，不是骂杂草长得多么茂盛，而是把苗长起来，从大处着眼，从小处着手，理念先于实践，宏大的理念一点点生长为实践的肌体。

点燃我们的心灯，点燃人性的力量，我们就能在日常教育生活的琐碎与平庸中找到突破的可能，把内心的教育之光传达给世界，传达给我们伸手可及的人们。当我们这么做时，感受到这种幸福时，跟别人的评价没有任何关系。我们每天辛勤耕耘，不是做给别人看的，而是来源于我们内心的力量。也许，这就是反思日常教学的根本意义之所在。

第五章 重视科研

林崇德教授在他的书中写有这样一句话:"人民教师在教育教学的同时如果能够投入教育科学的研究,既能出一些论文,也能够探索一些教育规律,必然能够当教育的骨干,必然能够上升为教育的专家,成为研究型的、专家型的、学者型的人民教师。"

一、学会教学反思

特级教师于永正说:"认真写三年教案的人,不一定成为优秀教师;但认真写三年教学反思的人,必定成为有思想的教师,说不定还能写出一个专家来。"

反思即内省,就是对自己过去的思想、心理感受的思考以及对自己体验过的东西的理解、描述、体会和感悟。教学反思是指教师在教学过程中通过教学监控、教学体验等方式,辩证地否定(即扬弃)主体的教学观念、教学经验、教学行为的一种积极的认知、加工过程。教学反思具有实践性、主体性和创造性的特点。实践性是指教师职业成长是通过教师主体认知因素的参与和非认知因素的参与;创新性是指教师通过不断地怀疑自己、否定自己并进而超越自己而言的。教学反思的过程,即是教师全面发展的过程。

教学反思对教师来说是一种有益的思维活动和再学习活动。一个优秀教师的成长过程中离不开不断地教学反思这一重要环节。教学反思可以进一步地激发教师终身学习的自觉冲动,不断地反思会不断地发现困惑,"教然后知困"不断发现一个个陌生的"我",从而促使自己拜师求教,书海寻宝。学习反思的过程也是教师不断超越自己、人生不断辉煌的过程。

1. 教师的自我反思是"教学创新"的动力

(1)教学反思赋予教师自我发展和自我创新的权利和机会。无论是教师自我发展,还是学生成长,都要靠教师在教育实践中及有目的实践活动中来创造和完成。这表现为教师对自身教育生活无限可能性的发现、挖掘和实现，表现为教育活动本身的创造性。正是教育生活的创造性才使教师的人生意义不断发展，才使教师的教育生活变得丰富而充实。

（2）教学反思是教师对教育理论进行合理的再加工过程。教师在教育教学实践中，在已有经验和理论体系中，对理论知识是否适合自己的实践范畴的质问，即"创新"。创新的过程，就是在已有教育理论体系和已有经验上进行反复加工再造的过程。

（3）"教学创新"使反思型教师与经验型教师产生了区别。"经验型教师"成长的"彻底性"是无法抵上"反思型教师"的，只有在反思后的实践才会使经验成为教师学习的资源。教师的经验好比法宝，开启的钥匙就是反思。

2. 教师的教学反思是教师形成教育智慧的必备途径

（1）反思可以培养教师的问题意识和批判性思维习惯。反思，能让教师从稍纵即逝的现象中捕捉问题，培养自己的问题意识。反思，让教师在实践中能够养成"发现问题——提出问题——探究问题——讨论问题"的思维习惯，使教师批判和研究的意识贯穿到日常具体的教学工作中。

（2）教师可以通过反思，寻找新的研究范式组建自身的理论体系，并向教育智慧迈进。优秀教师或专家型教师对教学情境具有敏锐的观察力与判断力，对问题的分析更为清晰和透彻，解决问题的方法和策略更具有独创性、新颖性和恰当性，拥有丰富的"实践智慧"。这些实践知识和智慧是经过教师长期教学实践而获得的，并且是与时俱进、不断发展的。而新教师要获得实践智慧，除了专家、老教师点拨之外，还要通过自身的教学实践和自我反思。

从某种意义上说，当教师对习以为常、见怪不怪的教育现象或事实追问"何以如此""将该如何"等时，也就意味着教师对教育教学进入了研究状态，也可以说教师以"思考"的目光审视校园，以"探究"姿态从事教育，以"反思"的襟怀走进课堂时，就已经具有了"研究者"的特质，从而迈入了理论的殿堂，进而获得教育智慧。

教师怎样进行教学反思？

1.强化理论学习，暴露"困惑点"，进行教学反思

强化理论学习，有助于提升教师的思想观念、理论水平和实践水平，能使教师高屋建瓴，时刻指导与反思自己的教育实践，激发教师思维活力和对教育问题的批判。学习理论的过程，就是暴露"困惑"的过程，引导反思的过程，寻求答案的过程。教师只有不断汲取教育教学的理论源泉，勤于思考探索，才能从低层次、浅水平、多重复的教学困惑中走出来。我们可从以下两方面入手：

（1）学习新课程标准，反思自己的"角色"定位。

（2）学习新的教学理论，反思自己的"教法"陈旧之处。

2.注重案例研究，寻找"局外点"，进行教学反思

案例最具可思可学性。观摩其他教师的课，可以反思自己的教学，这种"寻找局外点"，进行教学反思具有对比性，更能促进教学的发展。实践中，可重点做到提供单一课堂案例。一个人对某个问题百思不得其解，通过对话，思想碰撞，就可能茅塞顿开。我们以教研组为单位组织教师每周观摩一节课，并要求教师从以下几方面进行思考：

（1）执教者的情感投入如何，问题的设计如何，学生回答问题和教师的评点如何，教师对教材的使用如何，现代教学手段的运用如何，教学效果如何，三维目标实施情况如何。

（2）举行"同课异构"活动，提供对比案例，让更多的教师来观摩，在此基础上引导教师进行评价，并思考"这节课让我来上，我会注意哪些环节"。

3.狠抓课堂教学，针对"习惯点"，进行教学反思

不少教师总是习惯于从自己的经验模式中寻找解决问题的方法，即使外部条件发生了变化，他们还是自觉或不自觉地将新的教学现象和问题，纳入原有的经验框架里，在原有的经验世界中寻求解释，课堂教学变化不大。这些"习惯点"，更是教师应深入反思的地方。我们可做好三点：课前反思——充分了解学生了吗？课中反思——教学过程是否高效有序？课后反思——总结教学得失了吗？

4.关注教育事件，针对"突发事件"，进行教育教学反思

教师要反思教育教学中的突发事件，强化对教育事件的研究，通过与学生交流让学生发现问题、培养能力、学会做事，生成态度、情感、价值观，并确认自己的存在价值，促进学生成长。

二、个人教育博客

21世纪，是一个知识的时代，一个网络的时代，一个信息化的时代，知识的更新换代周期越来越短。随着网络的迅猛发展，博客技术的推广和利用越来越受到社会的关注。近年来通过博客工具来进行交流学习，已经成为一种趋势和时尚。

社科文献出版社的《传媒蓝皮书》显示，中国博客2007年接近1亿，目前中文互联网领域的博客站点已接近3700万个，博客人数达到1600万。教师博客是教师利用文字、多媒体等方式，将自己日常的生活感悟、教学心得、教案设计、课堂实录、研究成果、课件等上传发表，形成属于个人的资源积淀，成为支持教师隐性知识显性化的重要途径，这一巨大的写作群体和阅读群体呈现在博客平台之上，为教师的"二次成长"提供了契机。

我国许多教育名家，如朱永新、李镇西等，正是运用这一平台，有效地传播了他们的教育思想和教育智慧，既迅速地提高了他们的知名度，扩大了他们在教育界的影响力，也为推动我国的教育改革与发展，做出了更大的贡献。为了紧跟时代步伐，把自己打造成一个适应新世纪教育的研究型、思想型、学者型名师，创立与阅读教育博客已经成为发展的必然。

1.教育博客的特性

（1）自主性。过去，一线教师较少有发表观点、发表文章、表达心声的机会和渠道。教育博客给了"草根阶层"的一线教师以成长和发展的发言权。教师在自己的博客中可以自主叙说自己的故事，表达自己的困惑，发表自己的观点，展示自己的成果，调整自己的情绪。教师撰写博客，并不是完成行政部门或者学校领导外加的工作任务，而是源于自身内心需要的一种自发行为，是教师成长发展的一种自主的自觉的行为方式。

（2）个性化。只有在个性得到尊重的时候，教师才能产生成长的积极性和创造性。博客是教师自由耕耘的一块田地，博客的写作方式比较自由，可以是随笔、论文、案例、故事、方案、摘记、图片、视频等；博客的写作环境相对宽松，教师可以畅所欲言（特别是匿名博客），毫无拘束地自由表达自己的思想和观点，不必顾及他人（特别是领导和专家）的评价和指责。正是在这样的平台上，教师找到了精神自由和个性张扬的空间，可以尽情展示自己的个性，形成自己的思想。

（3）交互性。借助网络技术的传播功能，教育博客可以在更广的时间和空间背景下，与不同地域的教师群体进行广泛交流。这种网络交流比面对面的言语交流和借助纸质媒体的文本交流更加方便、快捷，选择性更强。更为重要的是，交流的双方乃至多方，在地位上是绝对平等的，因而使教育博客的交流始终充满了生命活力。博客的交流还是博友共同分享的过程，是教师相互之间从信息共享深化到教育资源共享、教育思想共享、教育生命历程共享的过程。

2. 教育博客与教师专业成长

教育博客作为网络教研的重要形式，是对传统教研的继承和创新。它基于传统教研，又突破了传统教研的时空限制，实现了对传统教研的有效补充和拓展，为教师的专业成长开辟了一条有效的新途径。

（1）教育博客为教师开辟了新的读书途径。博客作为"信息时代的麦哲伦"，它为我们提供了一个虚拟的信息交流世界，更为我们的终身学习搭建了一个广阔的平台和通道。读书和博客的结合是信息时代的强强联合。博客信息储存量巨大，更新快速，具有很强的个性化特点，不论是先进的教育理念还是有效的教学方法都能在其中找到。他山之石，可以攻玉，只要通过简单的网络操作，教师就能用有限的时间和精力通过自己阅读积累，或转载他人阅读成果，或整合不同读书心得等方式进行学习，从而加速教师自身的成长，真正达到"小博客，大天地"的境界。

（2）教育博客为教师提供了展示自我的舞台。教师的工作相对独立、封闭，除了在三尺讲台上展示魅力之外，似乎没有更多的空间可以发挥自己的才华，而很多教师除了是个很好的教导者之外，可能还是富有才情的诗人，是有天赋的小说家，是多才多艺的社会理论家……然而在日复一日的烦琐工作中，在来自学校、家长诸方面的巨大压力下，很多人的才艺得不到展示，他们的热情往往也随才艺一起被磨灭。

然而，教育博客的出现，像救世主般地为这些才华横溢而苦于无用武之地的教师开辟了一个展示自我的舞台。在这里教师们可以畅所欲言，倾诉心中的困惑与烦恼，平时在生活中不被人理解的事情，在这里可以找到"我所说的，终于有人懂"的知音的喜悦；在这里教师们可以尽情地让才思随个性飞扬，让思想迸发出创新的火花，像歌里唱的那样"想唱就唱，要唱得响亮"；在这里教师们可以在自己的空间里尽情挥洒自己的才艺，不会有平时不被人欣赏和喝彩的失落；在这里总可以找到志同道合的朋友，总能得到鼓励的掌声和欣赏的目光。

（3）教育博客为教师创设了交流和共享的平台。博客的先驱者给博客定下的精神是"自由表达、开放宽容、个性张扬、专业"。因此，博客的重要功能之一就是交流与共享。而教育博客的出现既打破了现实与虚拟的界限，又创造了一种与现实保持一致的交流形式，它顺应了作为"人"的社会性交往的需求，架构了跨越时空的信息技术支撑的学习环境。

教育博客是课堂教学的延伸和拓展，教师在新课程的教学实践中每天都会遇到一些问题，渴望得到及时的指导。但相对于教师在教学中遇到问题的即时性、情境性，我们的教研指导总是滞后的。教育博客为及时回应教学问题、提供专业引领提供了可能。这里有很多一线优秀老师宝贵的教学经验和独特见解，还有著名教育研究者的探究结果，这些不像理论著作那样一味是枯燥的说教，而是一些具体可行的实践指导，这是一大笔宝贵的财富，比任何教科书都来得实在，这些都可以使教师在现实中少走很多弯路。尤其是如此近距离地接触一些优秀的教师，他们独特的见解，他们对教育的执着与热爱，使我们有了参照学习的目标。

教育博客为我们提供了丰富的教育资源，它能帮助广大教师寻难解惑，通过它共享到别人先进的理念和有效的方法，和他人沟通和交流。教师能在信息平台上找到共鸣之处，取长补短，让自己短时间内得到快速地成长。

（4）教育博客让反思成为一种习惯。传统的反思基本上是以日记或者笔记的方式进行记录，这样的反思相对封闭，只能供个人使用，特别是对于自己在教学中遇到的难题或提出的困惑不能得到及时的解决，使反思变成闭门造车的一种形式，这样的反思自然达不到理想的效果，从而影响教师成长的速度。而教育博客却能在传统反思的形式上扬长避短，它能让教师在自己的空间里发表在教学过程中的任何问题，也能把自己对于解决某种问题的独特见解进行阐述，让更多的和自己有同样问题与困惑或对这个问题同样感兴趣的博友一起参与进来，大家一起探讨一起解决。所谓"三人行，必有我师"，这样反思就再也不是某一个教师个体的思考，而是众多教师共同的经验总结。教育博客就像一把可以开启十万个为什么大门的钥匙，为每位教师答疑解惑。我们既是困惑者，又是解答者，当一扇扇大门在我们的努力和思考中不断打开的时候，我们收获的不仅仅是成功的喜悦，更多的是体验和尝试的快乐。渐渐，反思就成了我们生活的一部分，它带领着我们成长，给我们指引方向。只要打开它我们就可以看到自己前进的脚步，我们能清楚地看到自己的成长和进步，久而久之它就会成为我们人生中重要的宝藏。

教育博客改变着我们的生活，让教学的道路不再孤单，为教师的成长指引了一条通往成功的大道，是广大教师的良师益友，让教师抒发自我、展示自我、提升自我，在教育博客的世界里做一个快乐、努力、有个性的教师。

三、开展教学研究

著名特级教师魏书生曾是一名下乡知青，任教之初只有初中学历，但正式任教仅6年便被评为特级教师。他在《漫谈边教学边研究》一文中揭示了取得成功的秘诀，那就是"边教学边研究，从科研的角度来认识教学"。人们从事某项劳动，大致有两种方式：一种是重复式，一种是科研式。比如工人造机器，农民种庄稼，重复式的劳动就是只沿袭前人，沿袭自己的昨天，循规蹈矩，一成不变，日复一日，年复一年。这样做，劳动效率当然只能今天和昨天一样，昨天和去年一样，谈不上提高，劳动者本人心里也会感觉很累，感觉枯燥无味、疲乏厌倦。科研式的劳动者总是千方百计地从旧中看出新来，千方百计地想比昨天干得更巧、更好、劳动效率更高。从科研的角度来看，就常觉得：今天讲课要比昨天有新的突破，语言要比昨天更吸引人、更有感染力；表情要比昨天更使人愿意接受；姿态要比昨天更自然；板书要比昨天更富启发性；

和学生的感情要比昨天融洽。做不到多方面比昨天强，就做到一个方面中的某一小点，这样嘱咐自己去上课，精神上就感觉很愉快，就总觉得有新的值得研究的课题。正是这种以研究的态度与眼光来对待每天的工作，使他始终处于发现和创造的激情中，始终处于体验与享受教育教学的幸福与快乐中，职业道德更为坚定，专业精神也不断丰盈。

魏书生老师的经历和体会告诉我们：凡是有较强研究意识的教师，与其他人相比，他们的成长速度更快，职业境界也更高。

"教而不研则浅，研而不教而空。"研究不是简单的方法，而是一种意识、态度，是教师主体意识、主体精神、社会责任感的重要体现。它是一种自觉的教育精神，是教师成长、发展的同义词。

教师的职业生命在课堂。因此，作为中小学教师，应该以课堂教学研究为重点，在教学中研究，在研究中教学，实现教师与学生的共同成长。教师的教学研究有以下一些特点：

1. 备课是一种策略研究

认真备课，做好教学设计是上好课的关键。学校对教师的检查，也常常把认真备课视为最重要的评价内容。从某种意义上说，备课是一种策略研究或决策研究，教师需要从以下几个方面去努力：

一是要了解课标。国家课程标准是教材编写、教学、评估和考试命题的依据，教师只有对课程标准深入了解之后，才能把握学科目标，才能使用好教材。二是要研究教材。教材是教师教学、学生学习的主要材料，教师要钻研教材，树立教材意识。教师对教材总的框架或编排体系要认真钻研，把握每一堂课的教学目标及重点。备课时，教师应反复研究教材，大胆改革教材中的不合理因素，充实教材内容，使它切合学生的实际，适应教学的需要。三是要熟悉学生。熟悉学生是备课要吃透的"另一头"，是提高教学方案可行性、针对性和提高教学效率的保障，是备课的重要工作之一。备课时把学生的现状和潜能了解清楚了，才能把教学目标定位于学生的最近发展区——让学生"跳一跳摘到果子"。学生是成长中的人，是发展变化的人，教师要了解自己的学生，了解他们的特点，了解他们的知识掌握情况，了解他们的学习习惯、学习方法以及思维方式，只有对学生充分的熟悉和了解，才能组织开展有效的教学。四是熟悉环境。现代课程论认为，课程不仅仅是教材，而是由教材、教师、学生、环境四个要素构成，是这四个要素之间持续交互作用的"完整文化"，因此，备课时，熟悉了解环境至关重要。"环境"包括教育情境、人际关系（师生、生生关系）、学习氛围、学习习惯、教学设施设备等。备课时，综合考虑这些环境因素，以采取相应的教学策略，避免盲目性。

备课方案应当是开放的，或应预设多种方案。教学过程具有极强的现场性和随机性，学习的状态、条件等随时会发生变化，教师在教学中需要开放地接纳始料未及的信息，结合具体的教学环境选择教学方法和手段，调整预定的教学环节和步骤，并根据执行过程中获得的信息不断修正和改变教学方案，或依据教学现场的实际特点而动态生成新的教学方案。

2. 上课是一种临床研究

上课是整个教学工作的中心环节，是教师教和学生学的最直接的体现。一堂好课的基本标准是学生注意力集中，思维活跃，积极参与，全体学生均得到照顾。但是，很多教师易出现的问题是：只关注自己的教学，忽视了学生的学习；只关注自己的教学任务是否完成，忽视了教学效果；只会依据计划按部就班的实施，无法按实际情况作相应的调整。教师应以研究的姿态从事教学，上课时要多关注一点学生的学习情况，要善于激发学生的学习动机，引导学生积极主动地参与到学习活动中，如精心创设问题情境；充分利用反馈与评价作用；科学地运用激励措施；合理地开展学习竞赛活动。教师在教学中要多考虑课堂中的实际效果，同时要具有一定的教育机智。如循循善诱，因势利导，灵活果断，随机应变等。当自己的教学目标与课堂的实际效果发生偏差时，当课堂气氛变得沉闷或局面失控时，能及时做出判断，调整好自己的教学进度或教学方法。教师要把上课作为一种富有挑战性、创造性及实验性的事情去做。

教师的专业成长归根结底要靠实践。上课是教师工作中最重要的实践，教师要认认真真上好每一节课，每学期有意识地、有重点地精心准备三到五节课。这精心准备的过程必会促进教师教学水平的提高。在工作中，教师要努力形成备课充分，上课高效，使学生作业负担减轻的良性状态。教师要积极争取上公开课的机会，积极争取参加教改实验的机会，因为这样不仅增加了自身的压力，而且会获得更多的指导、批评、建议，得到更多的锤炼机会。

3. 听课是一种比较研究

为师，从听课开始。操千曲而后晓声，观千剑而后识器。许多教师就是听其他名师的课，站在巨人的肩膀上而成为名师的。"独学而无友，则孤陋而寡闻。"独教而不互相听课，相互交流，同样会使自己见少识浅。教师参加听课要做到：看别人的课堂，想自己的课堂；走进别人的课堂，改进自己的课堂。听课是教师相互交流、相互学习和促进教师自我提升的重要途径。教师应把听课视为一种比较研究。那么，如何让听课更加有效呢？

（1）课前的"有备而来"。教师听课前必须有所准备，首先，了解上课教师所讲授的主要内容；其次，认真研读本节课的重点、难点；最后，形成自己对本节课的教学设计。有备而听才会有所收获。

"凡事预则立，不预则废。"如同要先备课后上课一样，你要先备课后听课，准备充分，就像自己上课一样去准备要听的课，像自己上课一样去预想教与学可能出现的问题以及应对问题的办法后再去听课。这样，执教者的优劣高下、成败得失你就一目了然了。比如，事先了解听课的年级、课题、开课目的等，然后研读课程标准、课题、教参以及相关资料，再想一想"假如我上这课，我会怎么做""假如在我的课堂，可能会遇到什么问题""我期待看到哪方面的精彩表现"等，经过这样一番精心准备，再走进别人的课堂，就会"一切尽在不言中"。余文森教授比喻说："听课前不准备，听课中不记录，听课后不思考，就像天天回家爬楼梯，爬了一辈子也不知道有几级。"

（2）课中的"品头论足"。教师做好足够的准备走进课堂，由于心中有数，因而对信息的敏感度就会明显增强；在听课的过程中，对教学原则的把握、教学艺术的运用、组织教学的技巧以及师生的互动交流等，都可以有自己独特的见解；在听课笔记中，可以创设"三路一体"的格局，以此承载听课过程中的认识和思考。

一是"教路"。听课者主要观察、记录执教者组织引领教学的活动过程。在这一视角中，听课者不仅要明晰执教者课堂教学的整体思路，而且还要重点审视突破重点、难点的方法和切入口，并及时记下自己思考的痕迹。

二是"学路"。在听课过程中，听课者不仅要观察学生的参与状态，关注学生的情绪状态，而且要关注生生互动、师生互动的频率和密度。

三是"文路"。听课者主要观察执教者如何引领学生走进文本、读懂文本，在探索的过程中习得知识、技能和良好行为习惯。

四是"媒体"。知识的呈现方式多种多样，应以哪一种方式呈现，在什么时候呈现，能解决什么问题，突出什么重点，突破什么难点，都有一定的讲究。听课者都要认真揣摩其中的门道，捕捉其中的不足，及时记载听课的体会和感受，为交流听课体验奠定基础。

在听课过程中"品头论足"，并不是消极意义上的挑剔，更不是无原则的褒奖，而是在听课过程中品味、琢磨、反思、交流，使听课笔记中的"三路一体"成为引领教师关注教学过程的指向标。只有这样，听课者才会从茫然中走出，从盲目中清醒。

（3）课后的"说长道短"。在听课笔记本上，还要设置一个"说长道短"的平台。在这个平台上，听课者围绕课堂教学活动中的"教师的教"和"学生的学"进行科学、中肯的评价，在"说长"的栏目中，要突出执教者在一节课中最耀眼的亮点，进行片段赏析，以此发现执教者的长处；在"道短"栏目中，要重点评价教学中的不足，可以以实录的形式呈现教学过程中的某一环节，然后谈自己的认识、思考和建议。

4.评课是一种诊断研究

听课后，就要评课。听课者要对所听的课做深入细致及实事求是的分析。教师要把评课看作是一种诊断式研究。

（1）师者，将随评课而出彩。有人把老师上课形象地比作"画龙"，把评课比作"点睛"，"龙"因"睛"而腾飞，道出了评课的重要性。"外行看热闹，内行看门道"，一节课往往因专业的评课而精彩，上课者因专业的评课而茅塞顿开，听课者因专业的评课而豁然开朗。

（2）标准，有效评课的坐标。华东师范大学叶澜教授认为，一堂好课没有绝对的标准，但有一些基本的要求，大致表现在五个方面：

①有意义。在一节课中，学生的学习首先必须是有意义的。首先，他学到了新的知识，进一步是锻炼了他的能力；其次，他在这个过程中有良好的、积极的情感体验，产生进一步学习的强烈要求；最后，他越来越主动投入学习中去。这样学习，学生才会学到新东西。学生上课，进来前和出去的时候是不是有了变化，如果没有变化就没有意义。如果课堂一切都很顺利，教师讲的东西学生都知道了，那你何必再上这节课呢？换句话说，有意义的课，它首先应该是一节扎实的课。

②有效率。有效率表现在两个方面：一是从面上而言，这节课下来，对全班学生是有效的，包括学习好的、中间的、困难的学生；二是效率的高低，一节课对有的学生效率高一些，有的学生效率低一些。在这个意义上，一节好课应该是充实的课，整个过程中，大家都有事情干，通过教师的教学，学生都发生了一些变化，整个课堂的能量就很大。

③生成性。一节课不应该完全是预先设计好的，应在课堂中有教师和学生情感、智慧、思维和精力的投入，有互动的过程，气氛相当活跃。在这个过程中，既有资源的生成，又有过程状态生成，这样的课可称为丰实的课。

④常态性。不少教师受公开课、观摩课的影响太深，一旦开课，容易出现的毛病是准备过度。教师课前很辛苦，课也上得很完美，但是却不是平时能上的课。理想的课应该是平时都能上的课，是平实的课，而不是有多人帮着准备才能上的课。

⑤待完善。课不可能十全十美，十全十美的课造假的可能性最大。只要是真实的就会有缺憾。生活中的课本来就是有待完善的，这样的课称之为真实的课。

（3）民主，滋生评课文化的土壤。刘坚教授说："我们需要一种新的评课文化来哺育、来滋养我们的教师，使得我们的每一个教师在教学中成长起来。这里就有一个评课者与被评课者之间怎么建立起一种民主的、建设性的、对话的伙伴关系的问题。在评课、观课过程中，彼此交流，发表观点，大家都受到启发。这样的评课文化才具有可持续发展的态势。只有当一个活动的每一个参与者都有收获和启发，这个活动才更有意义，才能延续下去，才能推动我们的研究更深入，更好地促进教师的专业成长。"

（4）方法，有效评课的根本。如何评课，不同的专家、学者有不同的提法。裴自彬、秦自云、覃正云共同编著的《"五课"活动与教师专业成长》一书中列出了六种评课方法：

①依序逐环评，按课堂教学顺序一个环节一个环节地评，先概述在该环节中教师是怎样做的，再陈述自己的意见和看法，适合经验少、希望得到详细指导的青年教师的课。

②概括要点评，把一堂课中最值得学习的几点概括出来，再结合有关教育教学理论加以评价，力求让其他教师从理论和实践两方面得到裨益，适合质量较高的课。

③突出重点评，紧紧抓住课的某一"闪光点"评深评透，适合总体上并不成功的课。

④综合归纳评，把几堂课放在一起分析、归纳出颇具共性的几条进行评议，适合同类型的几堂课。

⑤围绕专题评，围绕一个专门的研究课题进行评议，适合教改实验和教学研讨会上的探索课。

⑥抓住问题评，对好的方面只作简单的肯定，重点是谈存在的问题和不足之处，并提出具体的改进意见，适合对外课和参赛课的试教课。

总之，教师只有根据自己的工作特点，坚持把备课、上课、听课、评课、反思以及自己的学习当作一项富有挑战性、创造性、研究性的事情去做，才能提升自己的教学境界，形成自己的教学特色，加速自己的专业成长。

四、参加校本研修

所谓校本研修，是"以校为本的教学研究"，是以学校为基地，以教师为研究主体，以教师在教育教学中存在的问题为研究对象，以促进教师的专业发展，提高学校教学质量为主要目的的教学研究活动。

也有关专家认为，所谓校本研修，也就是教师为了改进自己的教学，在自己的教室里发现了某个教学问题，并在自己的教学过程中追踪或汲取他人的经验解决问题。也有人把这称之为"为了教学""在教学中""通过教学"。

"为了教学"，是指校本研修的主要目的不在于验证某个教学理论，而在于改进、解决教学中的实际问题，提升教学效率，实现教学的价值。

　　"在教学中"，是指校本研修主要是研究教学之内的问题而不是教学之外的问题；是研究自己教室里发生的教学问题而不是别人的问题；是研究现实的教学问题而不是某种教学理论假设。

　　"通过教学"，是指校本研修就是在日常教学过程中发现和解决问题，而不是让教师将自己的日常教学工作放在一边，到另外的地方做研究。

　　校本研修有什么意义呢？

1. 校本研修有利于更好地调动和保护中小学教师创新的积极性，促进教师的个性发展

　　校本研修"以校为本"的基本特征，可以改变中小学教师在教学实践中处于执行和服从的被动地位，为尊重、调动和保护中小学教师教学创新的积极性开辟了道路。

　　中小学教师可以理直气壮地"开展自己的教学研究""解决自己的教学问题""发表自己的研究成果""改进自己的教学实践"。教师只有通过参加教育科学研究，才能使自身获得应有的尊严，使教育学成为"既是科学的又是生动的学问"。教师从事研究的最终目的不仅可以改进教育实践，还可以改变自己的生活方式。在这种生活方式中，教师能够体会到自己存在的价值与意义，并逐步实现自身专业自主的发展。

2. 校本研修可以充分发挥教师在教研活动中的主体作用

　　随着新课程改革的深入开展，人们越来越多地意识到，没有学校特别是没有教师的参与，教育教学改革是不彻底的，是无法将教育研究中的成果很好地运用到教育教学实践中去的。并且，如果没有得到教师这一教学实施者对研究成果的检验，就很难看到教育研究是如何改进教学的，而以校为本的研修机制可以较好地消除这些弊端，为教师的专业自主发展提供良好的发展平台。

3. 校本研修与学校教学工作实际紧密结合，有利于提高学校教学质量

　　校本研修以学校和教师的实际需求为出发点，与校情和教师的工作紧密相连，有利于教师根据自身的实际和发展需求，将研究成果直接转化为自身的教育教学能力，从而提高学校的教学质量。

4. 积极发挥学校和教师在课程改革中的作用

我国的基础教育课程改革，不仅是教材的改革，还涉及课程功能、课程结构的改革。教师对新课程的理解和参与是推行新课程的前提之一。

校本研修有三个要素：专业引领、同伴互助、自我反思。

"专业引领"，是通过教育教学专家的支持推动教师专业发展。专家的主要作用是教育教学理论的介绍和辅导，教师专业发展的支持和帮助，本质上是架设教育理论与教师教学实践之间的桥梁，推动教育理论进入教学实践，推动教师的教学实践更多在教育理论的指导下进行。

"同伴互助"，即通过不同教师之间的相互分享、相互支持实现教师的共同专业成长，其基本机制是在分享中提高，通过对教师之间相互差异的经验与信息的交流，实现教师的专业发展。

"自我反思"，是通过教师本人对自己教育教学的自我反思达到自我改进的目的，其机制是在困惑中总结，在体验中感悟，在回顾中反思。

学校、教师怎样进行校本研修？

1. 多进行实践反思，建立自我反思制度

教师要养成实践反思的习惯，养成写教育教学日记、教育教学故事、典型教学案例、案例评析等习惯，不断强化自我反思的行为，提高自我反思的能力。通过反思，教师不断地更新教学观念，改善教学行为，提升教学水平，进而对教学现象和问题形成独立的有创造性的见解，在反思中实现专业成长。

2. 多进行观摩学习，建立合作交流、同伴互助制度

在校本研修中，对优秀教师的课堂教学活动进行观摩分析，这是一种有效的教师训练的方法，这种观摩可以是现场观摩，也可以是观看优秀教师的教学录像。通过观课前的共同准备，观课过程中和观课后的共同讨论，上课教师和观课教师就大家所关心的教学问题解决情况进行讨论和沟通，对设计、行动中的问题进行分析，促进上课和观课教师共同提高。

学校应确定学校的"研究日"或"研究课"等，积极开展形式新颖、实效性强的教学研究活动，搭建起同伴互助的平台；确定集体备课制度、结对互助制度等，加强教师间的交流切磋；确定教师外出学习与交流制度，除了派教师参加教育行政部门组织的各种培训和教学观摩外，还应加强校际之间、区域之间的联系和交流，学习、借鉴先进的教学经验和教学成果。学校经常举行教学观摩、案例分析、问题会诊、专题研讨、教研沙龙、讲述自己的教育故事等形式的活动，让教师在观念的碰撞与交流中，汲取营养，共同分享教学经验与成果，彼此支持，共同发展。

3. 多进行教学决策训练，建立课题研究制度

教师的教学过程包括一系列的教学决策。教师要判断自己的教学行为所引起的学生的反应是否符合期望，如果符合，就继续维持自己的行为，如果不符合，就采取一定的预防和矫正措施。指导教师首先向年轻教师分析教学内容，所解决问题的设计思路，然后再上课示范或一起观看教学录像。指导者一边呈现教学行为，一边给予分析说明，通过这种方法，年轻教师就可以获得近乎上课的经验，而且可以获得指导者的及时指导，这可以使他们对决策的有效线索更为敏感。

学校帮助教师发现自己教育教学实践中的问题，确立研究课题，并在教育教学实践中跟踪研究，使教学过程充满浓厚的研究氛围，在实践的探索与总结中找到解决问题的方法。学校应有专门的部门加强对课题确定及研究过程的管理与指导。

4. 多进行专业理论学习，建立学术支持制度

教师要多进行教育教学理论学习，积极接受专家培训，积极向专家请教。学校定期邀请专业研究人员对学校的校本研修活动和教师的课题研究进行专题辅导与实践指导，积极邀请各级教研员参与学校研修活动，争取得到专业指导与支持。

5. 注意校本研修应解决的问题

（1）教育问题。如学生的学习兴趣、学习习惯和方法；采取科学和人性化的教育方式，让学生理解和愿意接受诸如人文、品德和行为习惯养成等方面的教化。

（2）教学问题。如课堂道德伦理:公平、平等、因材施教、差别化教学等；从"灌输式"教学方向为主向"自主学习、探究学习和合作学习"方向转变；联系学校专业、

学生和市场实际对教材进行增删、取舍和重组；学生综合职业能力培养等。

（3）教师问题。如师德风尚、人文素养问题；敬业、奉献、责任担当等问题；身心健康、教学疲劳、职业倦怠等问题。

（4）教师的专业素养和文化素质问题，如指导和引领学习的能力，独立设计教学和设计作业的能力，组织和管理教学的能力；教师自身的学养追求和人生设计（职业生涯规划）等。

五、提升科研能力

教育科学研究，是"通过一系列规划好的活动步骤的实施及方法、技术的运用，来认识教育现象，为教育领域提供有价值、可信赖的知识"。它有助于解决教育的实际问题，提高教育活动的质量。它具有探索性、继承性、多学科性和实践性的特点。教育科学研究具有两个显著的作用，即理论指导和实验探索。教育科研的起点是教育教学问题。善于发现问题、提出问题是教育研究的关键。教育科研是教师岗位成才，开发师资资源，实现教育可持续发展的重要手段。

教师要成为一名优秀的教育工作者，就必须勇于实践，勇于创新，积极从事教育科学研究和实验。没有研究意识和习惯的教师，就不能提高自身的工作能力，也不能适应社会发展的需要。著名教育家苏霍姆林斯基说过："如果你要想让教师的劳动能够给教师一些乐趣，使天天上课不致变成一种单调的义务，那你就应当引导每一位教师走上从事一些研究的道路上来。"

教师教育科研的意义：

教育科研可以改进教师的教育教学工作，可以使教师去掉盲目性、树立自觉性，缩短教师的成长期。

教师成为研究者，对于教师个体来说，也有助于教师专业素质的提升。在教育科研中，教师具有教育者、研究者和学习者的多重身份，教师可以在研究的过程中，享受到提升教育理念的乐趣，发展新知与技能的喜悦，以及教学相长的益处。教师一旦以研究者的心态置身于教育情景之中，就会以研究者的眼光审视已有的教育理论和教育实际问题，就会对新的问题更为敏感。

教育科研有利于发展教师的反思能力，使教师能够检讨未被考验的理论，弥合理论与实际间的差距，进一步了解教育教学规律的复杂性，提高教学水平。教师成为研究者，是当今教师基本素养的品质要求，是教师职业的表现形态。

教育科研是教师的立身之本，发展之本，一个教师只有走教学和科研相结合之路，才能提升教育教学工作的品位。教师在教育科研中最有价值的收获是教育智慧和教育机智的增长。教师从事教育科研就意味着教师能建构知识，创新知识，而不是一味被动地接受专家的指导，迷信专家的权威。

教育科研能力不是一种单一的能力，而是一种综合的能力，包括发现问题的能力、收集与处理信息的能力、调查统计的能力、写作能力、创造能力、社会活动能力等。教师的教育科研能力代表着教师从事教育教学工作所必备的各种素养的综合要求。从当前对教师教育科研能力考核的评价指标体系来看，中小学校教师教育科研能力构成主要可归纳为以下几个方面：

1. 写科研论文的能力

教育科研论文是教师教育科研成果的一种主要表现形式，教育科研论文的写作是教师进行教育科研的重要手段，其论文质量的优劣是教师创新能力、掌握和运用知识能力、逻辑思维能力以及文字表达能力的综合体现，通过教育科研论文的撰写可提高教师发现问题、分析问题、解决问题的能力。如果一个教师从来不写或写不好教育科研论文，那么该教师是产不出高质量的教育科研成果的，也是指导不了学生的写作的。

2. 做课题的能力

（1）课题申报的能力。教育科研课题的申报是教育科研活动的起点，也是教育科研的基础。课题申报成功与否在一定程度上是教师教育科研能力的佐证。该能力集中体现在选题和组织材料的能力上，其直接的表现形式是课题申请书填报的质量。一个好的课题申请书应该包括新颖的选题、全面的知识背景、实在的研究内容、科学的论证方案、强大的研究队伍、可靠的研究基础、恰当的成果预计和合理的经费预算等。

（2）课题组织实施能力。课题组织实施是指课题立项后由主持人按照研究方案进行分工协作实施课题研究的过程。其中，主持人作用发挥的大小、强弱直接关系到课题完成的质量。在此过程中，主持人的组织协调能力也很重要。教师在担此重任时往往更具挑战性，除了思考如何教育科研外，如何运用各种可能的手段充分调动课题组成员的积极性，如何协调好方方面面的关系，均是对其的一种考验和锻炼。

如何有效提升教育科研能力？

1. 转变观念，强化科研意识，把教育科研内化为自身的精神需求

积极转变观念，在认识上把教育科研看作是教育的一个组成部分。教育科研是一种意识、态度，不是简单的方法，是教师主体意识、主体精神、社会责任感的重要体现。它是一种自觉的教育精神，是教师成长、发展的"同义词"。进行教育科研是每个教师必须履行的职责。教师必须增强教育科研的自觉性和主动性，努力成为教育科研的主人，在牢固树立教育科研意识上下功夫，必须消除对教育科研的模糊认识，确立教育科研就在身边的意识。教师身在教育第一线，有成功的喜悦，也有失败的苦恼，这就为教育科研课题的选择创造了有利条件；因为在教学第一线，所以进行教育调查、组织教育实验就十分便利；也正因为在教育第一线，所以就更容易将自己的研究落实在教育理论与实践的结合点上，切实提高自身的理论思维能力和教育教学能力。投身教育科学研究是教师专业发展、尽快走向成熟的有效途径。

2. 注重学习，提高教育理论素养，牢固教育科研能力基础

从心理学角度看，第二信号系统的发展是人类意识发展的最直接原因。由社会经验总结成的概念和理论较之个人在实践活动中所获得的直接印象的经验要丰富得多，广泛得多，对现实的反映也深刻、全面、完善得多。教师欲求得对教育活动的完整而清晰的认识，仅有感性的、实在的、具体的教育活动的体验是不够的，还必须加强教育理论的学习，才可以获得关于教育现实的复杂的完整的有意识的印象，才可以丰富和完善个人经验。

首先，教育科研不仅需要教师具有深厚的专业知识，精湛的教学艺术，而且需要广博的教育理论知识，较高的理论素养。人们对教学的认识，较早用的是关于认识论的思想。教学论在不断发展、深化，这种发展得力于方法论的改进。教学是实现人的社会化的一条基本途径，自然应重视教学过程中的人际关系问题，这就涉及伦理学问

题。教师教学实践的创造性决定了教学是一门艺术，看来，教学与美学也挂起钩来。

其次，教师的教育科研能力，实质上是教师在教学实践中发现问题、分析问题、解决问题的能力。爱因斯坦强调："发现问题和系统阐述问题可能比解决问题更重要。"如果教师缺乏与教育相关的理论知识，就不能深入领会教育的实质，就不能从教育哲学的高度分析，评判自己的教育行为，就不能发现教育实践中有价值的问题，更谈不上进行教育科学研究了。可见，教师的当务之急是调整自身知识结构。

最后，树立学以致用的观念，确保开展教育科研的科学性。阅读教育科研的书籍、杂志，聆听教育科研专家讲座，学习选题、研究方案设计、实验以及论文报告写作等方法，有效解决系统的教育科研方法问题。

3. 循序渐进，点面结合，积极探索和尝试教育科研活动

起步阶段应该选择一些反思性的经验研究课题。所谓"反思性的经验研究"就是教师结合自己的教育教学实际，通过理论学习，把自己的经验上升到理性水平加以归纳，从中发现规律，反思自己工作中的不足之处，总结自己成功的地方。随着自身教育科研水平的逐步提高，教师应及时地提出更高的要求：初级教师侧重于教材研究和教学方法指导研究，中高级教师尝试前瞻性的探索研究。所谓"前瞻性的探索研究"就是教师针对学校教育教学过程中的问题，在调查分析、理论探讨的基础上提出设想、开发方案，然后开展实验或准实验的实践研究，探索规律，从而更好地指导教育教学实践。所谓"点面结合"就是学校要以一部分教育科研骨干为重点，抓重点课题，对他们重点扶植，重点帮助，使他们得到较快较好的发展，以带动其他教师。同时，学校也要注意面上的普及工作，对全体教师提出要求，把教师科研队伍建设的"点"和"面"结合起来，用"点"上的事例带"面"上的发展，用"面"上的发展促"点"上的提高。

4. 在"教中研"，在"研中教"，增强教育科研的实效性

只有在"教中研"，才能正确把握教育科研的方向；只有在"研中教"，才能迅速提高教育教学质量。在"教中研"和在"研中教"，不仅能使教师认识到教育科研和教学活动的密切关系，更重要的是它强调了教育科研的实践性。任何能力的形成

过程都离不开实践，教育科研能力的形成也不例外。同时学校申报科研课题只有以"教""研"观念为依据，教师才有参与教育科研的机会。当然，教师也可以结合自己的工作实际自选课题。

（1）教学内容研究。教师必须是课程的创造者，即教师必须运用自己的知识和判断力选取，甚至改变教学材料，以满足学生学习的需要。只有这样，课程的内涵和外延才得以提升和拓展，教师也才能由课程计划和教科书的忠实实施者，变为课程的创造者、开发者。课程作为对教学内容的设计，不只是对知识或经验体系的预定，还是对整个教学过程的展开和探究。如：我们将期待什么样的教学效果？怎样选择和组织材料促成预期效果的产生？何以表明教学效果等，其中贯穿着对教学过程所涉及的各种要素、变量及其相互关系的不断评价和修正。在现实的教学实践中，与其说教师是在执行一种课程计划，进行一种课程内容的教学，不如说是在表达一种思想，阐明一种态度，追求一种教育目标的实现。特级教师许卫兵说："我觉得最基本的方式就是'教学＋研究'，教学是基础，而研究恰恰可以使日复一日的平淡教学变得鲜活，充满张力。"

（2）教学方式的研究。教学方式即教学方法和形式。新课程实施要求"培养学生创新精神和实践能力""提高学生的科学和人文素养"。在建构符合素质教育教学方式的过程中，要把握如下几个主要问题：第一，要确认学生是素质培养的主体、学习的主人，给学生以较大的学习自主权。第二，积极建构开放式的教学体系。第三，要强化素质养成的教学过程。第四，建构符合素质养成规律的教学考核，形成评价体系。

（3）教学方法的研究。教师是教学方法的创造者。教学方法的创造活动是从对现行课堂教学方法的不满足与怀疑开始的。对现行教学方法的怀疑，将使教师走向批判之路。古人云："学贵有疑，小疑而小进，大疑则大进。"成功的教学方法主要的技巧在于善于设疑启思，激发学生的学习兴趣，调动学生的积极性，让学生主动地、愉快地、全身心地投入学习，以求得个性全面和谐的发展。

5. 校本研修，学校和教师发展互动统一，实现可持续发展

以校为本的教育科研就是以学校为研究中心，教师为研究者，以教学实践为研究对象，根据学校自身的教育理念、发展目标、发展规划，结合本校实际，学校自身特点，着重对教育教学实践中的热点和难点问题进行研究。如：学校独特的办学理念、

特有的课程和办学模式、校园文化建设、特色专业打造、精品专业建设、校企合作办学模式、职业教学行动原则、职业教学内容排序、教学内容的传授方式、职业教学过程与职业工作过程融合、教学目标与职业资格（技能—知识—态度）匹配等研究，以解决自身教育教学中的实际问题为目的，提高职业教育教学的针对性和实效性。教师立足于以校为本的教育教学研究，从学校和教师的关系看，只有着眼于学校和教师个人发展的互动统一，才能实现真正意义上的可持续发展。

学习—工作—研究，是教师最好的成长之路；职业—专业—事业，是教师职业人生最佳的成长轨迹。

六、享受快乐成功

教师要享受教育研究的充实、快乐、成功与美丽。让我们用心聆听胡东芳教授真诚的教诲。

在我与教育实践者频繁接触中，数次被问到一个相同的问题，于是就有了以下这番对话：

"胡老师，听说你发表了很多论文，出版了很多著作，都快著作等身了，请问你是怎么做到的？"

"因为我每天都写啊！"

"那你每天都写，头疼不疼呀？"

"不疼呀！不仅不疼，而且还能享受到许多的快感呢！"

"你不是在骗我吧！怎么可能有快感？坦白地告诉你，我一个学期、一个学年难得写一篇文章，通常都是校长逼的，或者是评职称被迫的，每次写文章的时候就是我头最疼的时候，你每天都写，头怎么会不疼呢？"

听到这里，我顿时明白了。我赶忙给她讲了这样一个《关于乡下姑娘与城里姑娘梳头的对话》的故事。

一个一直生活在乡下的大姑娘，随着打工的人群来到了城里，居住在表姐家里。一段时间以后，她发现城里的表姐与她有着很多不同的生活习惯，她感到很好奇，尤其对表姐每天都要梳头更是惊讶，因为她在乡下的时候，基本上是一个月才梳一次头，每次梳头的时候，她都感到非常的痛苦。目睹着表姐每天都要梳头一次，那该有多么痛苦啊！但她每天看到表姐梳头的时候，好像毫无痛苦，满脸都是愉快的表情。终于有一天，她忍不住地问道："表姐，你每天都梳头，头疼不疼呀？"

听到这一问话，表姐很是诧异，回答道："不疼呀，梳头是件很快乐的事，怎么头会疼呢？你是怎么梳头的？"

"我在乡下的时候，一个月才梳一次头，每次梳头的时候，就是我头最疼的时候，你每天梳头，头怎么会不疼呢？"

"哦，原来如此"，表姐笑着告诉她，"只要你每天都梳一次头，你也会感到快乐的。"

表妹虽然不相信表姐的话，但她还是决定按着表姐说的去尝试。第一次梳头，表妹还是感到很痛苦，她怀疑表姐是否在欺骗她；第二天表妹坚持梳头，感觉好多了。就这样，表妹连续坚持了一星期，觉得一天比一天舒服。她虽然不知道其中的原因，但她终于相信表姐说的是真话。以后，她坚持天天梳头，果然也像表姐一样，每天都感到惬意无比。

殊不知，只有每天梳头，你的头才不会疼呀，你才能享受到梳头给你带来的快乐呀！

于是，我不禁联想起有老师每天都对自己的教育教学工作进行反思，并用文字将反思的结果记录下来。有些老师觉得，那不是太痛苦了吗？因为有的老师根据学校的布置，每月写一篇随笔或者反思都觉得痛苦。那以上这个小小的故事，对你每天都坚持教育教学反思或者进行写作是否有所启发呢？

写到此处，我又想起了苏格拉底的一段轶事。

有学生问大哲学家苏格拉底，怎样才能修学到他那般博大精深的学问。苏格拉底听了并未直接作答，只是说："今天我们只学一件最简单也是最容易的事，每个人把胳膊尽量往前甩，然后再尽量往后甩。"苏格拉底示范了一遍，说："从今天起，每天做 300 下，大家能做到吗？"学生们都笑了，这么简单的事有什么做不到的？过了一个月苏格拉底问学生们："哪些同学坚持了？"有九成同学骄傲地举起了手。

一年过后，苏格拉底再一次问大家："请告诉我，最简单的甩手动作，还有哪几位同学坚持了？"这时整个教室里，只有一人举了手，这个学生就是后来成为古希腊另一位大哲学家的柏拉图。

人人都渴望成功，人人都想得到成功的秘诀，然而成功并非唾手可得。我们常常忘记，即使是最简单最容易的事，如果不能坚持下去，成功的大门决不会轻易地开启。成功并没有秘诀。

相关链接：

我的信念

◎【法】居里夫人

生活对于任何一个男女都非易事，我们必须有坚忍不拔的精神。最要紧的还是我们自己要有信心。我们必须相信，我们对一件事情有天赋和才能，并且，无论付出任何代价，都要把这件事情完成。当事情结束的时候，要能够问心无愧地说："我已经尽我所能了。"

有一年的春天，我因病被迫在家里休息数周。我注视着我的女儿们所养的蚕，结着茧子，这使我极感兴趣。望着这些蚕，固执地，勤奋地工作着，我感到我和它们非常相似，像它们一样，我总是耐心地集中在一个目标。我之所以如此，或许是因为有某种力量在鞭策着我——正如蚕被鞭策着去结它的茧子一般。

在近50年里，我致力于科学的研究，而研究就是对真理的探讨。我有许多美好快乐的回忆。少女时期我在巴黎大学，孤独地过着求学的岁月。在后来一段时期中，我丈夫和我专心致志地，像在梦幻之中一般，艰辛地在简陋的书屋里研究，后来我们就在那儿发现了镭。

在生活中，我永远是追求安静的工作和简单的家庭生活。为了实现这个理想，所以以后我要竭力保持宁静的环境，以免受人世的侵扰和盛名的渲染。

我深信在科学方面，我们是有对事而不是对人的兴趣。当皮埃尔·居里和我决定应否在我们的发现上取得经济上的利益时，我们都认为这是违反我们的纯粹研究观念的。因而我们没有申请镭的专利，也就抛弃了一笔财富。但我坚信我们是对的。诚然，人类是需要寻求现实的人，而我们在工作中，已获得最大的报酬。而且，人类也需要梦想家——他们受了事业的强烈的吸引，使他们既没有闲暇，也无热诚去谋求物质上的利益。我心唯一奢望，是在一个自由国家中，以一个自由学者的身份从事研究工作。

我从没有视这件权益为理所当然的。因为在 24 岁以前，我一直居住在被占领和蹂躏的波兰。我估量过在法国得到自由的代价。

我并非生来就是一个性情温和的人。我很早就知道，许多像我一样敏感的人，甚至受了一言半语的呵责，便会过分懊恼，他们尽量隐藏自己的敏感。从我丈夫温和沉静的性格中，我获益匪浅。当他猝然长逝后，我便学会了逆来顺受。年纪渐老了，我愈会欣赏生活中的种种琐事，如栽花、植物、建筑，对诵诗和眺望星辰，也有一点兴趣。

我一直沉醉于世界的优美之中，我所热爱的科学，也不断增加它崭新的远景。我认定，科学本身就具有一种伟大的美。一位从事研究工作的科学家，不仅是一个技术人员，他还是一个小孩子，在大自然的景色中，好像迷醉于神话故事一般。这种魅力，就是使我终身能够在实验室里埋头工作的主要因素。

如果我休息，我就会生锈

◎【美】奥里森·马登

在一把旧锁上发现了一则重要的铭文——如果我休息，我就会生锈。对于那些为懒散而苦恼的人来说，这将是至理名言。甚至勤奋工作的人也可以此为警示，如果一个人有才而不用，就像废弃钥匙上的铁，很快就会生锈，最终不能适应工作。

那些想取得像伟人那样成就，并成为伟人的人，必须不断地使用自身才能得以提升自身，以便使知识的大门，人类为之奋斗的每个领域——专业、科学、艺术、文学、农业的大门不会被锁上。

勤奋使开启成功宝库的钥匙光亮。如果休·米勒，白天在采石厂劳作后，晚上停下来休息消遣的话，就不会成为一位名垂青史的地理学家。著名的数学家，爱得蒙·斯通，如果闲暇时无所事事，就不会出版数学词典，也不会发现开启数学大门的钥匙。如果苏格兰青年，霍格森在山坡上放羊时让他那繁忙的大脑处于休眠状态，而不是花费心思计算星星的位置，他将不会成为著名的天文学家。

劳动改变一切——不是断断续续，变化无常的或者方向偏差的劳动，而是忠诚的，不懈的，方向正确的日夜劳动。正如，要想获得自由，必须时刻警惕；而要想获得永久的成功，则必须坚持不懈地工作。

幸福篇

XINGFU PIAN

1.人类的一切努力的目的在于获得幸福。

——【英】欧文

2.人只有为自己同时代的人完善，为他们的幸福而工作，他才能达到自身的完善。

——【德】马克思

3.感到自己是人们所需要的和亲近的人——这是生活最大的享受，最高的喜悦。这是真理，不要忘记这个真理，它会给你们无限的幸福。

——【苏】高尔基

4.意志力是幸福的源泉，幸福来源于自我约束。

——【美】乔治·桑塔耶那

5.幸福来自成就感，来自富有创造力的工作。

——【美】富兰克林·罗斯福

6.幸福存在于生活之中，而生活存在于劳动之中。

——【俄】列夫·托尔斯泰

7.在富有、权力、荣誉和独占的爱当中去探求幸福，不但不会得到幸福，而且还一定会失去幸福。

——【俄】列夫·托尔斯泰

8.真正的幸福只有当你真实地认识到人生的价值时，才能体会到。

——【科威特】穆尼尔·纳素夫

第一章　幸福的内涵和真谛

什么是幸福？幸福究竟在哪里？幸福的标准又是什么？其实不同的人有不同的答案。

一、幸福的含义

关于幸福，从来就没有一个标准的定义。尽管如此，我们仍然可以从悠久的历史中寻找幸福的踪迹，窥知幸福的概貌。

古希腊哲学家伊壁鸠鲁说："幸福就是身体无病痛，灵魂无纷扰。"苏格拉底、柏拉图则提出：道德即幸福。他们认为，幸福在于德行，有德就有幸福，失德便无幸福。德国哲学家叔本华却说："幸福不过是欲望的暂时中止。"而马克思主义者认为："幸福是为解放全人类而奋斗。"伦理学家则认为："幸福是人生的目的和道德的标准。"如果用经济学家的语言来定义幸福，世界上最幸福的人应该是时间自由、空间自由和经济自由的人。

现在，一般都认为，幸福是个人在需求和欲望得到满足时产生的愉悦感，是一种持续时间较长的对生活的满足和感到生活有巨大乐趣，并自然而然地希望其持续久远的愉快心情。

诗人海子更是用《面朝大海，春暖花开》这首诗来描述什么是幸福：

从明天起，做一个幸福的人

喂马，劈柴，周游世界

从明天起，关心粮食和蔬菜

我有一所房子，面朝大海，春暖花开

从明天起，和每一个亲人通信，告诉他们我的幸福

那幸福的闪电告诉我的，我将告诉每一个人

给每一条河，每一座山，取一个温暖的名字

陌生人，我也为你祝福

愿你有一个灿烂的前程

愿你有情人终成眷属

愿你在尘世获得幸福

我只愿面朝大海，春暖花开

实际上，要想认识和理解幸福，首先应该认识和理解"人"本身。众所周知，人与动物的根本区别不在于身体，而在于精神。人是有灵魂的，人是肉体和灵魂的合一。法国作家罗曼·罗兰曾说："幸福是灵魂的香味。"幸福是关乎精神世界的事。个人因为有精神的支撑才觉得人生值得一过，群体因为有精神的支撑才有凝聚力、向心力，从而给成员以归属感和希望。所以说，精神是幸福的种子。

幸福是一种拥有和满足。幸福以物质生活和精神生活的拥有与满足为基础。"幸"是会意字，从"夭"和"屰（nì）"。上面的"土"是"夭"的变形，意为人夭折将要入土安葬；下面的"羊"是"屰"的变形，意为情况发生逆转，死而复生，慢慢醒来，借"醒"声表示即将入土的死人又苏醒过来。逢凶化吉就是世上最大的幸事，"幸"为精神生活的满足感。"福"是形声字，从"礻"，表示与敬神有关，"畐"（fú）声，"畐"为盛酒的容器。"福"似双手捧着盛满酒的酒器伏地祭神，祈求神灵保佑风调雨顺，"福"为物质生活的满足感。二字合为"幸福"一词，是指人们对精神生活和物质生活的满足感。因此，词学家们常把幸福解释为"心情舒畅的境遇和生活"。在中国古代，亚圣孟子告诉我们："君子有三乐：一是父母俱存，兄弟无故；二是仰不愧于天，俯不怍于人；三是得天下英才而教育之。"这也是一种拥有和满足。自己的愿望满足了，目的达到了，理想实现了，幸福就会萦绕心间。我们追求衣、食、住、行，这是肉体的满足；我们追求真、善、美、爱，这是精神的满足。两者都得到满足，才能使人产生幸福的感觉，而精神的满足是最主要的。每个人都希望拥有一个幸福的人生，但并非每个人都懂得幸福的真谛。幸福的真谛在于知足常乐。每个人都有自己的追求和诉求，但并不意味着所有的追求都能实现，所有的诉求都能解决。不知足的人体会不到幸福的存在。有的人本来生活、财富、地位都不错，但与更优越的人相比，又不满足。"人心不足蛇吞象，贪心不足吃月亮。"贪得无厌者，往往搬起石头砸自己的脚，失去原有的幸福。

幸福是一种感觉和体验。幸福没有客观的标准，它是人的主观感受，是人内在的一种感觉和认同。原来住草房、吃野菜的人，现在住瓦房、吃饱饭能感到幸福；而原来住楼房、吃鱼肉的人，现在住瓦房、吃饱饭就可能觉得痛苦了。幸福不幸福，有时甚至只是一念间的内心感受。比如，贫困中的相濡以沫，患难中心心相印的一个眼神。有许多人注重精神生活，即使物质生活不是很充裕，但能做自己喜欢做的事，又能和自己喜欢的人在一起，以一种平静的、平和的心态来看待生活，感悟人生，甚至可以在痛苦的平淡生活里感受到快乐，感受到幸福。

战国时期庄子与惠施有一段对话。庄子说："你看那鱼儿在水里游得多快乐啊！"惠施反问道："你又不是鱼，你怎么知道鱼儿快乐？"庄子又说："你又不是我，你怎么知道我不知道鱼儿快乐呢！"

所以，从根本上说，个人是幸福的主体，幸福是一种主观心理感受和体验，是多样的、具体的、相对的。

幸福是一种追求和向往。幸福是人人追寻的人生梦想。哲学家休谟说："一切人类努力的伟大目标在于获得幸福。"这是对幸福的执着追求。幸福始于愿景，有了愿景，就有了追求，幸福是向着愿景不断自我超越的过程。自古以来，中国人对有情人终极幸福的理解是"终成眷属"。成家以后，古人量化的幸福是："值太平世，生湖山郡；官长廉静，家道优裕；娶妻贤淑，生子聪慧。"用今天的话来说就是：生在太平盛世，住山水城市湖景别墅；单位领导关系好，家庭资产很丰厚；媳妇漂亮又贤惠，儿子读书不操心。这是对幸福的追求和向往。纵观古今，人们对幸福的追求是无止境的。这个愿望满足了，感到幸福了，可是不久又有了新的愿望，又会追求更高的目标。王国维先生在《人间词话》里曾描述了人生的三境界：第一境是"昨夜西风凋碧树，独上高楼，望尽天涯路"，这是对幸福的预期；第二境是"衣带渐宽终不悔，为伊消得人憔悴"，这是对幸福的追寻；第三境是"众里寻他千百度，蓦然回首，那人却在灯火阑珊处"，这是幸福的获得。幸福就是对未来的美好期望。正是因为有了追求，有了向往，我们就如同在漆黑的夜晚行走，前方总有一盏明灯指引着我们，照亮我们前行的路。也因为追求和向往，我们如同一个追逐风景的人，总在寻找着属于自己的五彩缤纷和姹紫嫣红。所以，幸福是一个充满希望的明天，幸福来自于有目的的生活。

幸福是一种依恋和不舍。有人说，幸福是一起撑伞；有人说，幸福是简简单单地过日子；还有人说，幸福是那么老了你还记得情人节的时候送我一枝花。这是一种依恋。因为依恋，我们就有寄托；因为寄托，我们就能够为自己的情感找到精神和意念上的归宿；因为有了归宿，我们就会感到充实而不会失落；因为充实，我们的生活就会有深度、有力度、有密度，幸福就会油然而生。对于热恋中的人来说，爱情就是莫大的幸福，山盟海誓、海枯石烂是对彼此的依恋。有些人在恋爱时爱得热火朝天，爱得天昏地暗，强烈的依恋感包围着彼此。可是，人有时为了追求幸福，又不得不留下遗憾，或者为了不留下更大的遗憾而放弃幸福。人总是在得到和割舍当中徘徊，有时候甚至会舍弃本不该舍弃的。舍弃是遗憾，是痛苦；得到是快乐，是幸福。

幸福是一种分享和支持。太阳是幸福的，因为它普照万物；大海是幸福的，因为它反射着太阳的光芒。幸福不仅是拥有，更是与人分享、相互支持。

有这样一则寓言：

在地狱里，众小鬼围着桌子吃饭，他们手上都拿着长长的筷子，夹到了食物却无法放到自己嘴里，于是人人挨饿。在天堂里，众天使也围着桌子吃饭，他们手里同样拿着长长的筷子，但是他们夹着食物互相放到对方的嘴里，于是人人都能吃得饱，人人开心。为什么天堂里的人都能吃饱，而地狱里的人却吃不饱呢？

很简单，地狱里的小鬼都有颗自私的心，他们不懂得分享，不懂得帮助别人，于是只能挨饿。这是天堂与地狱的区别，也是幸福与不幸福的差别。所以，相互分享、相互支持是一种幸福。分享他人的痛苦和悲伤，分享他人的遗憾和不幸。两个人分享痛苦，一个人一半；两个人分享快乐，得到双份快乐。很多人在相互分享、相互支持的过程中感受到帮助他人是一种幸福。在奋力拼搏的过程中，懂得欣赏沿路的风景，懂得与他人分享生活中的乐趣，懂得分享团队的苦乐忧愁是一种莫大的幸福。

幸福是一种平衡和调控。幸福并不仅仅是爱情婚姻家庭，还有我们的工作和事业；爱情、婚姻、家庭是幸福的必备内容，没有这些，人生就失去了意义，人活在世上就没有了趣味。但它们不是幸福的全部，幸福还有更为广泛的内容。如果只把幸福局限在爱情、婚姻、家庭的狭小范围中，我们的视野就会封闭狭隘，我们对幸福的追求就会走进死胡同，往往不仅不能感受到幸福，还会觉得人生毫无意义。所以，幸福还表现为一种动态的平衡，是生活和工作的平衡与调控。这个经验称为"跷跷板理论"：在我们享受着跷跷板这头的生活的同时，也要花相当的时间在工作和事业上。其实，幸福就是寻找平衡、调控自己的过程，幸福就是站在生活和工作的平衡点上，在生活中创造幸福，在工作中享受幸福，在幸福中做好工作。

幸福是一种付出和服务。2011年年初，温家宝总理在中央人民广播电台与网民互动时，对幸福一词下过定义：

所谓幸福，就是要通过我们不断地发展生产和改革开放，使人们的生活水平不断提高，使每一个人都能过上更加体面的生活。2011年2月27日上午9时，温家宝总理到中国政府网与网民在线交流，谈到了关于幸福定义的"四心论"。在回答网友"幸福的标准是什么？提升百姓的幸福感，政府有哪些考虑？"的提问时，他说："对于幸福的理解和标准可能人们都有不同，我也曾经讲过关于如何使人有尊严和幸福，我不想再重复过去的话，我只是说如何让人们生活得舒心、安心、放心，对未来有信心。"

只有实现了这"四心"，我们每个人才能幸福而有尊严。通过为人民服务，让人民幸福，也使自己感到幸福。所以，幸福是坚持把以人为本、执政为民理念时刻铭记在心里，真正落实到行动上。

综上所述，尽管人们对幸福的理解千差万别，对幸福的追求方式各异，但是，幸福是人生追求的永恒主题，是人的一切行为的终极目标，是人们在奋斗过程中的自我肯定、自我满足、自我追求与自我完善，同时，幸福也是人类追求的基本价值，是社会发展的最终归宿和根本目的。

二、影响幸福的因素

随着社会文明的进步，人们追求幸福生活的手段越来越复杂，越来越先进，但为什么仍然无法把握幸福？是什么因素影响着人们的幸福呢？实际上，每个人的生命如同一棵大树，生命的愉悦、人生的幸福来自很多方面。一份国外的幸福研究报告说，幸福的要素至少包括：年龄、性别、收入、教育、婚姻、饮食、个人身体与心理状况、个人所在的区域特征与国家特征。这些因素可以分为两个方面：一个是外在的、客观的因素；一个是内在的、主观的因素。幸福既有客观条件的制约，也有主观感受的影响。

1. 外在因素

首先是物质层面。物质是幸福的基础，没有物质的幸福只能是空中楼阁。近年来社会经济发展出现的一个现实就是物价上涨过快而收入没有同步提高，使得一部分人的生活质量与过去相比有所下降。网上曾有这样一个段子："大蒜涨价——算你狠、绿豆涨价——逗你玩、汽油涨价——由你长、生姜涨价——将你军、白糖涨价——糖高宗、苹果涨价——凭什么……稻花香里说'疯'年，听取'涨'声一片。"于是有人就说："现在，我们可以跑不过刘翔，但我们不可以跑不过 CPI，跑不过 CPI，我们的幸福指数就会下降。"有些人认为，贫穷不能使人幸福，只有经济增长、收入水平提高才能给人带来幸福，一旦人们的物质需求满足了，生活质量改善了，福利水平提高了，就会收获更多的幸福。于是幸福似乎跟人们占有多少商品、拥有多少财富画上了等号。但实际上，财富与幸福之间并不是直线关系，而是曲线关系。在收入水平达到一定高度前，收入的提高、财富的积累会增加幸福；当收入水平超过一定高度时，它的进一步提高并不意味着幸福的增加。1957 年，英国有 52% 的人感到非常幸福，到了 2005 年，非常幸福的人只剩下 36%，在此期间英国人的平均收入提高了 3 倍。有研究表明：人均 GDP 达到 3000 美元至 5000 美元时，快乐效应就开始递减。有人形象地说，当人均 GDP 突破 5000 美元的分水岭之后，GDP 长得跟胡子一样快，国民幸福指数却长得如眉毛一样慢。这说明，一定条件下物质生活水平的提高，尽管能够提升人的幸福指数，但是二者之间并不是简单的"正相关"关系。在基本需求得到满足以前，收入每增加一点，人们就会感到更幸福一些；但是在基本需求得到满足之后，这种正相关性就会递减，收入水平越高，这种正效应越小，收入增加提升幸福的幅度会变缓或不再增加，反映在个体身上甚至有可能下降。这就是我们常说的"幸福鸿沟"。因此，幸福不只是收入的问题，幸福并不直接等同于财富的积累和物质的享受，物质财富也并不是测量人们幸福水平的唯一尺度和主要尺度。

其次是人际关系。幸福在很大程度上取决于人际交往的环境和质量。良好的人际关系能够使我们感受到更多的幸福和快乐。亲人之间的交流、朋友之间的交往、同事之间的交心都会提升人的幸福水平。家庭因素对人的幸福有着重要的影响。比如说婚姻，有研究表明，人通常在结婚后变得更幸福快乐，在打算结婚的 2 ~ 3 年之前，人们会觉得比以前更幸福，而结婚的这一年对他们来说则是最幸福的时光。家人一起分享快乐、承担痛苦，彼此的内心就有了归属感。当家庭关系满足了人们的归属感，他们就会感到自己很幸福。鲁迅先生曾经说过："人生得一知己足矣，斯世当以同怀视之。"在艰难困苦之中，心灵深处的纽带会牢固相连，朋友之间患难相扶，这就是一种幸福。有研究也表明，一个人朋友的多少与其个人收入或家庭收入相比更能使他感到幸福。各国在各个时期的研究也发现，婚姻关系稳固，家庭关系和谐，邻里关系融洽，朋友关系密切是人们倍感幸福的重要原因。往往那些经历了离异、分居、丧偶的人会感到不幸福。

再次是文化因素。单一的经济生活并不能给人带来幸福，幸福也要靠文化来提升。文化是一种力量，它催生着人性的光芒；文化是一种素养，它滋润着心灵的成长；文化是一束阳光，它传递着心中的梦想。人们通过文化来启迪心智、认识社会，获得思想上的教益；人们也通过文化来愉悦身心、陶冶性情，获得精神上的归依。文化是聚集幸福的磁场，是点燃幸福的圣火。一个幸福的社会，必然是一个文化繁荣的社会，幸福的生活最终要在文化的王国里才能实现。如果一个社会的经济飞速发展，而文化的发展却迟滞不前，人们不可能拥有真正的幸福生活和美好人生。今天，随着物质生活水平和文化消费能力的提高，人们对文化的需求日益强烈，开始把是否平等地享有文化权益，是否公平地享受到文化服务的内容、质量和过程与个人的幸福与否紧紧地联系在一起。文化已经成为人们的精神家园，成为人们生活质量的显著标志，更成为人们幸福指数的重要衡量尺度。对文化的需求，就是真正幸福的回归，而由文化发展所带来的幸福也是恒久的。在经济快速发展的同时，要让文化为幸福导航，"以文化人"，"以文育人"，用文化来滋润人们的心灵，丰富人们的精神世界，这才是幸福的根本之道。文化素养的提升，会使人们对幸福的理解更为深刻，会使人们在文化精神上有更多的追求，追求越多就会越幸福。

2. 内在因素

首先是道德价值观。一个人做了善行义举，得到了社会的普遍认可和高度褒扬，内心就会感到欣喜、快乐、满足和幸福。

徐本禹，一位山东青年，怀着一份超越功利的道德情怀，从繁华的城市走进大山深处，只身来到贵州偏远农村大方县大水乡大石村支教，"用一个刚刚毕业大学生稚嫩的肩膀，扛住了倾颓的教室，扛住了贫穷和孤独，扛起了本来不属于他的责任"。他用知识和智慧点亮了孩子们的心灵，为孩子们的成长之路铺满了阳光，给了他们前行的希望，在孩子们的心田上播下了道德的种子。徐本禹曾说："我愿做一滴水，将太阳给我的光芒毫无保留地反射给他人。"

他用自己的行动告诉我们什么是无私，什么是感动，什么是道德，什么是幸福。他让众多人明白：人生原来也可以这样与众不同，这样有意义。徐本禹的行为，是蕴藏于内的道德动力与发散于外的道德实践的结合，凝结着中华民族的传统美德，闪烁着社会主义的道德光辉，具有引领人们崇德向善的强大力量。徐本禹所呈现出的"精神原型"，为我们构筑起了道德的坐标系和幸福的天际线。正是他内心深处所迸发出来的强大的道德热情，正是他那可赞的善良、可敬的坚持和可贵的行动，焕发出了照亮心灵的光亮，在我们的时代奏响了幸福的天籁之音。孩子们一句"我发现了春天"让我们知道，道德选择和幸福感受是可以画上等号的。

白方礼老人，74岁时决定用自己蹬三轮车的收入帮助贫困孩子实现上学的梦想，一蹬就是十多年，直到他将近90岁，一共为300多名贫困学生捐出了35万元助学款。有人曾统计过，如果按照每蹬1公里三轮车收5角钱计算，老人奉献的是相当于绕地球赤道18周的奔波劳累。为了多捐款，他的午饭长年是两个馒头和一碗白开水，有时候会往白开水里倒一点酱油，那就是他的"美味"。

这是一种常人无法企及的道德高度。有人曾这样评价白方礼老人：他过着像乞丐一样的生活，却有着最高尚的情操；他为别人付出艰辛的劳动，却享受着最幸福的人生。

其次是爱。"爱是一颗幸福的子弹。"人有各种各样的爱，比如亲人之爱、朋友之情、社会关怀等。离开人与人之间彼此发自内心的关爱，幸福就没有了依托。

林秀贞，河北省衡水市枣强县王常乡南臣赞村农民，一位平凡的女性，一名普普通通的共产党员。她30年如一日，义务赡养了6位无任何血缘关系的孤寡老人，她在自家创办的企业安置了 20 名农民职工，并帮助其中 8 名职工解决各种生活困难，她还出资 4 万多元帮助乡村中小学改善教育条件，资助 14 名贫困家庭子女步入大中专院校，捐献打井等公益事业 2.2 万元，受到群众的高度赞扬。"大家的日子更好了，我的幸福指数也更高了。"林秀贞说，"因为我最看不得别人遭罪，别人幸福了，我心里就踏实了，高兴了。"

林秀贞用自己的光和热书写了一个大大的"爱"字，书写了一个大大的"人"字。在这种大爱中，她也体会着深深的幸福。林秀贞用自身的实际行动告诉人们什么是尊老爱幼，什么是人间大爱。她用自己爱的能量幸福了别人，也快乐了自己。她曾说，能让别人幸福，本身就是一种幸福。林秀贞身上闪耀的这种敬老孝道、扶贫济困的中华传统美德，给我们所有人带来了一次灵魂的洗礼，精神的升华。曾有网友这样说："如果问林大妈哪点精神最动人，我会毫不犹豫地回答：三十年如一日最不易，一诺千金最动人。"爱的过程是施爱与被爱的统一，有爱就有幸福，有爱才能体会到幸福，有爱才能获得幸福，对爱的付出、感悟、体会和享受就是幸福。

再次是各种主观体验。这种体验来自于自然、社会与人生。比如陶醉于美不胜收的自然美景，沉浸于艺术创作与欣赏，痴迷于对人生的思索等，都会使人感到幸福。笛卡儿曾说："我思故我在。"这就是一种自我的主观体验和感受。在现实生活中并不缺乏使人产生幸福的物质条件和精神条件，幸福的主观体验就是告诉人们要知道自己什么时候是幸福的，生在福中要知福。在相同的环境和条件下，每个人对幸福的感受是不同的，有的人感受的是幸福，有的人感受的可能是痛苦。所以，有人说，"世界是美好的，眼光敏锐的人才能看到她的精妙；生活是幸福的，感情丰富的人才能体验到她的真谛！"唯有心理健康、人格健全、心智成熟的人才能体验到真正的幸福。

美国国家老年研究所从 1973 年开始对人们的"幸福"情况做了长达 10 年的跟踪调查，结果发现无论人们的婚姻、居住、工作和经济情况发生了多少变故，在 1973 年自我感觉幸福的人，在 1983 年仍觉得自己是幸福的。

这表明，只要内心充实，具有健康的内心世界，人们仍然能够在逆境和挫折中不断找到属于自己的幸福。其实，人生处境的苦与乐，常常是主观的一种感受。有人安于某种生活，有人则不能。你无法断言哪里才是成功，也无法肯定当自己到达了某一制高点之后，会不会快乐。有些人永远不会感到满足，他的快乐只建立在将目标不断地向更远处推移的过程中。这种人成就的功业可能很大，但幸福感却可能很少。精神的愉悦，生命的美好，生活的快乐，人生的幸福，都需要通过自我察知和体验，需要抛弃莫须有的痛苦与烦恼。

最后是信仰。复旦大学马克思主义研究院教授肖巍说："造成中国人不幸福的一个重要原因是信仰缺失。"

中共中央党校经济学部副主任韩保江在首届中国城市管理高峰论坛上举过这样一个例子。"金融危机对意大利影响很大，我们看到的罗马很和谐，我就问意大利官员为什么金融危机没有影响人民，他说意大利有300多座教堂，喧闹的城市和宁静的精神诉求之间达成了契合。我不是赞成建教堂，但是，除了要给人提供物质生存的场合之外，我们的城市还要造一些让人心情放松、让人有所倾诉的精神发言场所。"

对于当代人来说，对生活的目的和意义有更为清醒的认识和理解至关重要。在满足日常生活基本需要的同时，要为自己确定一个高于肉体本身的追求目标，摆脱俗务的困扰，追寻精神的圣洁和愉快，使人格更加独立，精神获得自由，境界得到升华，幸福得以提升。

三、幸福的层次

从广义上和狭义上来看，幸福均包含着不同的层次。

幸福就是和谐，幸福实际上是一种和谐的状态，包括人与自身、人与人、人与社会、人与自然的和谐。所以，从广义上来讲，幸福包括四个层次：第一层次是身心和谐，拥有健康的身体、成功的事业和快乐的人生。幸福人生是身体、心理和灵魂的和谐统一。一是身体的幸福，感官得到了享受，需要得到了满足；二是心理的幸福，内心愉悦，心态阳光，心灵宁静。正如歌德所说："人之幸福，完全在于心之幸福。"三是灵魂的幸福。在墨西哥，有一则寓言。一群人急匆匆地赶路，突然，一个人停了下来。旁边的人很奇怪："为什么不走了？"停下的人一笑："走得太快，灵魂落在了后面，我要等等它。"我们许多人都因为走得太快，而把灵魂甩在了身后，最后也忘了当初为什么出发。第二层次是家庭和谐，家庭关系和睦，没有争吵打斗，生活幸福美满。第三层次是社会和谐，社会安定团结，没有灾难，人们安居乐业。第四层次是人与自然和谐，小桥流水，鸟语花香，诗情画意，真正做到了解大自然，热爱大自然，保护大自然，共享大自然。

狭义的幸福就是个人的幸福。美国人本主义心理学家马斯洛于1968年提出了人的需要层次理论，他把人的需要从低到高分为五个层次：生理需要、安全需要、社交需要、尊重需要和自我实现需要。实际上，马斯洛的需要层次论就是个人幸福的层次论，它揭示出人们对幸福的需要是各不相同的。在连温饱也无法满足的人看来，安全、爱、自尊和荣誉等需要都是次要的，他的快乐与幸福首先就在于解决温饱问题。当温饱解决了，他的幸福就在于求得生存的安全。有了生理需要和安全需要保障后，人们才会将幸福寄托于爱、归属、自尊。当一个人到达需要的最高层次即自我实现时，其自我的潜能也得到充分发挥，这是精神上最大的幸福，也是最高境界的幸福，这种最高境界的幸福被马斯洛称为"高峰体验"。

四、幸福感

幸福感就是对幸福的感觉，它既是对生活的客观条件和所处状态的一种事实判断，又是对生活的主观意义和满足程度的一种价值判断。它表现为在生活满意度基础上产生的一种积极心理体验。幸福感是衡量人生的唯一标准，是所有目标的最终目标。心理学家告诉我们，幸福也是有指数的，总幸福指数是指持续的、较为稳定的幸福感，而不是暂时的快乐和幸福，它包括人对现实生活的总体满意度和对自己生存状态、生命质量的评价与肯定。美国著名心理学家马丁·塞利格曼认为，这个总体幸福取决于三个因素：一是先天的遗传素质；二是环境条件；三是主动控制的心理力量。基于此，他建立了一个幸福的公式：总幸福指数 = 先天的遗传素质 + 后天的环境 + 能主动控制的心理力量。在塞利格曼看来，如果要想得到幸福，应该做到：生活富有一些；拥有美满婚姻；丰富你的社交生活，多与朋友在一起；具有信仰。

英国卡迪夫大学心理学教授克里夫·阿诺尔也提出了一个幸福感的计算公式：幸福感 = 户外活动 + (亲近自然 × 社会交往) + 夏日童年回忆 / 温度 + 对假期的热望。根据这个公式，阿诺尔计算出，在信贷放宽、夏日艳阳初照、接近发薪日和假期等诸多因素的影响下，6月19日是英国人最快乐的一天。在这个公式中，产生幸福感的要素基本上都是不用掏腰包的。所以，他说："作为一名心理学家，我只想告诉大家，幸福感是免费就能得到的东西。人生最宝贵的东西应该是各种亲密的关系，包括友谊、爱情等。"他还说："如果世界末日来临，你会怎么办？当然是与他们共度。"

在科技发展异常迅猛、物质生活日益充裕、社会生活更加丰富的今天，人们的幸福感越来越少。根据国家有关部门的调查显示：我们的幸福指数每年都在下降。人们往往注重追求感官的享受，而忽视了对幸福的追求，尤其忽视了对真、善、美、爱的追求。于是，精神处于贫困状态，幸福感大大降低。从大的方面来说，现代人的幸福感不外乎职业的满足感、生活的舒适感、精神的充盈感、人格的尊严感、人身财产的安全感、权益的保障感、内心的正义感等。

1. 健康感：幸福的基础

周某和妻子去医院看望生病的朋友，躺在病床上的朋友显得苍老而痛苦。周某在回家的路上，问妻子："如果现在给我们10万，躺在病床上的是我，你同意吗？"妻子想到那个朋友痛苦的样子，紧张地说不同意。周某又问："如果现在给我们100万，我变成70岁的样子，你同意吗？"妻子脸上露出难过的表情，坚决地摇摇头。周某又接着问："如果现在给我们1000万，而我失去自己的性命，你同意吗？"妻子几乎快要哭出来了，对周某说："我不要钱，只要你健康地活着。"

有人问古希腊哲学家赫拉克利特关于身体健康的重要性，赫拉克利特回答说："如果没有健康，智慧就无法表露，文化就无法施展，力量就无法战斗，知识就无法利用。"这应该算是对健康在我们生活中所起作用的最好表述和诠释了，如果没有健康，一切都无从谈起，甚至是最简单的享受生活也不行。

首先是身体健康。健康是福，健康的生活方式和身体，是一个人参与竞争、成就事业、开拓创新、获得幸福的重要保证。俗话说，身体是革命的本钱。当健康不在了，才会明白健康时的幸福。没有一个好身体，只怕是心有余而力不足，什么事都干不成。只有善于注意身体健康，注意锻炼身体，培养良好的生活习惯，保持合理的作息，练就一副健康的身板，才能打造好这一坚实的基础。

其次是心理健康。相对于身体疾病，心理问题和精神问题对幸福感的影响要更深。

作为教书育人的教师，要注意心理调节，练就乐观豁达的心态，才能更好地为人民的教育事业而奋斗，既让自己幸福，也让他人幸福。

2. 安全感：幸福的保障

安全感首先体现在人身安全上。要特别防止意外事件发生，避免殃及身体。安全感还包括廉洁。常言说得好，"为人不做亏心事，夜半敲门心不惊。"畸形的物质、金钱安全感只是自欺欺人，会让人不断远离幸福。所以，真正的安全感来自严于律己，遵纪守法，秉持职业操守，这样才能真正体会到幸福。操守清廉，生活永远是春天。安全感来自于人民。"你把水排干了，你那鱼还讲什么安全？"党员教师对待人民群众，如果有高高在上的感觉，如果把自己与普通群众区别开来，甚至置于普通群众之上，置于组织之上，置于法律之上，就会"高处不胜寒"，就会有一种不安全的感觉，也就无法体会到幸福。

3. 信任感：幸福的前提

一艘货轮在烟波浩淼的大西洋上行驶。一个在船尾搞勤杂的黑人小孩不慎跌入波涛汹涌的大西洋。求生的本能使孩子在冰冷的海水里拼命地游动，他用尽全身力气挥动着瘦小的双臂，努力把头伸出水面。

船越走越远，船身越来越小，到后来，什么都看不见了，只剩一望无际的汪洋。孩子的力气也快用完了，实在游不动了，他觉得自己就要沉下去了。这时候，他想起老船长那张慈祥的脸和友善的眼神。"船长知道我掉进海里后，一定会来救我的！"想到这里，孩子鼓足勇气用生命的最后力量又朝前游去……

船长终于发现那黑人孩子失踪了，当他断定孩子是掉进海里后，下令返航，回去找。这时，有人说："这么长时间了，就是没有被淹死，也让鲨鱼吃了。"船长犹豫了一下，还是决定回去找。

终于，在那孩子就要沉下去的最后一刻，船长赶到了，救起了孩子。

当孩子苏醒过来，跪在地上感谢船长的救命之恩时，船长扶起孩子问："孩子，你怎么能坚持这么长时间？"

孩子回答："我知道您会来救我的，一定会的！"

"你怎么知道我一定会来救你的？"

"因为我知道您是那样的人！"

听到这里，白发苍苍的船长"扑通"一声跪在黑人小孩面前，泪流满面："孩子，不是我救了你，而是你救了我啊！我为我在那一刻的犹豫而耻辱……"

一个人能够被他人信任是一种幸福。他人在绝望时想起你，相信你会给予拯救更是一种幸福。对别人来说，你是一种依靠；对自己来说，你能体会到自己的价值，因而能够产生心理上的幸福感。教育家苏霍姆林斯基曾经说过："对人的热情，对人的信任，形象点说，是爱抚、温存的翅膀赖以飞翔的空气。"如果不被同事信任，不被朋友信任，你的情绪就会受到影响，肯定会感到被孤立、很憋屈、很无助，从而影响工作，压缩你的幸福感。被信任，需要靠工作和业绩去获得，需要靠人格魅力和能力去获得，需要靠付出的爱和热情去获得。一旦获得了这种信任，你工作起来就会有底气、有冲劲，就会有无穷的力量，你就是一个幸福的人。

获得别人的信任是件很不容易的事情。教师担当着育人的崇高责任。如果失去责任担当，学生及家长、学校及社会就会对你失去信任。如果你滥用了别人的信任，那么只能导致别人对你的失望，甚至遭人唾弃。做任何事，一定要真心对待别人对你的信任，诚实做人，真诚待人，真心做事，把学生及家长、学校及社会对自己的信任和评价当成一面镜子，经常检视自己的言行举止，不要因为自己的不慎而损害了自身形象。获得别人的信任后，一定要珍惜，要像呵护自己的眼睛一样用百倍的努力去维护和经营别人对你的那份信任感，不要因为自己的过错而让别人对你的信任抹黑，也不要因为一时的糊涂而滥用信任，陷自己于不义不信，与幸福失之交臂。

4. 尊重感：幸福的条件

这种尊重既包括尊重他人，也包括受他人尊重。

懂得尊重他人、学会尊重他人会使教师拥有无穷的人格魅力，也会使教师能感受到幸福。当然，尊重他人决不是低三下四和唯唯诺诺，也不是满脸堆笑和刻意逢迎，而是发自内心地对别人的尊重和认可。懂得尊重别人的感受，懂得尊重别人的选择，懂得以心换心和以心交心，才是真正地尊重他人。靠"装"来迷惑和笼络人心是要不得的；盛气凌人和居高临下也只能招来别人的厌恶和反感。"嗟来之食"之所以不被接受，就是因为它是侮辱性的施舍，是对饥饿者的不尊重。"轻财足以聚人；律己足以服人；量宽足以得人；身先足以率人。"只有抛却私利、严于律己、心胸宽广、身体力行的教师，才能影响别人并得到别人的尊重，进而形成强大的气场，感染和吸引周围的人。

人唯有尊重他人，才能尊重自己，才能赢得他人对自己的尊重。尊重他人不仅仅是一种态度，也是一种能力和美德。它需要我们设身处地为他人着想，给别人面子，维护他人的尊严。1960 年当选牛津大学校长的英国前首相哈罗德·麦克米伦曾提出过人际交往的四点建议：

（1）尽量让别人正确；

（2）选择"仁厚"而非"正确"；

（3）把批评转变为容忍和尊重；

（4）避免吹毛求疵。

5. 和谐感：幸福的要求

第一是身心和谐。精神上的富有是最持久的幸福。同时幸福还是知足常乐的淡然心境，是一种豁达乐观的人生态度，是一种能够理性看待荣辱得失的价值观。有心理学家研究表明，一个人的幸福感，有 50% 取决于遗传，10% 取决于环境，而 40% 取决于个人的主观心态。所以，要以平常心对待荣辱得失。以忠心对待组织，以真心对待工作，以爱心对待生活，寻求内心的平和。

第二是家庭和谐。尊老爱幼、夫妻和睦，是中华民族的传统美德。中国民生指数课题组开展的"中国人幸福观调查"显示，"家庭和谐"是影响中国人幸福感的最重要因素。如果没有一个温馨和睦的家庭环境，家人对你的工作不理解、不支持，甚至强烈反对，你的幸福感就要大打折扣。

第三是人际和谐。人与人要和谐相处，而这种人际和谐又建立在互相尊重的基础上。通过互相尊重和了解，带来情感的共鸣和对对方言行、品格、作风以及处事方式的认同，传递的是相互之间的沟通和理解，反映的是同志式的、纯洁融洽的人际关系。孔子说："三人行，必有我师焉。"有的人学识渊博、知识面广，有的人干练果断、处事有方，有的人为人正派、襟怀坦荡，有的人工作勤奋、认真负责，有的人仪表堂堂、口才出众，这都是可以学习的优点和长处。虚心向他人学习，自觉与他人交流，取人之长补己之短，进而丰富自己的学识水平，提高自己的综合素养，最终形成和谐的人际关系，让幸福与你同在。

第四是社会和谐。如果你生活的地方矛盾丛生，问题百出，危机重重，你连睡觉都睡不安稳，睡不踏实，那自然没有幸福感。所以，当面对更为复杂的问题、更加繁重的任务时，要以社会和谐为目标，履行好自身的义务和职责。

6. 成就感：与幸福共舞

成就感是幸福的恒定要素。作为一名教师，都希望通过自己的努力工作使学生学有所获、身心健康、品行端正，成为对社会有用的人。

"当代雷锋"郭明义20年义务献血6万多毫升，资助贫困学生100多名，他说："我不是大官，也不是富豪；没有权，也没有势。但有时候静下心来，回想自己这半辈子，觉得更多的是安慰和幸福。没想到，我还干了这么多的事。虽然没啥轰轰烈烈的，也许有的人还不理解和不认同。可我每每想起来，心里就有几分宽慰；想起一件，就多一分幸福。"

这是对自我人生价值的肯定，是对成就感的认可，是对幸福人生的追寻。

五、幸福观

什么是幸福观？顾名思义，就是指人们对幸福的根本看法、观点和态度。

1. 我国传统幸福观的形成

我国传统的幸福观是在漫长的历史发展演进过程中积淀下来的，是人们在对幸福理想的执着追求中经过不断积淀而形成的文化传统，它深深地扎根于中国传统文化之中，形成了"你中有我，我中有你"的相互依存局面。中国传统社会的幸福观始于春秋早期的"五福"思想，后来的儒、道、佛各家各派对什么是幸福都做出了各自的回答，经过发展演变，形成了影响深远的三大幸福观，即儒家幸福观、道家幸福观和佛家幸福观。

"五福"即五种福报。"五福临门盈万利，八方进财乐典隆。"哪五福呢？第一福是"长寿"，命不夭折而且福寿绵长；第二福是"富贵"，钱财富足而且地位尊贵；第三福是"康宁"，身体健康而且心灵安宁；第四福是"好德"，生性仁善而且宽厚宁静；第五福是"善终"，行将就木时，没有遭到横祸，身体没有病痛，心里没有挂碍，安详自在地离开人间。五福合起来才能构成幸福美满的人生，五种幸福要素的综合成为衡量一个人是否幸福的标准。五福当中，最重要的是第四福——"好德"。因为德是福的原因和根本，福是德的结果和表现，只有广积"好德"，乐善好施，才能培植其他四福并使它们不断增长。

中国传统的幸福观主要体现为儒家的幸福观。儒家所倡导的幸福观对中国人追求幸福生活的影响最为深远和长久。儒家强调道德和精神，即爱心、智慧、不贪婪、克己复礼等，认为只有具备良好的道德修养并一丝不苟地落实到行动中，才能成为道德上的圣人，也才能得到至高无上的幸福与快乐，于是将道德和精神作为幸福的核心，提倡积极进取的人生态度，主张内外兼修。向内要修身养性，追求人性圆满，并最终形成仁、义、礼、智、信的"五常"思想和内化的道德规范。仁即仁爱，是仁爱之心、爱人之心，从而推己及人。"仁者爱人""己所不欲，勿施于人""老吾老以及人之老，幼吾幼以及人之幼"都是仁爱的思想。义是衡量、判断事物的标准，是一种行事的原则和风格。孔子说："君子喻于义，小人喻于利。"孟子说："仁，人心也；义，人路也。"礼是约束人们行为的规范、准则。孔子说："天下有道，则礼乐征伐自天子出；天下无道，则礼乐征伐自诸侯出。"孔子主张"克己复礼"，极推崇西周以来的文化、典章、制度和礼仪，要求恢复西周时期的礼治秩序。智即智慧，是人们辨明是非的能力，是人们认识事物、了解事物的潜能。子曰："知之为知之，不知为不知，是知也。"孔子还说："宁武子，邦有道，则知，邦无道，则愚。其知可及也，其愚不可及也。"信即信任，是诚信，是信用，是信守诺言，它贯穿于仁义礼智之中。子曰："人而无信，不知其可也。"这种"五常"思想是中国礼治社会等级有序的制度赖以存在的基础，构筑了中国传统社会的价值标准、道德准则和幸福根基。向外要齐家、治国、平天下，即管理好家庭家族，求取功名利禄，行中庸之道，治理好国家，平定天下，从而造福世人，造福天下苍生。儒家的幸福观由内而外，把幸福当作追求的结果，把精神上和道德上的需要看作真正的幸福，将幸福体现在修身—齐家—治国—平天下的过程当中，从而真正拥有幸福圆满的人生。

道家崇尚自然，主张顺应自然、顺其自然的幸福，主张清静无为，返璞归真，过原始质朴和"采菊东篱下，悠然见南山"的自由自在的田园生活。道家认为，一个人是否拥有真正的幸福，不是看其拥有多少财富、多少知识和多高地位、多高德行，而是看其是否顺应自然之性，顺应了，就能得到最大的幸福。道家将"道"化为看待万事万物的平常心，平常心就是道，就是福。道家认为，人产生正常的需要和欲望也是可以理解的，但过度的贪欲却是祸害之源。所以，老子说："罪莫大于可欲，祸莫大于不知足，咎莫大于欲得。故知足之足，常足矣。"没有比填不满的欲望更大的罪过，没有比不知道满足更大的祸害，没有比贪得无厌更大的灾难。一个人只有懂得满足才能经常处于幸福的状态。

佛家则认为，人生本无幸福，有的只是生老病死各种各样的痛苦，而这些痛苦的根源在于人们的"爱"与"痴"，在于人无休无止的贪求和欲望，要摆脱生老病死、贪求欲望的"痛苦轮回"，达到幸福的彼岸，达到不生不灭、不垢不净、不增不减的"涅槃"境界，从而真正进入西方的极乐世界，只有通过修行念佛灭欲，灭除人的贪求和欲望。在佛家眼里，人的不幸虽然有千万种，但幸福的人只有一种：心境禅定，心如明镜之人。一个真正的佛陀，一个真正悟到佛性真意、拥有心性自由之人，才能够真正懂得"春有百花秋有月，夏有凉风冬有雪。若无闲事挂心头，便是人间好时节"的清新透亮与盎然生机。"心随万境转，转处实能幽；随流识得性，无喜亦无忧"，即是佛家通达的幸福之境。可以说，佛教的基本教义是一种说明人生痛苦根源和如何摆脱痛苦从而获得幸福的理论与方法。

中国传统社会的福寿绵长、以德祈福、自求多福、求神赐福等幸福观思想深深根植于漫长的农业社会和封建社会，具有保守性、落后性、消极性和时代的局限性。

2. 当代幸福观的扭曲

改革开放以来，市场经济在我国得以蓬勃发展，我们提倡追求个人的富裕和正当利益，鼓励个人劳动致富、鼓励竞争、鼓励发财、鼓励冒尖，崇尚效率和速度，倡导"时间就是金钱，效率就是生命"。在这些观念的影响下，我们经过了30多年冲刺般的财富赛跑，一些人除了赚钱，不知道人生中的目标与追求还有什么，甚至不知道自己究竟想要什么。于是，一些人对幸福的追求逐渐偏离了方向。"腰包鼓起来"成了很多人的唯一选择，对物质利益的追求到了不顾一切的地步，一轮又一轮经商热、淘金热、股票热、彩票热在刺激着人们脆弱的神经。唯利是图、损公肥私、坑蒙拐骗泛滥，排斥、舍弃社会主体应有的社会责任感；享乐主义、拜金主义、利己主义盛行，成为很多人进行社会交往的人生信条。整个社会被喧嚣、浮躁的空气笼罩着，讲功利、重实用的价值取向已经从经济活动领域进入社会生活领域，不断排挤责任感、奉献精神等与幸福息息相关的价值和理念。这是对个人利益、需要和欲望的极度推崇，是以牺牲大多数人的幸福为代价的，是当代人幸福观的扭曲，他们不仅损害了社会、国家、集体、他人的利益和幸福，而且最终也会葬送自己的幸福。

当面对理想与现实、个人幸福与社会幸福之间的矛盾、冲突时，很多人往往对什么是幸福感到困惑和不解，于是紧紧抓住一些自认为是幸福的东西不放。与过去相比，一些人对幸福的认识更加物质化，将幸福转化为对物质的过度追求，追求不劳而获的横财，追求支配他人的权力，以财富的多少和权力的大小来界定个人的幸福感。有的人认为，金钱可以买来豪宅、名车、官帽，也可以买来快乐、友谊、学问，只要有钱，一切都好办，有钱就能带来幸福。于是他们拼命赚钱，希望"事少钱多离家近，位高权重责任轻，睡觉睡到自然醒，数钱数到手抽筋"。然而，物质性的东西只是幸福的基础，却不是幸福本身。我们应该牢记："物质上无止境的追求，其结果都是对个人价值无止境的否定。"有的人认为只要有权、有地位，幸福就会随之而来，于是"官本位""权本位"思想占据头脑，拼命去追求个人的权力与地位，想方设法往上爬！无论是追逐金钱的人还是追逐权力的人，有一天回过头来就会发现，自己并没有感到快乐、感到幸福，感到的是疲惫，感到的是烦恼，感到的是担心，感到的是害怕！有钱又能怎么样？一天到晚忙于赚钱，幸福的日子从指缝间溜走；有权又能怎么样？未来的某一天，你也会让位于他人，那你的幸福又在哪里？

一头大象被细细的绳索拴在一棵小树上，而不远处就是大象梦寐以求的森林。但是，大象却没有去挣脱那根细细的小绳子。为什么？因为当这头大象还是小象的时候，它就被这根绳子拴住了，它无数次地想挣脱绳子，都失败了，久而久之，小象知道自己是无法挣脱这根绳子的，它就不再做这种无用的努力了。小象长成了大象，但忘记了自己已经长大的事实，以为自己还是一头小象，于是拒绝了唾手可得的幸福。

当幸福降临时，很多人拒绝了幸福。我们很多人是不是也因为害怕失败，就拒绝了奋斗和挑战，拒绝了幸福呢？当幸福向你招手时，你却拒绝了幸福的橄榄枝，这同样是幸福观的扭曲。

3. 高尚幸福观的树立

认识态度和价值取向不同，则幸福观也不同。有人把奉献和服务当作幸福，有人把吃喝玩乐、醉生梦死当作幸福；有人把奋斗和创造当作幸福，有人把骄奢淫逸、灯红酒绿当作幸福；有人靠诚实劳动、尽职尽责获得幸福，有人靠投机取巧、谋取私利获取幸福。

追求人生的幸福，过上美好的生活，享受快乐的时光，是每个人的基本权利。但是，追求人生幸福不等于醉生梦死的感官享受，不等于任意妄为的纵情恣欲，追求人生幸福必须与享乐主义、拜金主义、利己主义划清界限。赫拉克利特说："如果幸福在于肉体的快感，那么就应当说，牛找到草料吃的时候是幸福的。"选择了这样的人生方向和目标，就选择了庸俗和不幸。幸福虽然需要金钱来保障，比如看病需要钱，改善生存境遇、提高生活质量也需要钱，但幸福不能简单地用金钱来衡量。"有钱就有一切"是对幸福的曲解，"人生短暂应及时行乐"是对幸福的背离，它们只会大大降低人的生活质量，降低人的幸福层次。在金钱、财富的获取上，要做到"君子爱财，取之有道"。如果对幸福缺乏足够的认识和正确的理解，极有可能出现对幸福的追求越追越远。

有学者曾对中了百万元彩票的人做过跟踪调查，结果发现，随着时间的流逝，只有少数人获得了幸福与满足，大多数人的生活状态甚至不如从前。为什么？因为他们没有搞清楚什么是人生的真正幸福，什么方式才能实现人生幸福。有道是"钱乃身外之物"。所以，无钱不能做推磨的"鬼"，有钱也不能让"鬼"来推磨。

今天，我们追求幸福，其本质就是追求更有质量的生活和更加充实的生命。罗素曾经说过："幸福有三要素，有爱的人，有喜欢的事做，有希望！"正是如此，所以有人用这样的公式来计算现代人的幸福：现代人的幸福观 = 用心在事业上打拼 + 用心与朋友相处 + 用心与爱人共度每时每刻 + 用心与家人共度欢乐时光。物质是幸福的基础，所以幸福公式首先把"用心在事业上打拼"放在了第一位。但是，单纯的物质富有显然不能称为幸福。因此，幸福公式又给出了第二个要素：用心与朋友相处。要舍得在建立友情上花费时间，与朋友分享幸福快乐。当你在外面打拼累了，这时候需要家这个风平浪静的港湾好好休憩，才能再次整装待发。于是幸福公式又给出了更重要的两个要素：用心与爱人共度每时每刻，用心与家人共度欢乐时光。

教师要树立高尚的幸福观，就要善于给幸福做加法。

1. 高尚的幸福观就是物质幸福＋精神幸福

在现实生活中，一些人认为物质利益是最重要的利益，他们不断释放自己的物质欲望，在物质享受中寻找快感，在游戏人生中自得其乐，在精神麻醉中感受着不切实际的"幸福"。"对酒当歌，人生几何"成为时尚，成为对幸福的追寻。在这种幸福观的指引下，无限制地追求物质财富和享受成为人生的理想，大量地占有高档商品以及奢侈品成为追求的目标。然而，大多数人并没有因此感到更加幸福和快乐，反而更加纠结，于是总向"生活的他处"找幸福，找精神的归宿，找灵魂的依靠。

实际上，仅有物质生活条件，人未必就拥有幸福感。易卜生《玩偶之家》里的女主角娜拉，就是如此。德国作家施密德，同时也是一家瑞士医院的心灵抚慰师。这家瑞士医院接受的病人大都来自富裕阶层，在接待他们的过程中，施密德发现："财富并没有能够为他们带来幸福，相反，却为寻求幸福带来了阻力，他们不知道身边的朋友是看重他们的钱还是他们的人。没有真心相待的爱人和朋友，实在难言幸福。"在接受《第一财经日报》专访时，施密德这样说道："说到财富我们更多都是在说物质财富，却忽略了非常重要的心灵财富。"只有做一个心灵财富的富有者，幸福才会在你身上生根、发芽，长成枝繁叶茂的大树。

一些人尽管物质生活异常艰苦，但因为有了充实而健康的精神生活，就会感到很幸福。

江西省新余市罗坊中学离休教师蒋国珍，一名优秀的共产党员，自己过着非常节俭、苦行僧般的清贫生活，却倾其所有对品学兼优和家境贫困的学生给予资助或奖励，将"无我的追求"发挥到了极致。他助学50多年，累计捐资20余万元，超过了他离休工资的总和，受他资助或奖励过的学生有2万多人，当别人对他的异常节俭感到疑惑时，蒋国珍道出了自己心里的秘密："追求物质享受对我来说也没有什么意义，我把每一分钱节省下来，帮助那些困难学生，我感到幸福快乐。"

简单而平凡的一句话却呈现出了一个高尚的灵魂，让我们看到了一名党员教师的贫穷与富有，同时也道出了一个不平凡的真理：精神幸福是一种更高层次的追求，追求精神生活的幸福远比物质上的满足更有价值。一名热心的网友在互联网上这样留言："蒋国珍的境界，不是人人可达，也无须众人皆达，但作为一个参照系，一盏明灯，却很有必要。当我们迷失方向时，抬头看看蒋国珍，于我们的人生，于我们的心灵，于我们的社会，于我们的国家都大有裨益。"

2. 高尚的幸福观就是个人幸福 + 家庭幸福 + 社会整体幸福

人们在追求幸福的过程中，个人幸福、家庭幸福与社会整体幸福是不可分离的。个人的幸福是家庭幸福与社会整体幸福的前提和基础；个人的幸福也是在家庭幸福、社会整体幸福的基础上形成的，没有家庭幸福、社会整体幸福，个人也不可能获得真正幸福。

现实生活中，有的教师家庭确实存在着或多或少的麻烦和困难。家中有了麻烦和困难，一点不想、一点烦恼也没有是不可能的，但不能把家庭困难摆到不恰当的位置上。只有摆正干事业与爱家庭的关系，顶住家庭的"拉力"，才能给你带来更多的幸福。专注事业又热爱家庭，就能得到学校认可，家人支持，社会满意，自己幸福，他人幸福。

普列汉诺夫曾经指出："道德的基础不是对个人幸福的追求，而是对整体的幸福，即对部落、民族、阶级、人类幸福的追求。"雷锋说："自己活着，就是为了使别人过得更美好。"当个人追求与大多数人利益相一致，个人生命的火花才会更耀眼，幸福的感觉才会填满胸间。

3. 高尚的幸福观就是幸福的目标 + 幸福的手段

诗人北岛曾说："卑鄙是卑鄙者的通行证，高尚是高尚者的墓志铭。"高尚的目标要用高尚的手段去实现，否则高尚的目标就有了疑问，就不再高尚。

在现实生活中，人们在实现幸福这一共同目标上可以有多种路径，但这些路径的性质却往往有着很大的不同，甚至可以有高低美丑之分、高尚卑劣之比、合法非法之别。一些人靠制假售假、坑蒙拐骗一夜暴富，一些人靠贪污腐败、行贿受贿、揽财搂钱迅速致富，这些人尽管暂时有了富足的物质生活，也能靠钱财享受到歌舞声色等浅层次的"幸福"，但其内心却缺少真正的愉悦，他们始终提心吊胆，怕某一天行迹败露而身败名裂，遭受牢狱之灾。这就是幸福的目标与幸福的手段脱节的结果。

美国伦理学家查尔斯·L.斯蒂文森指出："当人们不论出于什么原因而习惯于追求某种东西时，他就会越来越倾向于把这些东西本身当作目的。也就是说，当外在的赞成被内在的赞成所强化，最初被作为手段而喜欢的东西，会逐渐成为被作为目的而喜欢的东西。"在对待金钱的问题上，最初，金钱可能就是一堆堆发光的小石子，它的价值完全在于它能够购买的东西的价值，这时候人们所欲求的是其他东西而不是金钱，金钱只不过是使人满足的手段。但不知从哪一天起，很多人把金钱本身当作了幸福的目标来追求，工作是为了挣钱，挣钱是为了挣更多的钱……这种生活模式怎么会让人感受到幸福呢？

幸福这一美好目标只有用高尚的劳动与创造的手段才能真正实现。只有坚持幸福的目标与幸福的手段和谐统一，理性地、根据自己的能力去寻找一种适合于自己、能够成就自己事业和生活的方式，才会对生活的意义、生命的内涵、幸福的真谛有更为深刻的理解和认识，才会释放出强大的幸福牵引力，幸福的光环也才会始终围绕着你。

4. 高尚的幸福观就是高尚情操 + 健康情趣

高尚的情操是宝贵的美德，历来受人称道，古希腊一位哲学家就曾把美德比作人生的"第二个太阳"。高尚的情操本于真，源于善，成于美，是真善美的统一。高尚的情操始终是教师拥有幸福的保证。教师拥有高尚的情操能够获得他人的信任，最终让政府放心，让学生满意，让家庭安心，从而获得幸福感。

情操高尚的人，大都能保持健康的生活情趣，不放纵、不越轨。而健康的生活情趣一旦形成，反过来又能净化心灵，提升品位，升华境界，陶冶情操，"独于天地精神往来"。《菜根谭》里说："得趣不在多，盆池拳石间，烟霞俱足。会景不在远，篷窗竹屋下，风月自赊。"只有坚持高尚情操与健康情趣和谐统一，培养积极、向上、健康的生活情趣，幸福才能长长久久。

5. 高尚的幸福观就是奋斗 + 奉献

古人云："宝剑锋从磨砺出，梅花香自苦寒来。"要想实现人生幸福，奋斗是必经之路。"樱桃好吃树难栽"，幸福不会从天而降。一个人如果饱食终日，无所事事，无所作为，则内心永远没有幸福的感觉。只有拼搏奋斗才会有幸福感。所以张海迪说："像所有矢志奋斗的人一样，我把艰苦的探寻本身当作真正的幸福。"只有不断奋斗，勇于改变，才能获得自我实现的幸福，才能揽幸福入怀。

奉献是神圣的，甘于奉献为幸福注入了滚烫的热情和不竭的动力，人能在奉献中完善自己的生命，获得人生的幸福。爱因斯坦说："一个人的价值，应看他贡献什么，而不应看他取得什么。"我们试想一下，如果有人总算计着"我能从中得到什么""做这件事值不值得"，那么这样的人能幸福吗？美国哈佛大学的一项研究曾显示，在生活中多去帮助他人，能让自己感到更快乐。徐特立在《论幸福》中也说道："一个人如果只图享受，不愿吃苦，不肯贡献，是永远不会感到幸福和愉快的。"

6. 高尚的幸福观就是享受幸福 + 创造幸福

生活的经验也告诉我们，享受幸福与创造幸福是和谐统一的。有人认为发现金山、银山，或者中大奖才是幸福，但这却不是真正的幸福，只能叫幸运，是"天上掉馅饼"式的幸福。

禅诗《梅花》对享受现有的幸福作了最好的注脚："尽日寻春不见春，芒鞋踏遍岭头云。归来笑拈梅花嗅，春在枝头已十分。"犹太人的经典《塔木德》一书也言道："接受不能改变的事情，改变能改变的事情，并用智慧去分辨它们。"换一个角度看世界，变一个方式看自己，你会发现，自己有很多的幸福可以去享受。现实中一些教师总习惯于看见自己缺少的东西，觉得什么都缺，于是整天忙着抱怨，没有时间停下来享受自己已经拥有的幸福。实际上，作为教师，我们的物质生活条件已经让我们无后顾之忧，我们的发展前景也处于大有可为时期，这难道不是时代赋予我们的幸福吗？学会感恩过去，学会珍惜现在，也就懂得了如何享受已经拥有的幸福。

当然，享受幸福必须以艰苦的劳动和创造为前提。痛苦的创造实际上是为了得到快乐和幸福，过度的享受则往往带来不幸。有人曾问过心理分析学的鼻祖弗洛伊德："一个幸福的人必须做好哪些事？"弗洛伊德只说了几个字："爱与劳动。"有一首歌也这样唱道："幸福在哪里，朋友啊告诉你，她不在柳荫下，也不在温室里，她在辛勤的工作中，她在艰苦的劳动里……"幸福，孕育于生活的激流中，汇聚于劳动的艰辛中，诞生于创造的喜悦中。贝多芬的幸福在于他"扼住命运的咽喉"，创作出了不朽的交响乐章。没有劳动和创造，自然也就享受不到物质生活和精神生活的幸福。所以英国作家萧伯纳说："如果我们不能建筑幸福生活，我们就没有任何权利享受幸福，这正和没有创造财富无权享受财富一样。"法国作家罗曼·罗兰也说："人生所有的欢乐是创造的欢乐。"一个学生，经过刻苦用功取得了骄人成绩，他会感到非常的高兴；一个农民，经过辛勤劳作获得了巨大丰收，他会感到无比的快乐；一个工人，经过千锤百炼炼出了好钢，他会感到无限的喜悦……

劳动和创造是人生真正幸福的体现，劳动和创造所带来的幸福更现实、更有分量，历久弥香。

相关链接：

幸福的定义

◎【美】史蒂夫·古迪亚 练培冬 编译

有人说胸无点墨、孤陋寡闻是悲哀的，有人说目不识丁、不名一文是痛苦的，认为人要有足够的知识当学富五车、有足够的财富能腰缠万贯、有足够的权力须呼风唤雨，才是幸福的——总之认为，幸福就是拥有得比他人多。

著名时事新闻评论员保罗·哈维曾讲述过一个发生在美国前总统吉米·卡特执掌政权时期的故事。某星期五，总统的千金艾米·卡特在做家庭作业时卡了壳，而这个关于工业革命的问题星期一就得上交。艾米和她母亲罗莎琳都不得其解，于是罗莎琳请白宫助手向负责工作的劳工部请教。周日下午，一辆卡车停在了白宫门口，上面装着有点阵打印和机械输纸功能的电脑打印机——因为以为总统迫切需要这些信息，所以劳工部安排了一个团队周末加班准备资料。当第一夫人罗莎琳知道此问题的研究竟然耗费了这么多纳税人的钱，她吓坏了，非常自责和不安。总统夫人和女儿心里满不是滋味，她们非但没有品尝到权杖在手的虚荣和满足，更无幸福感可言。戏剧性的是，这样大动干戈完成的家庭作业只得了"C"，这似乎昭示：拥有并不代表幸福。

还有另一个总统的故事。美国南北战争爆发不久，北方联邦军终于在安提塔姆战役中重创了邦联军队赢得胜利，为保持自己军队的高昂斗志，同时给叛军以摧毁性的打击，林肯总统想利用"安提塔姆大捷"这一绝好机会发表宣言，以解放美国黑奴。他将内阁成员召集起来，案前放着《解放宣言》。由于一上午都和支持民众握手致谢，他的胳膊和手已十分僵硬，一直在颤抖着。他边放松手臂，边对国务卿威廉·亨利·西华德说："这份文件一旦签下，国家和民众的命运很可能会发生巨大不同，我的名字可能名垂青史，也可能遗臭万年。虽然会冒很大风险，但我感觉在这一刻我是幸福的，因为我认为这样做是正确的，是对人民有益的，这也是我的整个灵魂所系。也许后人仔细看过之后会发现我的笔迹在颤抖，说我签署宣言时在迟疑和犹豫，但我并不在意，因为我是那么迫不及待并且坚定地想签下字。"然后，他用粗体签下了——亚伯拉罕·林肯。形势比他想象的要困难得多，《解放宣言》一开始不仅遭到南方邦联势力的反对，甚至也遭到许多支持者反对的声音，他被污蔑、诽谤和妖魔化……那个让他倍感幸福的签字让他失去了很多很多。然而就是这个具有划时代意义的宣言及后来联邦军队的胜利，永远地改变了历史。林肯发表的《解放宣言》解放了黑奴，使联邦一夜之间变成了正义之军，更使得形势决定性地走向北方的胜利，并保全了合众国。

拥有并不代表幸福，失去也并不意味悲哀。有数据显示，现今《纽约时报》一天的信息量相当于十世纪欧洲农民一生所接触的出版物信息。我们所拥有的信息比以前任何一代人都多，但能说我们就一定比前辈们幸福很多吗？仅就知识信息而言，一个人拥有多少知识并非关键。我们知道多少、我们不知道多少，抑或我们认为自己知道多少也并不如此重要，真正举足轻重的应该是：如何运用自己拥有的去做有意义的事。

幸福是什么？答案不在最新出版的流行书籍上，也不是情商专家所能解答的。其实，它就在我们每个人的心里——我们知道，只要简单地将自己所掌握的知识加以合理运用，生活质量便很容易得到显著改善，但我们却懒于去做；我们知道如何原谅他人，但却滞于敞开心扉；我们知道如何去爱、什么时候要耐心、为什么要慷慨分享，我们也知道如果自己能经常这样做，定会令自己的人生和我们所关心的生命有所不同，但往往，我们却不愿意做。我们会绕过、会退缩、会迟疑，因为这样做意味着失去而不是拥有，意味着阵痛而不是快感，意味着世俗的鄙夷和不理解，意味着付出代价——

而正是这穿过雾霾、得来不易的幸福才历久弥新、恒远绵长。

18世纪宗教改革运动的倡导者约翰·卫斯理说过，"在你可以的所有范围内，在任何时刻、任何地方、对任何人，以你所能的一切方式、方法，毫不间断地做所有你认为正确的和好的事情。"做到这些，你会抓住每个幸福瞬间，你会发现，幸福就在自己手中。

教师的幸福

◎郭元祥

一种感伤教育的情怀在流动，似乎基础教育和教育者都进入了一种"悲情时代"。为教育而伤感，伤感基础教育在创新时代的困境和困难、无奈和无助；为中小学而伤感，伤感我国中小学个性的缺失、理念的匮乏和被剥夺的种种权利；为教师而伤感，伤感教师日益增加的负荷，以及由此导致的身心疲惫。感伤说明我们还有教育的理想，感伤昭示我们还有教育的良知，感伤表明我们更有许多对教育的不满，更有无尽的努力和求索。正是有这样一群智者对教育的感伤，说明我们在奋斗，在抗争，在改革，在努力。感伤不是一种发泄，而是一种反思，一种追问，更是一种追求，是对教师的幸福与教育的快乐的追求。

教师的幸福是什么？幸福是一种体验，是对教育中生存状态的一种高级的、喜悦的情感体验。教师的幸福是一种精神享受。有自己清晰而成熟的教育教学理念，是一种幸福；有自己有魅力的教育教学艺术，是一种幸福；有自己的教育理想和信念，是一种幸福。教师的幸福写在学生认真的作业本上，教师的幸福盛在学生满意的答卷上，教师的幸福堆在家长充满谢意的脸上。学生的毕业证和入学通知书是教师的幸福，教师节学生送来的温馨贺卡和溢香鲜花是教师的幸福，满天下的桃李打来的电话是教师的幸福……

教师的幸福从哪里来？从理解与尊重中来，从仁爱与豁达中来，从沟通与合作中来，从反思与研究中来。教师对学生的理解与尊重，使学生的潜能得到激发，兴趣得到维持，个性得到发展，师生关系得到融洽，有助于教师从学生的身上体验到教育的成就。教师得到理解和尊重，能使教师的个性得到张扬，理念得到提升，艺术得到锤炼，品性得到净化，心境得到调和，同事关系得到和谐，有助于教师以一种积极的心态投身教育活动并捕捉到教育的快乐。仁爱与豁达是教师幸福的容器，沟通与合作是教师幸福的桥梁，反思与研究是教师幸福的通道。

教师的幸福是相对的。它相对于教师的付出，相对于教育的辛苦，相对于微薄的收入，相对于社会发展的苛求，相对于教育改革的催促。教师的劳动是辛苦的、清苦的，更是细腻的、严谨的。因而，只有那些勤于思考的教师才能跟上教育幸福的脚步；只有那些勇于付出的教师才能抓住教育幸福的尾巴；只有那些善于不断进取的教师才能体验到教育的幸福。教师的收入虽然微薄，却时刻对学生怀有教育责任，他们才能苦中作乐；教师的工作虽然面对无尽的困惑，却时刻胸怀教育良知，他们才能默默无闻于纷杂的浮躁之世，辛勤地耕耘，播种善良，播撒智慧。难怪近四百年前夸美纽斯感言:教师是太阳底下最光辉的职业!

当然，教师的幸福是要有人来关心的。关心教师的身体健康，关心教师的学校生活，关心教师的成就需要。

在此，我想把这个寓言提供给可爱的教师们，在你们辛苦、清苦、劳苦的过程中，别忘了对幸福的追求! 小猪问妈妈:"妈妈，幸福在哪里啊? "妈妈说:"幸福就在你的尾巴上! "于是，小猪试着咬自己的尾巴。过了几天，小猪又问:"妈妈，为什么我抓不住幸福呢? "妈妈笑着说:"孩子，只要你往前走，幸福就会一直跟着你的……"

第二章 幸福方法

每个人都有机会拥有幸福和快乐，关键是如何认知和寻找适合自己的幸福方式。

一、幸福来自于简化从容

作家冰心曾经说过这样一句话："如果你简单，那么这个世界也就简单。"当我们自己简单了，生活也就快乐了。人一简单就快乐，但快乐的人寥寥无几；人一复杂就痛苦，可痛苦的人比比皆是。这反映出的现实问题是：人要活出简单来并不容易，要活出复杂来却很简单。向往和崇尚简单的生活是人的天性，在利益驱动的现实生活中，许多人深切地体会到了复杂所带来的烦扰和不安，于是更加渴望自然而简单的生活。幸福其实很简单，简单得在它来到我们身边的时候，我们都无从察觉。

1. "简化"人际关系

从中国大陆移居美国的一些华人有一个共同的感受：在美国工作和生活，人际关系比较简单。他们上班全神贯注一心扑在工作上，下班回家可以尽情享受天伦之乐。相比之下，中国的人际关系显得过于复杂，人们花在处理人际关系上的时间耗费太长，在经营人际关系上的精力耗费太大，在维系人际关系上的钱财耗费太多。许多人有这样的感触：如今工作好干关系难处，明枪易躲暗箭难防。社会的和谐发展，需要我们处理好人与人之间的关系。但是，凡事皆有"度"，如果过了也会走向反面。一个教师，如果不努力钻研业务，淬炼技艺，亲近学生，只是热衷于拉关系走上层路线，不可能真正做好本职工作；一个领导干部，如果在用人上不看德、能、勤、绩、廉，而是搞以人划线，也不可能任人唯贤，调动大家的积极性。只要留心一些模范人物的先进事迹，我们就会发现他们的人际关系其实非常"简单"：对上没有媚气，对下没有官气，对亲友没有俗气，都能把复杂的社会关系简单化。简单的人际关系看似简单，其实并不简单，它需要你有长年累月的坚守，需要你有始终不渝的追求，需要你有力拒诱惑的信念。

2."简化"自己的生活

放开对物质的过分追求，就可以拥有生活的简单；放开对外物的执着，就能够回归心灵的简单。

有这样一个故事：

一位老人每天在海边钓鱼，每天都悠悠闲闲地钓几条鱼，够维持生活就不钓了。一个富翁拿着鱼竿来到海边坐在老人旁边钓鱼。富翁对老人说："我给你个建议，你每天多钓点鱼，吃不了把它卖掉。"老人说："卖掉干什么呢？"富翁说："把钱攒起来。"老人说："攒钱干什么呢？"富翁说："用它买条船，去打更多的鱼。"老人说："打更多的鱼干什么呢？"富翁说："卖了鱼买更多的船，打更多的鱼。"老人说："打更多的鱼干什么呢？"富翁说："将来像我一样住大房子，吃好吃的，还能到处旅游，到海边悠闲地钓鱼。"老头说："我现在不就是在海边悠闲地钓鱼吗？"

生活似乎走了一个圆圈，终点又回到了起点。故事中的老头，通常被认为是人生的智者，他懂得享受生活。这个故事实际上阐述了这样一个道理：人应该活得简单一些。人生好似一条有两个端点的曲线，起点和终点都是无法选择的，而起点和终点之间却要靠你自己去描绘，怎么画，选择权、主动权都在你自己。我们常常感叹生活这部车太沉、太重，拖得我们疲惫不堪，几乎要逃避退缩，几乎要迷失方向，于是心生疑惑：是自己缺少热情和精力去面对生活，还是生活本身就如此呢？其实，人生在世，并非要过那种"苦行僧"式的生活，寻找生活的乐趣，追求人生的幸福，才是生活的真谛，而这一主动权就掌握在你自己手中。你如何看待生活，生活就会如何看待你；你"简化"自己的生活，生活也会让你变得很简单。生活是轻松快乐，还是劳累烦闷，在于你自己的设计，在于你自己的营造。如果懂得"担重无近路，轻舟好泛海"的道理，学会删繁就简，学会"简化"生活，那么生活这部车就会跑得快，跑得欢了，幸福就会向你招手。当然，简单的生活不是贫苦和简陋的生活，而是一种精神丰富、身体健康、心态悠闲的生活；不是逃离现实的田园生活、苦行僧生活，而是如何处理物质的俭朴及心灵的单纯的生活。

老子曾在《道德经》中提及的"见素抱朴、少私寡欲、绝学无忧"就是简单做人和缓解我们心理压力的最佳法则。

"见素抱朴"就是用简单的想法面对复杂的问题，要化整为零、化繁为简。这世界有太多的人喜欢戴着面具生活，有太多人喜欢说违心的话，在黑暗中做一些小动作。他们永远在进攻别人和防护自己中度日如年，所以快乐离他们总是很远。

其实我们遇到的事情或困难也许本身并不复杂，是我们自己思想不够单纯质朴，把并不复杂的事情或困难复杂化了，才导致我们如临深渊，如履薄冰，战战兢兢。

明末崇祯年间，有个人画了一幅画，画上面立着一棵松树，松树下面一块大石，大石之上，摆着一个棋盘，棋盘上面几颗疏疏落落的棋子。除此之外，别无他物，意境深远。后来有个人拿着这幅画，来请当时的高僧苍雪大师题字。苍雪大师一看，马上提起笔来写道：

松下无人一局残，空山松子落棋盘。

神仙更有神仙着，毕竟输赢下不完。

这幅画之所以能够一直流传，就在于画面的简单，因为简单，所以在高僧的眼里才格外的意境深远，这种化繁为简的做派不是每个人都拥有的。一个很简单的小事，现在的人却把它想得复杂纷繁。要知道，生活原本很简单，只是我们变复杂了，所以连带着把所有的事情都往复杂方面想了。

"少私寡欲"中"私"，就是私心，"欲"，就是欲望。私心是万恶之源，百病之根。很多人苦、累，很多人失去心灵甚至人身的自由，不就是缘于一个贪字吗！一个人如果私心太多，就会病魔缠身。做任何事都必定斤斤计较，患得患失，日思夜虑，心不得其安。

关于欲望，人当然需要欲望，人的欲望不可绝，但也不可纵欲。古人常告诉我们无欲则刚的道理，就是说纵欲必然会闯祸染病。生活中有很多事，我们参与的只是过程，我们只能朝我们期望的结果去努力，但我们却无法决定结果。因为我们的经历、我们的智慧、我们的环境，还无法让我们改变我们想要改变的。

少私寡欲，不追逐名利，看轻身外之物，便可无欲则刚，泰然屹立在世间，行正道，道真言，做真人，比行走于酒席阿谀奉承，比奔波于官场苦苦钻营，比打拼于商海劳心算计要来得实在。

"绝学无忧"从字面上理解是说：如果弃绝了学问和学业，就不会有什么忧患和烦恼了。实际上老子的"绝学无忧"是喻指简单（淳朴）即为快乐（无忧）。

人生对知识的追求没有止境，学问越深，烦恼越多。与其要人生烦恼，倒不如"绝学无忧"——简单的快乐。但是，人性的求知欲又驱使人始终在旅途中，不断地思索和探求，学习和掌握更多的知识。如何在学无止境的知识的海洋中平衡自己，让烦恼的人生变得快乐起来？老子的招法是"绝学无忧"——简单即为快乐！

真正的"绝学无忧"是学问已经到了一种至高的境界，不需要再执着于学问的事情。不需要去钻牛角尖，不需要旁征博引，只凭自然，只凭现有的学问就可以化解任何难题，那是多么简单和自然的事情啊！

3."简化"自己的工作

经常听到有人在感叹：规定的时间到了，可是手头的工作还是没有做完；总是被众多的事情压得抬不起头来、喘不过气来；总是与时间赛跑，行色匆匆，疲于奔命。忙碌、盲目、茫然似乎成了生活的常态。"许多的电话在响，许多的事要备忘，许多的门与抽屉，开了又关关了又开如此的慌张。我来来往往，我匆匆忙忙，从一个方向到另一个方向……"一曲《忙与盲》似乎唱出了人们的现实感受。真是这样？其实不然。工作中尽管有推不掉的责任和负担，但在这些负担中，有许多是不必要的。因此，首先应该丢掉那些不必要忙碌的事情，把时间用在有意义的事情上。哪些工作是不必要忙碌的，而哪些工作又是有意义的呢？从时间管理的角度来看，工作可以分为紧急的事情和不紧急的事情；从价值的视角来看，工作可以分为重要的事情和不重要的事情。通过时间和价值这两个维度，事情可以分为四类：重要而且紧急的事情、重要而不紧急的事情、不重要但很紧急的事情、不重要也不紧急的事情。重要又紧急的事，比如危机事件，关系重大，甚至会影响一个组织或部门的生死存亡，这是考验我们的经验、判断力的时候，这类事情必须立即去做而且必须做好。重要而不紧急的事情，比如规划、参加培训、防患于未然等，它们不会对我们形成催促力量，但必须主动去做，这是发挥个人能力的领域。教师平时应多关注这类事，不仅自己容易得到锻炼，而且能够成就幸福人生。至于其他两种情况，则急事快办，不重要也不紧急的事情，可以暂时放一边不用去办，之后有时间再去办。有了这样轻重缓急的安排，工作就会变得很简单，重点就会变得很突出，就可以有条不紊、轻松愉快地完成任务，迈向成功，何愁没有幸福呢？其次在工作中要相互理解、支持、配合。常言道，没有完美的个人，只有完美的团队。合作是简化工作、提高效能、创造幸福的最佳手段。

一只麻雀跟一只小猫从小就是好朋友，有一天来了一只新麻雀，小猫、新麻雀、老麻雀三个一起玩耍，结果两只麻雀闹翻打了起来。老麻雀找小猫帮忙，说："你吃掉它，它的肉很好吃。"在老麻雀的帮助下，小猫吃掉了新麻雀。小猫从来没有吃过麻雀，这次发现麻雀太好吃了，从此昼思夜想，还想吃麻雀，后来想到老朋友也是麻雀，结果把老朋友也咬死吃掉了。

现实中没有这样的麻雀和小猫，却有这样的人。在工作中，教师之间、领导和下属之间要互相补台，不要互相拆台，否则最终倒台，幸福的大厦就会轰然倒塌。

二、幸福来自于恰当比较

社会是个五颜六色的"万花筒"，是个光怪陆离的"大染缸"，诱惑无时不有、无处不在、无孔不入。一些教师找不准"对比点"，选不准"参照系"，导致在价值判断、人生选择上茫然失措。

"向下比较"可以维持和增强幸福感。幸福感尽管是个体的主观感受，是个体的内在诉求，但它也是在与外界的对比中呈现出来的，也与外界的人和事相关联。这种关联或者是不同人之间的比较，或者是不同生存境遇之间的比较，或者是不同利益诉求之间的比较。幸福和不幸福就像两股绳索一样，在对比中我们可能会体验到幸福的感觉，也可能会体验到不幸福的感觉。人生一世，心境不同，选取的参照物不同，感受自然也会不同。一般来说，人们都偏好社会比较，但很少有人跟不如自己的人做比较，人们都习惯于"向上比较"，习惯跟那些比自己强的人做对比。他比我职位高，他比我有钱，他家房子比我家房子大，这样比较的结果就会让一些人心理失衡，体会到强烈的挫折感和不幸福感。应该多"向下比较"，因为它能够减少负面生活事件对心理造成的冲击，可以维持和增强人们的主观幸福感。"向下比较"的核心理论认为，当负面生活事件威胁到自尊，主观幸福感能够通过追求向下的比较获得增强或恢复，那么就为自我产生了相关的良好结果。如果人一味地想超越他人，那么我们将永远无法获得幸福。这种对"求胜"的刻意追求不是来自于内心的真正需要，而是来自于满足病态自负的需求。所以，这种仅仅为了"取胜"而活的人，将会活得很苦，很累，很不幸。为了求胜，他会放大自己的优点；没有获胜，他又会放大自己的不足，结果就会在自负与自卑之间摇摆不定，心情极其糟糕。"向下比较"就是同相对不好的情况进行比较，可以是自己与自己的过去比，也可以是与别人比，它不是安于现状，更不是幸灾乐祸，而是为了知足。有一个笑话说，一群猴子在爬树，爬在最后面的猴子，往上看全是猴子屁股，爬在最前面的猴子，往下看全是猴子的笑脸。其实，人生就像猴子爬树，你爬得越高，看到的笑脸就会越多。这个笑话意在鼓励人们往上爬，人们也都在努力向上爬。但是这个笑话还有另一层意思：在向上追求的过程中，要时常回头看，向下比，自我减压，保持自己的心理平衡，让自己带着轻松愉快的心情去奋斗。对于教师来说，现在的待遇和生活条件与过去相比，与广大的社会人群相比，已经相当优越，要懂得"比上不足，比下有余"的道理，收入与少的比，权力与低的比，衣食住行与差的比，这样，你的心胸才会开阔，你的情绪才会饱满，你的幸福才会充沛。

多维比较更幸福。在我们身边，"身在福中不知福"的情况经常发生。一个人幸福与否，是多方面比较的叠加。首先是自我比较。个人身心是健康的，基本需要得到了满足，那么他主观上的感受就会是幸福的。对于教师来说，幸福不应该是荣华富贵、前呼后拥，也不应该是一掷千金、任意享受，更不应该是金屋藏娇、阅尽美色，幸福其实就是一种感觉，你感觉到了，便是幸福。其次是内外比较。幸福是心灵的感悟，是心灵与万事万物的一种感应和共鸣。思想的飞翔，生命的绽放，天空的辽阔，彩虹的美丽，星河的璀璨，大海的蔚蓝，花开花谢的轮回，秋叶飘落的瞬间，执手相看的泪眼，竹篱茅舍，小几清茶，短笛长箫，这一切谁又能说不是人生的幸福和快乐呢？幸福与否就看你怎么去比较，怎么去权衡。最后是谨慎选择比较对象和比较角度。作为教师要用心工作，更要快乐生活！别把自己看得太重，否则你就会失重；别把自己看得太高，否则你就会失落；也别把自己看得太轻，否则你就会自卑。其实，能力比你强、地位没你高的人有千千万，地位比你高、能力没你强的人也有万万千。古人云："高比能使人广德，下比能使人侠行；比于善者是进身之阶，比于恶者是退步之源。"对教师来说，不能端着"放大镜"比贡献、拿着"显微镜"找差距，工作标准应与高的比，职业操守应与强的比。在精神上要向上看，越比心灵越高洁，越比行为越高尚；在物质上要向下比，越比心理越坦然，越比行为越无私，越比幸福指数越高。

三、幸福来自量力而行

卢梭的名著《爱弥儿》里有一段精辟的话，大意是说：人生的幸福起源于愿望与能力的平衡。一个人应该学会在自己能力范围内做自己力所能及的事。生活中我们遭遇烦恼和失败，多数都是因为没有把握好这个原则。

有时仅仅是为了获得某种东西，人们不惜让自己的生命超负荷运作，其实完全没有必要这样对待自己。幸福本来就在于量力而行，如果我们背负的东西太过沉重，行走的过程就会苦不堪言，这样的生活令人疲惫不堪，何谈幸福？

一对恋人在结婚时非要向别人显摆自己是多么幸福，他们决定要办一个隆重的婚礼，而且还发誓要把亲戚朋友的婚礼都比下去。可是他们二人都是工薪阶层，没有多少存款，双方父母的身体都不太好，父母那点退休工资是指望不上的。怎么办？借吧。

于是，他们借钱置办了高档家具，将新房装饰得如宫殿般华丽，他们还想把婚礼搞得排场大一些、隆重一些。可是借来的钱都花了，但还是不够，于是新郎决定为了自己的婚礼铤而走险。他在婚礼前几天偷了工厂的一些器材，私下里换成了一沓人民币。

婚礼那天，新郎西装革履，新娘婚纱曳地。金色硬币拼成喜字让来宾惊美不已，租用的高级轿车排着长长的队，真是气派极了！

可是到了晚上，贺喜的人群还没散，呼啸的警车就将新郎带走了，并没收了他用赃款购买的家用电器。

事发之后，债主们也纷纷上门讨债，新娘只好变卖新买的家具还债。面对空空的房子，新娘坚决要离婚，一个刚刚诞生的家庭就这样被虚荣和面子给毁了。

好高骛远、不能量力而行的人是不会幸福的。上面故事中的这对新人，就是因为对幸福的形式太过于强求，因虚荣和贪欲丧失了理性，导致幸福从手中溜走，还让自己陷入尴尬的境地。

在我们身边，经常见到这样的人，他们样样都要和别人比，比官位、比车子、比住房、比穿衣打扮、比排场等。有的人并不富裕，却硬要打肿脸充胖子，看到别人买车，自己借钱也要买，看到别人结婚场面大，自己借债也要弄得更豪华气派。结果导致自己债台高筑，无法获得心灵的自由和快乐，这样的生活又怎么可能幸福呢？

其实，一个人真正的幸福来自于简单的生活，来自于心灵的宁静。无论我们拥有的物质财富是多是少，都要量力而行做自己力所能及的事，我们才可以生活得悠闲、舒适和安心。

劳拉和丹尼是一对结婚三年的夫妻，他们都在一家工厂做工。平时，两人靠着微薄的收入，省吃省喝，勉强度日。他们每天幸福的时刻，便是红霞漫天的黄昏时分，在巴黎寂静的小道上散步。

这天，一位潇洒的男士开着漂亮的跑车、带着自己心爱的人幸福地从他们身边驶过。丹尼转身对劳拉说："我不能像他那样有钱，但有一点我可以做到，他的爱人坐在车里不用辛苦地走路，你也可以。"

说完丹尼便把劳拉背在自己的身上，沿着幸福的道路快乐地前行。劳拉从丹尼的后背搂住他的脖子，她的微笑是那样的灿烂，她的脸贴着丈夫微微出汗的脸庞，感觉幸福离自己是如此之近。

事实上，我们的需求越少，得到的幸福就越多。有时候，过于豪华的生活不仅不是必需的，反而是幸福的障碍。比起豪华的生活，有识之士更愿意选择简单的生活，因为简朴、单纯的生活更利于明了自己的追求。

当我们沉浸在别人的掌声、喝彩声中时，一定要对自己此刻的幸福和快乐有一个清醒的认识，千万不要因此染上虚荣的毒瘾，让自己变得疲惫不堪而得不到幸福。其实幸福就是懂得量力而行，有多少钱就过多少钱的日子，有多少能力就办多大的事。

工资不高，我们就不要贪慕虚荣，四处借钱去买名牌衣服，普通的衣服也可以穿出品位；没钱买高档轿车，我们就不要欠债贷款换潇洒，买便宜实用的车开着照样舒服。不要忘记，为了虚荣和攀比而奢侈浪费，受累、后悔的还是自己。

让我们学会适时地放松，不要让欲望和虚荣心成为自己前进的阻碍，那样我们会非常累，而且也会耽误我们创造真正的幸福。凡事懂得量力而行的人，才能舒心地享受人生最为美好的景色。

四、幸福来自平衡的智慧

现代人终日忙着追求，慢慢丢失了最宝贵的东西。有些人只专注于追求所谓的成功，冷落了亲情、友情，错过了人生的许多美好。他们的世界严重失衡，因而注定与幸福无缘。

其实，无论我们做什么事情或者做任何决定，都要从生活的不同层面考虑，求取一种生命的平衡。千万不要让自己盲目地陷入竞争的激流中，这样不但会迷失自己，还会错过人生的风景，也无法获得幸福。

《平衡的智慧》一书中曾经讲到帕特·基辛格——英特尔公司资深副总裁兼首席技术官。他是一个忙碌的人，承担了很多的使命。他有许多记录：32 岁成为英特尔最年轻的副总裁，40 岁时任英特尔第一任首席技术官，是英特尔加班工资和报销学费数额最高的职员，等等。工作之余，他做了六年教堂的长老，还在公司收门徒。同时，他还是三个孩子的父亲。他忙，但不"盲"。

帕特用心计划了个人的使命：做一个信仰基督教的丈夫、家长、商人，并且以一颗智慧的心平衡着工作的压力、家庭的需求、心灵的饥渴。每天的灵修和祷告使他在工作中充满了信心和能量，对家人充满了爱心和关心。同时，他也在教会无私地奉献着。

帕特把人生的多个角色比喻成不同的皮球，而自己就是抛球的艺人。人不能总抓住一个球不放，而是必须分清主次，接住最重要的那个，用点时间处理它（抓住它），然后迅速把它抛出，这样才能接好下一个。

幸福在于生活和工作的平衡。幸福生活之所以"幸福"，关键在于拥有平衡生活与工作的艺术。如果我们学会统筹安排时间，工作和生活就会相辅相成，我们就会远离压力的困扰，感受生活的快乐轻松。

比尔·盖茨也是一个会平衡生活的能手。他痴迷于事业，但会时时与家人沟通，和子女一起成长，与朋友一起玩乐，更不忘建立福利基金会，他有事业、亲情、友情，他收获了人生中许多美好的东西。

西方流传着一个故事：

三个商人死后见上帝时，讨论他们在尘世中的功绩。一个商人说："尽管我经营的生意接近于倒闭，但我和我的家人并不在意，我们生活得非常快乐。"上帝给他打了 50 分。第二个商人说："我很少有时间和家人待在一起，我只关心我的生意。你看，我死之前，是一个亿万富翁。"上帝也给他打了 50 分。这时，第三个商人开口了："我在尘世时，虽然每天忙着赚钱，但我同时也尽力照顾我的家人，朋友们和我很谈得来，我们经常在钓鱼或打高尔夫球时，就谈成了一笔生意。活着的时候，人生多么有意思啊！"上帝听完，给他打了 100 分。

记住美国生物学家及教育家乔登说过的一句话："没有正常的生活，就没有真正卓越的人生。"给大家几个小建议：

第一，尽量不要将工作带到生活中；

第二，时刻将家人放在心上；

第三，包容多一点；

第四，乐观地生活。

幸福在于物质和精神的平衡。的确如此，如果我们把握不好，片面追求其中的一种，就不会取得幸福。如果只看重物质的享受，我们的精神就会空虚；如果只追求精神的充裕，而忽视物质的基础，我们就会为现实生活所累。

幸福还在于理智和情感的平衡。因此我们待人处世应该追求客观公正，凡事不能只凭感觉，率性而为。

世界上任何东西都要讲究一个平衡，寻找到支撑点，我们才能更好地看待这个世界，更好地平衡生命中的那杆秤，从而真正地从人生中收获快乐和富足。

在成长过程中，我们一直都在朝前看、向上看，我们也都希望自己能过上幸福而美好的生活。然而，何谓幸福呢？它与物质有关但不受物质左右，它与财富也不存在正相关的关系，它与精神有关但也不完全受其支配，它是人的一种平和的精神状态，是一种喜乐的心灵感受。要想获取幸福，就请放下我们的"盲"，多向前面例子中的帕特等学习吧，学习把我们的工作转变为有意义的事务，实现生活和工作的平衡、物质和精神的平衡、理智和情感的平衡。这样，我们才能真正体会到生活的乐趣，从中感悟到幸福。

五、修炼内心，提高幸福水平

人生长路漫漫，每个人都不可避免地会感受到悲伤，但同时，当我们做了喜欢做的事情，得到了我们认为有价值的东西，我们会觉得很幸福。对多数人来讲，幸福似乎是游移不定的，因为他们的生活总是受外界的影响。要想将幸福掌握在自己手中，最好的办法就是通过日常的修炼使内心平和，只有心态平和了，才能提高人生总体的幸福水平。

电影《幸福终点站》讲述了一个名叫维克多的东欧人为了完成父亲的遗愿而前往美国，不料途中祖国发生政变，他因签证失效而不得不留在机场九个月。

在这九个月中，维克多不得踏出机场一步，所以只能想尽办法在机场吃住。为了维持生计，他在机场找各种工作。因为他的坦诚和乐于助人，他与机场许多工作人员都交上了朋友，还帮一个送餐员追上了喜欢的女孩。这期间，除了交朋友，他还谈了一场轰轰烈烈的恋爱。

九个月的时间，他住的地方——机场一个废弃的候客厅，被改造成了温馨的卧室。拿到签证时，他也顺利完成了父亲的遗愿。

或许生活中，大多数人碰到维克多这样的境遇时会郁闷，但维克多是一个热爱生活的人，在任何环境下他都能过得开心满足。他心中总是充满了希望，遇到不如意的事情，他总是用乐观的态度和行为来化解。这个从始至终都充满幸福感的维克多，给了我们一个理解生活的全新方式。

其实，要想提高人生总体的幸福水平，关键就在于我们自己拥有化压力为动力、化悲痛为力量的能力。我们应如何修炼这种能力呢？

一是试着改变看待问题的角度，而且把积极的思想投入其中，往好的方向想，不要让自己老是在一些消极郁闷的事情上纠结。

二是即便是碰上了不顺的事情，自己多想一想解决的办法，不要老是关注事情本身，否则一切都会陷入僵局。

三是适当的时候，可以听一些放松而又激励人心的音乐来调整自己的思绪。试着多看一些让你捧腹大笑的喜剧、电影或者书籍，以及鼓舞人心的文章。坚持下去，你就会感受到生活中的无限乐趣。

四是如果你偶尔想起了什么不好的事情，那么请赶紧关上你的记忆阀门，把自己的思绪转换到高兴的事情上去。

五是经常想自己已经完成的事情，不要想没做完的事情。早上起来，你想好了一天要完成的几件事情，到了晚上你会觉得不高兴或者很沮丧，原因在于你早上计划的事情没做完。一天之中你可能做了不少事情，可是有几件小事情没做完，你的情绪就会很受影响。这对你来说是很不公平的。

六是偶尔宠爱一下自己。例如，正在减肥的女士可以在周末时，给自己来上一小块巧克力，为平日紧张的思绪带来一刻的轻松。平日工作压力大的人，可以在周末花整块的时间看喜欢的电视节目、电影或者到街上散步等。

七是每天至少做一件让别人高兴的事情。可以是温暖同事心的一句话，也可以是在路口停下车让行人先过，或是在公交车上给别人让座，给喜欢的人选一件小礼物。带给别人快乐的同时，你自己也会很开心。

八是不要忌妒那些幸福的人，相反，应该为别人的幸福而感到幸福。如果不想让自己的幸福感降低，那么就不要让丑恶的忌妒蒙蔽了自己的心灵。

九是当事情没能按照预期进行时，态度要超脱一些。超脱会使你冷静，使你能够控制自己的情绪。超脱并不是麻木不仁，而是好事坏事都接受，这样心态就会平和。超脱与内心平和有关，内心平和了就会有幸福安宁的感觉。

十是时刻期待着幸福的到来，多多尝试与幸福的人交往，向他们学习，使自己幸福。记住，幸福的感觉是可以互相传染的。

六、养成好习惯，幸福一辈子

英国儿童教育家洛克说过："事实上一切教育，都归结为养成儿童的良好习惯，往往自己的幸福都归于自己的好习惯。"不论是幸运或不幸的事，人们习惯性的想法或做法决定了他们是否能把握幸福。有一位名人说："困苦人的日子都是愁苦；心中欢畅者，则常享丰筵。"这段话的意义是告诫世人培养愉快之心，培养感受幸福的习惯，那么生活将成为一场欢宴。

在哈佛大学的课堂上，为了让大家更好地掌握幸福的秘诀，泰勒教授为学生列出十条幸福小贴士，它们能够帮助人们养成感受幸福的好习惯。

第一，遵从你内心的热情。选择对你有意义并且能让你快乐的课，不要只是为了轻松地拿一个 A 而选课，也不要盲目地选你朋友上的课或是选别人认为你应该上的课。

第二，多和朋友们在一起。不要总被工作缠身。亲密的人际关系最有可能为你带来幸福。

第三，接受失败。成功没有捷径。历史上有成就的人，总是敢于行动、敢于面对失败的。不要让失败的恐惧感，绊住你尝试新事物的脚步。

第四，全然接受自己。失望、烦乱、悲伤是人性的一部分。接纳这些，并把它们当成自然之事，允许自己偶尔的失落和伤感，然后问问自己，能做些什么来让自己感觉好过一点。

第五，简化生活。更多并不总代表更好，好事多了，也不一定有利。你选了太多的课吗？参加了太多的活动吗？凡事应求精不求多。

第六，有规律地锻炼。体育运动是你生活中最重要的事情之一。每周只要三次，每次只要30分钟，就能大大改善你的身心健康。

第七，保证睡眠。虽然有时"熬通宵"是不可避免的，但每天7到9小时的睡眠是一笔非常棒的投资。这样，在醒着的时候，你会更有效率，更有创造力，也会更开心。

第八，学会慷慨。你的钱包里可能没有太多钱，你也没有太多时间。但这并不意味着你无法助人。"给予"和"接受"是一件事的两个面。当你帮助别人时，你也在帮助自己；当你帮助自己时，也是在间接地帮助别人。

第九，试着勇敢。有勇气不是感受不到恐惧，而是心生恐惧，却依然向前。

第十，常表达感激。生活中，不要把你所拥有的家人、朋友、健康、教育等这一切看作是理所当然的。记录他人给予你的点滴恩惠，始终保持感恩之心。

一个人能否活得幸福，关键就在于自己的选择。如果我们选择快乐，那么快乐就在身边；如果我们寻找希望，那么失望便会逃之夭夭。所以与其茫然地生活，不如尝试改变自己的心态和生活习惯，养成感受幸福的好习惯，这样我们才能制造出更多的快乐，才能在每一天都有灿烂的心情。

七、越早会理财，越早得幸福

一句英国格言这样说：知识可羡，胜于财富。早点学会理财，才不会老大伤悲。看看这两个 80 后的例子吧，你究竟属于哪一种？

案例 1：工作 3 年买了房不炒股

自从 2006 年大学毕业后，梁先生供职于金融系统，并于去年在市区买了房，总价 70 多万元，首付花去了他十几万元。他说："我年收入 10 万元多一点。除去日常的正常开销，就把首付攒够了。我从来不炒股，只是做了基金定投。"梁先生前不久结了婚，再过几个月就要"升级"做父亲了。他的妻子也在金融系统工作，两个人的年收入加起来接近 20 万元。梁先生说："我在投资理财方面以稳健为主，特别是在有了家庭之后，不轻易投资风险较高的金融产品。"

梁先生选择了基金定投，是一种稳健的投资。例如按照 10% 的收益率计算，如果每月定投 221 元，定投 30 年，最后就有近 50 万元的资金。如果每月定投 442 元，最后的资金就将达 100 万元，这部分钱完全可以做养老之用。如果每月定投 600 元，定投 20 年，等子女长成人之后，也会有 50 万元的资金，这笔钱也可以做子女的教育金。

案例 2：月薪 4000 元的"月光公主"

夏小姐前后一共换了 4 份工作，目前月薪为 4000 元。她现在还是单身，租房每月租金 1300 元，加上水电、物业管理等各项开销，共计约 1500 元。她每个月还要添置起码一套名牌时装，这就要花去近千元。夏小姐说："我非常喜欢买东西，而且非名牌不买。这又要花去几百元，具体看心情而定。"

去年底，夏小姐还在家里的赞助下买了台小排量汽车，每个月的油钱又要花去三四百元。夏小姐说，工作 3 年多了，不但没攒下来一分钱，几乎每个月都在为还信用卡发愁。

对年轻人来说，越早学会理财，蜗居里的"小金库"就越有可能成长为大财富。越早学会理财，越有可能在将来某个时刻，达到财务自由的境界。越早学会理财，越早得幸福。现在，让我们来看看名人是怎么看待财富的。

作为主持人，杨澜被大众所熟知。近 10 年来，杨澜的阳光媒体集团做得有声有色，"女强人"的标签随之而来。她推出《一问一世界》一书，又多了"作家"的标签。

如今事业成功，杨澜对赚钱是否还保持热情？杨澜觉得，做公司不仅仅为赚钱，如果为赚钱，可能做房地产来得更快，可那不是她爱的事业。她的兴奋点还是在媒体，现在她去做个采访其实很费时费力，从金钱的投入产出来讲完全不合算。但杨澜很庆幸自己不是一个被钱奴役的人，为理想她做阳光卫视可以倾囊而出，包括她先生，没作保留地把所有钱投了进去。钱一直不是她的第一考虑，创意的乐趣才是她生命中最重要的。

在对待孩子上，杨澜的教育还是一个比较健康的方式。她的两个孩子有十几岁了，对他们来说家境确实不错，但他们不会穿名牌，杨澜一直教育他们不要炫耀和攀比。她也在慢慢给他们灌输一个理念：爸妈只负责到你们大学毕业。杨澜说这也是她从父亲那里学到的。父亲在她毕业时说，虽然自己认识很多人，但是找工作是杨澜自己的事。杨澜觉得这对她来说是个很大的财富。所以她今天可以说，现在的一点成绩是自己努力的结果。她希望她的孩子将来也有这样的自豪感。杨澜认为作为父母，最重要的是要给孩子一个成为他自己的机会。

所以，在未来的幸福中，最重要的不是有一个怎么样的爸爸妈妈，而是父母从小就灌输的理财观念。在这里，和大家分享一个《思考致富》中的秘密。《思考致富》一书全篇都在传达着一个致富秘诀，但拿破仑·希尔并未将秘诀说出，他说："我很乐意告诉你，但这样会剥夺你用自己的方式去发现的乐趣。"

拿破仑·希尔的这个秘诀就是：无形的意念会带来财富！心想才能事成！或者说凡你心里所想，并且相信的，最终必能实现！全篇围绕这一主题意念，娓娓道来，让人相信唯有思考才能致富。

致富的第一步首先是强烈的欲望，这是任何成就的起点。拿破仑·希尔提出了用自我暗示刺激潜意识的六个明确步骤.

（1）在脑子里设想一下自己想得到多少金钱，要说出一个准确的数字；

（2）明确自己能付出多大的努力；

（3）明确得到金钱的日期；

（4）制订一个实现梦想的计划；

（5）列一份清单，把前面四个步骤写进里面，放在你早晚都看得到的地方；

（6）到一个不会被干扰或打断的地方，每天清晨和睡前把这份清单读两遍。要大声朗读，记住，只朗读那些字是没有用的——除非你在念的时候，融入了自己的情感（信心、爱）或情绪（热切、激昂），并且要记得想象、体会金钱握在手中的感觉，这是因为潜意识只会对情感化的指示起作用。比如信心就是所有情感中最强烈、最具效果的一个。只要将意念变成行动，慢慢地，你就可以学会理财。

会理财的人是幸福的，但很多人觉得自己没有时间去理财。那就让我们看一个例子，如果你不会理财，你将会变得多么不幸。

2001年农历除夕夜，身陷几十万元债务纠葛的南通一乡镇卫生院的医生孙启勤意外地获得了500万元的体育彩票大奖，成为让无数人羡慕不已的幸运儿。然而4年后，他不仅数百万元资金消耗一空，还遭遇了亲情的背离，自己还身患癌症，人生的不幸让人们唏嘘不已。

孙启勤说，当他得知彩票中奖之时，非常激动，也觉得非常幸运和幸福，甚至七天之内没有真正好好睡着。之后，他为自己的家庭、为兄弟姐妹们在市区购置房产；为家乡海安县建立了一个以"孙启勤"命名的少儿图书馆；借钱给朋友做生意；等等。甚至此后又模仿电视剧《刘老根》里的剧情，在家乡投资兴办占地500亩的"虹泓山庄"。可是这样一个山庄的启动资金和维持成本，远远超出了孙启勤的能力范围。没多久，他的这笔钱就因为自己缺乏理性财富规划的行为而灰飞烟灭了，他的幸福仅仅持续了几个月，随后变得更加不幸福，陷入长达数年的无尽的痛苦与懊恼之中。

俗话说："你不理财，财不理你"，一个又一个的事实告诉我们，只有学会理财，幸福才能常伴我们。并且越早学会理财，幸福来得越早。理财并不是只有富人才能做的事情，越是穷人，就越需要理财。所以，从今天开始，对自己的财富做一个规划吧，只有真正地掌握了财富的秘密，才能更好地把握幸福的人生。

相关链接：

人能感动，就能幸福

◎赵　捷

　　"感动无处不在，仿佛泉水，是滋养生命的。但是，我们却匆匆走过，忍受着干渴。"

　　每天上班，我都要在北大的东门过斑马线，再往东走到单位。多数时候，都是刚到路口，人行横道的红灯就亮起来，我只有等待。那天也一样，只是我偶然回了一下头。我忽然看到北大校园扩建工地围墙边被留存下来的两棵老柳树，那巨大的绿色树冠在朝阳下闪着熠熠的光泽，随着微风荡漾着，美到极致。

　　那一刻，一种感动深深袭击了我。无异于多年以前，在某个路口突然看到我单恋的男孩的身影。整整一天，我都感到莫名喜悦。一个很平常不过的日子，仿佛也被早晨的感动镀上了金边。

　　那天晚上，我在日记中写道："本是匆忙上班时一次难耐的红灯，偶然的回头，给我的竟然是一整天的幸福。"

　　自从我家保姆走后，我的生活就是白班加夜班。每个夜晚总要醒来数次给三岁的儿子盖被子、把尿。有一天夜里，他突然挣脱我，在迷迷糊糊中大叫："我自己来，我自己来。"然后，跑到马桶边，吃力地踮着小脚尖，很快小便完了回到自己的被窝里立刻又呼呼大睡了。我却一下子清醒起来，感动于儿子的生命历程又发生了质的变化。黑夜里的我，心花怒放。

　　有一天和台湾佛光大学原校长龚鹏程先生在北京的西餐厅聊天，他讲到他在台湾的时候，看到一个小孩背着另外一个小小孩在乞讨。他心中悲悯，就给了孩子一张大额的钞票。走了好远，他被人叫住了，回头一看是那两个乞讨的孩子。孩子见他回身，立刻跪到地上给他磕头。龚先生说，那一刻，他眼睛湿润了，一个小孩和他背上的小小孩在他面前磕头的样子令他终身难以忘怀。

　　听龚先生说着，我的眼泪止不住就下来了。我想，当我没有孩子的时候，这个世界只是一个熙熙攘攘的世界，我只是其中的一粒尘埃。但是，当我成为一个母亲，听到这样的故事的时候，我心中的感动就像暮色苍茫无边无际，世界在我心中就变成一个需要我去做一点清扫的房间了。我很感激龚先生传递给我的这份感动让我获得了瞬间的成长。

在这个世界上有时心累，有时身累，有时候，人生仿佛就是天涯苦旅。但是，头顶的鸽哨突然掠过，让人顿感一丝惊喜，这就是感动不期然地来临。感动，仿佛一股暖流流遍我们的全身，让我们常住在体贴入微的幸福家园之中。无论是幸存柳树的自然之美、一个幼儿长大成人的细枝末节，还是人间心酸唤起的良知援助，都是感动之花开放的枝丫，都为我们结出幸福的果实。

忙

◎佚　名

很少有人再去追究，为什么自己的脚步在这喧闹的都市中竟已停不下来。为了挤进时代的主流，为了过上体面的生活，都市人几乎是无一不忙的。白天是精致的套装，勒紧的领带，沉重的背包，九点一到，陀螺便被抽上一鞭，转转转，开始忙开拓，求发展，个个啼笑不由己。晚上则拖着疲惫身躯倒头就睡，管它春夏秋冬。

李宗盛唱道："我来来往往，匆匆忙忙，从一个方向到另一个方向。忙是为了自己的理想，还是为了不让别人失望？"自然，已经"忙得分不清欢喜还是忧伤，忙得没有时间痛哭一场"的世人，更是忙得无暇思量这个问题。古之闲人，淡然虚旷而其道无穷，万德之美皆从于己，弃外在享受，贵心灵内省。清风明月，不用钱买，却是自然赠予的最大财富。它们一派潇洒，反而承载了生命真正的趣味。

今之忙人，心灵空间被打包存放了一个个案件，一场场交际，一桌桌饭局，一丝余裕也无。赏风荷、枕书香之事早已隔山隔海，就算提及，怕是也要被笑为风花雪月，不足为珍的。

不过，多少年的尘事萦绕之后，暗自思量，竟是若有所失。生命似是完整，方寸之间，却是空虚难抑，到底是缺了什么？忙到失去自我，究竟又是为了什么？忙来了精致的生活，却忙不来自得的心情，心还是空的。

身在魏阙，久别江湖，走马兰台，飘蓬随风，心意憔悴，无论性情。陶渊明早已感叹，误落尘网中，一去三十年。樊笼再美，哪里抵得过丘山雅韵，虚室余闲！

近年来，休闲学这一门学科悄悄地兴起，1952 年皮普尔写下的《休闲：文化的基础》已是近代休闲学的经典之作。闲，本是性情之事，立为学科，是不是反而要"感谢"一下人们对它的逃离与淡忘？

太匆匆，人生的一路风光就这样被错过。繁忙的学习工作，并不意味着心灵的充实，生命哪堪就这样被舍本逐末地磨去？

我这样说，并不是指要重新回到清虚冲淡的古之生活。忙得透不过气的生活自有解脱之法，因为，"忙"不是只有忙碌一种的，忙同样可以让人适意。

一味地忙，只能让生活单调，这种忙作为闲的绝对面存在着，是瞎忙。令人愉悦的，让人充实的忙是自适其适，这是一份忙中的闲意，它使人们有自己的人生步调，以忙而不乱的节奏充分地参与到广阔人生中，即使身处繁都，仍不会心疲计算，执于俗务。这样，忙带给我们的不再是倦意而是满足。

人生的俯仰之间大有精彩之处，一路颠簸过来，细细品味着这些人生的精彩，慢慢地，竟有了神闲气定的快意。若没有忙的努力，可能自己的人生造不出如此多的精彩；但若一路快马驰骋了去，而没有一份繁忙中的闲心，这种悠然而又满足的幸福只怕也是咫尺天涯，看见了，却错过了吧。

第三章 幸福港湾

家庭是以婚姻和血缘关系为纽带，以父母、夫妻和子女为主要成员的生活共同体。在社会体系当中，家庭作为一种组织形式，具有生活、组织、管理等功能，是人们生活的基本场所，是人们生存、成长和发展的起点。家庭也与国家、社会紧密相连，它是国家的基础，是社会的构成细胞。

对于任何社会成员来说，家庭幸福是做好工作的基础，它如同一汪清泉会时时滋润着你的心田，给你再出发的动力。家庭和谐幸福，你工作时就会全身心投入，高质量地完成任务；家庭关系紧张，你工作时就会心猿意马，注意力不集中，容易出差错，甚至酿成无法挽回的损失。拥有一个和谐、温馨、幸福的家庭，是每个人的期盼，也是每个教师的追求。

习近平总书记指出，"不论时代发生多大变化，不论生活格局发生多大变化，我们都要重视家庭建设，注重家庭、注重家教、注重家风。"就是希望我们建设幸福的家庭，使家庭成为人的生命、生存和生活价值的栖息地。

一、幸福家庭的内涵

幸福家庭没有固定的模式可寻，但幸福家庭都有一些共同点。俄国文学家列夫·托尔斯泰在其名作《安娜·卡列尼娜》的开头写下了这样的话："幸福的家庭都是相似的，不幸的家庭各有各的不幸。"一个幸福的家庭，必然是情感和谐、爱好合理、兴趣相投、责任明确、目标适中的家庭，必然是以实现全家人的幸福为主要目标。幸福家庭，既包括家庭成员之间关系的和谐，也包括家庭成员与其他社会成员关系的和谐。幸福家庭要拥有"三感"，实现"三统一"，把握"六要素"。

1. 拥有"三感"

"三感"即归属感、支持感和惬意感。"电话不停在吵，老板不停地闹，总逃不开工作表，做完了又来了，怎样也甩不掉。回家感觉真好，别管世俗纷扰，把一整天的面罩，忙和累的大脑，都往热水里泡，让每一颗细胞忘掉烦恼。我的家就是我的城堡，每一砖一瓦用爱创造，家里人的微笑是我的财宝……"一曲《回家真好》唱出了人们的心声，让人们明白了家的重要。

归属感。归属感是人们对家庭与生俱来的一种心理需求。当今，竞争日益激烈，工作的压力无处不在，家庭的心理慰藉功能更加凸显出来，每个人都渴望有一个幸福的家庭来给自己减压。于是，人们纷纷喊出："我想有个家，一个不需要华丽的地方，在我疲倦的时候，我会想到它；我想有个家，一个不需要多大的地方，在我受惊吓的时候，我才不会害怕……"回到家里，生理上的疲劳可以得到消除，心理上的疲劳可以得到慰藉。当人们感到伤心、难过时，家成了温暖的"避风港"，成了心灵的庇护所。幸福家庭是现代人灵魂的皈依处，精神的栖息地。在这样的家庭里，喜乐有人与你分享，痛苦有人与你共担，郁闷有人听你抒发，身心有人给你温暖，此乃人生之幸。如果一个人遇到挫折回到家里，得到的不是温暖安慰，而是冷眼相对，这无疑是雪上加霜。有一个幸福的家，即使天各一方，一封书信、一个电话，也是幸福的牵挂。

支持感。在一个幸福的家庭里，家庭成员的支持是永不沉没的航标，是你永远的坚强后盾。幸福的家庭，在你顺利时能够使你更加奋勇向前，在你病痛时能够使你获得关怀和照顾，在你困难时能够使你拥有信心和力量。家人的欣赏、支持和鼓励是你不断前行的动力。当你在人生的大海里搏击风浪感觉累了，遭受了冷眼，遇到了难以跨过去的坎，一想到家人温暖的眼神，你就会油然而生一股暖流，一股豪气。"为了我至爱的亲人"，相信你会告诉自己，"不能随波浮沉，再苦再难也要坚强。"

惬意感。家有父母的慈爱，家有妻儿的期盼，家是温馨的休闲地。有家就有爱，有爱才有家。回到家里，卸下工作中的压力，抛开工作中的烦恼，或躺或立，或哭或笑，可以什么也不想，什么也不做，享受属于自己的空间，享受天伦之乐，还自己一份真诚，还大脑一片宁静，还心理一个平衡。家庭成员之间关系越亲密、心灵越亲近、气氛越融洽，其幸福的感受越强烈。郑培民同志的日记中就有这样几句话，"手拉手，户外走；说说话，散散心；情切切，意绵绵；身体好，永相伴。"满满的幸福之感弥漫开来。

2. 实现"三统一"

"三统一"即物质满足与精神满足统一、内在标准与外在标准统一、自我追求与外部供给统一。

物质满足与精神满足统一。对于一个幸福家庭来说，物质满足是基础，基本的物质保障是家庭成员所必需的。没有基本的物质生活保障，绝大多数家庭会陷入困境，建立幸福家庭也只能是一句空话。对于一个家庭来说，首要的就是家庭成员基本生存问题的解决，比如人身安全、财产安全、交通安全等。生存需要和安全需要可以视为幸福家庭的物质内涵。但是经济条件优厚的家庭也不一定就是幸福的家庭。有些家庭虽然很富有，资产百万、千万，但只是表面光鲜，实际生活却一团糟：夫妻各怀鬼胎，相互不忠诚；子女不学无术，对长辈不孝顺。这样的家庭谈不上幸福。所以，仅有物质的满足是不够的，家庭成员获得精神的满足才是家庭幸福的根本。只有夫妻恩爱、子女孝顺、相互信任、民主祥和、心态积极的家庭才是幸福的家庭。

有两只鸟在一起生活，雄鸟采集了满满一巢果仁让雌鸟保存，由于天气干燥，果仁脱水变小，一巢果仁看上去只有原来的一半。雄鸟以为雌鸟偷吃了果仁，就把它啄死了。过了几天，下了一场雨，果仁吸水后又变成满满的一巢。这时雄鸟十分后悔地说："是我错怪了雌鸟！"

对家人要保持信任，不要让怀疑和猜忌毁了家庭的幸福。在幸福家庭里，通过对父母的孝顺和对子女的关爱使得家庭成员获得归属感，通过被家庭成员需要和被社会需要获得尊重感，通过建立友谊、接受教育、参与竞争等获得自我实现。当家庭成员在家庭中以及与社会的互动中获得了满足感、安全感、归属感、尊严感和成就感，幸福就会与家人相随。

内在标准与外在标准统一。这是对于幸福的体认方式和评判方式。内在标准是家庭成员对于自己家庭是否幸福的认知，外在标准是非家庭成员对于一个家庭是否幸福的认知。对于什么是幸福家庭，家庭成员与非家庭成员的认知存在着差异。家庭成员对于自己家庭幸福的认知更多的是从心理满足的角度来衡量，包括共同的家庭责任、共同的兴趣爱好、共同的理想认同、共同的目标追求等。从根本上说，家庭是否幸福是家庭成员的一种主观心理感受。尽管人们的生活状态对幸福有着重要影响，但是家庭幸福与不幸福更多的是取决于家庭成员的心态和心理认知。非家庭成员对一个家庭是否幸福的认知更多的是从物质的角度来衡量，这是外在的东西，容易看到。比如，人们往往会认为那些高收入家庭比那些低收入家庭更幸福；有人认为自己开车上下班很幸福，挤公交车上下班的家庭就没他们幸福。

自我追求与外部供给统一。对于一个幸福的家庭来说，每个家庭成员都会规划着自己和家庭的未来图景。追求和创造幸福生活既是每个家庭成员的基本权利，也是每个家庭成员的责任。如果说爱是混凝土，那么责任就是砖瓦，只有一步一步将它们相互叠加，才能建起一个永不倒塌的幸福之家。在自我追求上，家庭成员必须确立科学的"幸福期望值"。要知道，一个贪得无厌的人不会有幸福。因此，家庭成员在对家庭发展的未来设计上和对幸福生活的执着追求上既要符合自身实际，也要符合家庭实际，还要符合社会实际。所谓外部供给，是说政府和社会在幸福家庭创建的过程中要提供相应的物质保障、制度保障和组织保障等。幸福家庭虽然需要家庭成员共同努力，但也需要政府承担一定的责任。通过实施人性关爱、人情关爱、人文关爱，帮助某些家庭改善生活、教育、健康等状况，从而提高这些家庭的生存发展能力、学习上进能力、自我保健能力、文明行为能力、奉献社会能力，实现健康、致富、文明、幸福之目标。

3. 把握"六要素"

美国著名的家庭与婚姻专家斯特内特和德弗雷历经 30 年研究，总结归纳提出了建立幸福家庭的"六要素"。

关爱与欣赏。幸福家庭里生活的每一个成员，彼此深深地关爱着对方，并且努力地发现对方的优点和长处，并加以欣赏和赞美。

承担家庭义务。幸福家庭中的成员花一定的时间和精力参与家庭活动，包括家务劳动。他们认为这是承担婚姻义务的重要组成部分。家庭义务中还包括避免婚外情对婚姻的伤害，即使碰到婚外情，双方也会寻求积极的方式化解危机。

积极沟通。幸福家庭中的成员努力创造开放、轻松、和谐的家庭交流环境，并注重以积极的方式及时沟通。在家庭成员之间发生冲突或遇到新的挑战时，不是消极应对或逃避，而是勇敢、机智地消除家庭成员之间的冲撞和摩擦。

共享美好时光。幸福家庭中的成员会认为最幸福的时光是和家人在一起。人们常说人生中最美好的时光是孩提时代，正是因为孩提时代最美好的记忆都是在家庭这个场所发生的，在家庭成员之间共享彼此的存在和幸福。

精神上的安康。幸福家庭中的成员一般都有共同的信仰和对生活的乐观精神。他们把精神上的安康看成是对对方关爱的中心，在这个爱的中心里，所有的家庭成员都来分享爱和幸福。

成功处理家庭压力和危机。幸福家庭中的成员具有更强的能力运用自己的智慧去化解压力和解决危机。他们懂得如何在危机出现之前就采取措施预防危机的发生，他们深知怎样动员所有家庭成员的力量来克服日常生活中出现的烦恼和困苦。在困难和危机面前重新规划家庭生活以渡过难关。

二、幸福家庭的特征

1. 共同创造

谋求全家人的幸福是每一个家庭成员义不容辞的责任。幸福家庭是家庭成员共同经营，共同创造，同甘共苦，共同解决生活中的难题所创建的，它是建立在家庭成员互相包容、齐心协力对美好生活的共同追求上。而要毁掉一个幸福家庭，只需要其中任何一个人即可。

乌鸦两口子在树上互相对骂，它们越骂越凶，越吵越激动，最后雌乌鸦随手捡起一样东西向雄乌鸦打去。那东西击中雄乌鸦后碎裂开来，这时雌乌鸦才发现，自己打出去的东西原来是一只尚未孵化好的蛋。

不理智，易冲动，只会使问题变得更糟，使整个家庭受损。幸福家庭应该如毕淑敏在《破解幸福密码》里描述的那样，是一种"包子型"。包子是由包子皮和包子馅构成的。包子皮相当于当下的家庭生活和境况，包子馅相当于我们追求幸福生活的长远理想。包子皮和包子馅紧密相连，它象征着我们能够把握现在，憧憬未来，追求幸福，在任何时候都能看到希望，都能找到正面积极的方向，都能对家庭投入自己的情感和行动。作为家庭成员来说，一定要有创造幸福的双手。"幸福不是毛毛雨，它不会从天上掉下来。"

要努力创造和超越自我。在创建幸福家庭的过程中，既要创造满足需求的物质生活，更要创造满足需求的精神生活和灵魂生活。家庭因学习而自信，因职业而生辉，因生活而尊严。要建设学习型家庭，让学习成为家庭成员的生活方式和习惯，不能只要求孩子学习，父母更要学习，祖父母也要学习，营造家庭良好的学习氛围。要努力创造自己的职业和事业，职业和事业是家庭物质和精神生活的源泉和支柱。要培养职业兴趣、职业思维、职业能力和职业品德，爱岗敬业、富有激情和意志力，做好每一项工作，创造自己的事业，不断增加家庭财富，为丰富家庭生活提供财力支持和精神动力。向往美好的家庭生活，要转变生活方式，创造新的家庭生活。国家经济新常态，家庭呈现新状态，创造家庭新的生活就是要在保证家庭基本物质生活的基础上追求文化生活、精神生活和灵魂生活的统一。提倡安全、健康、简朴、生态、科学、文明的生活方式，反对奢侈、浪费、愚昧的生活方式。

2. 合理比较

幸福不幸福，有时是在比较、攀比中产生的。对于一个家庭来说，家庭成员总会有意无意地拿自己的家庭与亲戚、朋友、同事、邻居、周围不太熟悉的家庭，甚至相对发达地区的家庭做比较，被比下去就有不幸福感。一些教师总喜欢把自己的家庭与金融和电力职工、商人和私企老板、官员和大款等的家庭做比较，这是不可比的，也是不可取的。实际上，幸福作为人内心的一种感觉，可以在一念之间迅速转化，当眼睛向下看时，心在天堂，当眼睛向上看时，心就在地狱。作为教师，要把名利看淡一点，把事业看重一点，不和他人攀比，以家庭平安为乐，以事业发展为乐。现在，教师的工资收入都能够维持家庭的正常生活，那么，怎么去比较是很重要的。《老大的幸福》里有一句台词："拿自己的短处和别人的长处比，怎么比怎么憋屈；拿自己的长处和别人的短处比，怎么比怎么幸福。"如果盲目攀比，心态就会失衡；如果期望过高，失望也会越大。

3. 时代演进

不同的时代，幸福家庭的内涵是不一样的。随着经济社会的发展，人们的生活水平在提高，对物质的需求比过去更加宽泛，精神需求也趋于更高层次。美国心理协会前主席马丁·塞利格曼曾经将幸福比喻为"跑步机"：过去的努力所带来的财富和满足感只能维持一时，站到一个新的平台，你就会仰望更高的平台。幸福感也在与时俱进，没有止境，就像跑步机一样永不停歇。上海人过去结婚只要大床、大橱、五斗橱、床头柜、方桌和 4 把椅子一套总共"36 只脚"的家具就足够了，现在还要链子、房子、车子。这说明，幸福家庭是与一定的经济物质基础紧密相连的，具有时代性。我们现在所说的幸福家庭与新中国成立后和改革开放后相比，甚至与几年前相比，其内涵和标准都有所变化。创建幸福家庭应该与经济社会发展水平相适应，与家庭生产生活状况相适应。只有当经济社会发展与百姓幸福安康紧紧相衔接，幸福才会离我们更近，幸福家庭才会遍地开花。

三、崇尚积极健康的"家庭幸福观"

歌曲《家和万事兴》唱道："老祖宗留下一句话，家和万事兴，妻贤福星广，母慈儿孝敬，众人拾柴火焰高，十指抱拳礼千斤……"教师的家庭幸福不仅是一种个人情怀，也是一种道德建树。将教师对家庭的关爱和责任、对工作的热爱和责任以及对自我的疼爱和责任相叠加，就是一个真正幸福的家。

1. 真心关爱家人

家庭是幸福的重要源泉。爱是幸福家庭的灵魂。夫妻之间的爱、父母子女的爱、兄弟姐妹的爱、长幼的爱，只能保鲜不能衰弱，只能生长不能停止。家庭之爱的最高境界是泰戈尔描述的："眼睛为她下着雨，心却为她撑着伞。"要兼爱，不要偏爱。家庭里父母孩子、爷爷奶奶和外公外婆都要感受到相互的关爱。关爱家人，家人幸福；家庭幸福，你才幸福。如果你想让家人过得幸福，就要真心关爱家人，对家庭负起责任。如果不能做到这一点，则失之于家庭，甚至家庭离散，最终可能造成事业挫败。家庭幸福美满比什么都强。一个破碎的家庭不可能拥有幸福，一个不能拥有幸福家庭的教师也不大可能为社会创造幸福。所以，作为教师，要用心去创建幸福美满的家庭，努力让家成为养精蓄锐的充电站，成为芳香四溢的百草园，成为幸福开花结果的常青树。

2. 家庭需要合理

从马斯洛的需要层次理论上讲：每个人都有生理需要、安全需要、情感和归属的需要、尊重和自我实现的需要。也就是说每个人的需要是多样性的、是多层次的，每一个层次的需要的实现就为下一个层次需要的实现增加动力。五个维度的顺向需要从低到高，会不断增添追求幸福的动力；逆向需要从高到低会使人不断的衰落，甚至堕落。从每个家庭来讲有父母亲的需要、孩子的需要、祖父母的需要，他们的需要不仅有性别上的差别更有年龄上的差别，不但有现实的需要差别还有未来的需要差别。建构基本的物质生活，富有的精神生活和有生活信仰、有大爱之心与超越自我的灵魂生活是每一个家庭的需要和向往，也是家庭和谐发展的体现。古人云："弱水三千，取饮一瓢；良田万顷，日食三餐；广厦千间，夜卧八尺。"人生在世，需要其实很简单，"家有金山银山不过一日三餐，户存千榻万榻也就三晌一眠"，你需要的东西越多就越不满足，身上背负的东西越多就会越累。传说有一条金龙在天上飞来飞去，看到地上有一把锁是玉做的，于是就把这个锁拿来佩戴在自己身上了。大家都说很漂亮，它自己也非常高兴。但是从此以后，它再也飞不起来了。对于教师来说，如果真正放下不切实际的名和利，则自己轻松，家人轻松；自己幸福，家人幸福。本本分分拿工资比什么都靠谱，平平安安去工作比什么都踏实，实实在在谋发展比什么都珍贵，清清淡淡过日子比什么都幸福。

3. 廉洁铸就家庭幸福安康

天下最伟大的事情就是做父母。我们必须要学会做父母，做称职的父母。父母要清廉履职，维护家庭尊严。《中小学教师职业道德规范》第七条规定：教师必须"廉洁从教。坚守高尚情操，发扬奉献精神，自觉抵制社会不良风气影响。不利用职责之便谋取私利。"一定要为人师表，爱生如子，廉洁自律，自觉抵制社会上一切不正之风；讲学习、讲正气、讲奉献，拒绝"有偿家教"，拒绝家长的宴请，拒收家长的钱物，不委托家长办私事。民族兴旺千古事，文弱铁肩一任担。廉洁自律高风举，桃李争春赋诗篇！"人不能把金钱带进坟墓，但金钱能把人带进坟墓。"欲望无止境，贪求无止境，则祸害无止境。钱财来得不正当，就会犯致命的错误。清朝的林则徐有句名言："子孙若如我，留钱做什么？贤而多财，则损其志；子孙不如我，留钱做什么？愚而多财，益增其过。"常言说，国廉则安，家廉则宁。知德守纪才能心胸宽广，家庭清廉才能幸福安康。如果自己廉洁，家人廉洁，就算遇到学校检查，则"猝然临之而不惊，无故加之而不怒"，身也舒坦，心也舒坦。古语说"授人以鱼，不如授人以渔"。教给子女生活的智慧与做人的道理，才是让子女受用一生的幸福和最为珍贵的财富。从根本上讲，对孩子的教育就是使孩子坚守人的天性，发现和发展孩子的天赋，注重孩子的兴趣培养、能力提高、行为引导、智门开启。

四、找到家庭和事业的平衡点

中国人常说："家和万事兴。"的确，如果家庭是地基的话，那么事业就是大厦，地基牢固坚实，大厦才可以屹立不倒。

曾听到一个这样的故事，一个初出茅庐的女歌唱家，事业上刚刚崭露头角，突然被查出身患重病。医生说她的病有两个治疗方案，一个是在嘴部动手术，但她将不能再唱歌；一个是在脑后动手术，但她将失去做母亲的机会。她面临着两个选择，无所适从。舞台是她从小追逐的梦想，而现在自己已经站到了成功的边缘，她无法舍弃自己执着的唱歌事业；而作为一个女人，如果不能做母亲，那么人生将是不完美的，而且这对以后的婚姻也是一个很大的障碍。可是病情不允许她犹豫，最终，她选择了继续唱歌，而放弃了做母亲的机会。

我们现实生活中也许不会面临这样必须两者只能取一的选择，不会在事业和家庭之间必须舍弃一个，但我们常常要选择是为工作牺牲家庭的幸福，还是为家庭放弃事业上的进取。

28岁的张小姐是某知名家电企业的业务部经理，事业正处在上升期，马上面临着进一步提升。然而相恋5年的男友，提出了结婚的要求，因为他的父母急着要抱孙子。张小姐非常苦恼，她不想在自己事业蒸蒸日上的时候止步不前，如果要孩子，她就只能停留在现在的职位，甚至还会失去工作；可是男友的要求理所当然，她没有理由拒绝，而且，她也渴望拥有一个家庭。她困惑地说，什么样的工作才能既保证自己不耽误事业，又有充足的时间和精力照料孩子呢？

其实家庭和事业就像天平两端的砝码，两者的重量不等就会让天平失衡，工作和家庭都会受到影响。在不能把家庭和工作的重量消减的时候，我们可以移动天平横梁上的游码，找到那个让两者平衡的点。

而找到这个平衡点的关键就是弄清楚自己想要什么。当我们发牢骚抱怨自己工作辛苦，没有时间体育锻炼，没有时间陪伴家人时，要先想到是自己选择了这种生活方式。如果我们觉得自己的生活处在失衡状态，那就拿出一张纸，写下自己追求的东西，然后对它们按重要程度进行排列，然后按照这个排列去生活。

在局外人看来，我们无论是选择家庭还是选择事业，似乎都是被迫做出的决策，为一个牺牲了另一个。其实不然，当我们服从内心的召唤，做出某些放弃时，恰恰是在我们选择的那方面发挥了我们的才智。

无论选择事业还是家庭，我们只是做了自己想做的事情，不会觉得做出了牺牲而痛苦。如果厌倦了商界紧张忙碌的生活，感到疲惫，倒不如卸甲归田，放松一下自己，体验和爱人在一起时的充实和温馨。如果觉得自己在事业上更能有所作为，自己更喜欢拼搏的快乐，那就不要把自己关闭在家庭的狭小天地。只要是遵从了个人的意愿，就不会觉得委屈。

如果不想花费精力寻求工作与家庭间的平衡，那么可以先立业后成家，或者结婚后才进入职场，一个一个地实现自己的目标。即使我们有杂技演员的能力，能同时抛接几个球，也要让它们保持不同的高度，因为我们一只手只能拿一个球。

涛和他的妻子红都有着强烈的事业心，正因为如此，两人才会彼此倾慕并最终走到了一起。婚后，两人仍旧各忙各的事情，家庭生活平淡而无味。

涛是一名公务员，非常善于运用科学的管理方式管理行政事务，并且成效显著，很快便脱颖而出，被提拔为副处长。红在大学毕业后留校任教，为了提高自身的学识，在学术上有所作为，她下苦功夫考了学校第一批硕士研究生。夫妻俩的事业可谓红红火火，蒸蒸日上。不久，省里决定在现有的机关人员中选拔一批年轻的优秀人才到贫困地区扶贫，涛第一个报了名，并被分配到附近某贫困县当了一名主抓科技的副县长。一年后，由于他在科技扶贫方面成绩显著，在县行政换届选举中，他以绝对优势被选为县长。随后，涛带领全县人民用不到两年的时间摘除了该县的贫困帽子，并且使该县跻身全国"百强县"。

在工作中，涛顺风顺水，但他也时常会感觉到自己对家庭温暖的需要和渴望，但更多的时候这种渴望都被强烈的事业心冲淡了。

在学校继续任教的红则更是一头扎进书海里，进行课题攻关，甚至还把儿子送到公婆身边，并充分利用丈夫、孩子都不在身边的良好学习环境，不断地做实验，搞研究，后来干脆搬到实验室里，吃住全在里面。功夫不负有心人，在导师的指导下，她的研究成果获得了省科技进步一等奖。

寒假将至，涛回来与妻子商量，要她利用寒假和他一起去县里辅导县中学的教师，但红舍不得离开自己的实验，拒绝了丈夫，结果他们大吵了一架，不欢而散。涛愤愤地走了，带着满心的落寞与伤感，直到春节也没有回来。除夕夜，红也没有回那个冷清的家，选择一个人待在实验室里，这时她感到了孤独。

也就是在这个凄凉的除夕夜，红开始反思他们这段婚姻，虽然他们的事业都一帆风顺，但他们婚姻生活的温度却已接近了冰点，他们在为事业拼搏的时候，同样是需要家的支持、关怀和温暖的，也同样要为家庭的建设做出各自的努力，但他们却都忽略了这一点。涛为了自己的政治前途，几乎忘记了家庭的存在，特别是调离当地之后。而红则为了自己的学业，甚至把儿子也狠心地送走了，至此他们的家庭生活几乎是一片空白。他们两个人几乎没有待在一起的时间，他们的家庭甚至在他们心目中的分量远比事业轻得多，这样下去他们的家庭肯定会出问题，想通了这一点，红感到惭愧万分，她为家庭付出得竟然如此之少。

红开始尝试在学业紧张之余，特别是利用节假日前往涛所在的县城探望涛，并且给他做上几顿可口的饭菜。闲暇时，她会同丈夫一道领略县城街头的风景，与丈夫谈谈分别后的感受，并接回儿子，同享天伦之乐。

当事业与家庭发生冲突时，只要学会多费一点儿心思，少计较一点儿得失，即便不能"鱼与熊掌兼得"，在家庭与事业之间，也总会找到一个平衡点。

不管社会如何变迁，家庭、事业都不应该对立，而且完全可以统一起来。如果把事业当作一个家庭去享受，如果把家庭当成一个事业去经营，那么建立在事业上的家庭将会是最稳固的家庭，建立在家庭上的事业也才是最甜蜜的事业。

有时，靠一个人的力量很难实现事业和家庭上的平衡，但如果我们能发动家庭成员一起来参与的话，那么成功机会就会高很多。在此过程中，我们要了解每位家庭成员的期望和注重的事物，帮助每个人获得平衡。

相关链接：

人生所承载的永远是幸福的重量

◎寒　林

日子突然变得琐碎、繁杂、忙碌起来。生活像一面魔镜，在我还未来得及应对它的时候，它便把它最实质、最本真、也最枯燥乏味的一面突然呈现在了我的面前。特别是结了婚，组建家庭，有孩子之后，每天要做的事情，似乎一下子就增加了许多。要工作、要生活、要买菜、要挣钱，油盐柴米酱醋茶，水费电费通讯费……大到孩子入托，买房置业，小到待人接物，迎来送往，每天都是一个字：忙！忙得焦头烂额，顾此失彼。

在无休止的忙碌中，白发一天天见长，皱纹也一天天见多，肩头上的担子，也一天比一天沉重。再到后来，孩子上了学，妻子也从乡下调进了县城，但生活的重负依旧只增不减。于是，为了生计，为了家庭，为了老婆孩子，也为了社会所赋予我的那份责任，那个角色，我便只能理所当然地、全身心地去继续奔波，继续操劳。就像是一匹负重的老马，面对生活这驾笨重的大车，除了使劲拖曳，别无选择。

累，便成为必然，成为生活的一种常态。

于是，我便时常心揪揪地怀念起先前那些无忧无虑，只知道一日三餐，只知道上学考试，只知道行游四方，只知道扮酷消闲的青春岁月。

于是，便时常为生活的重负而苦恼，而烦躁，而闷闷不乐，并时常生发出一种摆脱的欲望。

一天，一位同样被生活的重负所苦所累却始终保持乐观旷达的朋友，在听了我的苦恼以后，给我讲了这么一个故事。说是有一个像我们一样生活过得非常沉重的人，跋山涉水去寻找圣人咨询解脱的办法。圣人在听了他的苦恼以后，给他拿了一个竹篓，指着一条铺满沙砾的道路对他说："你每走一步就捡一块自己喜欢的石头放进背篓，看看最后会有什么感受。"

那人照着圣人的吩咐去做，可走出没有多远，石子便装了半个背篓。圣人问他有什么感受？他说："越往前走，逗人喜欢的石子越多，背篓也就越来越加沉重。"圣人将了一下银白的胡须，微笑着说："孩子，我们每个人刚来到这个世界的时候，都背着一个空空的背篓。然而，随着我们逐渐长大，喜欢的东西也越来越多。我们每走出一步，都要从这个世界上捡一样喜欢的东西放进背篓，结果路走得越远，背篓里的东西也就越多，这就是你为什么会觉得生活的负担越来越重的原因。"

那人问圣人："我们应该如何来减轻生活的沉重呢？"圣人答道："要减轻这份沉重其实非常的简单，你只要把工作、爱情、婚姻、家庭、友谊中的任何一份东西拿出，背篓的重量都会减轻。"圣人紧接着反问道："你愿意将其中的哪份东西毫不犹豫地拿出背篓呢？"面对圣人的诘问，那人无言以对。

听了朋友的故事，我的心情豁然开朗。

记得台湾著名作家林清玄在阐述"人生之美"的时候也曾说过："爱和美，都可以减轻许多人生的沉重。"林清玄曾举例说：当你回到家中，看到你爱人的时候，你可以用一种充满爱的感动把她抱起来，转上一圈。然后，你再去找一块五十公斤重的石头，也抱起来，也转一圈。结果呢，你会发现石头很沉，比爱人要重好几倍。为什么？那是因为你对石头没有任何感情任何爱意。石头的重量是纯粹的重量，而爱人的重量则是一种幸福的重量。

是啊，我们每个人装进"背篓"里的都不是纯粹的石头，而是我们在生命的历程中精心从这个世界里寻找来的爱情、事业、家庭、婚姻、友谊等许多令我们魂牵梦萦、难舍难分的"东西"。就是因为这些舍不得的"沉重"，才让我们感受到了生活的丰富，生活的美好，以及生命的充实。所以当你感受到生活的沉重时，你应该感到庆幸和满意、欢喜。因为沉重的背后必然是生活的丰硕和事业的收获。

人生的背篓所承载的永远是幸福的重量。

有一种幸福叫文化快乐

◎钱文忠

传统的幸福观用一句话就可以总结，那就是《安娜·卡列尼娜》开头的那句："幸福的家庭都是相似的，不幸的家庭各有各的不幸。"很多人把这句话绝对化、抽象化为："幸福都是一样的，不幸各有不同。"其实，幸福也是各有不同的，天底下不可能只存在一种幸福，也不可能只存在一种幸福的标准。我想，一个社会越和谐、越健康，幸福的标准应该越多元、越开放。

当今，确实有一种让人非常担忧的情况，我们的幸福观正呈现出一种僵化和单一的趋势，比如我们认为财富、地位是幸福与否的重要标准。我发现有些年轻人的幸福观也很狭隘，越来越单一，这必须引起我们高度的关注。

幸福应该是多样的。同时我想幸福的重要基础之一，实际上是一种和谐的观念。当年温家宝总理曾经公开发表过文章，说他那时去看望季羡林先生，季先生跟他讲，中国文化对世界文化的最重要的贡献是两个概念：一个概念叫"天人合一"，人不能去征服自然，人应该是自然的一个组成部分，应该和自然和谐共处。这一点已经成为全人类的共识。第二个重要概念就是"和谐"，中国传统文化的和谐观是对全人类的重要贡献。

季先生讲的"和谐"包括三个层次，但是媒体和后来的各种传播渠道只侧重讲了前两种。一是人和社会的和谐，二是人与人之间的和谐。季先生讲的最重要的第三点是人自身的和谐。你如果自身不和谐，怎么可能跟别人和谐？比如我看到一个人开的车比我好，我就很生气，然后我就要骂两句；我看到一个人的房子住得比我大，我也要骂两句；我看见崔永元、孟非的名气比我大得多，我看到他们就恨得要死。这就是人自身不和谐所造成的。

人自身的和谐既然如此重要，那它主要靠的是什么呢？我想，靠的是文明与教养。在人类历史上，文化和文明一般是同步的，一个人受教育程度越高，就越有教养。然而在当今，文化和文明出现了脱节，教育和教养出现了脱节。在今天，文化和文明似乎没有必然的关系，教育和教养似乎也没有必然的关系。整个社会的教育水准越来越高，博士、硕士、名牌大学的本科生比比皆是，但是我们看到整个社会的教养水平不仅没有相应地提高，反而出现了某种程度的降低。一个没有文明和没有教养的人，以及由这些人组成的群体，是难以拥有真正的幸福的。

幸福绝对不是一种，它也绝对不等同于或者不仅仅等同于财富、地位、名誉。

幸福有很多种，幸福是多元的，但我认为，有一种幸福是必须生活在一种文化的、文明的、有教养的快乐之中的。有时候我特别愿意从一些老人身上感受他们的幸福。由于我的经历比较独特，跟好多老人家都有过非常密切的接触。这些老人家跟我们不一样，他们从小历经战乱。我想举两位老人家的例子。一位是季羡林先生，他出生于1911年，清朝灭亡那一年。他从小经历战乱，他在留德期间，天天挨着盟军的炸弹，天天要躲炸弹，他虽然躲开了国内的抗日战争，却置身于第二次世界大战的漩涡中心。另一位是跟季先生几乎同龄的我的一个家族长辈——钱学森先生，他20世纪30年代去了美国，第二次世界大战虽然没有波及美国本土，但是钱学森先生曾以美国陆军上校的身份被派到德国去。

季先生出生在一个非常贫苦的家庭，他的亲叔叔中就有饿死和送人的，他的父母都不识字。当然钱学森先生有点不同，他的父亲钱均夫是鲁迅先生当年的同学，也是当时非常重要的教育家，曾经担任过教育部的官员，后来担任过浙江省教育厅厅长。他们两人都曾历经苦难，都有过吃不饱的经历。季先生曾经一次吃下过一筐土豆再带十磅苹果。因为在二战期间，他一度没有东西吃。但是我觉得他们的人生都是幸福的。为什么他们的人生会那么幸福，我们难以想象。比如季先生讲，在那段疯狂的岁月里，不对他批斗了，就把他安排在女生宿舍门口打铃，因为那时都是传呼电话，电话来了要说"几零几室、某某同学有客"，都这样叫的。季先生有一段时间就负责干这个。后来季先生告诉我，他那段时间居然感觉幸福。为什么？因为他终于可以每天偷偷地从家里抄两大张纸的梵文——古代印度史诗《罗摩衍那》，把它带到门口的值班室里，边喊电话的时候，他就边琢磨着怎么把它翻译出来。后来我们知道，《罗摩衍那》的汉译版是季先生独立完成的。

钱学森的幸福充满文化的快乐，跟季先生一样，他们完全没有物质上的那么多选择性，他们依仗着一种人文的滋养、一种文明的积淀，度过了非常快乐的人生。我们难以想象，一个大科学家的生活会是什么样子的。大家可以去钱学森图书馆看看，他的儿子钱永刚先生把父亲所有的东西包括与母亲蒋英的婚书都捐到了上海。钱先生的写字台是老式的，写字台的对面有一把非常小的椅子，我问钱永刚这椅子谁的？他说是母亲蒋英的。原来钱学森先生每天做完非常高精尖的绝密研究之后，就会坐到这个桌子前去剪报，蒋英就坐在那把小椅子上陪着丈夫，一坐就是几个小时。有一天蒋英对钱永刚说："你去陪陪你爸爸。"他说："我跟他没什么好谈的，他是搞导弹的，又不好跟我谈。"蒋英说："你爸爸会高兴的，陪他不一定要说话，你坐在那里就可以了。"

钱永刚先生说:"我这才知道,快乐是可以很安静的,幸福是可以很宁静的,陪伴是可以不需要说话的。"

当一种生活真的有了幸福感以后,一件最普通的事情都会给我们带来幸福的感受。在钱学森晚年,他几乎把自己所有的钱和奖金都捐了。香港有位爱国企业家颁发给他一个"杰出科学贡献奖",奖金是五百万元港币。钱学森先生那时住院了,就由蒋英代他去领。她临走前,钱学森先生笑着对旁边的工作人员和儿子说,你看,你妈妈要去领奖了。蒋英说,是啊,我要去领奖了,一张证书和五百万元港币。下面一句钱学森先生说的话是我听过的非常有教养,而且极其幽默的话。他指着蒋英说:"你看你看,她要'钱',我要'蒋'(奖)。"

今天,在我们的国家正经历着快速的发展和转变的时候,在我们享受物质财富,享受着安宁和安全,享受着越来越多的自由的时候,我们也要有一个思想准备,我们会面临更多的疑惑和困境。而我们对幸福的标准不再、也不应该再一致。幸福绝对不是一种,幸福绝对不等同于或者不仅仅等同于财富、地位、名誉等,请大家一定要记住,有一种幸福叫"文化快乐"。

附录 1

"微时代"，教师怎样阅读

随着互联网技术的升级，微博、微信、微小说、微电影等"微"产品将我们带入了一个全新的"微时代"。在这个时代里，我们传统的阅读方式受到了前所未有的挑战。

[经典案例]

微时代的阅读

2013 年 4 月 23 日，一场主题为"微时代的阅读"的讲坛在北京师范大学举行，来自出版界、评论界、文学界的专家和普通读者，在这里对我们今天的阅读生活进行了探讨。

"微时代"带来的阅读悖论

前不久发布的第十次全国国民阅读调查结果显示，2012 年我国 18 岁 ~ 70 岁的国民对数字阅读方式——网络在线阅读、手机阅读、电子阅读器阅读、光盘阅读的接触率为 40.3%，比 2011 年上升 1.7 个百分点。数字阅读接触率的增加，昭示的不仅是阅读载体的更新换代，更是在这种载体变革中潜藏的载体内容变化带来的阅读方式的改变。这其中，与数字阅读方式贴合度最高的微博、微信、微小说等内容形式，对传统的阅读方式形成了强烈冲击。"即使我不为'微阅读'唱赞歌，它也一样会来临。'微阅读'正在改变我们这个时代的阅读生态。"《新京报》文化副刊主编肖国良说。的确，"微阅读"时代的来临是势不可挡的。

公交车、餐馆等众多的公共场所里，捧着手机、平板电脑"埋头苦读"的人随处可见。借助现代化的电子媒介，"微阅读"已成为大众化的阅读方式。据调查，当今一个小学生一天的阅读量，包括文字、影像、广告等，超出了 15 世纪一个成年人一年的阅读量。"微阅读"也是一种"浅阅读"，它契合了现代社会快节奏的生活需要，实现了信息的"快递"。

"微时代"的阅读变化

"微时代"有很多新的技术、工具是要学习使用的，它不一定会改变原来传统写作的精神内涵，反而可能会让作者和读者更好地沟通。在可以预见的时间之内，电子书和传统出版物可能会分庭抗礼。有研究数据显示，传统纸质图书阅读的比例和电子阅读的接触率都有所上升。

"深阅读"和"浅阅读"的量都上升了，说明全民阅读的总量上升了。深阅读解决的是精神思考的问题，浅阅读解决的是信息的问题。对此，肖国良认为，爱书的人首先应该成为阅读的传播者，无论是深阅读、浅阅读，都是阅读，不要把它简单地对立起来。两种阅读形态的功能是不一样的，浅阅读解决的是信息，深阅读解决的是传统文化。只要把阅读的种子播撒下来，阅读就会在大家的生活中生根发芽。中央编译出版社总编辑刘明清也认为："'微时代'的阅读也好，传统的阅读也好，只要阅读，人生就是丰富的。"

[案例透视]

粉丝、关注、转发、@，这些"微时代"特有的关键词，构建起一个虚拟的新大陆，形成一股"微力量"，推动着传统阅读方式的变革。

表面上看起来，这可能是我们阅读方式的转变，或者是对新鲜事物的接受，等等；但在一段时间过后我们发现，"微"字已经开始改变我们的思维状态，改变我们的生活方式，改变我们对事物认知和理解的方式。

"微阅读"的确带来诸多便利，但人们在受益的同时，似乎也有缺失。

北师大文学院学生钟觉辰认为：文学是去解释一些不确定的东西，而在这个"微时代"，我们只关注一些很表面的、确定的信息，放弃了这些不确定的东西。这些都是"微时代"对传统阅读、深阅读提出的挑战，使得经典阅读变得难了。假如一味地沉溺在那种简单的、低级的愉悦当中，我们就会逐渐失去思考、创新、叩问心灵的力量。

"简单、快速、犀利、生动，这就是微阅读的魅力。"著名作家叶广芩说，"但是，在'微'的环境下，沉静的心态、人格的韵味、德行的操守，被淡化了。我们健壮，我们快活，我们简单，我们将诸多的书籍装入电脑。"

有力量的阅读表现为对内能够完善自己的人格，对外能够推进社会的进步。读书不必有成见，读书如果作茧自缚，反倒是缺少文化自信的表现。

面对庞大的信息量，我们究竟读到并记住了什么呢？坐在电脑前浏览各类新闻要事，时间花了不少却总觉得很是乏味。首先，这种图片化、碎片化的阅读消解了手执书卷时的那种沉潜静谧的心态。另外，时尚、通俗和娱乐的内容简化了我们的思考过程。我们常常不由自主地卷入对一些热门事件的"全民围观"中，伴着事情的进展瞎热闹一场，八卦一下。

电子媒介带来了阅读的实用和消遣效应，时下功利化的社会氛围又进一步制约了阅读的质量和水平。网络上有一句广为流传的话："彪悍的人生不需要解释。"彪悍意味着拒绝伤感、怜悯和沉思，朝着一个个物质主义目标疾风而行。诗歌、经典文学作品都已贵为"奢侈品"，普通人无心也无暇问津。

[链接延伸]

尽管我们处在"微时代"，但我们的世界并没有变成一个微世界。"微阅读"被称为"浅阅读"，其原因就在于它只能解决信息问题。无论是对教师职业信仰的坚守，还是对个人人格修养的提升，传统的书本阅读才能给我们提供思考的空间和前行的方向。法国大作家福楼拜说："阅读是为了活着。"对教师来说"阅读是为了更好地活着"。那么，"微时代"，教师该怎样阅读？

一、丰盈内心的"课外阅读"

教师以教书为职业，理论上是特定的读书人群，那教师真正的阅读状态又如何呢？为了职业发展的需要，教师的阅读主要停留在所教学科知识以及教育学科知识的层面，大多忽略了丰富知识面、丰盈内心的"课外阅读"，而这恰恰是不可或缺的。教师在相对封闭的校园里工作，与纷繁多变的社会生活较为疏离，保守、过时的观念必然会产生。此外，单调、重复的工作会抹去我们对外部世界的好奇与探求之心，我们的生命在慢慢地钝化。

二、与时代接轨并获得心灵滋养

新的课程理念倡导教师是学生发展的合作者和促进者。教师不再是高高在上的指挥者，要能与学生平等交流、心灵交汇。要做到这一点，难道只靠教学能力就能实现？现在这个时代日新月异，一批批的孩子们裹挟着潮流而来，他们越来越灵动和新锐，而大多数教师的见识和社会观念未必会与时俱进。如果教师不能通过大量的书本阅读与时代接轨并获得心灵滋养，这一基本理念就会沦为空谈。谈到阅读内容，国学经典著作自然值得推崇。但我以为，反映孩子心灵成长的青少年读物以及现代文学精品也应纳入其中。

三、为自己保留思考空间

微博也好，微信也罢，都是一种社交媒体，就像家里的客厅。我们需要这个客厅与人交流、互动。然而，在实际生活中，我们被随身携带的这个"客厅"占据了太多的地方。李敬泽认为："一个家如果只有客厅，没有卧室，没有厨房，没有书房，甚至没有卫生间，是不正常的。"阅读在我们精神生活中的作用，可能有点近似于书房和卧室，它确实不像客厅那么热闹，甚至带有一种隐私性。我想阅读可能就是我们生活中的私事，我们需要保留阅读的私人空间。我们应该为自己保留一间书房、一个卧室，因为书房和卧室是用来面对自己的。

四、读"闲"书，消除心灵的雾霾

商务印书馆创始人张元济先生有一副经典的对联："数百年旧家无非积德，第一件好事还是读书。"乌镇一个老宅子有一副对联："闲居足以养老，最乐莫若读书。"这无不证明，读书其实是一种生活状态。

　　"我们必须承认而且要相信，读书对我们会有现实的、长远的好处。"刘明清说。但他不赞成把读书功利化或者工具化，"如果我们抱着功利化、工具化的目的去读书，我们会发现大量的书也实际上没有什么用处。"刘明清举例说，读了《百年孤独》，未必可以找到好工作；读哲学、读文学、读艺术，恐怕也不能为找工作加分。但恰是这种平时没有功利化的阅读，与一个人漫长的人生幸福质量、生活质量，是有正相关的关系的。所以说，恰恰是那些看似无用的书，才能让我们享用一辈子。

　　任何来临的时代都将过去，但生活的大地依然在那里。我们除了做那枝在风中、在"微时代"的空气中飘动的风信子之外，也要力求做一个有根的人。阅读，我们的根很大程度上就扎在我们深长的、安静的、私人的阅读之中。

附录 2

"微时代"怎样进行在线教育

近年来，在互联网的新兴产业中，在线教育无疑是最火热的一员，随着互联网巨头的涉水，创业者的崛起，资本的青睐，让在线教育一时间风起云涌、万紫千红。伴着各种呼声的高涨，在线教育商业变现逻辑的思考也随之展开。虽然市面上有各种不同方式的尝试，但是目前也还都处于探索阶段，未能形成一定的规模。那么，"微时代"怎样进行在线教育呢？

[经典案例]

迪尔菲尔德学院（Deerfield Academy）是美国高中八校联盟的盟校，其地位相当于美国大学的常春藤盟校。除了和私立大学差不多的高昂学费外，二百多年的历史和 12% 的录取率也使其成了名副其实的高中里的贵族学校。在乡村教育公益组织 Peer 的牵头下，迪尔菲尔德学院的教师团来到中国与"36氪"和"Peer"的志愿者一起聊了聊线上教育以及迪尔菲尔德学院的一些经验。

迪尔菲尔德学院目前在课堂教学中大量使用 iPad 和 iOS 端的教学软件，课下往往使用 Moodle（开源课程管理系统）布置和提交作业，从而实现了课堂内外的数字化。

目前，迪尔菲尔德学院许多科目（比如中文和法语）已有半数的课程采用了 iPad 教学。这样的好处是学生可以不用背许多厚重的课本，直接使用一个 iPad 便集成了所有教材，以及随堂发出的阅读材料，甚至利用其便可以完成随堂小测。

在课堂外的作业上，迪尔菲尔德学院目前使用 Moodle。教师可以自由地在平台上上传视频和文字材料，学生也可以以多媒体的形式提交作业。也就是说，在外语课上，学生可以将口语练习以音频的形式上交；一些特定的作业，比如口头回答某个开放性的问题，也可以以视频的方式提交。对于许多学生来说，视频比文字更亲切，而且用视频交一些作业也更快。

尽管有这些好处，不过在线提交作业依然有些问题，比如一位老师提到，在她看来，在线教育比较缺乏一个检查制度；比如你不能知道阅读材料发过去后学生有多少时间真正在看，而又有多少的时间在走神。

其实，这些可以通过查看后台的监控数据实现。通过对后台的页面跳转等数据的监控来获得学生对某文字材料的平均阅读速度、某道题目的解题时间等。这可能会在在线教育更加普及后出现。

尽管迪尔菲尔德学院的课堂十分数字化，不过依然以实体课堂为主。很大程度上，在线教育始终没有解决的一个问题便是如何让教师和学生实时交流。如果学生对一道开放问题作答，而老师希望就此询问其对另一方面的理解的时候，通过网络提交的作业便经常显得不够实时。

当然，去实时交流也是在线教育的精髓所在。只有去掉了教师与学生的交流，才能让同一门课程能够同时容纳上万的学生。不过这也反面体现了线下教育的一个核心优势——高师生比。目前迪尔菲尔德学院的师生比为1:5，即每五个学生配一个老师。这样的配比使得学生和老师可以就任何问题进行实时沟通，学生也可以找特定的老师进行自己希望的方向的研究。

除此之外，线下教育还有一点优势便是教学方式的多样性。不同的学生往往习惯不同的学习方式。有的自己动手学得更快，有的则更适合听，有的更适合看。线下教学可以通过安排不同的教学模式，比如做实验、讲课、演示等，照顾到各种不同类型的学习者。而在这点上，目前的在线教育大多还局限在视频讲课，然后回答随堂测试的阶段。

[案例透视]

"微时代"，在线教育达到了"在任何时间、任何地点为任何学习者提供任何学习支持的目标，从而利于提高学习者的学习机会、效果和效率。其优势主要体现在移动性、高效性、广泛性、个性化四个方面。

一、移动性

移动学习终端主要包括无线连接的笔记本电脑、手机、平板电脑等，它们都具备可携带性、无线性和移动性的特点。利用便携式的移动终端设备，学习者不再受限于固定地点、固定时间接受学习，而是根据学习者的意愿来自由安排学习时间、地点和内容。

二、高效性

在移动学习过程中，强调以学习者为中心，学习者带着问题去学习，因此能充分调动他们学习的积极性和主动性；同时学习者还可以通过移动通信设备及时与网络中的其他学习者进行问题探讨、交流，从而提高学习者的学习效率。

三、广泛性

在移动技术和无线网络技术迅速发展的带动下，越来越多的学习者运用便携移动终端随时地聆听或收看教师的授课，不局限于自己学校的教学资源，还包括了互联网上各种有用的资源，这样大大扩大了教育对象和教育内容的范围，对于全民族素质的提高和终身教育的实现具有巨大的推动作用。

四、个性化

现代教育倡导个性化的学习，学习者可根据自己的实际情况和需要，合理地安排学习进度、学习时间、学习地点、学习内容等。移动学习为学习者提供了自我学习的空间和平台，每位学习者都可以根据习惯、喜好和需求量身定做自己的课程表。同时其教学形式也是个性化的，无论是基于短消息服务，还是基于链接浏览的移动学习都可以作为供人们选择的移动教学形式。

[链接延伸]

在线教育将晦涩的理论知识融合在短小精悍的微课程中，同时通过在线教育平台关注和关爱每一个学习者个性化的非线性学习，以及通过"众传知识"模式建造推进微课程的动态组装和演进，真正构建出一个全新的以"微"为美，体现简单到极致的互联网群体创造和分享精神的在线教育生态系统,开启在线教育的"微时代"。

一、泛 IT 专业微分解——寻幽入微

在线教育为学习者系统化拆解并规划学习的知识体系大纲、学习的内容、学习的先后顺序。

二、在线课程微制作——造微入妙

在线教育结合前沿影视制作技术,形成了全新的融课程创意、设计、录制、后期制作为一体的标准化在线课程制作工艺。追求高质量、高浓度、短小精悍、影视级的课程,提升单位时间平均信息量的传递,为学习者带来极致的用户体验,从而让教与学变得更生动有趣。

三、平台交互微关注——析精剖微

在线教育在平台方面进行了全面性能提升,更加注重用户交互体验,学习者任何微小的反馈都会受到关注。基于互联网对学习泛在性的要求,在线教育在平台方面实现全屏覆盖。通过功能的增加满足用户交互体验,提高用户的交互数据。析精剖微,通过"大数据"技术对用户行为数据进行分析,课程设计进行优化,更为针对性地为学习者推荐课程,实现对教育质量的监控反馈。

四、教学资源微聚集——积微成著

在线教育将采用"众传知识"模式,每个微课程可以由教师讲解,在此基础上,以承载知识点和能力练习测试的大规模微课程资源共享、学生互评、群体内容产生为辅助,积微成著,促进整体课程在微课程基础上动态组装和演进。

在线教育以用户强需求为导向,遵循教育本质和教育规律,坚持"重教育"基础上的"轻学习"。从细"微"处入手精耕细作,跨越泛在学习对于时空、过程及路径上的要求,努力推动建设在线教育行业更为健康和可持续的生态系统,从而早日实现人的全面而自由的学习。

附录3

"微时代"怎样对学生进行"微教育"

"微教育"就是利用孩子学习、生活的点点滴滴，将各种知识和道理融进学习、生活的细节中，通过与孩子相处的过程，让孩子学习到适合他们成长的教育。整个教育过程具有细微、快捷、便于操作的特点，它具有将学生的碎片时间系统化、教育成本低廉化、习惯培养全方位等独特的优势。

一、创新德育教育模式，实施"微德育"，实现育人目标

"学校无小事，事事寓教育"，德育潜身于校园文化生活中。"微德育"的核心就是：一切以学生体验为出发点和落脚点，给学生一个新的、有自我实现幸福感的体验，并以此去吸引学生，从而实现德育最本初的功能，有目的、有计划地对学生的思想道德施加影响。只有在"微"的德育中，我们才能给学生更多的时间、更大的空间，才能更多的释放自己，把自己从烦琐事务中解脱出来，"微"是一种德育智慧。

1. 从学生体验出发，转变教师德育工作角色

做"微德育"，德育工作者的角色是设计师、服务者和教练员。就像网络游戏，开发商先设计出游戏基本流程，然后担当教练员培训游戏者打游戏，并在游戏过程中不断给予各种服务，目的就是让游戏参与者在游戏中获得快乐的体验。"微德育"工作者的角色也是如此，设计德育活动，和学生一起参与德育活动，改进德育活动，让学生在参与德育活动的过程中，产生幸福的体验，从而影响学生的思想。如学校师生共同参与的四人五足比赛、拔河比赛等。

2. 化整为零，组织走向小型化、动态化

"微德育"，就要让组织走向小型化，班级可以进一步建立小组，学生之间可以

组建各种小型社团，同时，这些学生组织之间又是动态的。组织化整为零的同时，也将学校的常规制度化整为零到每个组织的组织章程中，将学校的大型活动化整为零为每个组织自主开发的常态性活动。这样就激活了整个学校的德育工作。

3. 小处着手，点点滴滴创新和改进

"微德育"不注重德育理念有多华丽，而是关注细处，对此加以改进和创新。例如，交通法制教育报告会后，挑选学生扮演小交警，走上十字路口，交警现场培训，现场指挥，给学生不一样的体验。教育效果的确令人满意。我们需要不断反思传统德育的各类方式方法，哪怕是最微小的改变，只要能带给学生不一样的体验，就是"微德育"。

4. 关注时代工具，以简约应对日益复杂的世界

"微德育"取名的启发本身来自于互联网时代"微博""微信"的提法，自然，"微德育"也关注互联网时代的一些新工具，我们可以用这些工具进行德育工作，比如建立"××小学留守儿童QQ群"，安排老师在线辅导，解决留守儿童学习中的疑难问题，进行心理疏导，使他们更加快乐、阳光；建立留守儿童家长、学生、老师的三方交流平台。总之，我们用学生喜闻乐见的方式进行德育工作，做到德育无痕。

二、创新学校管理模式，实施"微管理"，践行人文管理

学校管理涉及成年人的教师和未成年的学生两个层面，涉及校内、社会、家庭各个纬度，在理性管理制度下加入感性思考的"微元素"，我们称之为"微管理"。无数个体、组织的微创新促发学校管理的核聚变，推动学校新语境、师生新思维和学校生态的变革，从而推动学校的管理工作。

1. 沟通，实现管理零距离

在网络信息技术飞速发展的时代，人与人之间的沟通，早已突破了口头语言、肢体语言以及纸质书信等传统方式。短信、QQ、微博、电子邮件等已成为人们之间沟通的新方式。如建立班级QQ群，老师与学生不仅可以发邮件、上传文件、单独聊天，而且可以就感兴趣的话题展开群聊。师生在交流中，教师教育理念得到更新，教学能力得到提高。此时，双方都成了课程建设和实施的主人，网络的沟通

优势得到了充分的发挥，真正促进了师生的共同成长。

2. 等待，引领管理认同感

教育是慢的艺术，教育管理更是慢的艺术，孩子的成长需要时间，老师要接纳和适应学校的管理文化也需要时间。教师需要有足够的耐心来等待，春天没到，花儿就无法开放。我们要做的就是打造学校的文化氛围，可以通过"BBS 教师论坛""微型沙龙"，引领全体校园人的价值认同，让师生欣欣然投入变革之中。

3. "热炉"，提高管理自律性

学校中任何人触犯了规章制度，都要受到相应的处罚。"热炉"法则形象地阐述了惩处原则：①热炉火红，不用手摸也知道炉子是热的，是会灼伤人的——警告性原则。②每当你碰到热炉，肯定会被灼伤——一致性原则，也就是说只要触犯了规章制度，就一定会受到惩处。③当你碰到热炉时，立即就被灼伤——即时性原则，惩处必须在错误行为发生后立即进行，决不拖泥带水，决不能有时间差，以便达到及时改正错误行为的目的。④不管谁碰到热炉，都会被灼伤——公平性原则。现代学校必须设立若干"热炉"——规章制度，设立"热炉"的目的不是灼伤学生，而是发出"预警"，维持秩序和纪律。

三、创新课堂教学模式，"微课程"为学生提供探索、交流的时空

微课程的实施正好颠倒了我们当今的教学流程，从先教后学转变为先学后教，更深层次的变革则是教学理念和师生主体地位的颠倒，真正提供了"因材施教"的有效平台，这正是基于建构主义"每个学习者都不应等待知识的传递，而应基于自己与世界相互作用的独特经验去建构自己的知识并赋予经验以意义"的学习主张。这也正是我们课改多年，并且重新出发所一直追寻的目标。

"微教育"能够让我们由一棵小树看到整个森林，从碎片看到整体，找到一个很小却效果集中的支点，来提升学校办学的软实力，并不断地总结、优化过去的那些碎片化的经验，从而形成一个系统化方法，以求实现教育质量最优化和教育效果最大化。

附录 4

"微时代"怎样进行家校沟通

随着"微时代"的到来，人们的生活方式以及信息传播方式悄然间发生了巨大的变化，信息的传播速度更快，传播的内容更具冲击力和震撼力，影响到了社会各行各业、世界的角角落落，同样家校沟通方式也悄然发生了变化。

著名教育家苏霍姆林斯基说过："最完备的教育是学校与家庭的结合。"这句话强调了家校合作的重要性。那么在"微时代"的今天，如何让家校沟通更有效？

一、班级博客——家长的"网络学校"、家校沟通的新阵地

教师在教育好孩子的同时，也要教育好孩子的家长。因为家长的成长，家长观念的转变，家长素质的提高，最终会促进孩子健康和谐的成长。

在网络上创建班级博客，每天更新学校、班级动态，让家长及时了解孩子在学校发生的事；每天上传或转载一些经典博文，为家长们介绍一些最实用、最前沿的家庭教育文章，供家长们学习，帮助家长掌握教育规律，发挥教育的最大潜能；有关不同层次的学生针对学习的不同情况的一些学习方法经验介绍的好文章发到班级博客中与大家一起分享，方便家长从中获取有价值的信息，为孩子解除学习上的烦恼，引导孩子养成良好的学习习惯、总结成功的学习经验等提供帮助。

班级博客是向家长传达学校信息、记录孩子成长足迹的好平台；更是向家长传授先进的教育理念、前沿的教育思想的好窗口；还是家长们一起交流家教经验、共聊育儿话题、分享成功教子经验的好阵地。在班级博客中，通过家长和老师们的真情留言、经验分享、评论回复等，促进家校沟通。可以说，班级博客是家长的"网

络学校"，使家长快速提升自己的教育水平，也是家校沟通的新阵地。

二、校讯通——家校沟通的好帮手

校讯通是一种新兴的网络沟通渠道，它的普及利用，极大地方便了学校老师与家长的沟通，特别是方便了班主任与家长的相互联系。学校有什么事情、什么通知可以直接通过校讯通发给家长，让家长及时了解学校情况。

例如每次学校组织的大型考试成绩、单元测试成绩都可很方便地通过校讯通及时发送给家长，并给出班级总体情况分析、各学科情况分析，让家长及时了解自己孩子的知识掌握情况，并及时做出反馈，帮助孩子分析成功或失败的原因，指明下一阶段的努力方向和目标。也可以将孩子近期在学校的表现，如作业完成情况、上课听讲情况等通过校讯通及时告知家长，让家长及时了解孩子在校的学习情况，做到心中有数。每到过年过节时，还可利用校讯通平台，给家长送去温馨的节日问候，拉近教师和家长的心灵距离。

校讯通既方便又快捷，既可以给全班同学的家长发送信息，也可以单独给某个或某几个家长发送信息，比手机短信方便又省钱，是家校沟通的好帮手。

三、家长 QQ 群——家校沟通的新形式

传统的家长会，家校互动受到很大的局限。建立班级家长 QQ 群，可以尽情发挥家长的主观能动性。关于孩子的性格脾气、孩子在家的习惯、家里发生的事情、孩子的情绪变化等家长都可以和班主任交流，促使班主任及时了解孩子情况，在遇到事情时能更及时地采取有效措施，帮助孩子健康成长。对孩子的教育有什么困惑、难题，家长也可以和班主任讨论、交流，寻找对孩子成长最有益的好办法，相互配合，齐心协力，对症下药，使教育效果达到最佳。同时也可和其他家长一起探讨、交流孩子的教育心得，分享教子经验，促使家长之间有更多的交流沟通，相互学习，共同提高。尤其是一些优秀家长、成功家长的经验、做法，值得在 QQ 群里发扬光大，让更多的家长借鉴、学习。

　　班级家长 QQ 群的建立，给教师和家长们提供了一个方便相互交流的平台，不仅家长能积极参与进来，教师也方便与各位家长联系。如果班级里出现了什么问题，班主任可以发个信息通知家长某个时间到 QQ 群里集合讨论，召开网络家长会，避免某些家长因工作忙碌或出差而不能到校的问题，保证了家校交流的及时有效，有条件的还可以进行语音、视频会议，免除了时间、地点的束缚，免除了双方打字的麻烦。班内有问题孩子需要个别对待时，班主任也可以利用 QQ 与家长进行个别交流，力争统一思想，寻求最佳的教育方案，引导孩子走出成长的低谷。

四、电话联系——家校沟通的便捷方式

　　随着现代科技的进一步发展，手机、电话已经进入家家户户，它在促进社会信息化发展的同时，也为班主任与家长之间的沟通带来了极大的便利。方便、快捷是电话联系最大的特点，它不受时间、地点的限制，随时随地都可拨打电话，联系家长，让教师、家长双方能及时交流掌握学生的思想、学习、行为的动态，共同讨论解决问题的策略和教育孩子的好办法。目前电话联系还是家校沟通的主要方式，在学校家访情况登记表上能看到 70% 左右的家访是电话家访。在互联网发达的今天，电话联系仍然发挥着其他家校联系无法比拟的重要作用。

五、家访——无法替代的沟通方式

　　虽然通信和网络为家校联系带来诸多方便，但永远无法代替传统家访的作用。原中央教育科学研究所南山附属学校校长李庆明说："在信息技术高度发达的今天，现代家校联系方式一方面缩短了家校的时空距离，但同时人与人之间一种真实、真切、真情的交流却越来越少了。因为现代家校联系滤掉了许多语言无法传达的信息，这对于教师与家长、教师与学生之间的相互了解、加深感情是一个不小的缺憾。"真正的教育以情动人、以情暖心，家访到家，能够让学生获得一种尊重感，家长更愿意配合教师工作，孩子更愿意听老师的话。因为在"家"的环境里，容易营造一种特殊的氛围，叫作"亲情"。有些很难解决的问题，在这种氛围中会迎刃而解。

这就是传统家访的魅力所在，这就是其他家校联系无法替代的原因所在，家访虽然传统，但也未过时。

　　总之，无论何种家校沟通方式，都是为了实现家校合力的目标。班主任要善于运用各种家校沟通方式，尽可能发挥各自所长，调动家长积极主动参与，让家校沟通更有效，让教学教育效果更好。

附录5

怎样设计制作微课程

　　"微课程"是指利用六分钟左右时间讲解一个非常碎片化的知识点、考点或作业题、考试真题、模拟题的一种微视频。"微课程"的作用为"解惑"而非"授业"，它用于不受时间空间限制的网络在线课后辅导，不能代替课堂的新知识教学。"微课程"时间须控制在六分钟左右。

一、微课程制作者的自我定位

　　角色定位：老师和视频制作人。

　　1.从老师的角度，努力使视频在内容上具有准确性、逻辑性、知识性。

　　2.从视频制作人的角度，努力提高视频的视觉效果，使视频具有可观赏性，尽可能关注动态效果、颜色搭配、解说技巧等。

二、微课程标准

　　1.微课程功能理解透彻：解惑而非授业

　　微课程的功能是对一些上课没听懂的同学进行课后的解惑辅导，而不是代替课堂教学。微课程作者不能像课堂上讲解新知识一样来制作微课程。没有准备的同学来听微课程是毫无意义的。

　　2.时间六分钟左右

　　原因：①现在是快节奏时代，好比微博，追求快捷、精练；②学生课程多、疑问多，微课程时间过长，学生没有那么多时间看完他想看的；③六分钟足够讲透一个小知识点，否则要么是讲得太泛，要么是讲得太啰唆。

3.知识点够细，六分钟能够讲解透彻

一节微课程只讲解一个特定的知识点，如果该知识点包含了另一个知识点，需另设一节微课程讲解。

4.受众定位明确：针对什么年级段

微课程作者需清楚本节微课程受众的年级段，采用适合该年级段的相关定理、定律、词汇讲解。

5.情境定位明确：一对一的教学而非一对多

讲解时不出现"你们""大家""同学们"等词汇。

6.知识准确无误

在微课程里不允许有文字上、语言上、图片上的知识性错误或有误导性的描述。

7.知识点（考点）、题目（真题、模拟题）讲解不照本宣科

对现有的知识以及课本上对该知识的表述应有自己的理解，而不是罗列书上的知识，否则微课程起不到"解惑"的作用。

8.语言通俗易懂

口语讲解，尽可能少地使用古板、枯燥的书面语，使讲解通俗易懂。

9.有视觉美感

多角度地应用PPT现有的功能带来的视觉效果，如自定义动作、PPT切换、颜色搭配、字体搭配等。

10.视频画质清晰

影响视频画质不良的因素有：显卡驱动未更新导致屏幕像素低；导出视频时未设置与屏幕分辨率相一致的视频长宽尺寸，导致视频画面变形等。

11.外部环境安静，无噪声

12.形象良好

13.声音响亮，节奏感强

微课程的制作流程如下：

一、微课程录制准备步骤

1.深刻理解微课程的功能：解惑而非授业

2.选择要讲的知识点:尽量选择热门的考点、难点

3.明确你的微课程的受众

4.将知识点按照一定逻辑分割成很多个小知识点

5.将各知识点汇总做成表格

编号	微课程名称	微课程出处
01	等腰三角形的一般标记法	《数学》,人民教育出版社,2010 年版,8 年级,上册（没有出处者,注明"自编"）

6.做 PPT

7.准备好摄像头和麦克风

8.熟悉软件操作

9.开始录制

二、提高微课程的视觉效果

1.PPT 的排版建议

（1）动静结合

充分利用 PPT 的动作效果,可以给人动态感、空间感的美。

（2）图文并茂

图版率在 50% ～ 90%;在表现亲和力上,插图要比照片好;在表现专业性上,照片要比插图好。

（3）图片合适

表现力强的图片:脸部图片（适合表现主题,不适合做背景）。表现力弱的图片:云海（适合做背景,不适合做主题）。视觉 3B 原则:Beauty（美女）、Baby（孩童）、Beast（动物）。

（4）字体搭配

微软雅黑（标题）+ 宋体（正文）;黑体（标题）+ 楷体（正文）;艺术字不乱用。

（5）字号搭配

PPT 字体标配为标题字号是 44 号,一级文本 32 号,二级文本 28 号,最好不要有三级文本。

（6）颜色搭配

一般来讲，除了黑色和白色外，最多搭配 3 种颜色。

（7）错落有致

行距 1.3 倍 ~ 1.5 倍，段间距大于行间距。

（8）字数要求

字数越少越好，一页不超过五个要点，页面上下左右要留 1 厘米的空白。

2. 鼠标动作

充分利用鼠标的拖、点配合解说，适当使用画笔功能。

3. 拍摄设置

（1）保持摄像头清洁；（2）远离强光刺激；（3）不背光；（4）适当打光，确保光线充足（可使用带灯光的摄像头）；（5）调整摄像头距离，确保至少能看到整个头部。

4. 总结：PPT 设计十招

（1）内置样式不可使；（2）高质图片需善用；（3）单色体系震且撼；（4）排版清晰观点明；（5）小心留神主题性；（6）无招胜有招，越简单越好；（7）符号大瘟疫，尽量要避免；（8）重点要突出，主次需分明；（9）封面吸引人，大功半告成；（10）让观众发笑，演示必走俏。

三、讲解

1. 口语化

2. 不照本宣科

3. 不将 PPT 当演讲稿

4. 语调抑扬顿挫，有节奏感

5. 适当看镜头，与观众有眼神交流

四、后期制作

确保生成导出 MP4 高清视频格式，确保视频画面导出后不变形。

主要参考文献

［1］张仁贤，宁辉.做幸福的教师［M］.北京：世界知识出版社，2015.

［2］张仁贤，逄凌晖，孙希利.教师的正能量［M］.北京：世界知识出版社，2015.

［3］张仁贤，马乐爱."微时代"的教师［M］.北京：世界知识出版社，2015.

［4］张仁贤，张红伟.教师的活法［M］.北京：世界知识出版社，2015.

［5］安奈特·L.布鲁肖.给教师的101条建议［M］.方雅婕，赵娜，译.北京：中国青年出版社，2013.

［6］安奈特·布鲁肖，托德·威特克尔.从优秀教师到卓越教师［M］.范杰，译.北京：中国青年出版社，2013.

［7］杨刘保，张宝忠.幸福需要正能量——党员干部如何树立正确的幸福观［M］.北京：中国方正出版社，2013.

［8］莎朗·德蕾珀.优秀教师是这样炼成的：用心教育［M］.刘晓林，译.北京：中国青年出版社，2012.

［9］周金虎，张立梅.教师不可不知的44种执行力［M］.天津：天津教育出版社，2012.

［10］华阳.做一名幸福的教师［M］.北京：新华出版社，2012.

［11］姜新.用力只能合格 用心才能优秀［M］.上海：立信会计出版社，2012.

［12］张仁贤.影响教师的100篇美文［M］.北京：中国轻工业出版社，2012.

［13］周金虎，逄凌晖，马培清.教师不可不知的35种学习力［M］.天津：天津教育出版社，2012.

［14］周金虎，逄凌晖，马乐爱.教师不可不知的55个幸福命题［M］.天津：

天津教育出版社，2012.

　　[15]周金虎,孟繁君.教师不可不知的43积极心态[M].天津:天津教育出版社，
2012.

　　[16]克里斯顿·纳尔森，吉姆·贝利.教师职业的九个角色［M］.北京:中国
青年出版社，2012.

　　[17]张保文.人一生不可不想的事［M］.北京:华夏出版社，2011.

　　[18]刘海涛.受益一生的哲理故事（大全集）[M].北京:中国华侨出版社，
2011.

　　[19]裴自彬，彭兴顺.名师是怎样炼成的［M］.北京:中国轻工业出版社，
2011.

　　[20]张笑恒.哈佛幸福课［M］.北京:北京工业大学出版社，2011.